현대세계의
일상성

현대세계의
일상성

앙리 르페브르 지음

박정자 옮김

기파랑 에크리 Ecrit

| 차   례 |

현대성 이론의 고전 『현대세계의 일상성』

일상성은 보잘 것 없다. 아무 일도 일어나지 않는다. 똑같은 지하철, 늘 보는 똑같은 사람들, 루틴한 업무들, 전망이 보이지 않는 미래. 쳇바퀴처럼 무의미하게 반복되는 일상이다. 그러나 아무 일도 일어나지 않는다는 게 얼마나 축복인지. 사고도, 재난도 당하지 않고, 가족이 아프지도 않고, 편안하고 안온하게 하루를 보냈다는 것, 그런 나날들이 무심하게 계속되고 있다는 것, 얼마나 행복하고 엄청난 일인가? 그리고 이런 날들이 죽 이어져 장대한 역사가 된다는 것. 일상성의 위대함이다.

미지근하고 느슨하고 무기력하여 아무 존재감이 없지만 그러나 끈질기게 지속되는 일상성의 완강한 역량을 이길 힘은 이 세상에 아무 것도 없다. 흥분되고 생동감 넘치는 카니발의 축제도, 목숨 받쳐 이룩한 혁명의 전율도 한 순간이 지나면 여전히 또 다른 나른한 일상으로 이어진다. 일상성을 이긴 건 고작 하루 또는 몇 달 뿐.

이런 일상성을 발견한 것이 프랑스의 사회학자 앙리 르페브르다.

일상성이란 도시적이고 현대적이라는 것, 광고, 상품, 여성, 자동차 등이 일상성의 주요 요소라는 것을 그는 『현대세계의 일상성』에서 기호언어학이라는 도구를 사용하여 보여주었다. 1969년의 일이다.

나는 1990년에 이 책을 한국어로 번역했고, 2005년에 수정판을 냈으며, 금년에 다시 개정판을 낸다. 본문은 다소 난해한 원서의 글쓰기를 최대한 살리면서 좀 더 가독성을 높이는 문장들로 변환시켰고, 기호언어학의 용어 해설은 파격적으로 쉽게 바꾸었다.

혹시 독자들은 책을 읽으며 "이건 누구나 아는 얘긴데… 현대인이 기호記號를 소비한다는 걸 누가 몰라?"라고 말할지 모르겠다. 르페브르의 일상성 담론이 우리 시대 우리 사회의 심층을 이루며 깊숙이 스며들었다는 얘기다. 또 누군가는 보드리야르의 『소비사회』와 똑같은 내용이 아닌가, 의아해 할지 모르겠다. 맞다. 앙리 르페브르의 제자인 장 보드리야르는 『현대세계의 일상성』과 똑같은 문제틀 속에 좀 더 풍부한 사회적 예시들을 집어넣어 『소비사회』를 썼다. 르페브르의 『현대세계의 일상성』은 그러므로 현대성 이론의 오리지널이고, 고전이다.

독자 제위께서도 이 책을 읽으며 지적인 추론의 쾌감과 현대성에 대한 통찰을 얻으시기를!!

2022년 5월
박정자

서울, 2005년 테크노 시대의 일상성

초판 번역에서 개정판까지

올림픽을 치르던 1988년 나는 여기저기 손에 잉크를 묻힌 채로 연신 만년필에 잉크를 리필해가며 원고지에 『현대세계의 일상성』을 번역하고 있었다. 명령어를 일일이 치는 DOS 운영체제의 집채만한 컴퓨터 앞에서 작업을 시도해 보다가 너무나 머리가 아파 이놈의 기계는 다시 쓰지 않으리라 생각하고 비닐 덮개를 씌워놓은 다음이었다.

1992년쯤인가 한 신문사 주최로 인터넷을 소개하는 설명회가 열렸다. 선진국에서는 인터넷이라는 것이 유행한다더라, 진짜 앞서가는 지식인은 이메일 주소 하나쯤은 갖고 있어야 한다더라는 이야기를 풍문으로 전해 듣고 있던 시절이었다.

그리고 몇 년 만에 마치 마른 덤불에 불이 붙듯 나라 전체에 인터넷 열풍이 불었고, 지금은 인터넷 고속 접속망 세대 보급률이 세계

1위니, 온 국민이 인터넷을 하는 인터넷 강국이니 하는 상황이 되었다. 초판 번역본 서문에서 나는 컴퓨터 시대의 도래를 예감하며 디지털 격차(디바이드)의 사태를 나름대로 걱정하고 있었다. 그러나 인터넷으로 매춘도 하고, 인터넷으로 범죄도 저지르고 하는 것을 보면 디지털 디바이드는 계층 사이의 문제가 아니고, 차라리 세대 간의 깊은 단절과 갈등의 원인이 된 듯하다.

컴퓨터를 다룰 줄 모르거나 혹은 겨우 다룰 줄 안다 해도 기계에 두려움을 가진 세대 특유의 서투름과 부적응은 컴퓨터를 자유롭게 구사하는 젊은이들을 감탄의 눈으로 보게 했고, 부분은 전체를 대신한다는 환유적換喩的 사고에 힘입어 젊은 세대 전체의 능력과 의식을 과신하게 만들었다. 당연히 젊은 세대 자신도 연장자 공경이라는 마지못한 외관 밑에서 내심 나이 든 세대를 무시하는 의식이 싹트게 되었다. 전 세계에 유례없는 한국의 빠른 세대 청산과 단절은 이런 현상과 무관하지 않을 것이다.

광고의 위력을 실감하지 못하고 광고를 그저 광고로만 보던 1990년에 나는, 모든 재화는 광고적 이미지의 후광 없이는 아무런 가치도 없다는 르페브르의 말에 주목하면서, 그것은 사람에도 적용된다는 것을 미국 대통령 선거의 TV 광고전을 예로 들어 말했었다. 우리와는 상관없는 먼 나라 이야기쯤으로 생각했는데, 어느 새 우리도 광고의 후광을 업은 대통령을 뽑아 그 광고의 시니피앙이 시니피에와 일치하느냐 않느냐로 떠들썩한 나날을 보내고 있다.

마르크시즘에 대한 일상성의 승리

이미지가 지배하는 현대 사회의 분석이 이미 60년대에 나왔다는 것이 놀랍지만 생각해 보면 우리의 60년대가 후진적 가난의 시대였을 뿐 서구 선진국에서는 기술이 눈부시게 발전하여 문명에 대한 자신감과 위기감이 싹트기 시작하던 때였다. 소련의 가가린이 역사상 처 음으로 우주 비행을 했고, 미국의 아폴로 우주선이 처음으로 달에 착륙했으며, 칼라 TV가 보급되고, 초음속 여객기 콩코드가 운항을 개시했다. 말하자면 우리가 88 올림픽 이후 갑자기 진입하여 경험한 선진국적 분위기가 서구에서는 이미 60년대에 일어났던 것이다.

이념적으로는 베를린 장벽이 세워졌고, 중국의 문화혁명, 쿠바의 체게바라, 체코의 인간의 얼굴을 한 사회주의, 칠레의 아옌데 정권, 서유럽의 유로 커뮤니즘, 프랑스의 공동강령 등이 소련 공산주의에 대한 대안으로 떠오르던 시기였다.

르페브르가 책의 결론 부분에서 조심스럽게 '일상성'의 대안으로 문화혁명을 제시한 것은 이런 시대의 소산이며 마르크스주의자로서의 그의 한계이기도 하다. 『현대세계의 일상성』이 쓰인(1967) 다음해에 서구 현대사의 흐름을 크게 바꿔 놓은 68년 5월 혁명이 터졌으며, 그 후 70년대 중반까지 중국의 문화혁명에 열광한 젊은이들 사이에 마오이즘의 열풍이 휘몰아쳤었다. 그러나 그것은 반환점이 되어 솔제니친의 『수용소 군도』 출간과 함께 68세대의 대대적인 사회주의 이탈이 시작되었다.

축제든 모험이든 모든 비일상적인 것들을 삼켜버리는 일상성의 위대함이 공산주의 역시 하나의 모험으로 돌리면서 또 한 번의 승리를 거둔 것이다. 모험은 어디까지나 모험으로 끝나는 것이며, 일상만이 묵묵하게 진행되며 영원한 삶을 살고 있다. 르페브르는 일상의 비참함과 위대함에 주목한 탁월한 혜안의 소유자였다.

일상성은 우선 보잘 것 없다. 지루한 임무, 모욕적인 인간관계, 언제나 반복되는 사물들 혹은 상품들과의 관계, 늘상 해결되지 않는 돈이나 욕구와의 관계 등등. 요컨대 궁핍의 존속이고, 부족함의 연장이며, 박탈, 억압, 채워지지 않는 욕망, 비천한 인생의 반복이다. 이것이 일상성의 비참함이다.

그러나 일상성에는 비참함만이 있는 것은 아니다. 그 속에는 온갖 창의성과 기쁨, 쾌락도 들어 있다. 아인슈타인이 상대성 이론을 발견한 것도 지루한 어느 일상적 하루 중에서였고, 위대한 예술작품이 만들어지는 것도 어느 권태로운 일상 속에서일 것이다. 그러나 일상성의 가장 위대한 측면은 그 완강한 지속성이다. 영원히 지속되는 인간의 삶처럼 일상성은 땅에 뿌리 박고 영원히 지속된다. 일상에서 탈출하여 여행을 다녀와도, 일상의 지루함에서 벗어나기 위해 축제를 벌여도, 그것들이 끝나면 다시 일상성은 집요하게 계속된다. 혁명도 마찬가지다. 비참한 일상을 끊기 위해 혁명을 해 봐도 그것 역시 어느새 다시 제도, 관료주의 등의 딱딱한 일상적 틀 속으로 굳어 진다.

이것이 일상성의 위대함이다. 모든 것을 블랙홀처럼 빨아들여 무심한 듯 힘없는 듯 완만하게 제 갈 길을 가는 그 완강한 지속성. 데모가 매일같이 반복되던 80년대에 학생들이 던진 돌로 뒤덮인 종로 거리가 다음날 아침 출근길에 깨끗이 청소되어 있는 것을 보고 나는 이제 혁명은 더 이상 일어날 수 없다는 생각을 했다. 일상이 지속되는 사회에서 혁명은 불가능하다.

공산주의를 살리려는 60년대의 온갖 시도들이 다 실패하고 20년 후 공산주의 종주국인 소련도 붕괴했지만 마르크스주의적 소외 이론에 기초를 둔 르페브르의 분석이 오늘날까지 살아남을 수 있었던 것은 그가 정통 마르크시즘의 분석틀에서 벗어나 언어학적 모델을 사용했기 때문이다. 그의 논지는 오늘날의 사회에 그대로 적용해도 좋을 만큼 현대적이다. 사르트르와 같은 세대임에도 불구하고 60년대에 주류 학문으로 떠오른 구조 언어학을 흡수하여 사회 분석의 모델로 사용한 탁월한 유연성이 그의 학문적 수명을 21세기까지 연장시킨 셈이다. 현대의 모든 문제가 일상성 속에 들어 있다는 그의 예리한 분석은 현대 사회를 해석하는 일종의 원형이 되어, 앞으로 몇 십년간은 유효할 전망이다.

상호텍스트성

가상이 현실을 압도한다는 시뮬라크르 이론으로 영화 「매트릭스」의 이념적 원천이 된 보드리야르는 앙리 르페브르의 가장 충실한 후계자이다. 그의 『소비의 사회』에는 현대 사회에 대한 탁월한 분석과 시니컬한 문명 비판이 들어 있어 독자들을 감동시킨다. 그러나 보드리야르의 책에 감탄하는 독자들은 르페브르의 『현대세계의 일상성』에서 그원형을 발견하고 놀란다. 시니피앙과 시니피에의 분리라든가, 사물 속에 실재와 상상이 함께 들어 있어 이것이 광고의 이데올로기를 가능하게 한다든가, 상품만이 아니라 관광, 문화, 폭력까지도 소비되는 현대 사회의 특징을 유행, 패션, 여성성, 젊은이, 광고, 자동차, 도시문제들을 통해 보여주는 르페브르의 인식이 좀더 심화되고 확대된 형태로 보드리야르의 책에 나오기 때문이다. 예컨대 현대 자본주의 사회가 소비자에게 보여주는 친절과 미소 뒤에는 냉혹함과 이윤추구, 그리고 폭력성이 감추어져 있다는 보드리야르의 사회적 '배려' 이론(『소비 의사회』제3부 4. 배려의 성사)은 르페브르의 '친절하고 이로운 사회'에 대한 다음과 같은 냉소적 묘사와 너무나 흡사하다.

사람들은 당신에게 항상 어떻게 하면 더 잘 살 수 있는지, 무엇을 먹고 무엇을 마시며, 무슨 옷을 입고 무슨 가구를 들여놓으며, 어떻게 살 것인지를 말해 준다. 그런 식으로 당신은 프로그래밍 되는 것이다.(…) 친절하고 이로운 회사[société는 '사회'라는 의미이기도 하다] 전체가 당신 곁에 있다. 아주 주의 깊은 모습으로, 회사는 개인적으로 당신을 생각해 준다. 아주 친밀하게, 회사는 당신을 위해 특별히 개인적인 물품을 준비하고, 이 개인적인 물품들은 안락의자·부품조립·침대 시트·속옷 같은 생활용품의 자격으로 당신의 개인적인 자유에 양도된다. 저것이 아니고 반드시 이것이다. 회사를 우리는 잘 알지 못하고 있었다. 회사란 누구인가? 모든 사람이다. 그것은 어머니요 형제다. 눈에 보이는 현실 속의 가정은, 눈에 보이지 않지만 훨씬 효율적이고 우수한 이 가정, 즉 그 보호자적 매력과 세심한 보살핌으로 우리들 각자를 감싸주고 있는 이 소비의 사회와 두 겹의 한 짝을 이루고 있

다. 그런데 어떻게 불안이 존속할 수 있는가? 이 무슨 배은망덕이란 말인가!(본문 p.213)

　뜻하지 않게 푸코의 낯익은 주제들을 발견하는 것도 책을 읽는 즐거움 중의 하나다. 각자가 스스로를 검열하며 자기 억압을 행하는 사회에 대한 언급은 『광기의 역사』(1961)에서 튜크와 피넬의 최초의 정신병원을 다룬 부분과 비슷하고, 성 담론이 범람하여 마치 비교秘敎처럼 에로스의 종교가 온 사회에 널리 퍼져 있다는 부분은 『성의 역사』 제1권 「앎에의 의지」(1976)를 연상시킨다.

　그리고 자신의 존재를 스스로 예술 작품이 되게 하라는 르페브르의 권유는 푸코의 『성의 역사』 제3권 「자기에 대한 배려」(1984)의 중심 주제와 너무나 똑같아 당황할 정도이다. 푸코는 AD 1~2세기 그리스 로마 교양인들이 자신의 삶을 하나의 예술작품으로 승화시킬 만큼 자기 수양이나 존재의 품격화에 힘썼다는 것을 보여주며 삶의 예술작품화를 '자기에 대한 배려'의 중심 주제로 삼았다. 그런데 『현대세계의 일상성』의 다음구절은 푸코가 여기서 자신의 주제를 따오지 않았을까 여겨질 정도로 그의 텍스트와 비슷하다.

　정신적으로 '작품'이라는 용어는 더 이상 예술적 사물을 가리키는 것이 아니라 자신을 알고, 자신을 이해하고, 자기 자신의 조건들을 재생산하고, 자신의 자연과 조건들(육체·욕망·시간·공간)을 전유하고, 스스로 자신의 작품이 되는 그러한 행위를 지칭한다.(본문 p. 355)

더구나 푸코가 존재의 '품격화'(stylisation)라고 할 때의 style이 르페브르가 책 전체에서 강조하는 양식(style)과 같은 단어여서 두 사람의 상호텍스트성이 한층 더 돋보인다.

테크노 사회

르페브르는 「현 사회를 어떻게 명명해야 할까?」라는 소제목 속에서 산업사회·대중사회·풍요로운 사회·여가사회·소비사회 등을 검토한 뒤 현대사회를 '소비 조작의 관료 사회'로 명명했다. 사람들이 주체적으로 소비행위를 하는 것이 아니라 누군가에 의해 소비의 방향이 유도된 채 소비하는 사회라는 뜻이다. 그러나 긴 명칭은 대중적 성공을 거두지 못하는 것일까, 그의 명명은 광범위한 지지를 받지 못했다. 오히려 보드리야르의 간결한 '소비(의) 사회'가 강한 호소력으로 독자들을 사로잡았다.

그러나 보드리야르의 『소비의 사회』(1970년)가 나온 지도 어언 35년, 현대 사회를 지칭하는 새로운 명칭이 나올 때도 되었다. 소비의 사회이며 동시에 모든 것이 컴퓨터와 관련이 있고, 모든 것이 기계와 연관이 있는 현대 사회는 테크노 사회가 아닐까, 라고 나는 막연히 생각해 본다. 예술도 이제는 팝 아트(pop-art)보다 테크노 아트가 우세하고, 철학도 인간을 '욕망하는 기계'로 간주하는 들뢰즈의 철학이 영토를 확장해 가고 있으니 말이다.

테크노 시대의 일상은 기계의 소음 속에서 게임이 주는 짜릿한 흥분과 함께 인간을 더욱 소외시키고 있다. 축제의 복원, 품격의 복원, 결국 따뜻한 인간성으로의 복귀를 주장하는 앙리 르페브르의 저술이 시대를 초월하여 생명력을 갖는 참된 이유가 거기에 있을 것이다.

2005년 10월
박정자

서울, 1990년

일상성의 비참과 매혹

일상성은 현대인들이 가장 지겨워하면서
도 동시에 그것을 놓칠까 봐 전전긍긍해
하는 이상한 물건이다. 매일 쳇바퀴처럼
반복되는 출근전쟁, 지루한 업무, 늘 보
는 얼굴들에 극도의 권태와 피로를 느끼
면서도 도시의 샐러리맨들은 이 일상성에
서 벗어나게 될까 봐 두려워하고 있다. 왜
냐하면 일상성에서 벗어난다는 것은 실직
이나 퇴직을 의미하는 것이며, 그것은 단
순히 돈을 벌지 못한다는 사실만이 아니

『현대세계의 일상성』 초판본, 1990년

라 자신의 사회적 존재를 상실하는 것을 의미하기 때문이다. 그러면서도 사람들은 부단히 일상성에서 벗어나려고 애쓴다. 주말에 고속도로를 가득 메우는 인파, 프로야구에 열광하는 관중, 밤을 새우며 고스톱에 몰두하는 모습들이 모두 그것이다.

끊임없이 벗어나고 싶어 하면서, 그러나 거기서 벗어나게 될까 봐 두려움을 느끼고 있는 이 복잡한 감정의 대상물은 과거의 농경사회에도 있었던 것인가! 아침에 일어나 밭에 나가 일하고 저녁이면 집으로 돌아오는 일상적인 일, 봄에 씨 뿌리고 가을에 수확하는 반복적인 일이 해마다 되풀이 되어도 거기에 현대인들이 느끼는 나른하고도 불안한 일상성은 없었다. 따라서 일상성이란 단순한 일상적 반복을 의미하는 것이 아니라, 고도로 발달한 현대 산업사회의 도시적 특징이라는 것을 알 수 있다. 일상성과 현대성은 마치 동전의 앞뒷면처럼 오늘날 우리 사회의 시대정신의 양 측면이라는 르페브르의 말은 그런 점에서 매우 적절하다.

언어과학의 중요성

프랑스의 마르크스주의적 사회학자인 앙리 르페브르는 이와 같이 현대사회에서의 일상생활의 중요성을 절감하고 일상성에 대한 철학적 분석을 시도했다. 현대사회에 대한 이해는 일상성에 대한 정확한 인식이 없이는 불가능하다고 생각했기 때문이다. 이 책에서 그는 몇 개의 마르크스주의적 용어를 사용하기는 했지만 주로 언어학, 더 정확히 말해서 기호학의 개념을 분석도구로 사용하고 있다. 1950년대 이후 모든 인문과학, 사회과학, 철학의 분야를 석권한 언어학의 위력을 여기서도 보는 듯하여 흥미롭다.

"언어과학은 이제 더 이상 미세과학이 아니라 모든 과학, 모든 인식의 원형"이라고 저자 자신이 말했듯이 이제 언어학을 모르고는, 다시 말해서 언어에 관심을 기울이지 않고는 사물의 올바른 인식에 도달하지 못할 듯하다.

자동차, 여성잡지

일상성에 대한 언어과학적 분석이라고도 할 수 있는 이 저서는 난해한 기호학적 개념의 사전 지식이 없이는 이해하기 어려운 부분도 있으나, 우리가 주변에서 막연히 느끼던 어떤 것을 정확히 꼬집어 거기에 철학적 의미를 부여하는, 흥미로운 부분도 많다. 예컨대 이제 더 이상 모험이니 영웅이니 하는 것이 사라진 현대사회에서 자동차는 마지막으로 남겨진 모험이며, 감각적 쾌락이고 게임이며, 또한 에로티즘의 알리바이라는 분석은 요즘 우리나라에서도 일기 시작하는 자동차에 대한 열광을 생각하게 해 준다. 사회적 허상을 제공해 주는 가장 적절한 예로 여성잡지를 든 것도 재미있는 발상이다. 똑같은 책 속에 옷 만드는 방법, 어떤 물건의 가격과 구입 장소 등 정확한 정보가 있는가 하면 동시에 이 물건들을 미화시키는 터무니없는 수사가 있다든가, 또는 실제로 입을 수 있거나 도저히 입을 수 없는 온갖 옷들, 가장 간단한 것에서부터 일급 요리사만 할 수 있는 힘든 요리까지, 그리고 하찮은 기능의 가구로부터 성 또는 궁전에나 어울릴 최고급 가구에 이르기까지 모든 것이 동시에 수록되어 있다는 것은 현실과 상상을 적절히 중첩시켜 어떤 사회적인 허상을 만들어내기에 충분하다는 것이다.

양식의 소멸과 그에 대한 향수

그렇다면 앙리 르페브르가 묘사한 현대사회의 모습, 즉 일상이 지배하는 현대사회의 특징은 무엇인가? 현대사회는 덧없음을 사랑하고, 탐욕적이며, 생산적이고, 역동적이다. 그러나 사람들은 끊임없이 공허감을 느끼고, 뭔가 지속적인 것, 영원한 것, 균형 잡힌 것을 갈구하며, 소외감과 무력감을 느끼고 있다. 그것은 과거에 사람들을 견고하게 떠받쳐 주었던 양식樣式이 사라졌기 때문이라고 르페브르는 말한다. 그는 현대성(modernité), 즉 일상성(quotidienneté)의 제일 첫 번째의 특징으로 양식(style)의 부재를 들었다.

양식이란 무엇인가? 우선 예술분야에서 말해 본다면 한 작품을 만들기 위한 목적으로 어떤 소재와 형태를 다루는 특정의 개인적 또는 집단적 방법을 뜻한다. 이렇게 만들어진 작품은 그와 비슷한 성격의 다른 작품들과 함께 그 시대의 어떤 미학적 전형을 이룬다. 어떤 미술 유파의 양식이라든가, 또는 영국 양식의 가구라든가 하는 말이 그것이다.

또 한편으로는 개인의 행동방식을 뜻하기도 한다. 생활양식이니 행동 양식이니 하는 말들이 그것이다. 이 책에서는 이 두 가지 뜻을 모두 담고 있다. 옛날에는 농부의 옷장에도 양식이 있었으나 지금은 비싼 가구에도 양식이 없다. 형태, 기능, 구조의 어떤 통일성이 양식을 형성하는 것인데, 현대에 와서는 이것들이 분리되거나 마구 뒤섞였다. 대중사회의 부상은 필연적으로 양식의 종말을 고한다. 대중의 수용에 부응하는 대량생산은 기능 이외의 것에 신경을 쓸 여유가 없기 때문이다.

그러나 양식이 사라지면 사라질수록 그것에 대한 향수는 한층 더 짙어진다. 우리의 일상생활은 양식에 대한 노스탤지어와 그에 대한 악착같은 추구로 특징지어진다고 르페브르는 말한다. 1960년대의 프랑스를 묘사한 이와 같은 현상은 1980년대의 우리나라와 너무도 비슷하다. 19세기의 농민들이 마지못해 가졌을 시골 가구들이 현대 부르주아의 거실을 장식하고 있다고 르페브르가 말했듯이, 지금 서울의 상류층 가정들은 시골 행랑채에나 있었을 투박한 원목가구를 거실의 가장 중심부에 두고 애지중지하고 있다. 골동품이나 옛 양식의 가구에 대한 취미는 단순히 개인적인 여가선용이나 고가품에 대한 취미가 아니라 양식에 대한 노스탤지어, 그리고 일상과의 단절이라는 염원을 담고 있음을 그는 우리에게 깨우쳐 준다.

행동방식이라는 측면에서도 일상성은 양식을 완전히 추방해 버렸다. 그리고 이러한 양식에 대한 그리움은 한층 더 진하여, 그것을 되살리려는 노력은 거의 필사적이다. 우리의 추석 명절, 차례 풍습을 생각해 보자. 제기와 의복을 고루 갖춘 명문 선비가의 차례의식을 TV화면이 비추는 것은 이 양식에 대한 현대인의 강한 노스탤지어의 표현이다. 그러나 도시의 몇몇 개인이 이 양식을 되살리려 안간힘을 써보아도 차례상 뒤에는 서양식 장롱이 놓여 있는가 하면 사람들은 양복, 양장의 옷을 입고 있다. 모든 것이 어설프고, 채워지지 않은 과거에의 향수가 한층 더 공허감을 안겨줄 뿐이다. 양식을 상실한 현대인은 옛날의 양식을 되살리려는, 그리고 그 양식의 잔재, 폐허, 추억 속에 자리 잡으려는 눈물겨운 노력에도 불구하고 자신에게 하나의 양식을 마련하는 것에 실패했다. 양식은 하찮은 물건, 하찮은 행위, 무의미한 제스처 하나하나에까지 의미를 부여한다. 옛날 사람들은 모든 것을 양식에 의거해서 행동했다. 자신의 행동에 의미를 부여해 줄 양식이 사라진 오늘날, 사람들이 공허감, 권태, 무기력을 느끼는 것은 너무나 당연하다.

일상성 탈출로서의 축제

축제도 일상성의 정착과 함께 사라진 것 중의 하나다. 농경사회에 그 기원이 있는 축제는 산업화, 도시화와 함께 현대사회에서 사라져 버렸다. 오늘날 이것을 되살리려는 노력은 행정적인 지시, 또는 상업주의의 냄새를 풍긴다. 그 어느 것도 축제 본래의 의미와는 거리가 멀다. 르페브르의 저술에서 한 가지 특이한 것은 혁명을 축제의 성격으로 파악한 것이다. 폭력적이 건 비폭력적이건 간에 혁명은 일상과의 단절이고, 축제의 복원이라는 것이다. "지나간 시대의 혁명들은 모두 축제였다(잔인한 것은 사실이다. 그러나 모든 축제에 잔인하고, 방종하고, 폭력적인 측면이 있지 않은가?). 앞으로 일어날 수 있는 혁명은 갑자기 또는 서서히, 풍성함과 낭비를 만끽하고 강제력을 폭파시키면서 일상성에 종지부를 찍게 될 것이다. 그러니까 혁명은 단순히 경제적, 정치적, 이데올로기적 측면만으로 정의될 것이 아니라, 좀 더 구체적으로 일상의 종식이라는 측면에서 정의되어야 할 것이다."

물자를 마구 낭비하면서 온갖 사회적 구속력을 약화시킨 채 방종으로 치닫는 남미의 카니발을 연상하면 혁명과 축제의 유사성이 두드러진다. 우리나라 대학생들이 유리창을 깨부수고 화염병을 마구 던지는 행위에도, 비록 그들이 이념적 성향을 강하게 드러내기는 하지만 역시 이러한 축제의 해방감이 들어 있다는 것을 부인하기는 힘들다. 앙리 르페브르는 영어의 cool과 hot이라는 형용사를 사용하여 일상의 차가움과 축제의 뜨거운 성격을 대비시킨다.

광고, 현대성의 총아

일상성은 산업사회의 특징이고, 산업사회는 필연적으로 도시화를 가져온다. 따라서 일상성의 장소는 도시이다. 그리고 또 산업사회의 생산양식은 대량생산이므로 거기서 나오는 생산품은 당연히 규격화된 제품이다. 이것은 과거의 수공업적 생산품과 정반대의 성격을 갖고 있는 것으로, 여기서 제품(produit)과 작품(oeuvre)의 구분이 생겨난다. 양식의 소멸과 그대로 중복되는 부분이기도 하다. 대량생산의 도시사회에서는 당연히 대량소비가 이루어진다. 현대사회를 소비사회라고 말할 정도로 소비는 현대적 이데올로기가 되었다. 일상생활은 소비와 직결되어 있다. 따라서 일상성의 연구는 당연히 광고의 분석과 직결된다.

현대사회의 분석에서 아마도 광고만큼 중요한 분야는 없을 것이다. 광고의 위력은 아무리 강조해도 지나침이 없다. 그것은 우선 욕구를 창출한다. 자본주의 초창기에 기업가들은 시장도 소비자도 몰랐고, 또 알 필요도 없었다. 무작정 제품을 만들어 시장에 내놓았고, 필요한 사람들이 돈을 내고 그것을 샀다. 그러나 오늘날 생산자는 시장을 알아야 한다. 단순히 수요 측정을 위해서가 아니라 소비자의 욕구와 욕망을 파악하기 위해서이다.

더 나아가 오늘날의 생산자는 소비자가 실제생활에서 필요한 물건을 생산하는 것이 아니라 그들의 욕구와 욕망을 자극하는 물건들을 생산한다. 결국 소비자는 생산자에 의해 조직되고 유도된다. 이처럼 소비자의 욕망을 자극하는 역할을 담당한 것이 바로 광고이다. 광고 전문가는 그러니까 단순히 상품을 소비자에게 소개하는 소박한 매개자가 아니라 현대사회의 조물주이고 전능한 마술사라고 르페브르는 말한다. 광고는 우리 사회의 수사修辭이고 언어와 문학과 사회적 허상의 형성에 큰 기여를 한다. 광고 문안은 가끔 문학보다 더 진한 감동을 줄 때도 있다. 광고는 문학과 똑같은 비유적 기능을 갖고 있고, 일상성을 상상의 세계 속에 옮겨 넣는 능력을 갖고 있다. 문학과 거리가 먼 일반 대중은 일상적으로 접하는 광고의 영상과 문안 속에서 문학적 심미적인 체험을 한다.

현대사회에서 광고의 효력을 능가할 힘은 그 어디에도 없다. 미국 대통령선거에서 후보의 정견 발표를 TV광고로 제작했다는 이야기는 광고의 위력을 설명해 주는 극명한 예가 될 것이다. 그래서 광고는 마침내 우리 사회의 지배 이데올로기가 되었다. 광고는 상품에 현실과 상상이라는 이중의 존재를 부여한다. 가령 서양 부호의 일가를 연상시키는 광고 그림을 보고 그 상표의 티셔츠를 구입한 한국의 한 소비자는 단순히 티셔츠를 산 것이 아니라 서양 부호의 이미지도 함께 산 셈이다. 이때 이 티셔츠는 구체적인 물질이며 동시에 호사스러운 서양 부호의 기호記號이다. 즉 현실적 존재와 상상적 존재가 합쳐진 이중의 존재이다.

소비자를 만족시키는 것은 이 상상의 이미지이다. 그렇다면 그가 입는 것은 무엇인가? 실제의 티셔츠가 아니라 상상의 이미지이다. 소비자는 광고 문안을, 즉 기호(signe)를 소비한다. 이것은 광고 자체가 일차적인 소비재가 되었음을 뜻한다. 광고가 TV 프로보다 더 재미있다고 말하는 요즘 청소년들의 취향은 이것을 단적으로 증명해 준다. 현대사회에서 기호는 재화를 장식하며, 재화는 기호의 모습을 띠었을 때만 재화가 된다. 그 어떤 것도 광고적 이미지의 후광後光 없이는 별다른 가치가 없게 된다. 물건만이 아니라 인간이나 사회그룹도 마찬가지다. 대중의 우상인 연예인, 예술가들, 그리고 정치인들이 행하는 온갖 기행이나 과시적 행동들은 모두 이러한 광고적 이미지의 후광을 얻기 위해서이다.

언어의 힘

여기서 언어의 위력, 언어 이데올로기의 문제가 제기된다. 광고의 문제에서 보았듯이 언어가 모든 사물의 가치를 정한다. 사물 그 자체의 가치는 차라리 부차적이다. 언어만이 중요하다. 사물은 명명되고, 지시되고, 체계화되었을 때에만 사회적 존재를 갖는다. 권력은 사물에 이름을 붙이는 사람, 다시 말해서 언어를 다루는 사람의 것이다. 언어와 권력과의 관계는 미셸 푸코를 정점으로 현대에 와서 극명하게 부각되고 있다.

앙리 르페브르가 이 책의 마지막 부분에서 다룬 테러리스트 사회는 언어 특히 글(écriture 또는 chose écrite, 본문에서는 글, 글로 쓰인 물건, 혹은 글쓰기라고 번역했음)의 무서운 힘이 지배하는 사회이다. 그에 따르면, 거리에 피가 흐르고 폭력이 난무하는 그런 사회는 테러리스트 사회가 아니다. 적색 공포건 백색 공포건 간에 정치적 공포는 오래 가지 못한다. 이보다 더 무서운 것은 공포가 암암리에 널리 퍼져 있고, 폭력은 잠재 상태이며, 압력이 모든 방향에서 사회 구성원들에게 가해지는 그런 사회이다. 각자가 자신의 테러리스트가 되어 자기를 억압하고, 자신을 고발하고, 벌주는 그런 사회야말로 테러리스트 사회이다. 르페브르는 이런 사회의 예를 미국에서 찾았는데, 거기서는 전유專有(appropriation)보다 강제(contrainte)가 우세하다고 말한다.

전유와 강제

이때 전유專有란 포이에르바하적 의미에서 자신의 본질을 재소유한다는 의미이고, 따라서 소외에서의 탈피를 뜻한다. 그러니까 전유보다 강제가 우세하다는 것은 자신의 존재를 자신이 소유하지 못하고, 사회적인 여러 구속력에 자신의 존재를 빼앗겼다는 의미이다. 그는 테러리스트 사회의 토대를 글에 두었다. 글이란, 특히 인쇄된 글이란 응집력과 고착력이 있어서 그 안에 마술적인 것과 합리적인 것이 한데 합쳐진다.

순진한 사람들은 신문을 앞에 놓고 "여기 신문에 이렇게 쓰여 있어"라고 말하고, 자신이 순진하지 않다고 자부하는 사람들은 유인물을 앞에 놓고 "여기 증거가 되는 자료가 있소"라고 말한다. 그들은 모두 글이 어떻게 거짓말을 할 수 있느냐는 확신에 찬 믿음을 갖고 있다. 모세의 지도력을 강화해 준 십계명의 예가 보여주듯 글로 쓰인 물건은 이토록 무서운 힘을 발휘한다.

글은 본질적으로 차가운 것이다. 강제적이므로 차갑고, 또 차가우므로 강제적이다. 글은, 그것을 읽는 사람들에게 그대로 명령을 내린다. 글을 통한 지배, 그것이 이루어지는 장소가 바로 일상생활이다. 앙리 르페브르가 일상생활의 분석에 그토록 열의를 보인 것도 그런 이유에서였다. 그는 책의 결론 부분에서, 단순히 국가나 재산관계의 변형만이 아니라 우리의 삶을 개조하는 방향의 문화혁명을 주장했다. 그것은 잃어버린 양식과 축제를 되살리고, 자신의 존재를 자기가 소유하는 상태를 의미한다. 결국 도시의 메마른 일상성 속에서 상실한 우리의 인간성을 회복하자는 이야기가 될 것이다.

서울 1990년

앞으로는 컴퓨터를 모르면 곧 문맹으로 간주될 사회가 될 것이라고 한다. 일본의 무서운 부상도 컴퓨터, 로봇 등 인공지능 분야의 발달 때문이다. 여성해방 운동이니 종족 간, 민족 간, 국가 간의 투쟁 또는 계급 간의 투쟁 같은 종전의 갈등에, 컴퓨터 문맹과 컴퓨터 해득자 간의 갈등이 새롭게 추가될 전망이다.

　이러한 예감 속에서 왠지 낙오되는 듯한 막연한 불안감과 동시에 과거에 대한 진한 향수를 느끼는 것이 현대인이다. 현대성은 인간을 한없이 소외시키면서도 또 한편으로는 엄청난 매력을 갖고 있어 우리는 그 고독과 불모성을 사랑하지 않을 도리가 없다. 앙리 르페브르의 『현대세계의 일상성』 또는 『인공지능 인간을 향하여』(Vers le cybernanthrope)등 현대성을 다룬 일련의 책들을 읽고 내가 전율에 가까운 기쁨을 느꼈던 것도 그 때문이다.

　현대성의 가장 큰 특징은 우리가 상품의 세계 속에 살고 있다는 점이다. 상품은 소비의 대상인데, 물건만이 아니라 인간까지도 상품이 되어 소모되고, 소비되고, 시장에서 가격과 등급이 매겨진다. 소비는 광고와 불가분의 짝을 이루고 있으므로 광고는 가장 현대적인 현상이다. 모든 것이 상품인 세상에서는 광고야말로 최상의 명령이 아닐 수 없다.

　그래서 르페브르는 광고를 우리 시대의 이데올로기이며 상부구조라고 부르고, 그것은 단순히 물건의 소개에 그치는 것이 아니라 상품의 수사修辭이며, 이 사회의 의식儀式 그 자체라고 말했다. 광고는 그 모델들의 아름다운 미소 뒤에 엄청난 사회적 테러(Terreur)를 감추고 있다고도 말했다.

　그런데 이데올로기란, 언어라는 교통수단을 통해 전달되고 소통된다. 따라서 언어의 중요성이 부각된다. 최근에 와서 언어학과 기호학이 모든 인문—사회과학의 절대적인 기초로 간주되고, 언어가 곧 권력의 수단이라든가하는 말이 나오는 것은 결코 우연한 일이 아니다. 그런데 상품이 소비되고 광고와 언어가 기능을 발휘하는 것은 일상생활 속에서이다. 르페브르가 현대성은 곧 일상성이라고 주장하는 이유이다.

무의미하고 단조롭기 짝이 없는 일상성에 이와 같은 의미를 부여하는 발상이 매우 참신하게 느껴졌다. 특히 일상성의 문제, 또는 문화의 대량소비 문제를 다룸으로써 현대성을 예고한 가장 전형적인 문학작품의 예로서 제임스 조이스의 『율리시스』, 그리고 플로베르의 『부바르와 페퀴세』를 든 것도 문학 전공자로서는 매우 흥미 있는 부분이었다.

이 책은 갈리마르 출판사의 1968년도 판 *La vie quotidienne dans le monde moderne*(현대세계의 일상생활)을 번역한 것이다. 이제야 우리도 현대성의 문제를 실감하기 시작한다. 가령 먹고 살기에 바빠서 조선시대 목가구의 수집 따위에는 눈길을 돌릴 여력도 없었고, 광고는 상품을 소개하는 유치한 단계에 머물러 있었으며, 오너 드라이버를 선진국 백인사회에나 있는 현상쯤으로 인식하던 60년대 말에 이 책을 읽었다면 우리는 자동차에 대한 열광이나 광고의 엄청난 영향력 등의 주제를 어떻게 이해했을까? 20년의 시차를 두고 이제야 번역 소개하는 이유가 여기에 있다.

끝으로 이 책에서 인식의 도구로 사용된 기호학의 용어들을 간단히 해설하여 첨가했는데, 이로써 현대의 저작물에 자주 등장하는 기호학 용어에 당황하는 젊은 독자들에게 조금이나마 도움이 되었으면 하는 것이 역자의 바람이다.

— 이글은 1990년 『현대세계의 일상성』 초판 발행 당시 역자가 쓴 서문입니다.

1990년 박정자

용어해설(用語解說)

* 이 용어 해설은 역자가 독자의 이해를 돕기 위해 임의 삽입한 내용으로 책을 읽기 전에 참조하기 바랍니다.

언어활동(langage)·언어(langue)·말(parole)

우리말로는 언어 또는 말로 똑같이 번역될 수 있지만, 랑가주(langage), 랑그(langue), 파롤(parole)이라는 세 용어는 현대 언어학의 창시자인 소쉬르에 의해 엄격히 구분되었다. 우선 "언어와 말은 언어활동을 형성한다."(Langue et parole forment le langage)라는 소쉬르의 문구가 압축해 보여주듯 언어(랑그)와 말(파롤)은 각기 언어활동의 한 부분이다.

우선 랑그(langue)는 언어활동의 능력을 개인이 행사할 수 있도록 사회 전체에 의해 채용된, 필요한 약정約定(convention)의 총체이다. 이 것은 모든 사람들의 머릿속에 차곡차곡 들어 있는 구술 이미지의 총화이다. 즉 기호들의 추상적인 체계이다. 좀 더 구체적으로 말해 보자면, 언어는 사전 속에 들어 있는 모든 낱말이며 전체 개인들의 머릿속에 잠재적으로 존재하는 문법 체계이다. 우리가 말을 할 수 있는 것은 우리의 머릿속에 이와 같은 사회공동체적 문법체계가 들어 있기 때문이다. 그러나 창고 속의 보물 같은 이 거대한 문법체계의 저장품도 실제 인간에 의해 말해지지 않으면 이 세상에 그 존재를 드러낼 수 없다. 머릿속에 들어 있는 방대한 문법체계와 수많은 단어들 중 가장 적합한 것을 적재적소에 골라 쓰는 것, 이것이 파롤이다.

언어학자들은 좀 더 분명히 하기 위해 파롤을 개인 언어로 번역하기도 한다. 언어는 한 사회에서 이미 정해진 약정이므로, 개인들은 그 언어를 배우기 위해 피동적으로 그것을 습득하기만 하면 된다. 그러나 말은 개인의 의지의 소산이며 지적인 행위이다. 언어(랑그)는 사회적이고 본질적인 것인데 반해, 말(파롤)은 개인적이고 부수적 우연적이다. 다시 말하면 말은 한 개인이 사용하는 언어(langue)이다. 이런 의미에서 파롤은 담론談論(discours)이나 사행事行(procès)과 비슷하다. 사행은 체계(système)의 반대말이고, 동사가 나타내는 동작·추이·사태를 총괄하는 개념이다.

통합적統合的(syntagmatique), 전언傳言(message), 언어수행言語遂行(performance), 실제사용(usage), 문체론文體論(stylistique)등이 파롤의 부분적인 재해석이라 할 수 있다. '통합적'의 반대 개념은 '계열적'(paradigmatique)이고, '전언'의 반대말은 약호略號이며, '언어수행'의 반대말은 '언어능력'(compétence), '실제사용'의 반대말은 '도식'(schéma), 문체론의 반대개념은 '언어학'(linguistique)이다.

시니피앙(기표記表 signifiant), 시니피에(기의記意 signifié)

꽃이라는 말을 예로 들어보자. 우리 귀에 들리는 '꽃'이라는 청각 이미지, 또는 종이 위에 쓰인 '꽃'이라는 시각적 이미지가 바로 기표이다. 그리고 이 청각적 또는 시각적 이미지가 나타내주는 '꽃'이라는 사물의 개념, 그것이 바로 기의이다. 시니피앙(signifiant)과 시니피에(signifié)는 프랑스어로 '의미하는 것'과 '의미된 것'의 뜻이다. 다시 말해서 기호의 물질적 표현이며, 의미의 실체實體를 형성하는 일련의 음운音韻과 문자가 기표이다. 한 개념, 즉 시니피에(기의)를 지시하는 구체적 형태인데, 최초로 이러한 이분법二分法을 시도한 소쉬르에게서는 귀로 지각할 수 있는 일련의 소리(청각적 이미지)만이 시니피앙(기표)이었다. 그러나 이 소리는 이차적으로 도형적 기호에 의해 표현될 수 있기 때문에 글자 또는 시니피앙에 포함되었다. 소쉬르는 기호記號의 두 역동적 요소인 시니피앙과 시니피에를 종이에 비유하며 겉면은 시니피앙, 뒷면은 시니피에라고 말했다. 옐름슬레브(L.Hjelmslev) 같은 언어학자는 signifiant/signifié의 이분법을 택하기는 했으나 그것을 '언어의 면'(plan du langage)이라고 부르고, 시니피앙을 '표현 의면'(plan de l'expression), 시니피에를 '내용의 면'(plan du contenu) 이라고 명명했다.

지각의 수준에서건 발화發話의 수준에서건 시니피앙은 지시대상화하는 경향이 있고, 따라서 세계 안에 주어진 하나의 물건처럼 보이게 된다. 이것이 시니피앙의 물질적 측면이다. 본서에서 기표를 물질로 취급하는 말들(예컨대 "둥둥 떠다니는 기표를 붙잡아……"등)은 여기서 나온 것이다. 구체적으로 예를 들어보면, 최초에 '꽃'이라는 말은 이 세상에 실제로 있는 '꽃'이라는 물건을 가리켰다. 즉 '꽃'이라는 사물이 '꽃'이라는 말(또는 시니피앙)의 지시대상이었다. 그러나 차츰 사람들은 '꽃'이라는 말 자체에서, 실제의 그 사물이 우리에게 주던 감흥을 느끼게 되었다.

여기서 여러 가지 다른 이미지들이 파생하여 최초의 지시대상과 완전히 무관하게까지 된다. 말과 사물, 시니피앙과 시니피에, 기호와 지시대상 사이에 분리가 일어나는 것이다. 이것이 말의 물질화 현상이고, 시니피앙의 물화 현상이다.

글쓰기(écriture)

원래 에크리튀르는 목소리에 의한 말을 좀 더 항구적인 형태로 남기기 위해 고안된, 도형으로 이루어진 기호들의 체계, 즉 글자이다. 그러나 이 말은 기호학적 문학평론가 롤랑 바르트가 공쿠르에게서 원용해 문학적 기호학 속에 도입함으로써 유명해졌다. 1879년에 공쿠르는 '예술적 에크리튀르'(L'écriture artiste)라는 말을 씀으로써 에크리튀르에 '쓰는 방법, 또는 쓰는 행위를 실현시키는 방법'의 의미를 부여했다.

롤랑 바르트는 '글쓰기의 영도零度'(Le degré zéro de l'écriture)라는 책을 쓰기도 했는데, 그에게 있어서 에크리튀르는 문학작품의 형식적 실체를 뜻한다. 문학작품의 형식적 실체는 다시 사회언어적(sociolectal) 측면과 개인언어적(idiolectal) 측면으로 나눌 수 있는데, 이중에서 에크리튀르는 사회언어적 특성을 갖고 있으며, 따라서 개인언어를 특징짓는 문체(style)와 대립된다. 그래서 이것은 언어(langue)와 문체(style)의 한중간에 위치해 있다고 말할 수 있다. 결국 에크리튀르는 한 작가, 한 장르, 한시대의 이데올로기를 드러내준다. 예컨대 19세기 프랑스의 소설이 단순 과거를 즐겨 사용한 것은 부르주아적 글쓰기의 특징이었다.

그러나 본서에서는 에크리튀르가 반드시 롤랑 바르트적 의미로 쓰였다기보다는 단순한 글쓰기 혹은 글 자체를 의미하는 듯하다.

문집文集(corpus)

라틴어에서는 몸체 또는 같은 학문 분야에 관계되는 논문 및 자료의 문집文集을 뜻한다.

전통 언어학에서는 분석을 위해 모아 놓은 언표言表(énoncés)들의 한정된 전체, 즉 연구대상을 뜻한다. 기호학에서는 통합적 문집 (corpus syntagmatique-한 작가의 텍스트 전체, 계열적 문집(corpus paradigmatique —이야기의 다양한 변이체의 전체) 등이 있는데, 이러한 문집들은 결코 완결되거나 완벽한 것이 아니고 다만 대표적(représentatif)이며, 거기서 생겨나는 설명의 모델은 단지 가정적, 투영적投影的, 예언적일 뿐이라는 전제가 따른다.

담론談論(discours)

언어학에서는 언어기능의 수행을 담론이라고 한다. 즉 언어라는 추상적 체계의 반대로서, 관찰할 수 있는 모든 언표, 발음된 문장들, 쓰인 글들이다.

철학에서는 우선 일반적 의미로 사고의 언어적 표현(expression verbale de pensée) 이다. 두 번째로는 직관과 반대 의미로, 연역 또는 추론과 동의어이다. 즉 직관에 의한 직접적인 인식이 아니라 언어 및 다른 추론에 의해 간접적으로 목표에 도달하는 인식이다.

기호학에서는 기호학적 사행事行(procés sémiotique)의 개념과 같고, 텍스트(texte)와 동의어이다. "담론이란 구체적이며 생생한 전체성 속에서의 언어이다. 말하자면 구체적 전체적 현상으로서의 언어이다. 담론은 언표이다"라는 바흐친의 말이 담론의 기호학적 의미를 잘 요약해 주고 있다.

미셸 푸코에 의하면 일상적 화제, 포고령, 계약서, 기계 사용방법 등이 모두 담론이고, 기호학적 모든 분야가 담론(문학적 담론, 철학적 담론, 종교적 담론, 법률적 담론, 의학적 담론 등)이다. 그는 담론을, 권력이 강제를 행사하는 통로로 보고 이것을 매우 중시했다.

담론은 텍스트와 마찬가지로, 언어가 아니라 하더라도 통사론적 체계로 형성된 모든 기호학적 사행事行을 지칭한다. 예컨대 어떤 의식儀式, 영화, 만화, 발레 같은 것도 기호학에서는 담론 또는 텍스트이다.

동위소同位素(isotopie)

J. 그레마스(J. Greimas)가 물리, 화학 분야에서 따온 용어로 통합적統合的 연쇄선連鎖線(chaîne syntagmatique) 상에서의 분류소分類素의 반복성을 의미한다. 문법적 동위소가 있고, 의미론적 동위소도 있다. 의미가 확대되어 분류소의 반복성만이 아니라 의미소意味素(그것이 주제적이든 구상적具象的이든 간에)의 재귀성도 지칭하게 되었다.

예를 들면 말라르메의 시 「구원」(Salut)에서 구상적具象的 동위소(연회, 항해, 글쓰기 banquet, navigation, écriture)는 주제적 동위소(우정, 고독, 도피, 창조 amitié, solitude, évasion, création)에 대응한다.

메타언어(M.talangage)

비엔나 학파와 폴란드 학파의 언어학자들이 "우리가 말하는 언어와 우리가 그것에 대해 말하는 언어를 뚜렷이 구별할"(de distinguer nettement la langue dont nous parlons de la langue que nous parlons) 필요성에서 도입한 용어이다. 다시 말하면 언어에 관해 말하거나 언어를 묘사하는 데 쓰이는 자연언어 또는 형식화된 언어를 뜻한다. 이것은 자연언어가 '사물'에 대해 말할 수 있는 능력만이 아니라 자기 자신(언어자체)에 대해 말할 수 있는 능력도 갖고 있기 때문에 가능한 것이다. R.

야콥슨(R. Jacobson)은 이것을 메타언어적 기능(fonction métalinguistique)
이라고 불렀다.

본서에서 앙리 르페브르는, 한 메시지의 약호略號에 관한 메시지
라고 메타언어를 정의한다. 즉 화자話者가 한 단어를 정의하기 위해,
또는 한 의미를 분명히 하기 위해 자신이 앞서 한 말을 다시 문제 삼을
때, 이것이 메타언어라는 것이다. 따라서 메타언어는 담론에 대한 담
론이고, 두 번째 등급의 담론이다. 담론 안에는 메타언어적 기능이 본
질적으로 들어 있다고 할 수 있다. 또 메타언어는 담론보다 선행하는
것이며, 동시에 후속적인 것이라고도 할 수 있다. 왜냐하면 약호略號에
선행하는 의사소통(문법체계라든가 그 외 여러 약정), 즉 메타언어가 없다면
담론도 있을 수 없기 때문이다. 따라서 메타언어는 언어습득을 위한
한 부분이다. 이처럼 언어활동(langage) 또는 언어(langue)에 선행하는
메타언어는 이것들의 뒤에 오기도 한다. 모든 언어학, 기호학 등이 그
것이다.

그런데 지시적 기능과 메타언어적 기능 사이에는 갈등관계가 있
다. 메타언어적 기능이 지시적 기능을 잠식하고, 그것을 대체하는 경향
이 있기 때문이다. 언어와 담론이 서로를 지시대상으로 삼을 때 메타
언어의 지배가 시작된다.

메타언어는 담론에 대해 이차적 기능을 하면서 지시대상들을 멀
리하고 그것들을 해체한다. 지시대상이 사라질 때마다 메타언어의 확
장이 예고된다. 지시대상이 떨어져 나가면 기표記表는 분리되고 해방
되어 처분 가능한 물건이 된다. 메타언어는 이 기표들을 사로잡아 그
것들을 이차적으로 사용한다.

그래서 앙리 르페브르는 현대의 소비자가 메타언어에 집착하는 경향(광고에 좌우되는 소비자의 심리)을 들어, 문화의 소비는 기호記號의 소비라고 단정한다. 예를 들어, 베네치아의 관광객은 베네치아 자체가 아니라 베네치아에 대한 담론을 흡수한다는 것이다.

지시대상(référent)

레페랑시엘(référentiel)은 레페랑(référent)의 형용사형이지만 르페브르는 이것을 다시 명사적으로 썼다.

지시대상(référent)은 원래 자연언어가 지시하는 '실재' 세계의 물건 들이다. 즉 '꽃' '책상' 등이다. 그러나 이 용어는 추상적인 현상을 지시하기에 불충분하므로 결국 지시대상은 성질, 행동, 실제사건, 그리고 상상의 세계까지를 포함하게 되었다. 언어의 세계(l'univers linguistique)와 지시 대상의 세계(l'univers référentiel)는 글자 그대로 일치하지는 않는다. 어떤 문법적 범주는 적당한 지시대상이 없고, 한편 인칭대명사 같은 지시어는 고정된 지시대상이 없이 매번 다른 대상을 가리킨다.

문학적 담론은 지시대상의 부재 또는 허구적, 상상적 지시대상과의 일치로 정의된다. 실재의 담론(discours réel)이건 허구의 담론(discours fictif)이건 간에, 모든 담론은 자기 고유의 내적 지시대상(son propre référent interne)을 만들고, 그렇게 함으로써 지시대상적 담론의 수준(niveau discursif référentiel)을 스스로에게 마련한다. 이 수준은, 이것이 전개시킬 다른 담론적 수준들(niveaux discursifs)의 토대가 된다.

텍스트(texte)

원래 뜻은 주석, 또는 번역에 대한 원문, 또는 본문이다. 또 혹은 텍스트 설명(explication de textes)이라는 용어에서 볼 수 있듯이 한 작가의 사상 또는 예술을 특징적으로 보여주는 작품의 한 부분을 뜻한다.

기호학에서 텍스트는 담론(discours)과 동의어이다. discours에 일치하는 단어 discourse를 가진 영어를 제외하고는 다른 나라들에서 discours의 번역어로 texte를 쓰는 것만 보아도 그것을 알 수 있다. 가끔 한정적 의미로 한 작가의 작품이나 알려진 자료, 또는 수집된 증언 등 선택된 대상을 뜻하기도 하는데 이때 텍스트는 문집(corpus)과 동의어가 된다.

담론과 마찬가지로 텍스트도 언어적 형태만이 아니라 통합적 축(axe syntagmatique)을 가진 모든 인간행위를 지칭한다. "인간의 행위는 하나의 잠재적인 텍스트"라는 바흐친의 말이 그것이다. 따라서 인문과학이 곧 텍스트 분석이라는 정의도 가능하다. 왜냐하면 모든 인간은 "늘 스스로를 표현하고(말하고) 있기 때문에, 다시 말하자면 하나의 텍스트를 창조하고 있기 때문"이다.

전체성

전체성이란 대상성 속에서 자기와 화해하는 정신이다. 인간은 주관성만으로는 결핍과 불안감을 느껴 대상 속으로 나아간다. 이 대상 속에서 다시 자기와 화해하는 정신이 바로 전체성이다. 요컨대 전체성이란 주관과 객관의 일치이다.

이처럼 인간은 전체성을 지향하는 전체적 인격체이다. 한 인간

은 기본적으로 생물학적 욕구충족에 관심이 있지만 동시에 고상한 정
신적 즐거움을 추구하기도 한다. 이기적인 욕심이 있기도 하지만 동시
에 사회적 공동선을 지향하기도 한다. 불 같은 감성의 측면이 있는가
하면 얼음같이 차가운 이성의 측면도 있다. 스스로를 하나의 전체로서
느끼는 것은 인간의 기본적인 욕구이다.

그런데 하루 종일 공장의 조립 라인에 앉아 나사만 조이고 있다
면 그의 전체성은 파편화되고 말 것이다. 생산현장이 아닌 화이트칼라
의 사무실도 마찬가지다. 산업혁명 이후 자본주의 체제하에서 전개된
노동의 분업 현상은 한 인간의 능력을 분열시켰고, 인간 각자를 서로
분리시켰으며, 전체적인 세계관 대신 편협한 부분적인 관심만을 심어
주었다. 한 마디로 전체성은 와해되었고, 인간의 소외와 고독은 심화
되었다. 전체적 과정을 알지 못한 채 전체의 한 부분을 위해 부속품처
럼 일하고 있는 현대인은 이 소외와 고독 속에서 더욱 전체성에의 욕
구를 절실하게 느끼게 된다.

그런데 마르크스와 루카치 등의 추종자들에게 있어서 인간성의
조화로운 통일이라는 전체성은 오직 계급 없는 사회에서만 가능하다.
루카치의 리얼리즘 문학론과 사르트르의 참여문학론이 계급투쟁적
인 사회혁명을 목적으로 하고, 프롤레타리아를 그 중추세력으로 간주
하는 이유가 여기에 있다. 루카치는 『역사와 계급의식』에서 한 계급이
자기 인식에 이르기 위해서는 사회 전체를 정확하게 파악해야 하는데,
부르주아지는 그것이 불가능하다고 말했다. 왜냐하면 그들의 지식은
소수이익의 표현에 불과하고, 부르주아 사회의 진정한 본질을 교묘한
말로 호도하기 때문이라는 것이다. 그러나 프롤레타리아는 전체적 구

조와 연결지어 사회를 바라보는 것이 가능하기 때문에 사회적 전체성을 파악했고, 절대적 진리를 소유하고 있다고 그는 주장했다.

이처럼 전체를 소외 이론과 관련지어 보는 것은 포이에르바하 등 헤겔 좌파 이론에 그 뿌리가 있다. 그러나 전체를 개인에 대한 사회적 통일체, 다시 말해서 공동체로 보는 이론도 있으며, 이 역시 헤겔 사상에 근거하고 있다. 헤겔이 조감하는 공동체는 개인에 대하여 강한 지배력을 가지고 있어서, 개인의 입장에서 보면 소원한 대상인 듯하다. 그러나 실은 이것이 개인을 살리는 본바탕이며, 또 전체는 부분이 없으면, 다시 말해서 사회는 개인이 없으면 존재할 수 없다. 따라서 개인은 단순히 전체의 한 부분이 아니라 마치 관절처럼 전체를 구성하는 유기체적 마디가 된다. 헤겔은 이러한 개인을 공동적 존재라고 불렀다.

르페브르가 이 책에서 말하는 전체성은 전유專有의 개념에서와 마찬가지로 소외의 반대, 즉 주관과 대상의 조화로운 통일을 이룬 정신으로서의 전체성이다.

전유

『현대세계의 일상성』을 읽으며 독자들은 무수하게 나오는 전유專有라는 단어에 조금 당혹감을 느낄지 모르겠다. appropriation(영어와 불어의 스펠링이 똑같다)은 일상성을 극복하기 위해 앙리 르페브르가 개진한 가장 핵심적인 개념이다. 영어 사전에는 [전유, 사용私用, 도용盜用, 충당, 할당, 정부 지출금]으로 되어 있고, 불어 사전에는 [자기 것으로 삼기, 점유, 소유, 가로채기, 횡령, 착복]으로 되어 있다. 그러니까 소유는 소유이되, 남의 것이나 공동의 것 혹은 원래 자기 것이었어도 빼앗겨

남의 것이 된 것을 다시 자기 것으로 소유한다는 의미이다. 초판에서는 '소유'라고 번역했으나 개정판에서는 '전유'로 고쳤다.

전유는 우선 미술사에서 아주 중요한 개념이다. 그것은 실제의 사물 혹은 기존의 예술 작품의 소재를 자기 작품 안에 들여오는 행위이다. 그림에 신문지 조각들을 붙인 피카소나 조르주 브라크의 콜라주 작품이 이에 해당된다. 1915년 마르셀 뒤샹은 남성용 소변기에 자기 이름을 사인하여 「샘」(Fountain)이라는 제목으로 출품했다. 소위 레디메이드의 시작이다. 이 기법은 나중에 초현실주의자들에게서 만개하여 살바도르 달리는 검정색 전화기의 수화기 부분에 바다 가재를 올려놓고 「바다 가재 전화기」(Lobster Telephone)라는 제목을 붙였다. 1980년대 이후 제스퍼 존스나 로버트 라우셴버그 혹은 제프 쿤스 같은 미국의 팝 아트 화가들도 이런 기법을 즐겨 사용했다. 특히 셰리 리바인은 클로드 모네나 카시미르 말레비치 같은 기존 화가들의 그림을 복제했는데, 이것은 친숙한 이미지를 가지고 새로운 상황, 새로운 의미를 창조하기 위함이라고 했다.

이처럼 전유 미술(appropriation art)은 다른 예술작품의 소재를 원본의 문맥과 다르게 자기 작품에 원용하는 것으로, 인용이나 표절과는 다른 개념이다. 이것은 작품의 원본, 진본, 저자(originality, authenticity, authorship)의 문제를 제기하는 근대 회화의 전통적 문제의식과 맥이 닿아 있다. 독일 철학자 발터 벤야민은 일찍이 1934년에 『기술복제시대의 예술 작품』(The Work of Art in the Age of Mechanical Reproduction)에서 이와 같은 문제를 제기했으며, 비교적 최근에는 미국의 비평가 로살린드 스트라우스가 『아방—가르드의 독창성과 다른 모더니스트 예술가들의 신화』(The Originality of the Avant-Garde and Other Modernist Myths)(1985년)에서 이 문제를 다루었다.

이때 appropriation과 비슷한 말에는 유사(analogy, likeness, simile), 모사(simulacrum, simulation), 복제(copy, reproduction, replica, representation), 경의(homage) 등이 있다.

전유는 사회학적으로 특히 미국에서 중요한 개념인데, 그것은 중심적 권력에서 배제된 사회적 약자들의 정체성 되찾기와 관련이 있다. 예를 들어서 queer(동성애자)나 nigger(흑인)는 주류의 사람들이 동성애자나 흑인같은 소수자들을 경멸하기 위해 붙인 말인데, 그 당사자들이 다시 이 말을 자기들 것으로 회수하여 그것을 당당하게 사용한다는 것이다.

문화적 전유(cultural appropriation)도 있다. 이것은 한 문화 내부의 귀중하고 가치로운 어떤 요소들을, 그것에 대한 정당한 존중이 없이 외부 사람들이 상업적으로 사용하는 것을 뜻한다. 힌두 신의 문양을 문신으로 사용한다든가, 폴리네시아 종족의 아이콘이나 한자漢字 등을 그 실제의 문화적 의미나 가치를 이해하지 못하는 사람들이 단순히 몸치장으로 또는 마케팅의 수단으로 사용하는 것이 그 예이다. 보이 스카우트가 아메리카 인디안의 의식儀式이나 명칭을 사용하는 것도 문화적 전유에 분류된다. 체게바라의 얼굴이 그려진 티셔츠도 이런 문화적 전유의 좋은 예가 될 것이다.

그러면 앙리 르페브르는 전유를 어떤 뜻으로 썼을까? 우선 제5장의 다음 구절에서 우리는 그 단서를 엿볼 수 있다.

종전의 명제들을 다시 취하면서 마르크스는 교환가치와 돈과 이들의 실질적 권한이 무한정하게 확장되는 위험을 경고했다. 상품의 형식, 논리, 언어, 세계를 폭로하면서 그는 상품의 파괴적이고도 창조적인 힘을 동시에 보여주었다. 즉 한편으로는 상품의 심각한 결과와 잠재성을 보여주고, 또 한편으로는 이 무서운 힘을 제한할 수 있고, 시장과 그 법칙을 통제할 수 있으며, 사람들에게 자신들의 사회적 자연적 존재를 전유하는 것이 자연을 지배하는 것 보다 한층 더 중요함을 납득하게 해주는 사회적인 힘을 보여주었다.(p.343)

　인간에게는 자신의 '사회적, 자연적 존재를 전유하는 것'이 가장 중요하며, 이것은 교환가치가 지배하는 자본주의적 사회 질서와 반대의 것이라는 의미인데, 그 '사회적 자연적 존재의 전유'가 무엇인지는 몇 페이지 뒤에 구체적으로 나온다.

　　　정신적으로 '작품'이란 예술적 사물이 아니라 자신을 알고, 자신을 이해하고, 자기 자신들의 조건들을 재생산하고, 자신의 자연과 조건들(육체, 욕망, 시간, 공간)을 전유하고, 스스로 자신의 작품이 되는 그러한 행위이다.(p.355)

　그러니까 전유란 자신의 육체, 자신의 욕망, 자신의 시간을 타인에게 맡기는 것이 아니라 그것들을 스스로 장악하고 주체적으로 관리한다는 의미이다. 결국 소외되지 않은 인간, 자기 존재를 자기가 소유하고 있는 인간을 말하는 것이다. 따라서 전유의 반대말은 강제가 된다. 자신의 존재를 자기가 소유하는 것이 아니라 타인의 의사에 따라 모든 것을 결정하므로, 그것은 강제일 수밖에 없다. '전유와 강제는 갈등적, 복합적 관계'라거나 '전유는 강제의 정복을 뜻한다', 혹은 '강제가 많을수록 전유는 줄어든다'라는 구절들이 바로 전유와 강제의 반대항적 성격을 잘 보여주고 있다.

데노테이션과 코노테이션

데노테이션(dénotation)과 코노테이션(connotation)은 옐름슬레우가 처음으로 말했으나 롤랑 바르트가 차용하여 널리 퍼뜨린 이후 기호학의 중요한 개념으로 정착했다. 기표와 기의의 결합에서 의미작용이 생기는데, 이 의미 작용 역시 두 개의 층위가 있다. 그 첫 번째 층위가 데노테이션으로, 이것은 단어의 '글자 그대로의 의미' '명백한 의미' 혹은 '상식적인 의미'이다. 우리말로는 외시外示라고도 한다. 우리가 사전에서 찾아보는 말들의 의미가 바로 이것이다.

의미작용의 두 번째 층위인 코노테이션은 한 단어가 가진 사회 문화적 연관 혹은 이데올로기적 연관을 지시하는 개념이다. 예컨대 니그로(negro)라는 단어는 글자 그대로의 사전적인 의미는 '피부가 검은 사람'이라는 뜻이지만, 사회, 문화적, 이데올로기적인 의미는 '백인 사회에서 천대받는 유색인종'을 뜻한다. 이것이 코노테이션이고 우리말로는 공시共示라고도 한다. 데노테이션(지시)는 단 하나지만 코노테이션(함의含意)는 무수하게 많을 수 있다. 윌든(Wilden)은 데노테이션을 디지털 코드로, 코노테이션을 아날로그 코드로 간주하기도 했다.

모든 기호에는 데노테이션과 코노테이션이 있다. 데노테이션의 층위에서 기호는 기표와 기의가 결합되어 있다. 그런데 코노테이션은 이 기호, 그러니까 '니그로'라는 시각적, 청각적 물질성과 '검은 피부의 사람'이라는 의미가 결합된 이 기호를 다시 하나의 시니피앙으로 삼아 그것의 시니피에를 찾는 것이다. 그러므로 코노테이션은 표시적 기호를 시니피앙으로 삼아 거기에 또 다른 시니피에를 추가시키는 2차의 미작용이다. 따라서 시니피앙과 시니피에를 정하는 것은 전적으로 분석의 수준에 달려 있다. 한 쪽 층위에서 시니피앙인 것이 다른 쪽 층위에서는 시니피에가 되기 때문이다. 바르트는 이런 2차 의미작용을 넘어 세 번째 단계의 층위도 있다고 말한다. 다름 아닌 신화의 층위이다.

마릴린 먼로의 사진을 예로 들어보자. 표시적 수준에서 이것은 마릴린 먼로라는 한 배우의 사진이다. 그리고 함의적 층위에서 이것은 한 여배우가 표상하는 글래머, 섹슈얼리티, 아름다움을 뜻한다. 그러나 세 번째 단계에서 이것은 헐리우드적 신화, 그리고 글래머 배우가 만들어내는 아메리칸 드림을 뜻한다. 이것이 신화의 단계이다. 이 세 번째의 신화적, 이데올로기적 의미작용은 주류 문화의 세계관을 드러낸다.

제 1 장

하나의 탐구와
몇 개의 발견 제시

1. 반세기 동안에……

당신 눈앞에 1900년 이래의 달력이란 달력들은 모두 모아 놓았다고 가상해 보라. 그리고 이 달력더미에서 무턱대고 한 개만 뽑아보라. 아마 금세기 초의 어떤 해가 될 것이다. 그러고선 당신은 눈을 감고 연필로 아무 날에나 하루를 표시해 보라. 그것이 6월 16일이라고 치자. 이제 당신은 적어도 우리 서구에서, 그리고 유구한 역사를 자랑하는 우리의 조국에서 비교적 평화스럽게 번영을 구가했던 이 해의 엇비슷한 날 중의 그날, 꼭 무슨 일이 일어났는지를 알고 싶을 것이다. 당신은 국립도서관이나 신문사로 찾아가 볼 것이다. 당신은 수많은 사실들, 사건들, 그 시대의 저명인사들이 토한 발언들, 그리고 훼손되거나 뭉개진 수많은 뉴스들, 또 전쟁임박설이나 진행중인 혁명에 대한 언급을 발견하게 될 것이다. 만일 당신이 시간의 심연 속에 숨어서 다음에 일어날 일은 무엇인지를 예상한다면(또는 그 당시의 중요 인사들이 예상했던 사실을 생각한다면) 당신은 거의 아무것도 발견하지 못 할 것이다. 다시 말하면 당신은 보잘 것 없는 보통사람들이 그날을 살아간 방식, 즉 그들의 일과 걱정거리, 그들의 노고와 여가에 대해서 별로 아는 것이 없게 될 것이다. 다만 신문의 광고(아직 유치했던)와 일단짜리 기사들, 그리고 한 귀퉁이의 안내란만이 그 시절의 일상생활 속에 떠올랐던 일들을 가르쳐 줄 것이다.

지금으로부터 별로 멀지 않은 그 시대의 신문과 정기간행물을 들여다보며, 그리고 낯익은 표제와 구식의 활자체에 놀라며, 당신은 이제 꿈속으로 빠져들 수 있다. 그날, 기록에는 나타나지 않았지만 뭔가 중요한 일이 일어나지 않았을까? 아마도 그때 전혀 이름이 알려지지 않았던 아인슈타인이란 사람이 취리히의 한 사무실에서 특허증을 검토해 보던 중 고독한 상념속에서 망상과 이성을 가르는 능선을 타고 넘다가 불현듯 상대성이론을 발견하지는 않았을까? 만일 바로 그날, 우리 눈에는 포착되지 않았으나 도저히 되돌이킬 수 없는 어떤 중요한 계기(은행가나 장관의 별로 중대하지 않은 어떤 결정)가 경쟁자본주의를 다른 형태의 자본주의로 이행시키는 데 결정적인 역할을 했거나 또는 세계적 혁명과 전쟁을 준비했다고 상상한다해서 과히 틀린 말을 아닐 것이다. 초여름 하짓날 쌍둥이자리 별빛 아래에서, 어느 조용한 촌락 또는 어느 도시에서, 자기 시대를 예리하게 의식할 운명(그러나 왜?)을 진 아이들이 태어났을 것이라는 상상도 할 수 있다.

그러니까 바로 그날—금세기 초의 어느 해 6월 16일—블룸이라는 어떤 사람과 그의 아내 몰리와 그의 친구 스티븐 디딜러스[1]가 이날을 특별하게 살았고, 또 작가에 의해 이날이 꼼꼼하게 묘사되었고, 결국 이날이 '보편적 일상생활'의 상징이 된 것은 우연이면서도 우연이 아니라고 할 수 있다. 헤르만 브로흐[2]의 표현대로 제한적이며 동시에 영원한 이 생활의 모습은 좀처럼 포착하기가 쉽지 않다. 그 시대정신과 '불가해한' 시대상을 포용하면서 조이스의 소설은 일상성의 편린 하나하나를 익명성에서부터 끌어내고 있다.[3]

---

1   제임스 조이스의 『율리시스』의 주인공들.
2   『몽유병환자들』, 『베르길리우스의 죽음』등을 쓴 오스트리아의 소설가, 1886~1956.
3   헤르만 브로흐, 『문학창작과 인식』(Création littéraire et connaissance) tr.fr., Paris, 1966, éd. Gallimard, pp.193-200, 243 et sq.193-200, 243 et sq.(원주)

이처럼 일상성이 문학에 침투한 것은 결코 무심하게 지나칠 일이 아니다. 그것은 벌써 일상성이 문학의 길을 통해, 즉 언어와 글쓰기를 통해 사유와 의식 속에 들어왔다는 의미가 아닐까? 작가는 죽어 없어지고, 책은 이미 출판되었고, 또 이야기된 그날 이후 무수한 세월이 지났는데도 아직 우리는 일상성의 이와 같은 진입을 여전히 놀라운 모습으로 보고 있다니? 일상성의 침입은 이미 발자크, 플로베르, 졸라, 그 외 수많은 사람들에 의해 예고되었던 것이 아닐까?

이것에 답하기 전에(느리지만 그러나 확실하게 주어질 이 답은 아마도 질문들보다는 더 많은 의외적 요소를 포함하게 될 것이다) 우선 인기 절정에 올랐다가 자신의 모든 비밀을 채 보여주기도 전에 우리로부터 멀어져 버린 한 작품의 몇몇 특징들을 상기해 보기로 하자. 『율리시스』와 함께 우리는 정형화된 인물을 이리저리 배치하는 내레이션의 수법, 또는 한 개인의 인격형성, 한 가정의 상승과 몰락, 그리고 한 집단의 운명 등을 그리는 전통적 소설의 정반대편에 서게 되었다. 일상日常이 서사시, 탈, 의상, 장식품 등의 옷을 입고 무대에 등장했다. 분명히 보편적 삶과 시대정신이 일상을 사로잡았다. 왜냐하면 이런 것들은 일상에 연극적인 부피를 주면서 거기에 온갖 관심을 기울이고 있기 때문이다. 일상성을 그 빈약함과 풍요로움 속에서 표현하기 위해 언어의 모든 수단이 사용될 것이다. 또 문학적 제임스 조이스의 소설 『율리시스』의 초판본 더블린 시내에서의 주인공의 하루 일상을 다룬 이 책은 일상을 본격적으로 문학에 도입한 첫 번째 소설이다. 인 글과 언어에 불가분하게 숨겨져 있는 모든 음악성의 수단들도 마찬가지다. 수수께끼 같은 힘이 주관하고 있다. 블룸의 하찮은 일상성의 주변과 위·아래에는 도시(더블린)가 있고, 형이상학적 사변이 있으며, 미궁 속의 사람(스티븐 디덜러스)이 있고, 본능적 충동의 단순성(몰리)이 있다. 세계가 있고, 역사가 있고, 인간이 있다. 상상·상징과 설명적인 글도 있다. 그러나 이처럼 언어의 모든 힘을 동원하는 것은 문학 언어와 일상 언어의 이중적 해체와 함께 이루어지고 있다. 일상적 여러 일들을 세밀하게 조사하는 것은 동시에 꿈과 상상·상징들에 의한 그것의 부정과 함께 일어난다. 이 부정은 또한 상징 및 상상에 대한 냉소를 전제로 하고 있는 것이기도 하다. 철학의 고전적 주제인 객체와 주체, 즉 사유와 사유된 내용이 있다. 다시 말하면 거기에 그려진 사물과 사람들은 고전철학의 주체와 객체처럼 사유되고 지각되는 것이다. 그러나 이 객체와 주체는 서로를 수정하고 서로를 풍요롭게 하는가 하면, 또 서로를 빈곤하게 만들기도 한다. 우리(철학자이며 독자인) 앞에 놓인 정태靜態의 단순한 대상은 다른 차원의 사건과 행위들을 상기시키면서 스스로 해체되어 버린다. 이때 대상은 초월적 대상이 되는 것이다. 즉 더블린은 이 세상의 모든 도시를 포함하는 도시가 되고, 강은 모든 물, 유동성과 여성을 포함하게 되는 것이다. 주체는 이미 프로테우스⁴, 즉 변신의 집합체이다. 이 주체는 철학자의 실체적 내재성—초월성을 잃었다. 그는 단지 "나는 생각하는 것을 생각하고, 그것을 또 생각하고……"할 뿐이다. 이것은 내면의 독백 속에서 전개된다. 이 서사적 24시간 동안, 즉 율리시스의 이야기 속에서(오디세우스, 우티스—제우스, 인간—신, 절대성 속에서의 하찮은 인간, 익명성과 신성의 동일시) 자아는 인간과 합쳐지고 인간은 진부함 속에서 표류하고 있을 뿐이다.

4　예언과 변신을 곧잘하는 바다의 신.

전개되고 있는 것은 주관성이다. 즉 그것은 시간이다. 이러한 특징에서부터 인간적인 것과 신적인 것, 일상적인 것과 우주적인 것, 이곳과 먼 곳의 이중성이 생겨난다. 그러나 또 다음과 같은 삼중성도 생긴다. 즉 남자·여자·그 외 다른 사람—밤샘·수면·꿈—진부한 것·영웅적인 것·신적인 것—일상적인 것·역사적인 것·우주적인 것 등이다. 가끔 '그들'은 네 명을 가리킨다. 네 명의 행인은 네 명의 노인, 네 명의 복음전도자(마태·마가·누가·요한), 세계의 사방(동서남북), 차원들, 묵시록의 기사들이기도 하다. 시간은 변화의 시간이다. 국부적·부분적 수정의 시간이 아니라 변화의 시간이며 갈등의 시간이다. 변증법이 있고, 비극이 있다. 강물이 상징하고 있는 이 시간성 속에서 현실과 꿈은 서로 분리되지 않는다. 시간은 구조가 없다. 글쓰기는 욕망의 세계를 붙잡았고, 이야기는 그 일상성 속에서조차 몽상적이다. 이야기 줄거리는 아무것도 연결해 주지 않는다. 이 소설은 독자를 일종의 언어의 사육제, 즉 언어의 축제와 글쓰기의 광기 속으로 이끌면서 우주적 하루의 동적動的인 이미지를 보여준다.

유동성과 지속성 및 완만함을 갖춘 이 시간(미끄럽고, 단조롭고, 다양하고, 권태롭고, 매혹적인 수많은 놀라움·한숨·논쟁·침묵으로 가득찬), 바로 그것은 단절이 없는, 특히 우주(객관성)와 주관성 사이의 단절이 없는 헤라클레이토스적 흐름[5]이다. 발원지가 결코 알려지지 않은 이 시간의 흐

---

5 헤라클레이토스(Héraclite, BC 576~480): 그리스 이오니아 학파 철학자. 반대의 것이 번갈아 대립되고 통합되는 영원 생성의 이론을 내세움으로써 변증법의 창시자로 불림.

름은 끊임없이 여러 상징으로 나타난다. 예컨대 여자와 강물이 한데 뒤섞여 연결된다. 안나 리비아 플루라벨·리페이·몰리 그리고 한계도 없고 구두점도 없는 반ᐧ—몽상 속에서의 욕망의 몽환적 동물성 같은 것이 그것이다.

다음 이야기를 준비하기 위해 지금까지의 생각을 약간 정리해 보자.

a) 이 소설은 정확한 지시대상을 갖고 있다. 곧 지명학적·지형학적으로 현실 속의 장소인 더블린이 그 무대이다. 그러나 강물과 포구를 가진 이 도시는 단지 특정의 사건이 전개되는 테두리, 또는 한 순간의 장소만이 아니라 신화적 현존이기도 하다. 구체적 도시이면서도 도시의 이미지는 낙원과 지옥, 이타카와 아틀란타, 그리고 영원히 뒤바뀌는 꿈과 현실이다. 이 속에서 현실성은 영원히 눈금일 뿐이다. 이 도시는 그 주민들에게 사로잡혔고, 더블린 사람들은 그들의 공간을 본떴으며, 그 공간에 의해 다시 만들어 졌다. 이 도시에서 방황하는 불안정한 사람은 이 이중 소유의 흐트러진 조각들을 주워 모으고 있다.

b) 의미의 다양성(글자 그대로의 뜻, 본원적 뜻, 상징적 뜻, 유사성·상징성의 뜻, 숨겨진 뜻, 형이상학적 뜻, 신화적, 신비적 의미, 그리고 아마도 방황의 수수께끼에 연결된 죽음과 부재의 불가사의한 의미, 그 외에도 최근의 오래된 역사적 구어적 어법들의 각기 상이한 수준 등등)이 끊임없이 눈에 띈다. 의미들은 공존하고 있다. 조이스는 둔주곡遁走曲 형식의 문체 속에서 여러 의미들과 주제들을 한데 섞어 짜는 데 탁월한 재주를 갖고 있다. 그가 가진 언어의 힘의 저수지는 결코 마를 줄을 모른다. 어떤 사람은 의미들을 마치 오케스트라의 한 부분처럼 포개놓음으로써 음악적인 글을 쓰겠다고 했다. 조이스는 소리가 아니라 하나의 물체, 즉 글로 쓰여진 언어를 가지고 작

업한다. 그는 언어가 수많은 발음을 내도록, 그리고 일상어를 최대한 수집하고 받아들이도록 또는 그 글 밑에 숨겨진 뜻이나 그 문어체를 통해 주체의 말, 주관성의 수많은 의미들을 독자가 들을 수 있도록 하기 위해 언어라는 물질로 작업을 한다. 음악성이 언제나 순전히 문자적인 성격을 압도한다. 멜로디의 도정道程과 하모니의 행군이 그 필연적인 이행과 함께 분절법을 결정한다(솔 음계로 자꾸 되돌아오는데, 이 단어는 어느 때는 상징이요, 어느 때는 말이고, 또 어느 때는 단순히 반복된 소리에 불과하다). 글쓰기는 깊이를 알 수 없는 이 구덩이 속에 덫을 놓아 언어 혹은 말의 내재적 음악성과 오케스트라만이 완전히 사로잡을 수 있는 그 중복된 음향을 잡으려 한다. 코노테이션(함의)은 하모니의 섬세한 역할을 한다. 글(쓰인 것)이라는 질료로 작업을 하는 예술가는 언어의 다의성多義性, 다多리듬성, 다가성多價性, 다음성多音性을 고의적으로 이용하는 일을 결코 포기하지 않는다. 우리는 글쓰기, 언어, 말이라는 세 항목을 갖고 있으며, 그것들을 모두 유기적으로 통합하고 또 중층결정重層決定하는 음악적 전체성도 갖고 있다.

c) 그렇다고 해서 생성이 완전히 와해된 것은 아니다. 『율리시스』만이 아니라 조이스의 모든 작품에는 하나의 체계, 아니 오히려 정확히 상호 지하는 상징적 체계들이 있다. 이 긴밀한 결합은 어휘에 가해진 폭력, 문법에 가해진 모욕, 그리고 표현의 극심한 고통 속에 숨겨져 있다. 그의 전 작품 속에서 조이스는 거의 달인의 경지로 말들을 움직이고 또 말을 갖고 논다. 다른 작가들이 시니피앙(signifiant), 시니피에(signifié)의 관계를 공식화하고 있을 때 이 작가는 기꺼이 그것을 방언화方言化한다. 시니피앙은 시니피에가 되고, 또 그 반대가 되기도 한다.

악센트의 자리가 이동한다. 어떤 부분에서는 시니피앙이 우세하고, 또 다른 부분에서는 시니피에가 우세하다. 그리고 이것은 또 어떤 것의 기호가 되기도 한다. 이런 식으로 여성성은 유동적 요소의 기호가 되고, 그 기의는 물 또는 강이 된다. 그러나 황혼에 빨래하는 두 여자가 강의 전설을 이야기할 때, 강물은 시니피에에서 시니피앙이 된다. 이 세상의 모든 강들이 넘쳐흘러 한데 모인다. 아마도 여기서 우리는 여성성과 도시, 형이상학적 사고(미궁)와 일상적 물건들의 상징적 체계를 구분해 낼 수 있을 것이다(어둠속에서 불이 붙여진 여송연은 외눈거인 키클롭스를 연상시킨다). 이러한 상징에서부터 일상日常의 인식을 구축해 보는 것도 재미있을 것이다. 물론 이러한 과학은 상징주의가 우세하던 시절의 것이라는 사실을 염두에 두면서 말이다. 아마 오늘날에는 더 이상 이런 것이 통하지 않을런지 모르겠다. 하여튼 금세기 초, 조이스의 작품에서는 일단의 상징이 하나의 주제와 연결되었고, 그 주제와 불가분의 것이 되었다. 반대로, 인간은 예언적 새를 상징으로 갖고 있다. "사랑하는 새여, 나의 안내자가 되어 주렴. 어제 새가 한 것을 내일 인간이 할 것이다. 비상飛翔, 노래, 둥지 속에서의 화합……"참으로 낙관적인 상징이다. 새벽의 상징이며 세기 초의 상징인 것이다.

d) 배경으로는, 체험적 시간의 밑에 일상적 시간과 우주의 시간이 있다. 조이스에게는 시간이 순환적이다. 비코[6] 또는 니체에게서 온 것이리라. 일상은 순환으로 이루어져 있고, 좀 더 큰 순환 속으로 들어간

---

6 잠 바티스타 비코(Giambattista Vico: 1668~1744, 이탈리아 나폴리 태생의 철학자·역사학자. 『여러 민족의 공통성에 관한 신 新과학원리』를 썼다.

다. 시작은 언제나 다시 시작하는 것이고 또다시 태어나는 것이다. 헤라클레이토스적 생성인 이 커다란 강은 놀라움의 저수지이다. 이 강은 전혀 선적線的인 성격을 갖고 있지 않다. 상징들 또는 단어들(혹은 단어들의 재등장)에 의해 폭로된 대응관계는 존재론적 범위를 갖는다. 이 대응들은 존재 속에 자리 잡고 있다. 시간·날·달·해·주기·세기들은 서로를 암시한다. 반복·상기想起, 소생 등은 마술, 상상의 카테고리이며, 또 외관 밑에 감추어진 실체의 카테고리이기도 하다. 율리시스는 진정 블룸이다. 블룸은 율리시스와 오디세우스의 생을 다시 산다. 일방적인 것과 서사적인 것은 영원 회귀 속에 동일한 것 또는 다른 것으로서 서로를 확인한다. 시인이므로 신비주의자이며 철학자인 조이스는 사건을 거부한다. 일상성이 이것을 그에게 허용해 준다. 그는 일상성이라는 매개물을 사용하여 상대에서 절대로 도약한다.

　　"도대체 당신은 왜 안개 속을 헤매는 것 같은 호사스러운 권태의 작품을 쓴 한 작가를 담보로, 또는 안내자로 삼는가? 그 책 속에서는 몰리가 몇 페이지에 걸쳐 꿈꾸듯 잠만 자고 있지 않은가!…… 어떻게 당신은 도저히 다른 나라 말로 번역할 수 없는 한 작가를 인용하려 하는가? 그 소설의 어떤 부분을 설명하려면 반드시 영어를 알아야만 한다. 그것은 좋은 점이기도하고 나쁜 점이기도 하다. 크라이슬레리아나[7], 플로레스탄, 에우제비우스 만큼 멀리, 그리고 무조無調음악·표제음악·산식算式음악·즉흥음악 이후의 19세기 음악만큼이나 조이스는

7　크라이슬레리아나는 8곡으로 이루어진 슈만의 피아노 모음곡. op. 16, 1838년작. 쇼팽에게 헌정되었다.

옛스럽다. 그는 이편과 저편, 즉 주체의 끊임없는 개입에 따라 글쓰기를 불안정하게 만든다. 결코 한 차원의 엄격성에 강제되지 않은 채 조이스와 그 동시대인들의 글쓰기는 언제나 일상어에 참조를 구하고, 음악화는 담론을 노래에 근접시키면서 글쓰기를 불확정성 속으로 몰고 간다. '말—글쓰기'의 갈등은 '멜로디—하모니' 또는 '하모니리듬'의 관계와 비슷하나, 확연히 구분된다. 조이스는 이 갈등관계를 철저히 이용한다. 그는 모든 술책·속임수·방법을 다 쓴다. 반쯤에서 그치는 말(눈을 꿈쩍하면서), 동음이의어의 말장난, 말의 가짜 충만성, 착각을 일으키는 말 등 여하튼 조리 있는 담론의 모든 허점들을 사용하여, 그 빈틈으로 다른 어떤 것을 통과시키려 한다. 그게 무엇일까? 도대체 무엇일까? 언어는 『율리시스』가 아니라 『차라투스트라』에서 지양되고, 담론은 통사統辭 규칙에 의해 규정되거나 축소되는 것이 아니라 음악성 혹은 심오한 노래에 대한 호소에 의해 극복된다. 이런 점에서 니체는 우리에게 가까이 다가오고, 조이스는 옆길로 새는데……."

　　아마 맞는 이야기 일 것이다. 하지만 조이스의 작품에서 헤라클레이토스적 시간에 의해 운반되는 상징적 구조들은 이해 가능성과 '번역 가능성'을 확보해 주는 것이 아닐까? 일단의 조리정연한 상징들은 쉽게 하나의 언어에서 다른 언어로, 그리고 하나의 '문화'에서 다른 '문화'로 옮겨갈 수 있다. 그것들은 '보편'의 역할을 수행할 수도 있다. 조이스가 유동성, 지속성, 일회성一回性을 옹호하는 것을 듣고, 당신은 거기서 일종의 음계법을 볼 수 있지 않은가? 분명한 분절법分節法, 주조음主調音으로의 회귀, 긴장, 종지법終止法으로 되찾은 휴지休止, 시작·끝, 깊숙한 구두점, 이것들은 이해 가능한 것인가? 베토벤이 민요작가가 될 수 있을까? 그리고 바그너는? 이 신교조주의新教條主義는 도대체 무엇인가? 니체라고? 물론 시대는 바뀐 것 같다. 약간일까? 많이 일까? 아주 엄청나게 바뀌었을까? 또는 전혀 아닐까? 우리는 보게 될 것이다. 『율리시스』는 하나의 빛이나 초인적 노래의 침입에 의해 제시되고 변형된 일상이 아니라 인간의 말, 그리고 아마도 그저 단순히 문학에 의해 제시된 일상일 뿐이다. 위에 인용한 권위 있는 대담자의 말이 옳다면, 지난 반세기 동안 변한 것이 무엇인지를 말해야 한다. 즉 일상이 변한 것인지, 또는 그 둘이 다 변한 것인지를 밝혀야 하고, 이런 현상에서 어떤 결과가 생겨났는지도 말해야 한다.

약 반세기가 지난 지금 무엇이 변했는가? 주체가 흐릿하게 지워졌고, 그 희미한 윤곽마저 잃었으며, 근원도 흐름도 더 이상 보이지 않는다는 사실을 상기하는 것만으로, 우리는 아무것도 그 누구에게도 설명해 줄 수 없을 것이다. 주체와 함께 아니 주체에 앞서 성격, 인격, 인물까지도 사라져 버렸다. 그럼 무엇이 우선하는가? 객체이다. 객관성 (이것은 주체 앞에서, 주체에 의해, 그리고 주체를 위해서만 의미를 가질 뿐이다) 속에서가 아니라 대상성(objectalité)에 의해, 그리고 거의 순수 형태로서의 객체 말이다. 오늘날 내가 글을 쓰고자 한다면 그것은 '문학적으로 쓴다'는 의미이며, 나는 어떤 대상을 취하게 될 것이다. 나는 그 대상을 꼼꼼하게 묘사할 것이며, 구체적 사물 앞에서 내가 기꺼이 취한 감성계感性界의 수준에 머물면서 일상 속의 물건들, 예컨대 컵, 오렌지, 파리 등의 목록을 작성할 것이다. 유리창 위에 흐르는 물방울도 빼놓지 않을 것이다. 그 물방울은 내게는 일상성을 피하면서 일상을 나타내 주고, 시간과 공간 또는 시간 속의 공간을 제시해 주며, 스러지는 물방

울로 남아 있으면서 계속 세계가 되어 줄 것이다.

소위 '누보 로망'이라는 소설을 해석하는 데는 여러 가지 방법이 있다(그 성공과 실패 또는 그것이 야기하는 지루함과 흥미에 대한 고려는 난외로 치고 말이다). 우리는 거기서, 공간의 모델에 따라 글의 순수투명성을 추구하면서 고의적으로 비극·서정·갈등·변증법 등을 희생시켜 합리론적 문학의 구문법을 만들고자 하는 방법적 노력을 알아볼 수 있다. 우리는 사물의 생산에는 관심을 두지 않은 채 다만 '대상적'(objectale) 명료성 속에 사물을 스펙터클로 변형시키는 어떤 것이 있다는 사실을 제시하고 싶다. '대상적' 확실성은 행위로서의 주체 또는 작품으로서의 사물에서 나오는 것이 아니라 오로지 언어, 즉 그 구조가 '현실'과 너무나 똑같은 그 언어에서 나오는 것이다. '누보 로망'에는 이야기가 있는가? 속에 흐르는 말이 없는 하나의 이야기는 결코 이야기가 아니다. 그 도정道程 속에서 시간은 부정되고, 동시성은 순수한 글쓰기의 길을 통해 도달된다. 즉 글쓰기에서 순수 상태로 가는 것이다. 아마도 완벽한 순환을 추구함으로써, 시간 속에서 끊임없이 왕복함으로써 말이다. 이 과거·현재·미래의 동시성은 시간을 공간 속에서 분해하고, 아직 '허구(romanesque)'임을 자처하는 소설(récit) 속에서보다는 영화 속에서 더 분명하게 획득된다. 이 형태 가공의 질료, 곧 사물·사람들, 그들의 몸짓·말들이 거기에 주어져야만 할까? 시간의 외관이 없는 이 영속성은 누가 보장해 준다는 말인가? 일상생활, 그 확고한 안정성! 영상언어 또는 문학언어는 일상성을 참조하면서도 세심하게 그 참조대상을 감추고 있다. 일상성의 스펙터클한 면, 또는 어떤 '대상적' 부분을 전개한다는 사실 그 자체가 일상성을 은폐하는 것이다. 이 언어들은 단숨에 일상성과의 관계를 드러낸다. 글은 일상으로부터 기록과 시효만을 보존한다. 말은 도망가고, 규정된 것만 완강하게 남는다.

예를 하나 드는 것이 낫겠다. 물론 이 예가 확고부동한 것은 아니다. 우리의 계획에 따라 대상적 글쓰기, 형식적 엄격성의 글쓰기를 분석하기 위해서는 누구를 택해야 할까? 유식한 주해자註解者? 작가? 누구를 택해야 할까? 좀 자의적恣意的이기는 하지만 『플랑드르의 길』[8]을 택해보자. 무엇때문에? 왜냐하면 이 소설은 큰 차이에도 불구하고 『율리시스』와 공통되는 어떤 것을 갖고 있기 때문이다. 이 공통의 요소가 두 작품의 비교를 가능하게 하고, 그 차이점을 깨닫게 만든다. 두 책에서 똑같이 짧은 시간들이 한없이 확대된다. 거기서는 꿈과 추억이 보편적 일상성을 되찾게 만들어 준다. 두 책에서 똑같이 아내와 남편이 나온다. 그리고 다른 사람도, 상징들과 말장난과 함께. 블룸과 블룀, 이름도 비슷하다. 이것은 두 소설이 유사하다고 보는 나의 견해가 그렇게 자의적인 것이 아니며, 또 클로드 시몽의 공공연한 의도와도 양립 가능하다는 것을 뜻한다.

"어이쿠!" 불룀이 소리 질렀다(우리는 그때 어둠 속에 누워 있었다. 다시 말하면 포개져 있었다. 빼곡하게 쌓여 있었다. 다른 팔·다른 다리를 닿게 하지 않고는, 다른 팔·다른 다리를 좀 치워 달라고 부탁하지 않고는 팔과 다리를 옴짝달싹도 하지 못했다. 숨이 막히고, 땀이 번들번들 흘러내리고, 허파는 땅 위에 오른 물고기처럼 공기를 찾아 헐떡거리고, 열차는 다시 한 번 어둠 속에서 멈춰 섰다. 숨소리밖에는 들리지 않았

8　클로드 시몽(Claude Simon)의 소설, 1 0/18, P.16-17(저자와 한 해설자의 인터뷰를 J. Ricardou가 소개하고 있는 판본)(원주)

다. 허파는 이 두터운 습기를 가득 머금고, 뒤엉킨 몸뚱이들에서는 끊임없이 악취가 풍겨났다. 마치 우리는 죽은 사람 이상의 죽은 사람들인 것 같았다. 왜냐하면 우리는 이 모든 것을 잘 알 수 있었으니까……). 그리고 블룸은 음료수의 값을 지불했다. 그리고 나는 "그래, 그랬었지……들어봐, 마치 영국 맥주 상표의 선전 그림 같군, 안 그래? 낡은 여인숙 마당, 이음부분이 선명한 짙은 붉은색의 벽돌로 올려진 벽, 작은 유리창으로 분할된 흰 창살의 창문들, 작은 놋쇠 술 단지를 들고 가는 하녀……"

좋다. 『율리시스』에 대해 우리가 고찰했던 순서를 다시 따라가보자.

a) 정식으로 표명된, 또는 확인된 참조대상이 없다. 저자가 참조하고 있는 장소는 해체의 장소이다. 곧 전쟁과 비로 황폐하게 된 시골, 흙이 부패시키고 있는 시체 등, 문화와 자연의 기이한 연결이다. 상징은 공간적으로 되었다. 유일하게 고정된 지점은 고착의 장소이다. 이 이야기는 어떤 시점에 자리 잡고 있는가? 어떤 시절에 전개되고 있는가? 독자는 그것을 알 필요가 없다. 과거의 추억들은 이 장소 주변에 모이고, 이 장소는 상징이며 현재성인 먼 과거로 거슬러 올라간다. 순환적인 이야기가 진행되는 동안 그들의 운명이 사람들을 움직인다. 그들은 이 장소 주변에서 빙글빙글 돈다. 이 선회는 그들을 죽음으로 이끌거나, 또는 적에 의한 생포로 이끈다. 시간을 철폐하는 것도, 불가피한 고착 속에서 가능성의 수행을 탕진하는 것도 이 선회이다.

b) 인간들의 운명은 비일상적인 세계, 예컨대 전쟁 같은 것 안에서 전개된다. 그러나 감추려는 의도가 없지도 않은 채 역시 일상 본연의 모습이 환기된다. 예전에는 드라마틱한 사건이나 운명의 날 전

에 일어나는 일들이 하나의 질서 또는 이유를 가진 것처럼 보였다. 그러나 사실은 이유만이 있다. 질서와 의미는 드라마를 이끌고 준비하기 위한 것이었다. 질서란 이미 그 안에 자신의 해체를 포함하고 있었다. 정상적인 생활은 비정상, 즉 에로티즘·정열·사랑 등을 내포하고 있는 것처럼 보였다. 그 다음에 일어나는 일은 실망을 드러내준다. 일상의 비정상이란 결국 폭로된 일상성 그 자체이다. 즉 실망과 환멸이다. 열렬한 사랑은 열정 없는 사랑과 별로 다르지 않고, 이 민감한 열정은 그것이 가득 채우고자 하는, 그리고 그것이 거기로부터 나온 그 결핍 또는 부재와 별로 다르지 않다. 차가운(cool) 장르가 앞 시대의 뜨거운(hot) 문체를 결정적으로 대체했는가? 앞으로 두고 볼 일이다. 열정 없는 하얀 목소리로 저자는 열정과 자신의 환상과 오류를 이야기한다. 그러나 일상에서 빠져나온다는 것은 불가능한 일이다. 거기서 빠져나온다고 주장하는 역할들이 그곳에 사로잡혀 있다. 남편과 애인들은 똑같이 좌절되고 속임수를 당한다. 다만 한쪽은 일상 속에서, 또 한쪽은 비일상 속에서이다. 추억이 붙잡고 있는 시간에서부터 속임수와 좌절의 원이 빙글빙글 돌고 있다(1세기 반 전부터 이야기 줄거리는 대대로 이어진다). 시간을 떠올리는 것이 오히려 시간성을 없애버린다.

c) '실재적인' 참조대상은 진실에 의해 혹은 스스로 파괴되고, 살아남는 참조대상은 오로지 언어이다. 저자가 만들고자 했던 구조는 언어적 구조이다. 근접과 단절을 드러내 보여주는 문장·인상·감정·감각·대화·고독의 질서와 무질서, 주인공들이 처해 있는 주제들이 바로 그것이다. 이 쓰인 문장은 일상어를 흉내 내고, 말해진 것의 역할을 수행한다. 그것은 말을 좀 더 정화하기 위해, 아니면 말에서 마귀를 좀

더 잘 쫓아내기 위해서이다. '글쓰기의 이면'이라고 해설가 J. 리카르두는 말했다. 아마 그럴 것이다. 그러나 이 이면은 정확하게 표면과 일치한다. 저자가 갈고 다듬은, 정화된 상태의 글쓰기가 바로 글쓰기의 본질이 아닐까? 이 문학은, 정화적淨化的 단련인 문학성을 통과했다. 이 문학에 대해 사람들은 엄격성을 요구한다. 문학은 말을 닮았지만, 말은 사라져 버렸다. 모든 것이 일직선의 도정 속에서 쓰였다. 본래의 뜻·비유적인 뜻·유사한 뜻·숨겨진 뜻, 이 모든 의미들은 모두 어떻게 되었는가? 그것들은 사라져 버렸다. 모든 것이 명백하게 명시되었다. 기호들은 그들의 차이점 속에서 서로 구분되고, 그들의 차이점들은 의미작용 속에서 완전히 주어진다. 하나의 목소리인가, 아니면 여러 개의 목소리인가? 그것은 우표가 떼어진 하얀 목소리이다. 하얀 목소리, 그것은 정확하고 순수한 글쓰기이다. 그래서 음역에 의해 정립되는 음악적 간격이 생기는 것이다. 함축된 의미? 하모니? 그렇다, 음역과 함께 재구성되는 것이다. 그것이 소리의 유동성과 연장, 무한성을 철폐한다. 시간은 기억과 운명 속으로 흡수되기 전에 연속과 불연속으로 갈리는데, 그것들은 거의 비슷하다. 동음이의어의 말장난도 펼쳐지고, 예고되고, 세분화된다. 순수한 상태의 글쓰기, 그것은 제로(zéro)가 순수 투명인 한에 있어서 글쓰기의 '영도零度'가 아닐까? 무조음악과의 어떤 유사성이 이해를 도와줄 것이다. 특별한 음계(참조대상)는 없고, 따라서 휴지休止도 없다. 단절이 있으나 시작은 없고, 불연속은 있으나 끝은 없다. 시간적 간격은 있으나, 엄밀하게 말해서 행동도 사건도 없다. 추억과 문장들만이 있을 뿐이다. 의미의 장場이 바뀌었다. 그것은 시작과 끝, 행위와 사건, 상황의 발생과 종결 등에 부합되는 긴장과 이완의 교대를 잃었다. 표현은 그 자체가 매우 정교한 구문의 언어적 물질인 명확한 뜻 앞에서 사라져 버렸다. 의미의 장은 애매성도 다의성도 없는 문학성의 주위에서 해체되고 재구성되었다. 글의 의미는 모든 것을 말하는 것, 글로 쓰일 수 있는 모든 것을 말하는 것이 되었다. 글쓰기는 깊이의 소리를 듣는데, 다만 그 깊이가 투명하고 완전히 관통되었을 때만 그것을 허용한다, 글쓰기는 이미 깊이를 사로잡는 함정이 아니라 탁월한 장소일 뿐이다.

　　주목할 만한 작품들로 이정표가 세워진 문학의 도정, 그 출발점에서 우리는 일상의 발견과 일상의 숨겨진 풍요로움을 드러내주는 표현을 발견한다. 종착점에서도 우리는 일상을 재발견하지만, 그러나 전혀 다른 느낌을 받는다. 작가는 일상을 밝혀내고, 그 가면을 벗기고, 그것을 폭로한다. 그리고 일상을 점점 더 참을 수 없는 것으로, 거의 흥미가 없는 것으로 제시한다. 그러나 동시에 그는 그것을 말하는 방법, 그것에 형태를 주는 방법, 즉(문학적) 글쓰기에 의해 그것을 아주 흥미롭게 만든다. 이 분석은 그러니까 말해진 사물과 말하는 방법에서의 변화를 조명하고 있다. 여기서 이 분석을 더 멀리 끌고 가, 프랑스의 현대 연극(이오네스코, 베케트, 뒤비야르)이나 소설(마르그리트 뒤라스)·시(퐁주)·영화(레네, 고다르) 등을 이 도정의 한 가운데에 위치시키는 것은 우리들의 의도가 아니다. 또한 이 고찰을 일반화시키려는 의도도 없다. 다만 여기서는 현행의(문학적)글쓰기의 은유적 기능을 주목하는 것에 만족하려 한다. 우리는 앞으로 이 문제들을 여러 번, 여러 각도의 조명 밑에서 다시 거론하게 될 것이다. 이 '세계'는 일상의 세계(현실·경험·실천)와 비유의 세계로 두 겹이 갈라져 있다. 은유적 글쓰기(또는 글쓰기의 은유적 세계)는 가상의 대립, 허구적 이의제기로 나아갈 수도 있고 광기의 코미디를 통해 자기파괴(실존주의 또는 아르토)[9]로 나아갈 수도 있다. 거기서 새로운 두 겹의 분리가 생겨난다. 그러나 여기서는 그 방향들을 검토할 계제가 아니다.

---

9   연극인인 앙토냉 아르토(Antonin Artaud, 1896~1948), 프랑스의 시인.

2. 철학과 일상의 인식

우리는 이제 다른 각도로 일상에 접근하고, 다른 길을 따라 거기에 도달할 것이다. 즉 철학에서부터 출발하는 것이다.

19세기에 반성의 중심이 옮겨졌다. 즉 사변思辨을 떠나 그것을 경험적 실천적 실체에 접근하고 인생과 의식의 '소여所與'에 근접했다. 그때 태어난 사회과학과 마르크스의 저작품은 이 노선의 이정표를 세웠다. 마르크스는 자유경쟁의 자본주의 사회체제에서, 다른 여러 '대상' 중에서도 특히 노동자의 실제생활과 그 생활의 두 측면, 즉 생산 활동과 극복해야 할 환상 등을 연구했다.

그러나 철학을 철폐하겠다고 주장하는 실증주의와 실용주의의 밖에서 철학은 여전히 이러한 연구들을 지배하고 있다. 철학만이 유일하게 단편적斷片的인 반성과 부분적인 인식을 연결시켜 준다. 인간에 대한 탐구(본질과 실존)로서의 철학, 의식(진짜의식 또는 허위의식)에 대한 탐구로서의 철학, 그리고 가능성과 불가능성에 대한 탐구로서의 철학을 제외시켜 버릴 수는 도저히 없는 것이다. 철학을 제외하고는, 발견된 요소와 단편들을 결합하고 그것들을 평가하기 위한 다른 참고 수단이 없다. 왜? 왜냐하면 철학이란 그 전체성과 총체성에서 고찰해 보면 자유롭고 완성되고 완전히 실현된, 합리적이면서도 동시에 실제적인, 한마디로 전체적 '인간존재(être humain)'의 기도企圖를 제시해 주기 때문이다. 소크라테스의 산파술 안에 내포되어 있는 이 기도는 거의 20세기 동안 세련되고, 수정되고, 도전받고, 발전되고, 첨가·중복·과장 등이 덧붙여졌다. 철학에 비해서 일상생활은 비철학적인 것으로 제시되고, 이상(또는 관념)에 비해서 현실적인 세계로 간주되었다. 일상생활에 비하여 철학적 생활은 훨씬 우월한 것으로 생각되었고, 초연하게 거리를 둔 부재의 추상적 삶으로 여겨졌다. 철학은 현실의 수수께끼를 판독하려 애쓰나, 곧 자신의 실재성 결핍을 진단한다. 이러한 평가는 철학의 고유한 속성이다. 철학은 스스로를 실현하고 싶어하나, 실현은 철학에서 도망가 버린다. 실현하려면 철학적 인생 자체가 지양되어야 하기 때문이다. 우리는 철학적 인간과 일상적 인간을 나란히 세울 것인가, 아니면 대립시켜 세울 것인가? 이것은 철학적인 관점에서는 불가능한 일이다. 왜냐하면 철학은 인간과 세계를 포함하는 '전체'를 사유하기를 원하고, 또 스스로 실현되기를 원하기 때문이다. 일상적 인간의 관점에서도 또한 불가능하다. 왜냐하면 철학은 그에게 하나의 의식意識과 결정적 증언을 가져다주기 때문이며, 또 철학은 일상에 대한 헛되고도 동시에 근본적인 비판이기 때문이다.

철학자가 스스로 완성된 이성이 되고자 할 때, 그는 상상적 삶 속으로 들어가는 것이다. 그가 자기 고유의 방법으로 인간적 가능성을 실현시키고자 할 때, 그는 실상 그런 방법이 하나도 없다는 것을 깨닫게 될 것이다. 철학이 비철학적인 것을 배제하면서 스스로를 한정되고 완결된 전체성으로 선언할 때, 철학은 스스로의 모순을 실현시키는 것이고 자신을 파괴하는 것이다.

그렇다면 우리는 철학적 순수성과 일상적 비순수非純粹를 결정적으로 갈라놓아야만 할까? 일상을 지혜에 의해 버림받고 유기된 슬픈 운명으로 간주해야 할까? 또는 일상은 깊은 빛이 이 세상을 비추는 것을 방해하는 장막이라고 말해야 할까? 아니면 불가피한 저속성, 존재의 안과 밖, 진리의 실추 등이 '그 자체로' 진리와 존재의 속성일까? 이런 생각은 결국 철학을 헛된 것으로 만들거나 또는 철학을 저속성, 실천적 진부성, 진부한 실천성으로 판명된 비철학적 세계의 변형의 출발점 또는 선두로 삼게 만든다.

따라서 우리에게 열려 있는 유일한 길은 일상의 이중성·저급성·다산성·빈약과 풍요로움을 보여주기 위해 철학에서부터 출발하여 일상을 분석하고 묘사하는 일이다. 그것은 일상에서부터 그 고유의 창조적 행위와 미완의 작품을 끌어내는 혁명적 기도가 될 것이다.

그러므로 우리는 철학에서부터, 철학의 언어에서부터, 그리고 가장 정교한 그 개념들에서부터 시작할 것이다. 그러나 철학과 비철학적 세계를 대립시키는 사변적 체계화는 피할 것이다. 다만 우리는 아무런 개념적 명확성도 없이 극도로 제한된 존재 속에 갇혀서, 눈이 먼 채 손으로 더듬으며 철학자의 소외와 비철학자의 소외를 동시에 극복하려 노력할 것이다. 일상성의 개념은 철학에서부터 나왔고, 또 철학이 없이는 이해가 불가능하다. 이 개념은 철학에 의한, 그리고 철학에 대립된 비철학성을 가리키는 것이다. 그러나 사유는 철학의 비판의 과정을 통해서만 이 개념을 고찰할 수 있다. 일상성의 개념은 일상에서 오지 않고, 일상을 반영하는 것도 아니다. 그것은 오히려 철학에 의해 가능한 것으로 간주된 일상의 변형을 표현하는 것이다, 그렇다고 해서 그것이 어떤 고립된 철학에서 나오는 것은 아니다. 이 개념은 비철학적인 것을 숙고하는 철학에서 생겨난다, 아마도 이것이야말로 철학이 자기를 지양하는 가운데 도달할 수 있는 최고의 완결일 것이다!

일상은 두 형태의 경험이 한데 혼합되어 있고, 확인되는 모든 것이 우주에 속한 것처럼 보이고, 세계는 사물들의 총화인 것으로 간주되는 '체험'과 반성의 열등한 단계에 불과한 것이 아닐까? 이것은 또 단지 경험의 해석, 즉 낮은 단계의 철학적 해석이 아닐까? 이러한 해석에 의하면 '세계'와 '우주'는 하나의 그릇, 하나의 커다란 용기容器, 또는 거대한 테두리에 불과한 것으로 보인다. 요컨대 이것은 근대 철학의 중요 주제인 물질(Physis)·신·인간의 영역에도 들어가지 못하는 하찮은 물건들의 집합이 아닐까? 우리는 그런 식으로 철학의 전통을 지키고, 자신들의 철학으로 장벽을 쌓는 철학자들에 대해서는 모든 기회를 다 이용하여 항의할 것이다. 이들의 철학은 이 '세계'를 변형시키는 모든 기도를 방해하고, 하찮은 것과 중요한 것의 편을 가르며, 한편은 존재, 깊이, 실체를 놓고 다른 한편에 현상·덧없음·드러냄을 놓는다.

하찮은 모습의 행동들의 집합으로서의 일상, 생물들(자연Nature 속에서 자연(Physis)으로부터 태어나는 식물·동물들)의 다양한 작품과 산물의 집합으로서의 일상은 단순히 신화에서, 즉 자연과 신과 인간의 신화에서부터 벗어나는 어떤 것만은 아니다. 일상은 오히려 의미의 첫 번째 영역, 즉 그 안에서 생산적(창조적) 활동이 새로운 창조를 맞이하러 나가는 그러한 영역이 아닐까? 이 장場, 이 영역은 철학자들의 주관성의 결정(또는 중층결정)으로 요약될 수도 없고, 범주로 구분된 물건들(의상·식품·가구 등)의 객관적(대상적) 표상으로 요약될 수도 없다. 그것은 그 이상의 것이며 별개의 것이다. 일상은 추락의 방향도 아니고, 봉쇄나 장애물도 아니며, 다만 하나의 장場인 동시에 교대, 하나의 단계이며 도약대, 여러 순간들(욕구·노동·향유—생산물·작품—수동성·창조성·수단·목적 등)로 이루어진 한 순간이고, 가능성(가능성의 총체)을 실현시키기 위해 반드시 거기서부터 출발해야만 하는 변증법적 상호작용이다.

철학적 용어의 이 담론이 상대로 하는 것은 철학자들이다. 문제는, 어떤 점에서 강제와 결정의 총화(욕구—부분적 작업—단편적 인식—생물학적·지리학적·경제적·정치—역사적 결정 등)가 마치 '세계'처럼 자유의 저작, 또는 이 자유의 좀 더 높은 작품의 전망으로서 나타날 수 있는가를 아는 일이다. 철학자가 이 단편들, 이 결정과 강제들 너머로 뛰어올라 자신의 진리 안에서 확고한 자리를 차지한다 해도 그는 문제를 전혀 해결하지 못할 것이다. 실재 없는 진리인 철학적 소외에, 진리 없는 실재인 일상적 소외가 대응할 뿐이다.

문제(나는 여전히 철학자들에게 이야기하고 있다)는 분명하게 떠오른다. 딜레마가 있다. 우선 헤겔보다 더 멀리 이성(철학)과 현실(사회)의 합일의 길, 곧 철학의 실현의 길로 들어가 더 이상 철학과 비철학, 상급과 하급, 정신과 물질, 이론과 실제, 문명과 미개의 분리를 용납하지 않은 채, 그때부터 단순히 국가·정치생활·경제적 생산·사법 및 사회구조의 변형만이 아니라 일상의 변형까지도 생각해 보는 것이다. 또 혹은 형이상학, 키에르케고르의 불안과 절망, 니체가 극복하려 했던 허무주의 등으로 되돌아가 신화 쪽으로 향하고, 마침내 철학을 우주진화의 마지막 신화, 마지막 신화적 신화로 만드는 것이다.

우리는 이런 자세가 고대철학의 문제들을 완전히 해결해 줄 수 있는 것인지, 또는 철학을 소위 비철학적 현상의 인식을 위한 참조의 체계로 간주할 수 있는 것인지를 검토해야만 한다. 두 용어(철학과 비철학적 일상)는 사실 상호 지시하고, 동시적으로 상호 극복하는 의미를 갖고 있다. 이 혁명적 입장은 역사, 사회, 그리고 행위와 소소한 노동의 집합에 본원적으로 들어 있는 합리성을 용납하지 않는 것일까? 철학에 의해 공표되고 일상성 속에 함축되어 있는 이 합리성은 도대체 어디서 오는 것일까? 헤겔에게 있어서 그것은 분명하다. 합리성은 이성·관념·정신에서부터 온다. 마르크스에게 있어서도 여전히 분명하다. 이성은 실천·노동·노동의 계획과 생산, 그리고 넓은 의미에서의 창조적 행위 속에 내재하는 반성에서 생겨난다. 그러나 '역사'와 '사회'에 하나의 의미를 부여하는 것은 역사나 사회에 무의미와 이름 없는 폭력과 부조리성과 궁지의 책임을 지우는 것이 아닐까? '책임'을 즐겨 말하는 사람은 '유죄'라는 말도 즐겨 쓴다. 누구에게 책임을 돌릴 것인가? 우리는 생성의 결백함이 의미의 부재를 전제로 한다는 것을 발견할 것이다. 그러니까 니체의 가설, 즉 단계이며 계기로서의 허무주의, 또 극복해야 할 상황으로서의 허무주의는 미리 제거된 것이 아니다. 만일 우리가 헤겔과 마르크스의 방향, 즉 철학을 통한 합리성의 실현을 수락한다면 일상의 비판적 분석은 철학에서부터 분리된다. 우리가 만일 사실들의 무의미 위로 선언되는 의미의 평가 또는 전망이라는 니체의 가설을 수락한다면, 일상의 분석과 변형은 철학에 매달리게 된다. 즉 일상은 철학의 서막이 되는 것이다.

여기서 다른 딜레마를 생각해 보자. 우선 우리는 제도와 기존의 이데올로기—국가나 교회, 어떤 철학계나 정치조직—들을 강화하는 데 진력(모든 개인이 사회적 존재로서 소유하고 있는 자신의 실천적 에너지를 집중)하고, 동시에 이 '상부구조'가 확립 유지되고 있는 토대인 일상을 확고하게 구축하는 일에 몰두할 수 있다. 또 혹은 '인생의 변혁'을 위해 노력할 수 있다. 다시 말해서 우리는 일상을 좌지우지한다고 주장하며 일상 위로 우뚝 솟아오르는 여러 심급審級들(instances)[10]을 절대 또는 플라톤적 이데아의 세계 속에 세워 놓거나, 또는 그 실체들(국가·교회·문화 등)을 상대화하고, 그것들을 실체화(거기서 인간 실재의 숨겨진 존재와 실체를 발견하는 짓)하기를 거부하고, 그것들의 가치를 평가절하하고, 이 실체들이 하찮은 잔류물로서 경시하는 것, 즉 일상을 높이 평가할 수도 있다. 우리는 이 폐기물을 짓밟아버릴 수도 있고, 아니면 그것을 더 이상 축소 불가능한 확고한 어떤 것, 즉 추상적 형태와 구체적 차이점들의 소중한 내용물로 간주할 수도 있다. 요컨대 우리는 '주의 주장'에 봉사할 수도 있고, 그저 단순히 일상의 소박한 이성을 도울 수도 있다.

우리는 여기서 독자의 동의와 회의에 대해 마르크스의 해석과 마르크스적 사상을 제시하는 것인가? 그렇지는 않다. 다만 철학의 역사와 19세기의 이론적 철학적 상황을 해석하고 있을 뿐이다. 철학이 더 이상 철학이 아니고, 관조는 관조에 만족하지 않으며, 사변은 추상적 전체성에 도달하는 데 만족하지 않는다는 이 철학적 실현의 명제는 헤겔에게서 발견된다. 헤겔에게 있어서 현실과 합리성의 일치(동일성)는 이미 완수되거나 수행된 것이 아니고, 그렇다고 관념적·미래적·불확정적인 것도 아니다. 그는 이런 통일이 이루어지는 순간의 역사를 포

---

10 원래는 이드, 자아, 초자아 등 심리구조 하부체계의 각 급을 가리키는 정신분석 용어. 60년대 구조주의 철학자 알튀세르(Althusser)에 의해 채택된 후 구조주의 이데올로기의 냄새를 풍기게 되었다. 알튀세르는, 사회를 건물에 비유하여 토대와 상부구조로 나누었던 마르크스의 논지를 한층 발전시켜, 사회적 전체성이 경제·사법-정치·이데올로기 등 3급의 분절로 형성되어 있고, 마지막 심급에서는 경제구조가 비경제적 구조를 결정한다고 주장했다.

착했다. 그는 이 역사를 두 개이며 동시에 하나인 결정, 즉 합리적이며 현실적이고, 철학적이며 정치적이고, 그리고 이론적이며 실제적인 결정 속에서 포착했다. 이 명제의 근원은 무엇인가? 그 근원은 훨씬 위로 거슬러 올라가며, 그 뿌리는 데카르트의 합리주의에 있다. 헤겔에서, 그의 철학이성은 선험적 실재의 이론이 아니다. 그 이성은, 그의 눈앞에서 그의 도움으로 막 형성되고 있는 국가 속에서 실현되고 있다. 철학—정치학 체계는 단순히 철학적 체계로서만이 아니라 법과 국가의 실천적 (정치적) 체계로서 자신의 의미를 공개하며 역사에 종지부를 찍는다.

철학의 실현에 관한 마르크스의 텍스트들은 헤겔의 사상을 자신의 반대 세력으로 돌려놓으면서 사실은 이 사상을 지속시키고 있다. 만일 철학이 실현된다면, 왜 그 철학은 플라톤에서 헤겔에 이르기까지 중복과 우연들에서 파생된 철학의 전체가 아니라, 유독 헤겔의 철학이어야 하는가? 그리고 왜 입헌군주국가에서만이어야 하는가? 또 실현의 지주이며 담당자인 '주체'는 왜 하필 중간계급과 '국가'의 관료계급이어야만 하는가? 노동계급은 계속되는 역사에 개입할 수 없는 것일까?

이 몇 가지 텍스트들은 헤겔 사상의 운명을 극명하게 보여주는데 그것도 반드시 이런 맥락 속에서만 자신의 모습을 드러낸다.[11] 이 텍스트들은, 마르크스가 프롤레타리아에게 역사의 근본적 단절을 통한 새로움을 창조할 무조건적 능력과 절대적 부정을 동시에 부여했던 다른 텍스트들과는 구별된다. 후자의 텍스트들은 전자의 텍스트에 약간 성급한 주장을 덧붙여 주고 있다.

---

11 『철학자 마르크스』(Marx Philosophe, P.U.F., 1964)참조.(원주)

우리(저자와 그의 추론을 따르는 사람들)가 도달한 이 교차로에서 약간
더 오래 멈춰 보자. 주위의 경치를 바라보자. 건너야 할, 또는 돌아서
야 할 장애물들을 검토해 보자. 우리의 뒤에는 철학의 골목길과 일상
의 대로가 있다. 우리는 그것들이 만나는 지점에 있다. 비록 철학이 일
상성을 저 아래로 내려다보며 능선을 따라왔지만 아직도 산들이 그 둘
을 갈라놓고 있다. 우리의 앞에는 아직 헤쳐지지 않은 길, 가시투성이
인 관목숲과 늪이 있다.

  결국 우리는 일상생활을 철학의 대상으로 선포하는 바이다. 그러
나 정확히 비철학非哲學이라는 전제를 달고서이다. 비철학이라는 자격
으로도 그것을 여전히 철학의 대상이라고 우리는 감히 선포한다. 이 작
업을 통해 우리는 철학에서 그 전통적인 대상들을 제거한다. 순진하게
철학적인 우리들 앞에서 일상적 인간은 얼이 빠져 있는 듯이 보인다.
족쇄가 채워지고, 수많은 줄로 묶이고, 자질구레한 수천 개의 강제성
에 사로잡혀 있다. 때에 따라 그는 모험을 할 수도 있고, 동시에 이기거
나 질 수도 있다. 철학자가 추구하는 확실성은 일상인이 꿈꾸는 안정성
과 아무런 공통점도 없다. 철학적 모험에 관해 말하자면, 철학적 모험
은 정신적 위험밖에는 없다. 철학자는 자신을 사변의 울타리 속에 가두
고 싶어하나 결코 그것을 이루지 못한다. 일상인은 자신의 소유물·재
산·안락 속에 안주해 있거나 혹은 그것들을 아쉬워한다. 일상인은 반
성의 주체 또는 문화의 주체보다 훨씬 더 자연에 가까워 보인다. 좀 더
일상적인 여자는 좀 더 화를 잘 내고, 기쁨과 정열과 행동에 좀더 몸을
쉽게 내맡기고, 광란의 열정과 관능, 생과 사의 관계, 자발적이며 기본
적인 풍요로움과 좀 더 가깝다. 그러나 이런 것들은 참인가 거짓인가?

외관만인가, 실체도 있는 것인가? 피상적인가, 깊이가 있는 것인가?

이런 의미에서, 철학적 태도(관조와 사변)를 배웠고 또 그것을 행동 지침으로 취한 철학자에게서 일상생활은 정교하게 이론화된 체계를 벗어나는 신비하고 경탄할 만한 어떤 것을 내포하고 있다. 철학자들은 일상생활에서 자연과 예술의 그 어떤 것보다 더 놀라운 것을 발견한다. 자신의 철학을 글로 쓰지 않았던 최초의 직업적 철학자, 즉 소크라테스가 철학적 대화를 위해 일상적 사물들만을 말했다는 것, 예컨대 옹기장수와는 옹기 이야기를, 구두장이와는 구두 이야기만을 했다는 것을 철학자들은 얼마나 여러 번 주목했던가!

일상 앞에서의 철학은 이 순진하고 예언적인 놀라움을 되찾을 수 있을 것인가? 아마 그럴 것이다. 무슨 일이 일어나건 철학은 경멸과 감탄 사이를 오고 갈 것이다.

우리가 철학을 회피하고 메타—철학 속에 자리를 잡는다 해도, 그것은 철학의 과거를 청산하기 위한 것이 아니다. 여기서 사변적 태도와 대립되는 것은 실증주의적 태도가 아니다. 철학자들의 이성을 실현시키기 위해, 그리고 '합리—현실'의 통일을 규정짓기 위해서 우리는 철학을 연장하고, 철학자에게 개념들의 사용방법을 요구한다. 비록 이렇게 함으로써 그 규칙들을 수정하고 다른 개념들을 들여올 염려가 있음에도 말이다. 어느 정도까지는 이것이 산파술産婆術이어야 함을 잊지 말자. 산파술이란 곧 일상성으로 하여금 현재에는 그 안에 부재 중인 어떤 충만성을 세상에 내놓도록 도와주는 일이다. 또 한편으로는 소크라테스 이래 상황은 많이 변했고, 그리스 도시국가에서의 이성 또한 많이 변했다. 우리가 생산해 내고자 하는 것은 새로운 인간이다.

산파술의 개념은 혁명 및 돌연변이의 개념과의 대립을 결코 피할 수 없을 것이다.

이런 계획 속에서 우리는 좀 더 불안한 의도를 감추지 않겠다. 그것은 반복적인 것을 답사하는 일이다. 일상은 사소한 것들 속에서의 반복이다. 즉 노동 안에서나 노동 밖에서의 행동들, 기계적인 운동들(손놀림이나 몸의 움직임, 신체의 일부분이나 기관의 움직임, 순환 또는 왕복동작) 시간·나날·주·달·해 등, 선적線的인 반복 또는 순환적인 반복, 자연의 시간 혹은 합리성의 시간 등이다. 창조적 행위(가장 폭넓은 의미에서의 생산)는 재생산의 분석으로 이어진다. 다시 말하면 물건이나 작품의 생산활동이 스스로 재생산되고, 다시 시작되고, 그 구성적 관계를 다시 취하거나 또는 정반대로 도약이나 점진적 수정에 의해 변형되는 그러한 조건들의 분석으로 말이다.

생성의 이론은 반복의 수수께끼와 만난다. 자연과 우주와 역사와 개인생활 또는 사회생활 속에서의 헤라클레이토스적 시간의 거대한 흐름, 위대한 몇몇 철학자들이 느꼈던 결코 소멸되지 않는 무한한 시간성, 이것이 근본적 반복을 은폐하는 것이 아닐까? 이미지·상상력·상상은 시간의 흐름 속을 잠수하며 그것을 연장시키는 것처럼 보인다. 그러나 상상의 본질은 아마도 상기想起, 과거의 부활, 즉 반복 속에 자리잡고 있는듯 하다. 이것이 추억의 이미지와 기억의 상상, 그리고 인식을 연결지어 준다. 철학자들은 처음부터 인식이 어렴풋한 기억과 재인식(반성 속에서 자기를 알아보고, 개념 속에서 타자를 알아보고, 확실성 속에서 존재를 알아보는 것)을 포함하고 있다는 사실을 알았다. 이미지, 기억, 인식 들은 그런 식으로 깨진 통일성, 끊어진 수렴성을 되찾는 것이 아닐까? 정신분석이 퇴행과 트라우마(정신적 외상外傷)의 재발의 무서운 효과를 강조하고 있고, 또 이것에 대한 분명한 설명이 탁월한 치료효과가 있음을 강조하고 있다는 것을 모르는 사람은 아무도 없다. 그렇다면 반복이란 도대체 무엇일까? 일상이란 반복의 여러 변형인가, 아니면 반복의 집합인가? 철학이 메타―철학에 물려준 다음과 같은 질문들을 일상은 대답해 줄 수 있을까? "헤라클레이토스에서 헤겔과 마르크스에 이르기까지의 생성의 이념을 반복이라는 본질적인 사실과 어떻게 대면시켜야 할까? 반복이라는 문제를 해결하지 못하면서 영원한 타자他者를 논하는 헤라클레이토스의 이론과 보편적 운동 속에서 용해되는 부동의 동일자(Même)와 동일성(identité)을 논한 파르메니데스¹²의 이론 사이의 갈등은 또 어떻게 풀어야 할까? 헤라클레이토스―헤겔―마르크스의 계보와 역시 헤라클레이토스가 한 부분을 이루고 있는, 동방에서 시작하여 니체에서 끝나는 다른 계보의 사상으로 하여금 서로 대화를 하게 할 여지가 있는가? 일상은 이러한 대면의 장소가 될 것인가? 그것은 수수께끼의 신비 또는 좀 더 높은 진리의 암시를 발견하도록 허용하는 어떤 기준을 간직하고 있을까?

로고스에 관한 오랜 성찰(로고스의 본질에 관련된)의 종착점인 언어성찰은 현대사상의 특징이다. 언어에 관련된 활동으로서의 독서 및 글쓰기, 또는 언어에 대한 검토는 그 출발점에서부터 철학에 수반된 오랜 명상을 약간 어둠 속으로 추방해 버렸다. 언어에 대한 연구 훨씬 이

---

12 파르메니데스(Parménide, BC 544~450): 그리스 엘레아 학파 철학자. 존재의 영원성과 통일성을 논하여 존재론의 아버지로 일컬어짐.

전에 사람들은 음악을 이해하려고 애썼다. 음악은 움직임·흐름·시간성이다. 그러나 음악은 반복에 기초하고 있다. 소통 가능하고 또 소통이 된 모든 노래는, 그것이 악보로 쓰였을 때는 더군다나 항상 반복될 수 있다. 모든 멜로디는 끝(종지법)을 향해 가고, 그 종지부호는 마치 규칙적으로 나누어진 한 옥타브(음계) 끝의 주조음이 다음 옥타브의 시작이 되듯이 후렴의 시작이 될 수도 있다. 멜로디에는 모티브와 주제와 음정의 여러 조합의 반복이 있다. 음악 안에는 사라진 감정과 정서의 재발이 있고, 이미 끝나버린 순간들의 재호출이 있으며, 먼 곳의 존재와 부재에 대한 상기想起가 있다. 이런 것들은 상상 안에도, 그리고 예술 일반에도 들어 있다. 확정된 음계 위에서의 옥타브의 반복, 차이들 속의 통일성, 수와 질 사이의 관계, 이런 것들은 하모니의 고유한 성격이다. 이 하모니가 화음이론·반복·뒤집기·음정 배열의 재귀성 등의 이론에 의해 예술로, 지식으로, 또는 음악적 기술로 형성된다, 이 이론은 생성을 지배하는 형식인 하나의 구문을 허용하면서, 일반적이면서도 동시에 특별한 하나의 논리를 형성한다(고전적 비고전적 하모니와 음계법 및 그 해체인 무조음악 등이 모두 소진되기까지).

　　음악과 철학, 예술, 언어 사이에 어떤 관계가 있다면, 음악과 일상 사이에도 어떤 관계가 있지 않을까? 음악은 일상을 노래로 대체함으로써 일상의 숨겨진 본질을 폭로해 주는 것일까, 아니면 그와 정반대로 일상의 저속성과 피상성을 보상해 주는 것일까? 그것은 '심오한' 삶과 '경박한' 삶의 관계가 아닐까? 만일 음악이 일찍이 이들 삶을 결합했다면, 일상과 비일상의 분리가 구조화될 정도로 강조되고 있고 일상의 빈약성이 점점 더 악화되고 있는 이때에, 이 결합은 아직도 그 실현의 장소와 이유와 계제를 발견할 수 있을까? 다른 많은 대상들, 예컨대 건축·회화·무용·시·경기 등에 대해서도 이와 유사한 질문들, 즉 차이와 특수성에 관한 질문을 할 수 있지 않을까?

음악 및 반성의 초기 이론가들 이래, 특히 피타고라스 이래 우리는 두 개의 측면, 두 개의 양상, 곧 수와 드라마가 있다는 것을 잘 안다 (이 진부한 말들은 함축의 풍요로움을 잃었고, 철학적 수사라 할지라도 이 말들에 다시 활기를 불어넣는 데는 실패했다). 음악가들은 철학자들에게 다음과 같은 수수께끼를 가르쳐 주었다. 즉 음악 안에서는 모든 것이 수이며 수량(음정·리듬·음색)이고, 모든 것이 서정·향연·꿈이라고. 모든 것은 원기 완성하고, 생명력이고, 감각이며, 거기서는 모든 것이 분석·정확·고착이다. 오로지 대가들만이 이 두 '양상'을 유지할 줄 알았다. 첫째 양상인 수數: 모든 것이 계산되고 측정된다. 어떻게 열거에 제한을 줄 것이며, 계산에 한정을, 대수代數에 장애를 줄 것인가? 불가능한 일이다. 이러한 한계들은 마음대로 자리를 이동한다. 만일 당신이 장벽을 하나 세우면 당신은 수학자에게 법을 위반하는 영웅의 의기양양한 몸짓을 주게 될 것이다. 그러나 **드라마**가 있다. 수 앞에는 수학자가 잡지 못하는 것, 그가 포위하지만 그에게서 빠져 달아나는 것, 더 이상 나누어지지 않는 나머지가 있다. 그것은 항상 거기에 있고, 언제나 뒤로 물러선다. 별것 아닌 것처럼, '아무것도 아닌 것'처럼 보인다. 다가가 보라. 그것은 유한한 존재인 당신 앞에서 무한성이고, 백사장 앞에서의 대양大洋이다. 과학 또는 '과학성' 그건 '아무것'도 아니다. 물과 호수를 배수排水하고 메우기 위해 둑과 운하와 배와 기계를 가지고 바다에서 쟁취한 매립지이고, 조수에 대항하는 싸움이다. 그리고 갑작스러운 조수의 공격이다. 과학자는 나머지가 아무런 쓸모도 없다고 선언한다. 웃기는 현학일 뿐이다. 그것은 수평선의 틈새를 막는다. 이 '나머지'는 과학이 쟁취한 것, 즉 내일의 지식이다. 만일 나머지가 무한하지 않고 또 무한하게 귀중한 것이 아니라면 학자는 무엇을 할 것인가? 그의 운명은, 비록 그 자신이 알지 못하지만 시인의 운명과 밀접하게 연결되어 있다. 이번에는 **드라마**를 생각해 보자. 모든 것이 드라마이다. 삶과 죽음, 실패와 승리, 이것이 모두 드라마이다. 나는 죽음에 임박한 사람들의 숫자를 세고, 그 단말마의 고통을 기록한다. 그러나 고통이 무엇인지, 무無가 무엇인지를 말해 주는 것은 아무것도 없다. 나머지, 그것은 쟁취와 창조와 승리의 장이다. 수와 과학을 부인하는 것은 전통적 철학자의 본성이고, 형이상학자의 광기이다. 나머지는 더 이상 나누어지지 않고, 말과 노래가 거기서 둥지를 튼다는 것을 확인하는 것은 문명과 그 이성의 본성이다. 그리고 이제 **일상**을 살펴보자. 거기서는 모든 것이 수로 세어진다. 돈도 그렇고 시간도 그렇다. 모든 것이 미터·킬로그램·칼로리로 계산된다. 물건만이 아니라 생물과 사람도 그렇다. 동물과 사람의 인구통계학만이 아니라 물건의 인구통계학도 있다(물건의 수와 수명을 측정하는 것이 그것이다). 그러나 사람들은 태어나고, 살고, 죽는다. 잘 사는 사람도 있고, 못 사는 사람도 있다. 사람들이 자신의 생활비를 벌거나 벌지 못하는 것은 일상 속에서다. 즉 살아남거나 살아남지 못하거나, 또는 단순히 살아남거나 충만하게 살거나 하는 이중의 의미에서다. 인간이 즐기거나 고통을 당하는 것은 일상 속에서다. 그야말로 지금 여기에서이다.

　　대담자는 이 이야기를 가로막을 것이다. 그는 자신의 논쟁을 잔뜩 축적하고 있다. 왜 아니겠는가? "비철학적 현실이라고? 실제의 삶이라고? 그것은 이미 1세기 전부터 소위 인문과학이라 불리는 정치경제학·사회학·역사 등이 다루어 온 바로 그 문제가 아닌가? 단편적인 과학들. 그렇다. 이 학문들은 철학이 배제한 거대한 현실을 단편적인 조각들로 부스러뜨리고 있다. 현실은 이 과학자들에게 속해 있다. 세분화細分化를 통해 현실과 합리성의 통일이 나올 수 있는 것은 이 학자들로부터, 그리고 그들의 행동으로부터이다. 무슨 권리로 당신은 일상이라는 이 실체에 밝은 조명을 들이대고 그것에 대해 원대한 계획을 세우는가? 그것은 무엇인가? 그것은 경제학·심리학·사회학, 그리고 특수한 방법과 행동에 의해 포착되는 특별한 영역이며 대상이다. 그것은 식품·의상·가구·건물·주택·교제·환경 등이다. 당신이 원한다면 이것을 '물질문화'라고 불러도 좋다. 그러나 이것저것 혼동하여 모든 것을 한 자루 속에 넣지는 말라. 목록이니 물건들이니 인구통계학이니 하는 것은 좀 더 넓은 학문의 한 장에 불과할 것이다. 물건의 폐기와 그것들의 기대수명은 노쇠 카테고리의 한 특수 케이스일 뿐이다. 당신이 가구·식품·의상 따위의 물건들의 의미작용을 제아무리 꼼꼼하게 검토해 본다 하더라도 당신은 고작 드라마를 강조하고, 서정적 담론만을 논할 뿐이다. 그렇게 함으로써 당신은 학자를 제거한다. 왜냐하면 당신은 유관有關 학문을 제거하려 하고 있으니까!"

우리의 계획에 대한 많은 반대를 요약적으로 말하고 있는 이 대담자는 진지한 논쟁의 방식을 제시하고 있다. 즉 진지함·실증성·과학성의 문제이다. 따라서 우리는 그에게 진지하게 대답하려 한다. "도대체 왜 역사니 정치경제학이니 하는 특수과학들이 일상생활의 연구에

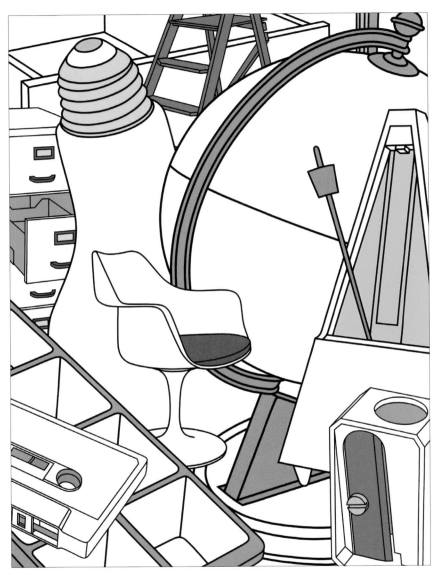

일상적인 물건들을 그린 마이클 크랙 마틴(Michael Craig Martin)의 작품, 「들이쉬기」

기여할 수 없다는 말인가? 그리고 왜 이 연구는, 예컨대 사회학처럼 현재 매우 특수하게 여겨지는 그런 학문 영역 속에 자리를 잡지 못한다는 말인가? 그러나 좀 더 멀리 나아가보자. 당신은 과학적 상대주의를 포기하고 과학성을 절대 속에 세우는 그런 사람인 것 같다. 당신이 그것의 정당성과 권능을 옹호하고 있는 세분화된 과학을 위해 이러한 태도가 어떤 난점을 야기하는지 당신은 알아야만 할 것이다. 그 과학들의 규약은 무엇인가? 우리는 이 과학들이, 더 이상 특수성으로 나누어지지 않는 하나의 전체성 속에서 그들의 대상과 영역을 세분한 것인지, 아니면 현실 전체에 특수한 조명을 비춘 것인지를 알지 못한다. 과학성에서부터 출발하여 당신은 어떤 특정의 과학에는 과학성을 부여하기를 거부하려 하고 있다. 예를 들면 과학적 엄격성의 원형으로 간주되는 언어학의 이름으로 당신은 이 지고至高의 성격을 심리학, 역사학, 사회학에서부터 박탈하려 하고 있다. 당신은 이 분야들이 한편으로는 실제 행동에, 또 한편으로는 이데올로기에 연결되어 있는 상대적 존재만을 갖고 있고, 또 이 이데올로기를 끊임없이 강화시키거나 또는 정화하려 한다는 사실을 잊고 있다. 이 과학들은 인간이(만일 이 '주제'가 당신의 마음에 들지 않는다면 사유라고 말하자) 운명을 극복하기를 원하거나 또는 극복했다고 믿었던 순간에, 그리고 자신의 존재를 통제하고 자신의 법칙을 지배하기를 원하거나 또는 극복했다고 믿었던 순간에 생겨난 것이다. 이 합리주의적 주장은 결코 공허한 이야기가 아니다. 세분화된 과학들은 외과수술의 기능을 갖기를 원했고, 사실이 또 그러하기도 하다. 어떻게 그러한지를 좀 더 자세히 들여다보자. 이 과학들은 방법과 개념과 대상과 분야와 영역들을 갖고 있다. 그것들은 어떤 조건에서 방법·개념 등을 결정하는가? '인간'과 '사유'는 단숨에 맹목의 운명에서부터 자유로 뛰어오른 것이 아니라는 사실을 잊지 말자. 19세기에 산업혁명과 함께 사회생활은 지난 수천 년간 인간을 지배해 왔던 조건, 즉 궁핍과 자연법의 불확실하고도 맹목적인 지배에서부터 천천히 벗어나기 시작했다. 이 상태가 이성에 의해 겨냥된 정반대의 새로운 상태로 이행하는 데에는 오랜 시간이 걸리지 않았을까? 물질의 희소성은 어느 날 아침 갑자기 종식된 것이 아니다. 어떤 재화들은 기본적 욕구에 부응하면서 지구상의 한 부분, 곧 산업화된 나라들에서 마침내 더 이상 부족하지 않게 되었다. 그러나 더 값비싼 어떤 재화들은 여전히 부족한 상태였다. 게다가 새로운 희소성이 생겨났는데, 그것은 공간·시간·욕망과 욕구들이다. 당신이 거론하는 그 과학들도 하나의 실천, 즉 기존의 조건들을 정돈하고 희소성을 옛 것과 현재의 것으로 분할하는 실천을 내포하고 있는 것이 아닌가? 희소성은 강제·결정·법·합리성·문화 등 매우 멋진 말이 붙여진 채 아직도 부당하고 불평등하게 분배되어 있다. 수세기 동안 권리의 이름으로 수행되어 온 희소성의 부당한 분배는 오늘날에는 또 과학성·합리성 또는 **사실**들의 인식이라는 이름으로 수행되고 있지는 않은가? 우리는 여기서 희소성을 경제이론이 아니라 역사를 설명하는 성질로 변형시킨 것이 아니다. 우리는 다만 그것을 인간의 행동을 설명해주는 하나의 여건으로 간주할 뿐이다. 그러한 과학의 대상이 수상한 의도와 무관하게 순수할 수 있을까? 그 대상은 관련 전문가가 거기에 부여하는 실증성을 가질 수 있을까? 전문가들의 말을 그대로 믿을 수 있을까? 소위 '인문'과학의 의도들은 이데올로기의 계수係數를 쉽게 떨쳐버리지 못한다. 그것들은 이데올로기를 포함하고 있다. 그래서 사회학자 뒤르켐은 사회현실을 강제로 규정하고, 스스로 자유의 수호자임을 자처했다. 이러한 모순들을 통해서(무슨 권리로 전문가들만이 모든 모순을 피한단 말인가?) 세분화된 과학들은 기존 사회의 제한된 합리성, 또는 이 사회의 합법화되고 제도화된 부조리성과 함께 좀 더 높은 형태의 합리성을 추구한다. 물론 약간의 갈등을 느끼면서 말이다. 일상생활의 연구는 이 세분화된 과학들에 만남의 장소, 그리고 그 이상의 것을 제공한다. 이 연구는 우리 시대, 우리 사회 안에 있는 합리와 비합리의 갈등의 장을 보여준다. 그렇게 함으로써 넓은 의미에서의 **생산**의 구체적 문제가 제시되는 장을 결정한다. 곧 희소성에서 풍요로움으로, 귀중한 것에서 하찮은 것으로 이행해 가는 동안 인간존재의 사회적 실존이 어떻게 만들어지는가 하는 방법의 문제이다. 이 비판적 분석은 강제, 그리고 편파적 결정론들에 대한 연구가 될 것이다. 결정론을 제압하는 것이 이성의 목적이며 의미인데도, 마치 결정론과 강제가 합리적인 양 통용되고 있는 이 거꾸로 된 세상을 바로잡으려는 것이 이 연구의 목적이다. 일상에서부터 잠재성을 끌어내는 것은 창조적 행위의 특징인 **전유**專有 (appropriation)의 권리를 재정립하는 것이 아닐까? 이 창조의 행위에 의해 자연과 필연의 산물이 재화로 변하고, 또 인간 행위에 의해 자유로 변하는 것이다. 합리적 인식은 항상 기존의 조건들을 근거로 삼고 있지만, 그렇다고 해서 그 기존의 조건들에게 **과학성**의 증명서를 주면서 그것들을 수락하거나 확인하는 것은 물론 아니다! 강제에 가치를 부여하는 태도는 사실상 합리성과 과학의 미명 하에 하나의 이데올로기를 내포하고 있는 것이다. 우리는 이 이데올로기를 반박할 각오가 되어 있다. 이 서론의 끝에 가서 우리는 당신들에게 두 개의 절대, 두 개의 실체가 아니라 서로 연결되고 상관이 있는 두 개의 사실, 즉 일상성과 현대성을 보여줄 것이다. 현대성이 일상성을 후광으로 장식하고, 또 그것을 뒤덮는다. 현대성은 일상성을 비추어 주고 또 그것을 슬쩍 감추기도 한다. 이것들은 오늘날 시대정신의 두 측면이다. 무의미의 집합체인 일상에 의미의 집합체인 현대성이 답을 한다. 이 의미들에 의해 이 사회는 스스로 의미를 부여하고 정당성을 부여하며, 또 이 의미들이야말로 이 사회의 이데올로기의 한 부분이다. 당신은 과학성의 이름으로 현대성을 부인할 것인가? 아마도 당신은 그것들을 병합시켜, 당신의 과학 또는 '과학성'을 현대성의 화신으로 제시하고 싶을 것이다. 이 주장에 대항하여 우리는 서로 밀접하게 연관되어 있는 이 두 '현실'의 동시적 출현으로부터 논지를 끌어 내고자 한다. 매우 강력한 힘을 가졌으나, 그것이 언어와 개념에 이끌려 나오기 이전까지는 별로 의식이 되지 않았던 이 두 현실은 다름 아닌 일상성과 현대성이다. 이것들을 정의하고 그 관계들을 밝히기 위해서 우리는 사실들을 조사해야 하는데, 그 안에는 사람들과 그들의 담론도 포함되어 있다. 본질이 문제가 되는가? 아니면 암묵적이거나 또는 겉으로 드러난 의미작용의 체계가 문제인가? 그것도 아니면 사유나 반성으로 이론화되기 이전까지는 정확히 아무런 의미도 없는 사실들의 집합이 문제인가? 중요한 것은 지금부터 그것들의 동시성과 관계를 확인하는 일이다. 일상이란 보잘 것 없으면서도 견고한 것이고, 당연한 이야기지만 부분과 단편들이 하나의 일과표 속에서 서로 연결되어 있는 어떤 것이다. 이것은 그 부분들의 분절을 조사할 필요도 없이 분명한 사실이다. 그러니까 이것은 날짜가 없다. 그것은 무의미하고(외관상) 사람들의 시간과 마음을 차지하지만 결코 언급될 필요가 없다. 다만 일과표에는 윤리가 함축되어 있고, 사용된 시간에는 미학적인 장식이 있을 뿐이다. 이것이 현대성과 접근하는 것이다. 현대성이라는 말은 새로운 것, 신기한 것의 표지를 띠고 있고, 사교성과 기술성의 특징이 가미된 재치와 역설을 의미한다. 그것은 과감하며 덧없고, 자신을 주장하며 갈채 받는 모험이다. 그것은 소위 현대세계가 상연하는 구경거리와 일상이 자신에게 상연하는 구경거리 안에 서로 구분되지 않은 채 들어 있는 예술이며 미학이다. 그러나 일상과 현대성은 각기 서로를 드러내고 은폐하며 또 서로를 정당화하고 보상한다. 헤르만 브로흐의 표현에 따르면, 이 시대의 일상생활은 현대성의 이면이고 시대정신이다. 우리 생각에 일상생활의 여러 양상과 측면들은 원자력의 공포나 우주의 정복만큼 중요하다. 그것들은 원자력의 공포 또는 우주의 정복과 아무 관계가 없을까? 우리는 나중에 가서 보게 될 것이다. 일상성과 현대성은 허구만큼이나 놀라운 하나의 현실, 즉 우리가 살고 있는 이 사회의 두 측면이다. 시니피앙과 시니피에는 한번 정해지면 영원히 지속되는 속성이 아니다. 이 두 측면은 서로를 의미한다. 그것들을 발견하기 위한 분석의 출발과 진행에 따라 그들은 번갈아 시니피앙이 되고 시니피에가 된다. 지금의 분석 이전까지 당신은 유동적인 시니피앙과 고정된 시니피에만을 생각하고 있었다. 당신은 이 세계 안에서 당신이 어느 만큼 와있는지를 잘 모르고 있다. 당신은 덧없이 스러져 버리는 시니피앙들, 예컨대 이미지·대상·말들에 당신의 시니피에들을 제공함으로써 수많은 신기루에 속아 넘어갔다. 그런가 하면 또 수사적 허식이나 선언, 프로파간다

같은 시니피에들에 당신의 시니피앙들을 제공하기도 했다. 이러한 시니피에들을 통해 사람들은 당신 자신이 그러하리라고 믿는 자신의 존재를 당신에게 부여했다. 만일 당신이 TV·라디오·영화·신문 등을 듣고 보면서 거기에 표명된 수많은 기호들을 받아들이고, 당신에게 어떤 의미를 고정시켜 주는 해설들을 확인한다면 당신은 벌써 상황의 수동적 희생자일 뿐이다. 일상성과 현대성 사이의 어떤 구분을 생각해 보라. 그러면 상황은 바뀌고, 당신은 기호들의 능동적 해석자가 될 것이다.

그러므로 지금부터 독자여, 대담자여, 당신 앞에 새로운 장르의 안내자가 서 있다는 것을 이해하라. 그 안내자는 당신을 순간과 사물들, 욕구와 만족들의 미궁 속으로 인도할 것이다. 여기서 당신에게 제공하는 것은 현대성과 일상성의 올바른 사용을 위한 논문이 아니다. 또는 해결을 위한 안내서도 아니다. 안내서·해설서·논문, 그 무엇이든지 쓸 수 있을 것이나 여 기서는 그런 문제가 아니다. 더군다나 저자는 일상을 적당히 배치하거나 또는 그것을 변형시키는 일에 별 관심이 없다. 우리는 다만 현대성—일상성이란 두 장의 접이 그림 앞에 얼굴을 맞대고 있다는 것이 놀라울 뿐이다. 이제부터 제3항이 지평에 떠오른다. 합리성 또는 분별성이라고 해도 좋다. 일상성과 현대성 안에는 무엇이 이성을 갖고 있는가? 합리와 비합리의 관계는 무엇인가? 이미 여러 번 제기된 이 문제는 새로운 행동과 발견들로 이끌고 갈 것이다. 즉 상상을 검토, 재검토하고 또 상상의 기능과 자리를 고찰, 재고찰하는 일이다. 이 길은 아마도 우리들의 반성을 다른 항목, 예컨대 도시 같은 것으로 끌고 갈지도 모른다(개념들을 지시하는, 그러나 곧 실체나 본질 쪽으로 미끄러져 들어가는 이 '용어들'의 수를 늘리는 것을 별로 두려워하지 않는다면 우리는 이것을 도시성 혹은 도시적인 것이라고 말하겠다).

이 도입부를 끝마치기에 앞서 몇 가지 변명을 하겠다. 너무나 당연한 이야기지만, 이것은 프랑스에서의 일상생활에 관한 것이다. 다른 곳에서도 마찬가지인가? 아니면 이곳만이 다르고 특수한 것일까? 오늘날의 프랑스인들은 정도의 차이는 있을지언정, 모두 미국식을 모방하고 따르지 않는가? 저항과 특수성은 어디에 자리 잡고 있는가? 세계적 차원에서 일상적인 것과 '현대적인 것'의 동질성이 있는가? 아니면 차이가 점차 커지는 것일까? 이러한 문제들이 우리의 문제 제기의 일부를 이루고 있음은 분명한 일이다. 우리는 그런 문제들을 최대한 날카롭게 제기할 것이다. 우리는 물론 만족할 만한 대답은 주지 못할 것이다. 비교연구는 상이한 나라·상이한 사회·상이한 언어에 대한 고도로 심화된 지식을 요구할 것이다. 그렇지 못할 때 연구는 고작 여러 민족에 대한 진부한 민족심리학(Völkerpsychologie)으로 떨어지고 말 것이다. 그것이 우리가 떠올리는 연구의 지평선이다. 이 지평선을 향해 앞으로 나아가지만 결국 한 중간에 멈춰서지 않을 수 없다는 것을 우리는 잘 안다. 여하튼 앞으로 나아가 뭔가를 발견해야 하고, 탐구 속에서 좌절하여 중단해서는 안 된다……

3. 첫 번째 단계, 첫 번째 계기[13]

그러니까 무엇에 관한 얘기인가? 철학자들에 의해 무시되고 사회과학들이 자의적으로 멀리한 어떤 사실들에 대한 방대한 탐구이다. 세분화된 과학의 전문가들은 각자 자기 방식으로 사실들을 재단한다. 경험적이고 동시에 추상적인 카테고리에 따라 그것들을 분류하는가 하면, 또 각기 다른 분야, 예컨대 가정사회학, 소비심리, 현대사회에 적용시킨 인류학 또는 민족학, 습관 및 행동 서술 등에 그것들을 귀속시킨다. 그들은 퍼즐 조각들을 한데 합치는 일을 광고전문가나 기획전문가 같은 실무 전문가들에게 일임한다. 아니면 그들은 가구·물품·물품들의 세계·스케줄·사회면 기사같은 사건들·신문의 안내 광고 등 일상적 사실들을 인식의 가치가 없는 것으로 경멸해 버린다. 이런 식으로 그들은 '일상성(Alltäglichkeit)'을 한껏 경멸하며 다른 철학자들과 합류한다.

초안 단계에서의 우리의 의도는, 일견 아무런 형태가 없어 보이는 이 일상적 사실들을 인식의 영역으로 끌어들이고, 그것들을 자의적으로가 아니라 개념과 이론에 입각하여 재구성하는 것이다. 인식의 영역으로 몇 발짝 전진해 들어갈 수 있었던 것은, 잘 알려진 듯하나 실은 제대로 알려져 있지 않고 분산되어 있으며, 우리에게 매우 친숙하나

---

13 여기서 나는 『일상생활 비판』(Critique de la vie quotidienne)(L'Arche, éd.)의 첫 세 권을 요약하려 한다. 1946년에 나온 제1권은 1959년에 재판이 나왔다. 그것은 서론이다. 제2권은 1963년에 출판되었다. 제3권은 현재 편집 중이며, 여기에 그 다이제스트를 소개한다. 다시 말하면 많은 사례와 분석과 논쟁들을 제거하고 본질만을 수록한 것이다.(원주)

무시된 사실들을 반성적 사유에 의해 그리고 그 사유 속으로 '회수'했기 때문이 아닐까? 이 사실들은 '가치'들, 다시 말해서 문제성 있는 이데올로기들, 즉 노동(마르크스)과 성(프로이트)에 의해서만 평가되었다. 그러나 우리의 방법은 외관상 무의미한 것을 포착하고 거기에 의미를 부여한다. 일상이란 무의미한 것들의 총화가 아닐까?

그러한 방식은 하나의 비판적 태도를 전제로 한다. 일상에서 약간 뒤로 물러서지 않고는, 다시 말해서 그것을 그대로 수락하고 수동적으로 일상을 살아서는 결코 일상의 본래의 모습을 포착하지 못한다. 만일 우리가 수락해야 할 어떤 체계(사회적·정치적·형이상학적)가 있다면, 만일 진실이 '전체 아니면 전무全無'의 원칙에 예속된다면, 그리고 만일 현실적이면서도 사실적인 이 체계가 비판적 거리를 금지한다면 우리는 결코 일상을 이해하지 못할 것이다. 우리는(당신들과 마찬가지로) 실존·이성·언어와 같이 본질로서의 일상 속에 함몰돼 있을 것이다. 그러면 다른 의식이 생길 가능성이 없고, 아예 의식의 가능성마저 없을 것이다. 우리는 그것을 인식의 초기 단계 상태로 알게 되거나, 아니면 그것은 영원히 우리의 인식을 벗어날 것이다. 인식·예술·철학과 거리가 먼 일상생활은 그런 체계의 부재를 행동으로 증명해 주는 것이 아닐까? 일상생활은 이런 체계 안에 존재하고, 모든 것은 이미 말해졌다고 볼 수도 있다. 또는 일상생활이 그 체계에서 벗어나는 것이고, 따라서 모든 것을 앞으로 말해야 한다고 생각할 수도 있다. 또 한편으로 생각하면 이 배타적이고 완결된 단일 체계가 존재하지 않는다면 인식과 이데올로기를 폭로해 줄 것이고, 일상에 대한 인식은 이데올로기적 비판과 당연히 영구 자가비판을 포함할 것이다. 우리 생각에 이런 방식은 과학과 비판을 분리시켜 주지 않는다. 그것은 논쟁적이며 동시에 이론적일 것이다. 게다가 사회생활의 부분적 현실 즉 일상성—에 대한 반성으로서, 그러나 이 부분적 현실이 폭로의 기능을 갖고 있다고 이 반성이 생각하므로 분석은 사회 전체에 대한 명제와 가설을 갖지 않을 수 없다. 모든 이론적 탐구는 다 이와 마찬가지다. 조만간에 이 이론적 탐구는 사회·'인간'·세계의 일반 개념과 연결될 것이다. 우리가 전체 혹은 총론에서부터 출발하지 않지만, 그러나 우리는 거기에 도달할 것이다. 부분의 수준, 그리고 이론적으로 잘 연결이 안된 개념과 사실들의 수준에만 고의적으로 머물러 있지 않는 한 그러하다. 따라서 일상생활의 비판은 사회 전체에 대한 평가와 개념화를 함축하고 있다. 당연히 일상생활의 비판은 그 길로 유도된다. 이 비판은 인식의 전략과 행동의 전략이라는 다양한 전략과 결합되지 않을 수가 없다. 그러나 이것은 이론적 실천적 방법들이 개성, 즉 저자의 개성과 독자의 개성을 완전히 배제한다는 것을 의미하지는 않는다. 저자는 이 일련의 작업 속에서 개인적인 책임을 진다. 그는 연루와 오류의 위험성까지 포함하는 모든 위험성의 책임을 다른 그 누구에게도 돌리지 않는다. 그는 유머나 아이러니의 감각을 잃지 않으려 노력하고 과학성의 속성으로 간주되는 '진지성' 속에 머물러 있기를 고집하지 않는다. 그는 다른 사람들의 행동과 진지성 또는 진지성의 부재를 문제 삼으면서 자신도 문제 삼는다.

전체 사회에 관한 명제로 끝나는 이 방법은 분명코 경험주의에 반대이고, 소위 사실들의 끝없는 집적과도 정반대이다. 전체 속에서 관계들에 의해 통합되지 않는 사회그룹이 없듯이 서로(개념적·이데올로기적·이론적) 관계가 없는 인간사 또는 사회적 사실들은 없다. 일상을 다루는 것은 결국 일상성(그리고 현대성)을 생산하는 사회, 우리가 그 안에서 살고 있는 그 사회의 성격을 규정짓는 것이다. 겉보기에 무의미한 듯한 사실들 속에서 중요한 어떤 것을 잡아내고, 그 사실들을 잘 정돈함으로써 이 사회의 정의를 내리고, 또 이 사회의 변화와 전망을 정의해야만 한다. 일상성은 하나의 개념일 뿐만 아니라, 우리는 이 개념을 '사회'를 알기 위한 실마리로 간주할 수 있다. 이것은 일상을 전체 속에, 즉 국가·기술·기술성·문화(또는 문화의 해체)[14]속에 위치시킴으로써 가능하다. 그것이야말로 문제에 접근하는 가장 좋은 방법이며, 우리의 사회를 이해하고 또 이 사회에 침투하면서 사회를 정의하기 위한 가장 합리적인 방법이다. 문제의 핵심에서 벗어나는 먼 우회의 길을 차용하기보다는 이런 방식이 훨씬 합리적이고 가치가 있지 않은가? 우회의 방법 중 가장 단순하나 가장 인기가 있는 방법은 민족학의 방법이다. 현대세계를 이해하기 위해서는 보로로 족이나 도곤 족[15]을 우선 연구하는 것이 유익하다는 것이다. 이 원시주민에 대한 연구에서 문화의 개념·구조의 개념을 빌려와야만 한다. 우리는 물론 이 연구들이 흥미롭다는 것을 부인하지 않는다. 하지만 이 길을 통해 우리가 우리 사회·우리 시대·우리 문명을 마침내 알게 된다는 주장에 나는 동의하지 않는다. 우회는 돌아가는 방법, 다시 말해서 회피하는 방법일 뿐이다.

---

14 일상생활에 대한 비판적 이론은 '사회적 특성'을 끄집어내는 사회심리학적 이론에 토대를 둔 개인 간의 관계에 대한 연구와는 근본적으로 다르다. 〔『인간과 사회』(L'homme et la société 3권, 1967, P.63)〕참조.(원주)

15 보로로 족은 브라질에 사는 인디언족의 하나이며, 도곤 족은 서아프리카에 사는 한 종 족이다.

유대그리스도교 이편으로, 또는 그리스(소크라테스 이전)와 동방(조로아스터교) 쪽으로 우리 문명의 근원을 거슬러 올라갔던 니체도 이 민족학적 낭만주의보다는 훨씬 스케일이 크다.

그렇게 추적된 연구는 잘 알려진 한 저서의 연구 대상, 즉 상이한 시대들의 일상생활에 대한 연구와는 아주 다르다. 이 저서의 몇 권들은 특정 시대, 특정 사회에 어떻게 해서 일상생활이 없는가를 이해하는 데 도움을 줌으로써 주목의 대상이 될 만했다. 잉카나 아즈텍에서, 그리고 그리스나 로마에서 하나의 양식樣式(style)은 가장 사소한 것들까지, 예컨대 몸짓·말·도구·친근한 주변 물건들·의상까지를 결정지었다. 항상 쓰는 친근한(일상적인) 물건들은 아직 이 세계의 산문散文[16] 속으로 떨어지지 않았다. 세계의 산문散文은 시詩와 아직 유리되지 않았다. 우리의 일상생활은 양식에 대한 향수, 양식의 부재, 그리고 양식에 대한 악착같은 추구로 특징지어진다. 그러나 우리의 일상생활은 격

---

16 헤겔은 인륜적 실체와 주관적 자아가 조화롭게 결합되었다는 점에서 희랍의 도시국가를 가장 이상적인 시대로 간주하며, 그 시대를 '아름다운 전체성'(belle totalité) 이라고 불렀다. 그러나 후대에 내려오면서 인간과 세계 사이의 호머적 밀접한 관계는 붕괴되고, 사람들은 외부 세계 및 보편적인 것과 유리되어 자기 속으로 파고들어 칩거하게 되었다.

헤겔은 이러한 단계를 18-19세기의 산문 예술인 소설에서 보았다. 그가 근대 부르주아의 서사(moderne épopée bourgeoise)라고 부른 소설에서 주인공들은 자신의 주관적인 특수한 내면성과 객관적인 세계 즉 사회와의 갈등을 괴로워한다. 이때 서정적이고 여린 감수성의 개인적 내면세계가 '시(詩)'이고, 비인간적이고 냉혹한 자본주의적 사회는 '산문(散文)'이다. 소위 '마음의 시(詩)'와 사회의 산문(散文)'이다. 그러므로 산문은 자본주의 사회, 특히 대도시에서의 어둡고 혐오스러운 사회적 삶을 뜻하고, 시는 이 사회의 폐쇄적인 틀에 맞서 싸우다가 점차 생기를 잃고 고갈되어 가는 순수한 주관적 내면을 뜻한다.

식이 없다. 옛날의 양식을 사용하려는 노력과 그 양식들의 잔재·폐허·추억 속에 머물려는 노력에도 불구하고 스스로에게 하나의 양식을 부여하는 데 실패했다. 그래서 마침내 **양식**과 **문화**는 서로 대립될 정도로 구별되었다. 일상생활을 다룬 저서는, 19세기에 자본주의가 정착된 데 이어서 상업경제와 화폐경제가 일반화된 이후에 일상이 어떤 특징을 갖게 되었는지를 밝히지 못한 채 그저 개념들을 혼동하고 뒤섞었다. 그래서 세계의 산문은 점점 커져 결국 텍스트·글로 쓰인 것·글쓰기 같은 것 등 모든것에 침투하기에 이르렀고, 시를 다른 곳으로 쫓아버리기에 이르렀다.

우리의 분석은 그러니까 처음부터, 인생 및 물질적 문화에 대한 연구와는 구분되는 것이다. 사건의 날짜를 기록하는 데 만족하지 못하는 역사가에게 있어서는 그룹과 사회계급과 나라와 시대에 따라 사람들이 무엇을 먹고 무엇을 입으며 어떻게 실내장식을 했는지를 아는 것이 매우 중요하다. 침대·옷장 또는 혼수의 역사가 매우 흥미롭다.[17] 그러나 우리에게 중요한 것은 시골 옷장(농부들이 옷장을 가지기 시작했을 때부터)에도 어떤 양식이 있으며, 가장 단순하고 가장 일상적인 물건들(그릇·도자기·대접 등)도 사회계층과 장소에 따라 서로 달랐다는 사실을 아는 것이다. 다시 말하면 물건의 형태·기능·구조들은 서로 분리되어 있다. 즉 혼동되어 있지 않았다. 물건의 기능과 형태들은 거의 무제한의 변형을 보였다(그러나 물론 품목별로 분류할 수는 있다). 형태와 기능과 구조의 어떤 통일성이 바로 양식이다. 과거 사회(그리고 우리 사회)의 이해

17　F.Braudel의『물질문명』(La Civilisation matérielle,1967) 참조.(원주)

를 위해서는 집·가구·의상·식품 등을 각기 상이한 의미작용의 체계로 분류하면서 그것들을 분리하는 것도 바람직하지 않고, 하나의 전체적인 단일한 개념 안에 그것들을 통합시키는 것도 바람직하지 않다. 예를 들면 '문화'의 개념 같은 것으로 말이다. 게다가 시장(생산물의 시장, 또는 자본시장)이 일반화되면서부터 세계를 산문으로 축소시키는 지배적 성격과 함께 물건·사람·관계 등 모든 것이 변했다. 해방[18]이후 1946년 초에 쓰인 『일상생활 비판 입문』[19](L' Introduction à la Critique de la vie quotidienne)은 그 당시 사건들의 영향을 받았다. 그때 프랑스에서는 경제생활과 사회생활이 재구성되고 있었다. 많은 사람들은 사실상 예전의 사회관계를 약간 수정하여 재건하는 일에 종사하고 있으면서도 자신들은 다른 사회를 건설하고 있다고 믿고 있었다. 이 저서는 마르크스의 사상에 대한 해석을 담고 있었는데, 이 해석에 대해 우리는 다시 한번 언급해야만 하겠다. 그것은 한편으로는 철학주의와 또 한편으로는 경제주의를 거부하고 있다. 즉 마르크스가 물려준 유산이 하나의 철학체계(변증법적 유물론)로만 환원되거나 또는 하나의 정치경제학 이론으로만 환원되는 것을 용납하지 않는다. 마르크스의 청년기 저술(그렇다고 해서 『자본론』을 제외하지는 않은 채) 같은 근원으로의 회귀를 통해 생산이라는 용어는 좀더 넓고 강한 의미를 다시 획득했다. 이 의미는 둘로 분리된다. 즉 생산은 제품의 생산으로만 환원되지 않는다. 이 용어는 한편으로는 작품(사회적 시간과 공간까지를 포함해서)의 생산, 즉 '정신적'

---

18 프랑스가 독일로부터 해방된 날.
19 제1권, 초판은 1946년 그라세 출판사, 재판은 아르슈 출판사.(원주)

생산을 가리키고, 또 한편으로는 물질적 생산, 즉 물건의 제조를 지칭한다. 그것은 또 인간의 역사발전 과정 중의 '인간존재'의 생산도 가리킨다. 즉 그것은 **사회적 관계**의 생산을 의미한다. 결국 포괄적인 의미로 이 용어는 **재생산**까지를 포용한다. 생물학적 재생산(인구통계학의 영역)만이 아니라 생산에 필요한 연장·도구·기술 등의 물질적 재생산 및 한걸음 더 나아가 사회적 관계의 재생산도 있다. 어떤 파괴가 그것들을 깨뜨릴 때까지, 한 사회에 내재하는 사회적 관계들은 꾸준히 유지된다. 그러나 그것은 수동적 타성적으로 이루어지는 것이 아니다. 그것들은 하나의 복합적인 운동 속에서 재생산된다. 생산의 개념이 둘로 갈리어, 아니 차라리 무수하게 갈리어 사물에 대한 작용만이 아니라 인간존재에 대한 작용, 자연의 지배, 인간 '존재'에 의한 자연의 전유, 프락시스(praxis)와 포이에시스(poiésis) 등의 의미까지도 포함하게 되었는데 이 생산, 이 운동이 일어나는 장소는 어디인가? 이 운동은 사회의 높은 영역, 즉 국가·학문·'문화'의 영역에서 전개되지는 않는다. 프락시스의 실제적 중심, 이성적 핵은 일상생활 안에 자리 잡고 있다. 그것이 이 입문서의 기본적 주장이고 또 이론적 가설이다. 이 주장을 다른 방식으로 해보자. 사회란 무엇인가? 마르크스의 분석에 의하면, 거기에는 우선 경제적 **토대**가 있다. 그것은 물질적 재화와 물건들을 생산하는 노동이고 분업이며 계획노동이다. 그 다음에는 **구조**가 있다. 사회적 관계는 구조화되고 동시에 구조화하며, 이 관계는 재산관계를 결정하고 또 '토대'에 의해 결정되기도 한다. 마지막으로 사법적 이론화(법률), 제도(특히 국가), 그리고 이데올로기를 포함하는 상부구조가 있다. 그것이 도식이다. 그런데 일반적으로 받아들여지고 있는 해석은 상부구조를 한갓 토대의 반영으로 축소시킬 뿐이다. 중첩된 여러 수준들(토대·구조·상부구조)은 상호관계 없이 존속할 수 없으므로, 문제는 상층의 단계를 경제적 토대의 반영 또는 표현으로 환원함으로써 쉽게 해결된다. 이러한 환원에는 교조적으로 취해진(변증법과는 별로 상관없이) 유물론이라는 철학적인 이름이 붙여졌다. 이 도식은 너무나 단순화되었기 때문에 적용 불가능하게 되었다. 부질없고 끊임없는 논쟁들이 상부구조의 유효성에 가해졌다.

『일상생활 비판 입문』은 이 여러 논쟁들 중의 하나다. 인식은 상부 구조의 수준에서 이데올로기와의 관계 속에서 생겨난다. 그러나 인식들은 효용성이 있다. 과학은 물질생산에 간섭하기 때문이다. 이데올로기란 무엇인가? 세계와 지식에 대한 해석(종교적 철학적)·인식, 그리고 환상의 이 혼합물은 '문화'라고 불릴 수도 있을 것이다. 문화란 무엇인가? 그것 또한 **실천**이다. 그것은 사회의 자원들을 분할하고, 그에 따라서 생산을 어떤 방향으로 인도하는 하나의 방법이다. 그리고 강한 의미에서의 **생산**이다. 또 이데올로기적 동기를 가진 행위와 행동의 근원이다. 그러니까 이데올로기의 적극적 역할은 철학주의 또는 경제주의로의 환원을 통해 마르크스의 도식을 빈약하게 하는 대신 그것을 풍요롭게 하기 위해 마르크스의 도식 속에 비집고 들어가 자리를 차지하는 일이다. '생산'의 개념 속에는 인간존재에 의한 자신의 삶의 생산이라는 강한 의미가 포함된다. 게다가 소비는 특별한 매개 작용, 즉 이데올로기·문화·제도 및 조직 등과 함께 생산에 종속된 모습으로 도식 속에 다시 나타난다. 특정의 생산관계(자본주의적 생산관계)안에는 생산과 소비·구조와 상부구조·인식과 이데올로기 사이에(일시적이고 잠정적인 균형인) 피드백(feed-back)이 있다. 여기에는 다음과 같은 두 가지 뜻이 함축되어 있다. 첫째, 문화는 쓸데없이 끓어오르는 소란이 아니라 사는 방식과 밀접하게 연관이 있는 능동적이고도 특수한 역동성이라는 것, 그리고 둘째로 계급의 이해(생산관계 또는 재산관계와 구조적으로 연결되어 있는)는 사회 전체의 기능을 확보해 주기에 불충분하다는 것이다. 일상생활은 이 피드백의 사회적 장場으로서 정의된다. 흔히 무시되고 있는, 그러나 결정적인 이 장은 두 개의 측면에서 모습을 드러낸다. 즉 그것은 **잔재**(사회적 실천으로부터 사상捨象해낼수있고, 또 고찰의 대상인 특정의 미세한 행위들의)이고 사회 전체의 생산물이다. 균형의 장이고, 동시에 불균형의 위협이 노정되는 장이다. 이렇게 분석되는 사회 안의 사람들이 더 이상 자신의 일상성을 지속시키지 못할 때 그때 혁명이 시작된다. 오로지 그때만이다. 사람들이 일상생활을 영위할 수 있는 동안 예전의 관계는 언제나 재형성된다.

　　교조적 도식에 비해 '개량주의적' 또는 '우익적'이라 할 수 있는 이 개념은 사실에 있어서는 극단적(좌파적)인 정치적 태도를 이끌어낸다. 위기에 처한 프랑스 사회를 재건하는 대신, 그리고 재건의 지도자로서의 권력을 열망하는 대신, 이 깊은 위기를 '삶의 변혁'을 위해 이용해야만 하지 않을까?

　　이 거대한 야망—금세 실망했지만—에도 불구하고 『일상생활비판』은 어쩔 수 없이 구식이다. 그 역사적 순간(1946년)에 '인간'은 아직 적어도 프랑스에서는 생산 및 창조 활동으로 정의되는 것이 일반적 견해였다. 이런 규정에 대해서는 암묵의 또는 공공연한 '합의'가 이루어져 있었다. 물론 강조점은 창조적 행위의 요인들에 서로 다르게 놓여 있고, 이러한 강조 안에는 계급의 이데올로기가 노정되어 있었던 것이 사실이다. 프랑스에서 어떤 사람들은 금리생활자의 이데올로기를 간직하고 있었는데, 그들은 노동을, 특히 육체노동을 천하게 생각했다. 종교적 이데올로기에 젖어 있는 다른 사람들은 노고·수고·노력을 강조하는 측면에서 노동을 바라보고 있었다. 어떤 그룹들은 지적행위(1946년에 사람들은 '문화적'이라는 말을 하지 않거나, 해도 아주 드물게 했다)를 강조했다. '창조성'의 본질과 성격에 대한 논쟁에도 불구하고 하나의 합의가 이루어져 있었다. 사람들은 흔히 노동에 실천적 가치와 함께 윤리적 가치를 부여했다. 많은 사람들이 아직도 그들의 직업 또는 일에서 '자아실현'을 원했다. 민중과 가까운 사람들, 노동자, 그리고 '노동자 중심주의자들'은 육체노동에 큰 가치를 부여했다. 이러한 믿음속에서 노동계급은 자신의 계급의식의 정당화를 발견했다. 노동계급은 관련 단체에 의해 마련된 정치적 계획, 즉 노동자와 노동의 '가치'에 따라 사회를 재편성한다는 정치적 계획을 자신의 계급의식에 덧붙였다. 사람들은 이 계급에게 하나의 모델을 제시했는데, 이 모델에 의하면 생산은 근본적 역할을 수행하고, 사회적 합리성은 노동자의 사회적 지위향상과 경제의 계획화라는 두 개의 형태를 띠게 된다. 해방 직후의 사회적 실천 속에서, 프랑스의 기성사회는 아직도 전체(경제-사회-정치-이데올로기적)를 형성하고 있었다. 논쟁과 정치적 투쟁을 포함한 악착같은 투쟁에도 불구하고, 아니 그런 투쟁 때문에 더욱더 그러했다. 이러한 전체성은 위협받는 듯이(재차) 보이지만 그러나 잠재적으로 충만해 있었다. 두 번째의 '해방', 즉 정치적 해방(외국의 압제자에 대한 승리)에 곧 이어 올 사회변혁은 이 전체성의 도래일 것이다. 계획과 기다림은 어떤 역사적 순간에 서로 일치한다. 그런데 이런 순간은 오지 않았다. 앞으로 결코 다시 오지 않을 것이다. 그것은 점점 멀어져가고, 머릿속에서 떠올리기조차 쉽지 않았다. 이런 상황 속에서, 이런 역사적 전환기에, 그리고 이미 전조가 보이는 전망 속에서 비로소 소외가 깊은 의미를 지녔다. 소외는 일상을 그 풍요로움에서 떼어냈다. 그것은 일상을 경멸함으로써, 그리고 이데올로기의 헛된 광채로 일상을 덮음으로써 이 생산과 창조의 장을 감추었다. 구체적인 소외는 자연 및 물질과 직접적인 관계를 맺고 있는 창조적 노동의 구성적 관계들로부터 풍요로움을 끄집어내는 것을 금하면서 물질적 빈곤을 정신적 빈곤으로 바꾸었다. 사회적 소외는 창조적 의식('현실'속에서의 예술창조의 기초까지도 포함하여)을 수동적인 불행한 의식으로 바꿔 주었다.

　　같은 시기에 작가와 시인들도 역시 진짜 풍요로움을 회복하고 되찾기를 원했다. 그것들을 어디서 찾을 것인가? 자연이나 상상의 편에서, 또는 상상의 허구적 순수나 본원과의 접촉이라는 순수성 속에서이다. 초현실주의, 자연주의, 실존주의는 각기 자기 나름대로 현실 고유의 가능성들과 함께 사회적 '현실'을 괄호 안에 넣었다. 우리에게 아주 가까우나 잘 알려져 있지 않은 현실, 즉 일상에 대한 비판적 탐구는 따라서 휴머니즘과 연결되어 있었다. 해방의 분위기와 관계가 없지도 않지만 일상생활의 비판은 낡은 자유 주의적 휴머니즘을 새롭게 하고, 그것을 혁명적 휴머니즘으로 대치시키려는 의도를 갖고 있었다. 이 휴머니즘의 목표는 상부구조(헌법·국가·정부)를 몇 가지 수정하는 것에 수사修辭와 이데올로기를 집중하는 것이 아니라 '삶을 변혁'시키는 것이었다.

20년 전부터 사회학과 언론학의 진부한 가설이 되어 버린 몇 개의 확인들을 떠올려보자. 1946년에 일상생활은 소득액수로 구분되는 사회계층에 따라 달라지는 것이 아니라, 다만 소득의 성격(지불방식: 시간급·월급·연봉 등, 또 임금·봉급·사례비·이자 등)과 소득의 관리 및 그 조직에 따라 달라졌다. 중간층과 부르주아지는 높은 합리성에 도달했다. 이 계급에서 남편이며 배우자인 가장은 돈 관리를 자기가 한다. 그는 가정의 유지에 필요한 금액을 아내에게 지급하고 남는 것이 있으면 저축을 한다. 만일 그가 돈을 모으지 못하고 투자보다는 즐기기를 원한다면 그는 자신의 의식意識 자신의 가정 또는 사회와 갈등관계에 들어간다. 고전적 부르주아 가정은 돈을 절약하며 비교적 안전하고 수익성이 있는 곳에 투자를 했다. 좋은 아버지는 유산을 형성하거나 그것을 늘려 후손에게 상속한다. 물론 경험적으로 부르주아의 재산은 3대에 가서 해체되고 대大 부르주아지로 이행할 때에만 그런 재난을 피할 수 있다는 설이 있기는 하다. 아내는 소비를 책임지고 있는데, 이 기능의 중요성은 끊임없이 배가되고 있다. 그러나 우리가 고찰하는 시점(1946년)에서는 그것이 아직 제한되어 있었다.

　　이 기간 동안 농부들은 아직도 자연경제 또는 폐쇄경제의 시대를 살고 있었다. 그들은 마음대로 쓸 수 있는 돈이 별로 없었다. 가정의 경영은 여자의 분야인 주택과 그 종속지(채마밭과 가금장 등)의 관리나 남자의 분야인 경작의 관리로 나누어져 있었다. 자연 상태, 씨앗 상태, 또는 통조림 상태의 저장식품들은 가끔 축제의 소용돌이 속에서 마구 집어던지며 낭비하는 재료가 된다. 노동계급은 어떤가 하면 하루 벌어 하루를 살았다. 그들은 앞을 예견할 줄 모르고, 또 예견할 수도 없었다. 아내는 임금의 전체까지는 아니라 하더라도 임금의 상당 부분을 받았다. 만일 남편이 착한 남편이고 아내가 알뜰한 살림꾼이라면 그녀는 남편의 자잘한 행복을 위해 아주 적은 금액을 남편에게 되돌려준다. 프롤레타리아의 아내는 돈을 쓰지만 가격을 놓고 싸우지 않는다. 그녀는 흥정을 하지 않는다. 그녀는 반드시 필요한 것만 사고 장사꾼이 그녀에게 요구하는 것을 줄 뿐이다. 자랑스럽게 또는 모멸감을 느끼며. 프롤레타리아는 절약을 하지 않는다. 농촌 출신인 그들은 그들 나름의 유복함의 취미(맛있는 음식)와 축제의 감각을 농촌생활에서부터 받아 그것을 전수하고 있었다. 그런데 프티 부르주아와 부르주아들은 이러한 축제와 음식 취미를 뒤죽박죽으로 만들어 버렸다.

이것이 『일상생활 비판 입문』의 '사회학적' 내용이었다. 그러나 이 책은 상식의 수준인 세부사항과 그룹 및 계급 간의 차이들에 머물러 있기보다는 글로벌한 것, 즉 전체성을 추구했다. 거기서 아주 대조적인 두 장의 그림이 나타났다. 그 첫 번째 그림, 그것은 **일상의 비참함**이다. 즉 지루한 임무들, 모욕적인 일들, 노동계급의 삶, 일상성에 짓눌리는 여성들의 삶 등이 그것이다. 어린이, 그리고 언제나 다시 되풀이되는 유년시절도 있다. 사물들과의 기본적인 관계, 또 상인 및 상품들과의 관계, 그리고 욕구 및 돈과의 관계도 있다. 결국 숫자가 지배하는 세계이다. 현실의 지배를 받지 않는 분야(건강·욕구·자발성·생명력)와의 직접적인 관계도 있다. 요컨대 반복이다. 궁핍의 존속과 희소성의 연장이다. 즉 경제·절제·박탈·억압·욕망 및 비천한 인생의 영역이다. 두 번째 그림, 그것은 **일상의 위대성**, 즉 지속성이다. 삶은 땅 위에 뿌리를 박고 영원히 지속된다. 잘 알려져 있지 않는 것은 육체·공간·시간·욕망

등의 전유專有이다. 거주지와 집이 있다. 숫자로 환원될 수 없는 드라마도 있다. 일상의 비극적 잠재성도 있다. 여자들의 중요성도 있다(억눌리고, 역사와 사회생활의 '대상'이 되지만 중요한 '주체'이며 기초이고 토대다). 반복적 몸짓에서부터 실천—감각적 세계를 창조하는 것도 있다. 욕구와 유용성의 만남도 있고, 훨씬 드물기는 하지만 한결 강력한 쾌락도 있다. 작품과 작품들도 있다(일상으로부터, 일상의 충만과 공허로부터 하나의 작품을 만들어내는 능력-즉 개인·집단·계급들이 일상생활을 소재로 작품을 만들어낼 가능성). 앞에서 언급한 바 있는 문화와 생산활동, 인식과 이데올로기 사이의 피드백 같은 기본적 관계들의 재생산, 그리고 이 용어들 사이의 모순이 생겨나는 장場, 성별·세대별·그룹별 이데올로기 간의 투쟁의 장 등도 있다. 전유된 것과 전유되지 않은 것 사이의 갈등, 주체적 삶의 무정형과 세계(자연)의 카오스 사이의 갈등도 있다. 이 항목들 사이에는 매개, 그러니까 텅빈 공간들이 있는데, '높은' 수준(제도, 상부구조)에서 폭발하는 적대관계들이 이 공간에서 시작된다……

　　이런 방향에서 중요한 문제가 하나 제기되는데 그것은 다름 아닌 축제의 문제이다. 놀이는 축제의 한 양상, 한 특수한 경우에 불과하다. 『일상생활 비판 입문』은 축제의 농민적 기원과 일상이 정착된 사회에서의 양식과 축제의 동시적 쇠퇴를 증명했다. 양식은 문화로 타락했고, 그 문화는 일상(대중)문화와 고급문화로 세분되었으며, 이러한 분리가 문화의 단편화와 해체를 야기했다. 예술은 양식과 축제의 재탈환으로 간주되지 않고 점점 더 특수화되는 행위, 축제의 우스꽝스러운 모방, 일상을 변모시키지 못하는 일상의 장식품 등으로 간주되고 있다. 그러나 축제가 일상성에서 완전히 사라진 것은 아니다. 시합·향연·예술제 같은 것들은 비록 옛날 축제의 규모는 되찾지 못했지만 최소한 그것의 재미있는 축소판이기는 하다. 이러한 것들이 빈곤의 종식과 도시생활이라는 이중의 성격을 가진 사회에서 축제를 부흥시키려는 계획을 부추기고 있다. 그때부터 혁명은(폭력적이건 비폭력적이건 간에) 새로운 의미를 갖는다. 곧 일상과의 단절, 그리고 축제의 부활이다. 지나간 시대의 혁명들은 모두 축제였다(혁명이 잔인한 것은 사실이다. 그러나 축제에도 언제나 잔인하고 광포하고 폭력적인 면이 있지 않았던가?). 혁명은 일상성에 갑자기 그리고 천천히 호탕과 낭비를 주고 모든 제약을 폭파시켜 버림으로써 일상성을 종식시킨다. 그러므로 혁명이란 경제적 정치적 또는 이데올로기적 측면만이 아니라 더 구체적으로는 일상의 종식으로 정의된다. 과도기에 혁명은 그 자체로 새로운 의미를 지닌다. 그것은 일상을 해체하고 변형시키기 위해 우선 일상을 거부하고 일상을 재구성한다. 혁명은 일상의 위엄과 그 허구적 합리성을 부인하고 사회의 기초로서의 일상과 축제의 대립(노동과 여가의 대립)을 종식시킨다.

20년이 지난 지금 이 책의 의도와 계획을 밝히면서 그것을 요약하는 일이 가능해졌다. 20년이라는 시간은 이 책의 순진성도 보여주면서 동시에 이 책의 내용을 모두 증명해 주었다. 이 책이 처음으로 출판되었을 당시에 프랑스는 인민전선 정부와 해방으로부터 갓 벗어났고, 그 두 사건은 거대한 축제의 모습을 띠고 있었다. 일상과의 단절은 혁명행위의 일부가 되었고, 특히 혁명적 낭만주의의 일부가 되었다. 그이후 혁명은 그 자체가 일상성이 되면서 다시 말해서 제도·관료주의·계획경제·생산성 합리화 등이 되면서 이러한 희망을 배반했다. 이런 사실들 앞에서 우리는 '혁명'이라는 말이 그 본래의 의미를 잃지 않았는지 자문하게 된다.

외관상 빈약한 일상성의 밑에 숨겨진 풍요로움을 폭로하는 일, 경박성 밑에 깔린 심오함을 드러내는 일, 범상함의 비범상함에 도달하는 일, 이것들은 모두 노동자의 생활에 근거를 둠으로써만, 그리고 노동자의 창조력을 부각시킴으로써만 분명해지고, 또 진실이 될 수 있다고 나는 생각했었다. 시골이나 촌락의 생활보다 도시생활에 조사연구의 근거를 두는 것은 훨씬 덜 분명하고 또 훨씬 더 이론의 여지가 많다고 믿고 있었다. 여성의 희생이 위대하고, 비참하기는 하지만 가정생활을 연구대상으로 삼는 것은 더욱더 이론의 여지가 있다는 생각이었다. 그러면 이 책의 순진성은 정확히 어느 부분에 있는가? 이 일상성의 이론은 아마도 민중주의 그리고 노동자 중심주의와 연관되어 있었던 것 같다. 이 이론은 민중의 생활, 거리의 생활, 자기들이 느끼고 행하는 것을 거침없이 말하고, 즐기고, 열광하고, 모험도 할 줄 아는 그런 사람들의 생활을 찬양했다. 이 이론은 프롤레타리아의 강박관념(일·직업의 풍부함, 일터에서의 연대성 등의 풍부함)과 '체험'의 애매모호성 속에 감추어진, 그리고 사실성과 불확실성 속에 감추어진 정확성에 대한 철학자의 강박관념을 동시에 내포하고 있다.

이러한 주장들·이러한 조사들·이러한 계획들은 이제 와서 일고의 가치도 없는 것일까? 그것들을 포기해야 할까, 재편성해야 할까, 아니면 앞서의 순진성을 제거하고 다른 공식을 제시해야 할까? 이 문제는 나중에 가서 제기될 것이다. 어떻든 간에 일상성의 비판적 분석은 역사에 대한 어떤 회고적 고찰을 요구한다. 일상의 형성을 보여주기 위해 과거로 거슬러 올라가면서 일상의 역사성이 정립된 것 같다. 물론 우리는 언제나 먹고, 입고, 살고 물품을 생산하고, 소비가 삼켜버린 부분을 재생산해야만 한다. 그러나 19세기까지, 경쟁자본주의가 생겨날 때까지, 그리고 소위 '상품의 세계'가 전개되기 이전까지에는 일상성의 지배가 없었다. 이 결정적인 관점을 우리는 강조해야만 한다. 여기에 역사의 한 패러독스가 있다. 옛날에는 빈곤과 억압(직접적) 속에서도 양식이 있었다. 시대가 아무리 바뀌어도 그 옛날에는 생산물이 아니라 작품이 있었다. 착취가 폭력적 억압의 자리에 대신 들어서는 동안 작품은 거의 사라지고, 그 대신 제품(상업화된)이 들어섰다. 양식은 가장 하찮은 물건에도, 그리고 인간의 모든 몸짓과 행위, 행동들에도 하나의 의미를 부여해 주었다. 추상적(문화적)이 아닌 하나의 감각적 의미는 곧 상징 속에서 포착되었다. 여러 양식들 중에서 우리는 잔인성의 양식, 힘의 양식, 또는 지혜의 양식을 구분할 수 있다. 잔인성과 힘(아즈텍과 로마)은 대양식과 대문명을 낳았고, 이집트나 인도의 귀족적 지혜 또한 그러했다. 대중의 부상(이것은 결코 대중의 착취를 막아주지 못한다)과 민주주의(이 역시 마찬가지다)는 대양식과 상징·신화, 그리고 기념비나 축제 같은 집단적 작품의 종말을 함께 가져왔다. 벌써 (자신의 현대성을 경탄하고 있는) 현대인은 양식의 종식과 그것의 재창조 사이의 과도기적 인간이 되고 말았다. 양식과 문화를 대립시키는 것은 당연히 문화의 분리와 그 해체를 강조하게 된다. 하나의 양식을 재창조하고, 축제를 되살리고, 문화의 흩어진 부스러기들을 일상의 변형 속에 한데 모으는 것, 이것이야말로 혁명의 계획을 정당화해 준다.

4. 두 번째 단계, 두 번째 계기

우리가 이미 과거에 다루었던 주제를 다시 떠올린 것은 이유가 있다. 위에 요약한 입문의 계속, 그러니까 글자 그대로 『일상생활 비판』이 될 다음의 글은 이 문제를 좀 더 심화시키고, 그 주제를 분명하게 드러내며, 그 카테고리들을 좀 더 정교하게 이론화할 생각이기 때문이다. 그러므로 다음과 같은 것을 제시하면서 일상성의 형성과 구조를 역사적으로 밝혀 보려 한다.

　a) 일상과 비일상非日常(종교, 예술, 철학)의 완만하고도 깊은 단절, 다른 단절들(경제와 직·간접의 관계들 사이, 작품과 제품 사이, 사적인 것과 공적인 것 사이)과 상관관계가 있는 단절.

　b) 양식의 저하, 물건·행위·몸짓 등이 더 이상 전체성으로서의 양식속에 자리 잡지 않는 것, 양식 대신 문화와 예술 및 '예술을 위한 예술'(즉 심미주의)이 들어선 것.

　c) '인간—자연'의 분리, 리듬의 해체, 향수(잃어버린 자연 또는 지나간 시절에 대한 그리움)의 고조, 연극, 아니 비극과 시간성의 쇠퇴.

　d) 기호들 그리고 이어서 신호들을 위해 상징과 상징주의를 분리하기.

　e) 지역사회의 해체와 개인주의의 부상(동일하지도 않고 개인의 자아 실현과도 거리가 먼).

　f) 성스러운 것과 저주받은 것이 완전히 사라지지는 않았지만 한결 약화되었다는 것. 그러나 그것들은 자리를 약간 이동했을 뿐 세속적인 것에 의해 완전히 대체되지는 않았다는 것.

g) 분업이 강조되어 일이 극도로 세분화되고, 따라서 통합의 열망과 이데올로기에 의한 부분보상의 욕구가 팽배하게 되었다는 것.

h) 마구 침투해 들어오는 무의미 앞에서의 불안, 이것은 기호와 의미들의 강화로도 잘 보상되지 않는다는 것.

『일상생활 비판 입문』은 부르주아의 이데올로기(법과 계약의 좁은 개념 위에 기초한 합리주의)와 사유재산의 물신숭배와 극단적인 경제 우선의 결과들을 밝히면서 위에 든 사실들 모두를 부르주아 계급과 연관지어야 했다. 계획된 책은 또한 자본주의 사회의 틀을 깨지 않으면서 그러한 상황을 벗어 나고자 하는 시도와 좌절들을 보여주어야만 했다. 예술은 분리되고 조각난 것을 통합하는데 실패했을 뿐만 아니라, '문화'에 포함되지 않는 것을 변형시키는 데에도, 양식을 다른 것으로 대체하거나 비일상성을 일상 속에 침투시키는 것에도 실패했다. 이데올로기도, 미학이나 윤리학도, 형이상학이나 실증주의도, 섬세하거나 투박한 합리주의도 똑같이 실패했다. 진부한 현실을 변모 시키기는커녕 진부성을 한층 강조하기만 했다. 노동계급은 일상 속에 깊숙이 몸을 담갔고, 그렇게 함으로써만 일상을 부정하고 변형시킬 수 있었다. 부르주아지는 어떤가 하면, 일상을 잘 정돈하고 돈으로 영원한 '생의 일요일'을 살아감으로써 일상에서 벗어났다고 생각한다. 그러나 그것은 헛된 염원일 뿐이다. 아마도 아직 고통 속에서 투쟁하며 계급상승을 이루던 시절의 부르주아지는 자신의 일상성을 변모시키는 데 성공했을 것이다. 17세기의 네덜란드 부르주아지가 그러했다. 민중은 자기 노고의 과실을 향유하고 싶어했고, 자기 시대 자기 저택에 안락하게 안주하고 있는 명사들은 화가들이 비춰주는 거울 안에서 자신의 부富

를 바라보기를 원했다. 그들은 인간에 도전하는 바다에서, 멀리 떨어진 민중에게서, 압제자들에게서 또한 그들의 승리를 읽었다. 그때 예술은 성실성과 자유, 덧없는 것에 대한 사랑과 지속적인 것에 대한 취미, 외관상의 무의미와 깊은 의미, 신선한 개념과 발랄한 감정, 요컨대 양식과 문화를 한데 통합시킬 수 있었다. 영원히 잃어버린 역사적 순간이다. 현대의 부르주아지는 우스꽝스럽게 된 하나의 환상, 즉 예술 대신 심미주의라는 환상 속에서 산다.

이렇게 구상된 저술은 이데올로기의 과학(비판)과 개인(물론 개인주의에 대한 비판과 곁들여)에 대한 이론을 포함하는 삼면화의 그림을 보여줄 계획이었다. 이 삼면화 그림의 마지막 짝은, '개인의 의식'과 '조작된 의식'이라는 제목이 붙게 될 예정이었다.

이 이론들은 부분적으로 쓰였을 뿐, 완성된 구도를 갖고 있지 않았다. 그러나 이것은 책으로 출판되어 나오지 않았다. 왜인가? 왜냐하면 사회생활이 변모되어 저자의 '대상들'이 그의 눈앞에서 사라지거나 또는 거의 알아볼 수 없게 될 정도로 변화한 것을 저자가 확인했기 때문이다. 일상생활에 관한 연구는, 우리와 아주 가까이 있고 아직도 그 교훈이 다 고갈되지 않은 이 '역사'로 되돌아가지 않고는 불가능하다.

1950년과 1960년 사이에 작품의 개념과 연결된 휴머니즘, 그리고 생산과 창조에서 유래하는 이데올로기와 사회의식의 형태가(천천히 —그러나 드물게 빠른 역사적 수준에서) 모습을 드러내기 시작했다. 사회해방은 노동 계급에 걸려 좌초했고, 수적으로 질적으로 증가하고 있는 노동계급은 그 증가에도 불구하고 여전히 자신들의 정치적 사회적 비중을 잃어갔다. 그들은 자신의 의식을 박탈(몰수라고까지 말할 수 있다)당했다. 이들의 의식에서부터 다른 사회를 건설하려는 시도는 성공하지 못했다. 게다가 그런 사회의 모델인 소련의 평판이 땅에 떨어졌다. 유럽에서의 해방의 실패(원한다면 반쯤 실패라고 할 수도 있고, 어떤 면에서는 분명한 실패 그 이상이라고 할 수도 있다)에 스탈린 치하의 사회주의의 실패가 화답한다. 혁명이니 사회주의 이데올로기니 하는 이념이 평가 절하되고, 그 근본사상(인간과 사회의 밑뿌리까지 내려가 보겠다는 야심)이 상실되었다.

무슨 일이 일어났는가? 10년이 지난 지금, 역사적 진실의 길에 수많은 이정표가 세워졌음에도 불구하고, 또 수많은 부분적 진실들이 밝혀졌음에도 불구하고 아무도 그것을 말할 수 없다. 중요한 것은 자본주의('구조적인 것'은 다치지 않고 약간의 수정이 가해진 채인)와 부르주아지(국내적으로나 국제적으로 수많은 분파가 있음에도 불구하고)가 운영의 주도권을 다시 잡았다는 사실이다. 그들은 언제 그 주도권을 잃은 적이 있었던가? 물론이다. 1917년과 1933년 사이의 몇 년간이 그러했다. 1950년부터 상황이 역전되었다. 군사적으로 패배하고 완전히 무력하게 된 파시즘이 상당 부분을 도왔다. 세계적 차원에서 부르주아지가 행한 행동의 전략적 에피소드인 파시즘은 많은 후유증을 남겼다. 계급(세계적)으로서의 부르주아지는 마르크시즘을 흡수하거나 무효화하는 데 성공했고, 마르크스 이론의 실천적 의미의 방향을 딴 곳으로 돌리는 데 성공했다. 그들은 또 계획경제의 합리성을 흡수했는데, 동시에 철학적으로 우월한 이 합리성을 실현시킨 사회를 마구 타락시켰다. 역사적 변증법적 운동은 (잠시) 스스로에게 공격의 화살을 돌렸고, 마침내 소멸되었으며, 변증법적 사유는 뇌관이 뽑히고 방향을 잃게 되었다. 깊이, 그리고 결정적으로 뿌리박힌 듯이 보였던 한 의식과 사상이 전세계적 차원에서 의미를 잃은 것은 이런 식으로였다. 노동계급의 역할과 역사적 기여는 그 이데올로기와 함께 빛이 바랬다. 그리고 새로운 신비화 현상(기만)이 떠오른다. 중간층은 권력의 그림자와 부(富)의 부스러기만을 갖게 될 것이다. 그러나 온갖 시나리오가 이들 주변에 엮일 것이다. 그들의 '가치', 그들의 '문화'가 우세하게 보이며 또 우세하다. 왜냐하면 그것들이 노동계급의 가치 또는 문화보다 '우세'하기 때문이다.

그러한 과정이 매우 복잡하다는 것은 분명하다. 그리고 우선 과정이 문제다. 대담자는 이쯤에서 다음과 같은 질문을 하고 싶을 것이다. "누가? 어떻게? 노동계급으로부터 몰수하려는 어떤 방대한 음모가 있다고 당신은 믿는가? 보이지 않는 오케스트라 지휘자가 작전을 지휘했다고 생각하는가?" 당연히 나올 만한 질문이다. 이것은 역사학자, 그리고 역사의 소관이 다. 물론 역사상 완전한 의식을 가진 '주체', 이론적으로 밝혀진 상황, 완전히 이론화된 '계급전략'은 없었다. 그러나 현재 하나의 상황, 계급전략, 계획의 완수는 엄연히 존재한다. 한 계급은 철학자들이 말하는 '주체'와 비교할 수 없고, 하나의 사회와도 비교할 수 없다. 하지만 통일성, 전체성이 없다는 말인가? 즉 과정 말이다. "그것을 누구에게 돌릴 것인가?"라는 질문은 여기서 잠시 유보하기로 한다. 이 질문은 흥미 있고 중요하기도 하지만 그러나 부차적이다. 중요한 것은 고찰된 시대의 결과, 개인적 창의성, 사회적 드라마, 이데올로기적 시도들, 그리고 모든 수준에서의 행동들의 거대한 총화가 아닐까?

'과정'은 급경사의 해변에서 파도가 수영객을 덮치듯이 그렇게 많은 사람들의 위를 스쳐 지나갔다. 어떤 사람들은 수면 위로 떠올랐다. 이런 이미지는 비유지만 틀린 것은 아니다. 표면의 밑에 있는 사람들은 가끔 파도에 밀려 반쯤 질식 상태가 되기도 하면서 물결을 따라 흐르고 있다. 과정은 다음과 같은 몇 개의 양상을 보였다.

a) 생산관계의 변화 없이 다만 옛날의 자본주의(경제적, 독점적)를 제도적으로 수정한 신자본주의의 도입.

b) 혁명적 변화를 지향하는 창조적 역량의 방향전환(창조적 활동으로서의 넓은 의미의 생산에 대한 의식 자체를 몽롱하게 하면서, 또 가능하다면 그 의식을 송두리째 뿌리 뽑음으로써)

c) 동시에 과거와 역사적 흔적과 승리한(일시적) 전략에 의해 거부된 모든 것의 청산

해방 당시의 프랑스가 제2차 세계대전 이전의 시대, 즉 정체停滯, 맬서스 주의, 제3공화국 명사들의 '금리 생활자' 이데올로기 등의 영향에서 벗어나지 못했다는 것은 아무도 부인하지 못할 것이다. 이론의 여지가 없이 프랑스는 시골과 도시, 공업과 농업의 타협에 기초한 제도를 가진, 농업이 우세한 늙은 나라였다. 이러한 특이성에는 당연히 환상과 불모의 향수가 따르게 마련이다. 이데올로기와 '가치들' 안에 점점 더 구식이 되어 가는 과거의 잔재가 얼마나 많은가! 마르크스 주의자들만이 근본적 개혁을 이룰 수 있는 것으로 보였다. 그들은 성공하지 못했다. 개혁은 그들을 제쳐 놓고, 따라서 그들과는 반대방향으로 수행되었다. 그것은 진짜 개혁이었을까? 불발의 혁명은 제아무리 성공한 듯이 보이고, 비록 유식한 사람들이 그것을 '조용한 혁명', '보이지 않는 평화적 혁명'이라고 아무리 불러보아봤자 거기에는 실패의

자국이 남는 법이다. 그것은 천박한 모작模作일 뿐이다.

　　농민과 수공업자의 시대, 그리고 경쟁자본주의의 시대는 어떤 식으로 존속되고 있는가? 어떤 이데올로기, 어떤 '가치들', 어떤 의미작용의 부분적 체계들이 이 시대에 말살과 포기에 의해 서서히 눈에 띄지 않게 사라져 갔는가? 그것을 말한다는 것은 길고도 어려운 일이다. 그것은 이데올로기와 제도의 역사이기도 하다. 요약해 보자. 어떤 합리성, 즉 이성을 개인의 행동규범으로 삼고 합리주의로 세속적·비종교적·비성직자들의 여론을 형성하는 그러한 합리성은 사라졌다. 오래전부터 합리주의는 철학교육의 밖에서 한 편으로는 과학 및 과학의 기술적 응용과, 또 한편으로는 국가와 밀접한 관계를 맺어왔다. 우리가 고찰하는 시대에는 '실증적'인 측면, 다시 말해서 합리성의 유효성이 우세했다. 이 시대는(글로벌한 수준에서의) 계획(이것은 부르주아지에 의해 동화되고 전환된 마르크스적 개념이다)과 (처음에는 기업의 수준이었으나 곧 일반적으로 된)조직의 이념과 연결되어 있다. 합리성의 개념이 변모되었다. 이것은 국가 조직의 활동에서 외관상 정치색을 없애면서 사실은 아주 국가적이고 정치적인 개념이 되었다. 전통적인 유기적 사회관으로부터 나온 조직의 개념은 사회적 실천, 즉 신자본주의적 사회(하나의 '작전'이 된 합리성의 한계를 획정하고 개념들의 관계를 분명히 하기 만하면, 이 사회는 어느 정도까지는 이런 식의 정의가 내려질 수 있을 것이다)의 실천 속에서 제도의 개념과 합류한다.

　　여론의 합리성(그리고 자유주의의 명제, 이 명제에 의하면 여론은 자유에 속하고 또 자유를 구현한다는 것이다)과 함께 잘 수행되는 질적 노동이라는 개인적 윤리와, 직업에 의한 직업 속에서의 자아실현이라는 개인적 윤리가 땅에 떨어졌다. 제품과 작품 사이(교환가치와 철학적 의미의 '가치' 사이)를 매개하는 이데올로기적 표상이며 창조적 능력에 대한 가치 부여와 밀접한 관련이 있는 이 노동윤리는 점점 사라지고 있다. 이 문제에 글한 '합의'는 해체되고 다소 자유주의적인(소위 '자유주의적인') 몇몇 직업만이 이데올로기를 간직하고 있다. 이 이데올로기는 그러한 직업(의사·변호사·건축가·엔지니어 등) 활동들이 새로운 프랑스의 사회적·제도적 골격, 곧 법인체로 공고화되는 현상의 보호막이 되고 있다. 프롤레타리아는 이제 노동의 존엄성이나 노동자의 존엄성 따위는 믿지 않는다. 이런 신념, 이런 희망은 단순한 수사修辭 또는 허무주의로 변했다.

예전에, 아직 자연에 얽매여 있고 고대의 희소성의 자국이 여전히 강렬하게 남아 있던 '세계'에서는 두려움이 보이지 않게 지배했다. 물자부족에 대한 두려움, 질병에 대한 두려움, 숨겨진 힘에 대한 두려움, 여자와 어린아이 앞에서의 까닭 모를 공포, 성性 앞에서의 두려움, 그리고 죽음에 대한 두려움만이 아니라 죽은 사람에 대한 두려움 등이 그것이다. 그러한 두려움들이 주문呪文이나 마술 같은 자기보호나 방어의 기제機制를 야기했다. 『일상생활 비판 입문』은 눈에는 보이지 않지만 그러나 매우 중요한 작은 미신들의 기능, 즉 근본적 두려움의 거부나 전이의 기능을 보여주기 위해 말이나 몸짓들에 관련된 작은 미신들의 역할을 분석하는 것을 우선 목표로 삼았었다. 그러나 우리가 고찰하는 시대에 이 두려움들은 완화되었고, 보편적 합리성의 덮개가 씌워졌다. 그것들은 사라졌는가? 아니다. 그것들은 다만 자리를 옮겼을 뿐이다. 두려움(peur) 대신 무시무시한 공포(terreur)가 들어섰다. 핵전쟁의 위험 앞에서의 공포, 경제공황의 위협 앞에서의 공포 등이 그것이다. 이데올로기적 실천적 합리성으로 옮겨가고 있음에도 불구하고 자연 앞에서의 공포만이 아니라 사회 앞에서의 공포마저도 있는 것이다. 공포는 두려움을 없애주지 않고 오히려 두려움들에 추가된다. 그러니까 일상성의 자잘한 미신들은 말살된 것이 아니라 점성술이나 종교의 재발흥 같은 합리성의 이면, 그리고 거창한 이데올로기적 이론에 의해 대체되고 또 '중층 결정'되었다. 이런 현상은 도덕적 질서(도덕적)의 안정화에 대한 욕구를 방해하기는커녕 더욱 조장했다. 안정은 어느 특정의 시대에서부터 제도적으로 되었다.

일상을 가득 메우는, 진기한 것과 귀중한 것의 비합리성(빵조각·끈· 양초도막, 그리고 '진기한 것'과 '비싼 것')은 이때부터 비교할 수도 없이 더 깊고 넓으며, 공식 합리성의 보완물인 비합리성에게 자리를 내주었다. 비극은 희미하게 지워졌다. 왜냐하면 공포 안에서 비극이 일반화되었기 때문이며, 또 공포 자체가 승리한 합리성에 의해 억눌려졌기 때문이다. 자연은 '멀어졌고', 생산적인 노동 안에서조차 물질과의 접촉은 행위와 몸짓의 연쇄 속으로 사라져버렸다. 그러나 그 대신 합리주의의이면, 비합리주의와 합리성 간의 접합, 사유와 반성에 대한 일종의 길들이기, 그리고 사회적 관계들이 내비치기 시작했다. 마르크스에 의하면 교환가치 및 상품의 가치와 마찬가지로 추상적 형태들도 사물들을 통해 사물의 성질로서, 다시 말하면 자연성으로서 나타난다는 것이다. 사회적 형태와 정신적 형태는 하나의 '세계'속에 주어진 듯이 보인다. 예술의 형태, 미학이나 심미주의의 형태 또한 마찬가지다. 사회적 관계들의 정형화된 형태들도 그렇다. 착각 또는 환유換喩의 정착을 위해 충분히 심사숙고되고 조직된 사회규범에 의하면 합리적인 것은 정상적인 것으로 간주된다. 정상적인 것은 일상적이 것이 되고, 일상적인 것은 자연스러운 것과 혼동되며, 자연스러운 것은 또한 합리적인 것과 동일시된다. 순환 또는 고리의 관계이다. 이런 외관상의(강제된)논리 속에서, 그리고 합리주의를 배가시키는 이 자연주의 속에서 모순들은 사라진다. 현실과 합리가 서로 동일한 것이 되고, 현실과 이상이 함께 뒤섞이며, 지식과 이데올로기가 혼동된다.

이런 조건 속에서 두 개의 질문(또는 두 벌의 질문)이 제기된다.

첫째, 이 사회는 얼굴이 변하고 있다. 특히 프랑스에서 자신도 알지 못하는 사이에 자신의 몰락을 받아들인, 즉 일반적 맬서스 주의를 받아들인 금리생활 부르주아지의 이데올로기와 함께 특정시대의 전형적 침체는 변화에, 또는 변화의 이데올로기에 자리를 내주었다. 이 사회는 변형되었는가? 어느 정도로? 프랑스와 전 세계에서 옛날의 명칭, 즉 '자본주의', 부르주아 사회, 자유경제 등은 잘못된 것으로 판명되었는가? 만일 그렇다면 이 사회를 어떻게 명명해야 할까? 반드시 명명을 해야만 하나? 변화에 대한 부분적 연구에 만족하거나 단지 변화의 모델들을 제시하기만 하면 안 될까?

이런 일련의 질문들이 보편적 과학성의 두뇌를 가진 사람들에게 제기된다. 이것은 일반적인 범위에 속하는 것이다. 그러나 모든 세분화된 과학은 하나의 대답을 찾는 것이 그 임무인데, 특히 사회학이 그렇다. 두 번째 방법들은 좀 더 제한된 것처럼 보인다. 그런 사회에서 일상이라는 개념이 아직도 어떤 범위를 갖고 있는가? 이 사회가 다소 강제된 합리성·조직·계 획 따위의 관심거리를 전면에 내세우고 있는데, 아직도 일상성이라 이름 붙일 수 있는 어떤 수준이나 차원을 구별할 수 있을까? 이 사회에서 일상성은 조직된 것 또는 합리적인 것과 혼동되고 있는데, 그것이 전부이거나 아니면 아무것도 아닐 수 있다! 이 개념은 옛날의 희소성과 함께, 농민생활이나 수공업생활의 특징을 지닌 옛 시대의 존속 및 연장과 함께, 그리고 경쟁자본주의의 부르주아지에 의해 몰락하는 것은 아닐까?

우선 첫 번째 그룹의 질문들에 매달려 보자.

5. 현 사회를 어떻게 명명해야 할까?

이 질문이 제기되기까지(처음에는 1950년과 1960년 사이에 막연히, 그리고 나중에는 특히 사회학자들에 의해 분명하게 제시되었음) 사람들은 아무런 부가형용사 없이 그저 '사회'라고 말했다. 이것은 사회현실을 개인과 대립되고 그룹들로 중첩된 하나의 실체, 곧 '사회적 자연'으로 변형시키는 것이었다. 가끔 논쟁적 의도로 사람들은 '자본주의' 또는 '부르주아 사회'에 대해 말하곤 했다. 이러한 명명들이 요즘 시대에 와서 사라지지는 않았지만 권위와 영향력을 잃었다.

생시몽[20]에게서 힌트를 얻어 사회학자들은 이때 '산업사회'라는 명칭을 만들어냈다. 그들은 결국 공업적인 생산이 그 함축적 의미(점점 증대하는 국가의 역할과 합리적 조직의 역할)와 함께 적어도 현대의 큰 나라들 안에서는 점차 증가할 것이라는 사실을 확인했다. 공업은 농업을 보완하지 못하고 공업생산은 농업생산과 평화공존을 하지 못하며 오히려 그것을 삼켜 버릴 뿐이다. 즉 농업이 공업화한다. 또 한편, '자본주의'와 '사회주의' 사이의 차이는 각각의 이데올로기 사이의 차이와 일치하지 않는다. 서로 판이하게 다른 두 개의 체제라고 주장하는 이 두 정치제도 사이에 공통의 요소들이 나타난다. 특히 '산업사회'에서 볼 수 있는 생산성 높은 계획노동과 기업의 합리성은 '자본주의'와 '사회주의'에서 아주 유사하게 나타난다.

---

20 클로드 앙리 생시몽(Claude Henri Saint-Simon, 1760~1825): 프랑스의 철학자, 사회학자, 비판적-유토피아적 사회주의의 대표자.

그것들은 같은 류類의 두 종種이 아닐까?

스스로 논쟁거리를 지니고 있는 이 명칭은 수많은 논의와 논쟁을 야기했다. 서로 상반되는 논쟁들을 요약해 보자. 산업사회는 하나가 있는가, 아니면 여러 개가 있는가? 각 나라들은 산업화에 의해 그리고 산업화 속에서 자신의 고유한 길을 찾았는가?(혹은 찾는 데 실패했는가?) '사회주의'는 후진국을 위한 빠른 산업화의 길로 정의될 수 있는가, 아니면 새로운 길을 통해 이 나라를 특별한 사회 또는 문명으로 인도해 주는가? 자본주의가 필연적으로 사회주의로 이행한다는 것을 더 이상 수락하지 않는다 할지라도, 산업의 세계화 또는 세계적 산업화가 결국 그 합리성 때문에 모든 나라에서 유사한 구조와 동질성을 지향하고 있다는 것을 우리는 확인할 수 있지 않은가? 차이점들은 심화될 것인가, 사라질 것인가? 제안된 명칭은 이 새로운 문제들에 대한 성급하고도 덜 익은 대답을 함축하고 있다.

게다가 이런 명칭을 수락한 사회학자는 농업생산과 농민의 문제가 세계의 극히 일부 지역에서만 사라졌다는 것을 잊어버리는 경향이 있다. '세계'의 시골은 상존한다. 그러나 '산업사회'의 밖 또는 그 주위에 '농업사회'가 있다는 것은 생각하기 어렵다. 이런 상황은 무서운 적대관계('중국의 길')로 끝나고 만다. 제안된 명칭과 이 명칭에 상응하는 개념 및 이론들은 여러 가지 문제에 하나의 답을 찾는 것을 허용하지 않는다. 그것들은 차라리 상황을 확인하는 목적을 가지고 있다. 이 명칭은 또한 경제적 성장에 주안점을 두는 것 같다. 물론 사회학자는 사회현실의 다른 측면들을 간과해서는 안 된다. 만일 그가 경제에만 특별히 관심을 갖는다면 그는 발전을 강조하지 못할 염려가 있고, 또 경제적 합리성만을 위해 질적인 것(사회적 관계들의 복잡화·단순화·풍요화·빈곤화)을 포기할 위험성이 있다. 또한 그는 아주 중요한 다른 결정 요인들을 놓칠 염려가 있다. 도시화 없이 산업화가 있을 수 있을까? 소위 '산업사회'의 기본적 성격은(물질적 생산의 수량적 성장의 밖에서, 또는 그것을 넘어서서) 도시의 발달 또는 도시사회의 발달이 아닐까? '사회의 학문'에서는 이 이중의 과정, 즉 산업화와 도시화라는 이중의 측면을 가진 과정을 출발점으로 삼는 것이 적당하지 않을까? 이 과정의 두 측면을 분리하고 그 중의 하나를 선택하여 다른 한쪽을 무시하면서 이것만을 과학적 절대로 이끌고 가는 것은 과학적으로 이론異論의 여지가 있는 작업이다.

다른 말로 하면 '산업사회'라는 표현은 틀린 것이 아니다. 다만 이론理論의 주창자가 말하는 표현과는 다를 뿐이다. 물질생산의 경제적 능력인 산업은 합리적으로 통제되지 못했다. 이론은 사회주의의 측면에서조차 불완전한 상태로 남아 있다. 우리가 산업성장에 대해 생각해볼 수 있고, 또 이것이 어떤 의미를 지니는 것은(곧 방향정립과 의미작용) 이 이중의 과정에서부터이고, 또 이 과정 안에서이다. 산업의 개념과 이론은 기술적인 방법들(기업의 조직·전체적 계획)을 가능하게 했다. 산업의 개념과 이론은 마르크스를 제외하고는 어느 누구의 학설에서도 의미의 문턱을 넘어서지 못했지만, 마르크스 이후, 특히 노동계급에게서 생산의 '가치'를 박탈하면서부터 사람들은 그 의미를 밝히고 심화시키고 실현시키는 대신 그저 단순히 그 의미의 이면으로 떨어지고 말았다. 산업화의 의미를 가져다주고 산업화를 과정의 두 번째 양상으로 포함한 것은 바로 도시생활이다. 어떤 위험한 시점에서부터 도시화와 그에 따른 문제가 산업화의 과정을 지배할 가능성은 충분히 있다. 산업사회가 풍족한 형태의 도시생활을 만들어내지 못했다면 '산업사회'의 전망으로 무엇이 남겠는가? 생산을 위한 생산을 제외하고는 아무것도 남지 않을 것이다. 그런데 한 계급, 즉 부르주아지는 이윤을 위해서 생산을 할 수 있다. 그러나 부르주아지, 또는 부르주아지의 한 분파에 의해 운영되는 사회라 할지라도, 한 사회는 순전히 생산을 위해 생산을 하기는 좀 어려운 일이다. 두 가지 경우를 상정해 볼 수 있는데, 우선 이 사회는 힘과 지배를 위해, 다시 말하면 전쟁을 위해 생산을 하거나 아니면 모든 이데올로기와 모든 '문화'를 위해 생산을 하는데, 이 경우 모든 합리성, 모든 의미가 해체되는 것이다. 그 두 가지가 함께 일어날 수도 있다.

요컨대 제안된 명칭은, 제시하고 설명해야 할 사실들의 일부, 오로지 그 일부만을 압축하고 있다. 이 명칭은 그 카테고리들이 분명히 밝히거나 공식화하거나 또는 해결할 수 없는 하나의 '문제'에 발이 걸린다. 그 주제와 함께 이 이론은 하나의 이데올로기이며 현대화된 합리주의의 한 변형일 뿐이다. 이 이론은 드라마를 숨기면서 불법적으로 연역하고 전체화한다. 이 것은 산업화의 신화로 향하는 것 같다. 이론화는 의미의 부재를, 또는 이 사회가 부재를 허구적으로 채우는 그 방식을 반영한다(의미하는 것이 아니다). 이 이론은 합리와 현실의 가짜 동일성, 그리고 부조리와 합리(한정지어진 한정을 확인하는) 사이의 진짜 동일성을 반영한다.

소위 산업사회의 기술의 중요성에 놀란 일부 이론가들은 이 사회를 기술사회로 명명하기를 제안했다. 그들은 '자연환경'과 대립되는,

그리고 이사회의 특징인 '기술환경'의 이미지를 암시했다.

이 이론은 몇 개의 정확한 사실들을 포착하고 있으며 이론의 여지가 없는 이 사실과 주제들로부터 하나의 정의·개념·문제를 도출해 내고 있다.

우리가 살고 있는 이 사회 안에서 기술이 결정적 성격을 갖고 있다는 것은 분명한 사실이다. 이것은 단지 기술이 끊임없이 생산조건을 '혁명화' 한다거나 또는 과학이 그 기술적 결과들을 통해 직접 간접의 '생산력'이 된다는 의미는 아니다. 이런 분석과 이런 평가는 문제를 지나치게 멀리 끌고 가는 것이다. 의식 또는 의식의 형태들이(사회적이건 개인적이건 간에) 기술을 지배하는 한 사상, 또는 기술에 의미를 부여하는 한 문화의 매개 없이 곧바로 기술에서부터 나왔다는 것은 사실이다. 이미지와 물건을 통해서(그리고 이미지나 물건에 대한 담론을 통해서) 사회적 또는 개인적 의식은 기술을 반영한다. 이런 식으로 최대한의 기술과 최소한의 '주체'의 간섭으로 얻어진 사진이 추억으로, 꿈속으로, 가족 앨범 속으로, 정기간행물이나 TV 속으로 직접 들어온다. 그러나 기능과 구조라는 이중의 성격을 갖고 있는, 완전히 분석 가능하며 '투명한' 기술적 물건은 분명한 자격을 얻지 못했다. 그것은 사회 전체의 실천 속에 침입해 들어온다. 예를 들어 도시는 기술적 물건이 되었으며, 고도의 기술로 획득된 카세트는 음악적 요소를 제공한다. 기술적으로 놀랄 만한(사진의 질·편집과 몽타주) 이미지들의 시퀀스는 영화의 한 부분이 되었다. 별로 변형되지 않은 한 대의 자동차는 조각으로 간주되고, 기술적 품목의 서너 조각은 '조형적 공간'으로 간주된다. 옵(Op) 아트 및 팝(Pop) 아트와 함께 이런 기술주의적 경향은 심미주의와 합류한다.

좀 더 정확히 말하면 기술적 대상을 향한 시선, 즉 수동적이고 기능에만 관심을 기울이는 시선, 구조(해체와 재구성)에만 관심을 갖고 투명하여 뒤에 아무것도 없는, 표피적인 스펙터클에만 마음이 팔리는 그 시선이 사회 활동의 원형이 되었다는 것이다. 그것이 텔레비전의 효용성이다. 매체 즉 기구는 맥루한이 말했듯이 진정한 메시지이다. 아니다. 메시지는 순수한 반영이다. 즉 하나의 이미지를 바라보는 시선, 사회적 관계로서 생산·재생산 이 되는 시선, 피드백 덕분에 평형과 일관성과 지속성이 부여된 차가운 시선일 뿐이다. 이미지는 변해도 시선은 남아 있다. 소리·음향·말들은 부수적, 보조적이며 덧없음의 상징일 뿐이다.

예술은 사회를 구성하는 다른 체계들 및 하위체계들, 즉 욕구·도덕·법·정치·철학들 사이를 적극적으로 매개하는 특정의 사물에 부여된 의미 작용의 총체 또는 하나의 부분적 체계라고 말했던 헤겔의 명제에서는 무엇이 살아남았는가? 이 분석에 따르면 그러한 부분적 체계는 매개에 불과하지만, 그것은 사회에 강력한 응집력을 주는 함축적 활동을 갖고 있다. 기술 품목과의 관계, '매체'(영화의 스크린, 라디오, TV)와의 관계를 반영하는, 이 반영의 반영은 '매개'로서의 예술을 대신하고 그와 비슷한 역할을 수행한다. 이제 문화는 한갓 해체되는 신화에 불과하고, 기술에 밀착한 이데올로기에 불과하다.

기술적 기호記號들의 극심한 소비 위에 고도의 소비성향을 가진 또 하나의 물품이 중첩된다. 다름 아닌 심미주의(예술에 대한, 또는 미학에 대한 담론)이다. 예술이나 문화의 특별한 매개가 없이 심미주의로 분칠이 된 기술성(이것은 '문화적인 것'에 대한 페티시를 전제로 한다), 이것이야말로 기술사회라는 정의를 정당화해 주는 가장 단순한 특징이다.

마르셀 뒤샹(Marcel Duchamp)의 작품「자전거 바퀴」
뒤샹은 프랑스의 팝아트화가로 그의 작품들은 심미주의와 합류하는 기술주의적 경향을 보여주고 있다.

모리츠 코르넬리스 에셔(M. C. Esher)의 작품 「Print Gallery」 1956.
네덜란드의 판화가. 그의 작품을 통해, 기술적 품목에 보내는 시선, 즉 수동적이고 기능에만 관심을 기울이는 시선, 구조의 해체와 재구성에만 관심을 갖고, 투명하여 뒤에 아무 것도 없는 그 표피적인 스펙터클에만 마음이 팔리는 그런 시선을 본다.

지금 그것을 받아들여서는 안 될 이유를 말해 보자. 우리는 정확히 기술적인 한에 있어서 현재의 사회를 아직도 하나의 사회라고 부를 수 있을지 자문해 본다. 이 사회는 스스로 기술의 품목이기를 원했고 또 자신을 그렇게 생각한다. 이 사회는 사회생활을 매우 복잡하게 만드는 매개들, 그리고 가끔 경쟁적이지만 사회생활에 활력을 주는 이데올로기들·가치들·기호들·의미작용들을 물질적 생산에 연결시켜 주는 매개들을 점점 제거해 가는 경향이 있다. '기술환경'이라는 표현도 이론의 여지가 있다. 기술환경보다는 도시환경에 대해 말하는 것이 더 정확할 것이다. 기술이 사회에 들어와 하나의 '환경'을 만드는 것은 도시 속에서 도시에 의해서이다. 도시 밖에서는 기술은 고립된 품목들, 예컨대 로켓이나 레이더 관측소 같은 것만을 만들 뿐이다.

'기술사회'라는 명칭이 옳다면 그것은 경제적 자율적 분야, 그리고 사회적 결정분야에서의 기술의 변화—과거에는 맬서스 주의에 예속되었거나 또는 그것에 의해 말살되기까지 한—를 전제로 한다. 그러한 분야는 점점 더 하나의 신분이며 계급으로 되어 가는 사회 '계층', 다시 말해서 테크노크라트들에 의해서만 구성되고, 또 이들에 의해서만 활동한다. 따라서 명칭은 수정되어야 한다. '테크노크라트 사회'라고 말하는 것이 더 적합하다. 그러나 테크노크라트들은 제도적·조직적 방법에 의해서만 행동한다. 그들의 합리성은 특별한 목적과 수단들을 갖는다. 따라서 사람들은 '테크노크라트적 관료사회'라고 말한다. 이것은 이 정의에서 모든 권위를 제거하는 것이다.

이 정의는 고상함만을 잃는 것이 아니라 그 허위성까지도 드러낸다. 사실상 우리가 매일 관찰할 수 있는 이 사회에서 비판적 분석을 당황하게하는 것은 기술의 취약성이다. '테크노크라시'라는 말의 첫째이자 가장 큰 잘못은 이런 계층이 존재하지 않는다는 것이다. 그것은 하나의 신화이거나 이데올로기이다. 기술이 지배한다는 주장은 그 반대의 현실을 은폐한다. 거대한 기술적 물체들은 위엄(우주개발)과 전략적 범위(로켓·미사일 등)의 효과를 갖는다. 그것들은 일상생활을 지배하고 수정하면서 현실 속에서 통용되는 사회적 품목들이 아니다. 일상의 현실은 '기술의 낙진落塵'에서만 겨우 혜택을 입을 뿐이다. 기계들은 기술을 모방한다. 비판적 분석의 시각으로는 기술과 기술성이 **알리바이**처럼 보인다. 테크노크라시는 기술이 사회 생활에 응용된다는 알리바이를 갖고 있고, 또 이 계층은 그 자신들이 곧 하나의 알리바이, 즉 그들이 정치·경제의 진정한 지도자라는 알리바이이기도 하다. 사회는 좀더 우월한 합리성을 향해 평화적으로 발전하는 듯이 보인다. 이 사회는 우리 눈앞에서 과학사회로 변모할 것이다. 즉 좀더 높은 지식의 합리적 응용이라든가 물질에 대한 지식, 또는 인간존재에 대한 지식의 증대가 그것이다. 그러한 '과학성'이 관료적 합리성을 정당화해 주고 (환상적으로나마) 테크노크라트의 자격을 정립해 준다. 서로가 자율적 실체로 변모한 기술성과 '과학성'은 서로 상대방을 참조하고 서로를 정당화하며 각자가 상대방의 알리바이가 된다. 우리 앞에서 하나의 **알리바이 체계**가 모습을 드러낸다. 자율적인 듯이 보이고 또 스스로 자족적이라고 주장하는 의미 작용의 집합체가 어지러운 순환 동작 속에서 다른 의미작용의 집합체의 참조 역할을 한다. 이것이 외관상의 합리성 밑에 숨겨진 어떤 것이 아닐까?

이런 상황은 결정적인 것일까? 비록 요즘에는 역사성이 없고 또 현재 상황이 과정으로서의 역사, 의미로서의 역사를 배제하는 추세이기는 하지만 지금의 상황은 역사의 종말일까? 아니, 그와는 반대로 현재 상황은 특정의 한정된 역사적 시점, 즉 정치형태나 제도에 대한 도전이 일어나고 세계적 차원의 경쟁이 새로운 형태를 띠면서 여러 가지 결과를 야기하는 그러한 역사적 시점의 산물인 것 같다. 이 역사적 시점에서—군비경쟁, 군사·기술 장비가 구식으로 되는 기간의 가속화, 기술품목들의 폐기 사이클—기술성은 혁명적인 성격을 갖는다. 기술성은 미완의 혁명의 역할을 수행한다. 그러나 그것은 전면적인 사회적 실천에 압력을 가하거나 또는 사회적 실천에서 이탈되어(그렇다고 압력을 가하지 않는 것은 아니다. 이것이 패러독스이다) 자율적·독립적 '요소'로 우뚝 솟아올라 성층권에서 많은 해프닝을 연출한다. 소위 정치적 우주의 해프닝 혹은 우주적 공간의 헤프닝이다! 이런 역사적 시점이 하나의 구조로 정착되지 않을까 우려된다. 이 점에 관해서는 미래만이 대답해 줄 수 있을 것이다.

결국 '기술사회'라는 명칭은 그것 역시 부분적인 진실만을 담고 있다. 그러나 이것을 채택한 이론가들의 생각과는 다른 방향에서 진실을 담고 있는 것이다. 이 상대적 진실이 결정적 진실로 변화하고자 할 때, 그것은 필연적으로 하나의 오류, 이데올로기적 환상, 하나의 상황을 정당화하는 신화로 변모한다. 이 과정에서 진실은 자신의 결점을 은폐하고 역사 속에서의 자신의 참신성을 유난히 부각시키면서 역사와 역사성을 희생시킨다.

풍요한 사회. 풍요한 사회로의 이행이 우리 사회의 특징이며, 우리는 거기서 하나의 정의를 이끌어낼 수 있다. 사실상 공업생산과 '기술성'은 생산활동의 극세분화를 통해 무제한의 생산이 가능하다는 것을 암시해 준다. 정의定義를 위해서는 참으로 불행하게도(이 정의는 갤브레이스, 로스토우 등의 미국 사회의 이데올로기들로부터 나온 것이다) 자동화는 생산성을 방해하는 수많은 결과를 야기했다. 이 결과들은 많은 이론가들이 생각하는 것 이상으로 더 멀리 나아갈 것이다. 매우 진전된 자동화와 풍요는 결국 정말로 풍요로운 공업생산품의 가격을 무료로 만드는 데까지 이르지 않을까? 그것들은 결국 교환가치의 근본마저 뒤흔들어 놓지 않을까? 노동계급 일부의 실업 위험보다 훨씬 더 자동화를 방해하는 것은 바로 이 전망이 아닐까?

이런 문제는 잠시 접어두기로 하자. 미국과 유럽의 고도 산업사회에서 소위 풍요와 낭비의 사회에서도 옛날의 빈곤, 즉 물질적 비참함이 작은 섬들을 이루고 있다. 또 한편으로는 새로운 빈곤이 도처에서 발견된다. 몇몇 개의 기본적 욕구들은 충족되었지만(어떤 포기와 어떤 직무유기의 대가로 충족되었을까?) 소위 '문화적' 욕구, 그리고 '사회적' 욕구로 불리는 섬세한 욕구들은 이 생산적인 사회에서 극심하게 '충족되지 못한' 상태이다. 이 새로운 빈곤이 정착되고, 일반화되고, 새로운 계층들('화이트칼라'·회사원·기술자와 '자유직업'의 상당수 등)을 프롤레타리아화化한다.

게다가 풍요라고 일컬어지는 이 사회의 한가운데에 새로운 희소성이 나타난다. 예전에 우리들 나라에서는 빵이 부족하고 공간은 무제한으로 있었다. 지금은 밀이 풍족하고(다른 많은 나라들에서는 여전히 빵이 귀하다) 그 대신 공간이 점점 부족해진다. 선진 공업사회의 이러한 공간의 부족은 특히 도시와 도시문제에 관련된 모든 것에서 관찰된다. 시간도 점점 부족해지고 욕구 또한 그러하다. 희소성의 정리整理가 어떻게 해서 하나의 과학이 되고, 또 '과학성'으로 자신을 정립함으로써 스스로 정당화되는지를 우리는 이미 앞에서 보았다. 결코 사소하다고 볼 수 없는 마지막 논쟁은 다음과 같은 것이다. 만일 풍요가 축제를 의미하지 않고 또 그것이 축제를 당당하게 되살리는 재생산을 하지 않는다면, 그것은 무엇에 소용이 되는 것이며 또 무슨 의미가 있는가?

결론: 앞의 것들처럼 여기서 제안된 정의도 몇 개의 사실들을 간직하고 있지만, 이 사실들로부터 성급한 결론을 끌어내려 하고 있다. 그것이 이 정의를 받아들이기 곤란하게 만드는 것이다.

여가사회? 오늘날 우리가 경험한 대변혁과 변천은 희소성에서 풍요로의 이행만이 아니라 동시에 노동에서 여가로의 이행이다. 우리는 시대를 바꾸고 지배적 '가치들'을 바꿀 것이다. 매우 어려운 변화다.

물론 프랑스 사회에서, 그리고 소위 산업사회에서 '여가'가 점점 더 큰 중요성을 띠어가고 있다는 것은 분명한 사실이다. 누가 그것을 부정할 것인가? 여가는 욕구 속으로 들어가 기존의 욕구들을 수정한다. '현대생활'의 피곤은 오락·기분전환·긴장이완 등을 필수적인 것으로 만든다. 수많은 신문기자와 대중적 학자들에 이어 여가의 이론가들은 다음과 같은 사실을 거듭 말하고 있다. 즉 사회 전체의 차원에서 새로운 현상인 휴가(바캉스)는 이 사회를 변형시켰고, 사람들의 관심의 중심이 되면서 관심의 위치도 바꿔놓았다고.

앞의 것들과 마찬가지로 이 명칭도 여러 가지 사실들에 근거를 두고 있다. 여기서 이 명칭을 흔쾌히 수락할 수 없게 만드는 다른 사실들을 들어보자. 시간의 활용을 비교의 방법으로 분석한 결과 새로운 현상들이 나타났다. 우리가(하루·한 주·한 달·일 년의) 시간을 세 개의 카테고리, 즉 **의무의 시간**(직업적인 일을 하는 시간), **자유 시간**(여가의 시간), **강제된 시간**(일 이외에 잡다하게 필요한 시간: 교통·교제·수속 등)으로 나눠보면, 강제된 시간이 점점 증가하고 있음을 알 수 있다. 이 시간은 여가시간보다 훨씬 빨리 증가하고 있다. 강제된 시간은 일상성 속에 자리 잡고, 일상을 강제들의 총화로 규정하려 하고 있다. 그러므로 현대성은 확실하게 여가시대로 돌입한 것은 아니다. 사실 예전에 농업, 직업, 창조적 행위 속에서 질적인 것에 연관되었던 '가치들'은 해체되고 있다. 여가에 연관된 가치들이 새롭게 태어나고 있다. 사람들이 일 년 내내 바캉스에 대해서만 생각한다고 해서, 이 상황에서 하나의 '양식'이 떠올랐거나 또는 이 양식이 여가에 새로운 의미를 부여했다는 뜻은 아니다. 아마도 사람들은 '여가의 도시들' 속에서 이 양식을 찾으려 할 것이다. 그것은 확실치 않다. 비노동非勞動은 미래를 포함하며, 또한 지평선이다. 그러나 변화는 길고 모호하고 위험할 것으로 예고되고 있다. 생산의 완전한 자동화만이 여가사회를 허용할 것이다. 거기에 도달하기 위한 투자가 필요하므로 한두 세대는 희생을 해야만 할 것이다. 그것이 우리의 전망이고 미래학이다. 물질을 생산하는 노동의 요구와 강제를 극복하면서 작품이나 또는 단지 쾌락과 즐거움을 생산하는 다양한 생산 활동으로 넘어가 여가사회를 창조할 수 있는 가능성을 우리의 후손들에게 물려주기 위해서 우리는 악착같이 일을 해야만 한다. 지금 현재로서는 노동은 생산 작업의 극도의 세분화와 함께 계속해서 사회적 실천을 지배하고 있다. 자동화된 산업에서는 노동이 가해지는 물질과의 접촉이 없고 기계 자체와의 접촉도 사라진다. 그러나 이 비노동(통제·감시)도 역시 일상적인 노동이다. 거의 모든 곳에서 경력이 숙련을 대체했으나 그렇다고해서 '노동자' 위를 내리누르는 강제들이 제거된 것은 아니다(아마도 더욱 강화되었을 것이다). 현 단계에서 여가는 무엇보다도, 그리고 거의 모든 사람들에게 있어서 일상과의 단절(부분적이나마)이다. 그리고 예전의 '가치들'이 무분별하고도 성급하게 퇴색되는 힘든 변화 과정을 우리는 볼 수 있다. 여가는 더 이상 축제가 아니며, 노고의 보상도 아니고, 그것 자체만을 위해 수행되는 자유스러운 활동도 아니다. 그것은 보편화된 구경거리, 즉 텔레비전·영화·관광 등이다.

소비사회라고? 거기에 상응하는 이론과 함께 이 명칭은 1950, 1960년 이래 널리 유포되었다. 선진 산업 국가들에서 물질적 문화적 소비재의 소비가 증가하고 있고, 이 현상은 확대일로에 있으며, 소위 '내구 소비재'(자동차, TV 등)는 새롭고도 점차 중요한 역할을 수행하고 있다는 것을 사람들은 설득력 있는 수치와 함께 제시했다. 이러한 확인은 정확하지만 매우 사소한 것이다. '소비사회' 이론가들은 이 말로 다른 것을 뜻하거나 함축한다. 그들은 예전에는, 현대사회의 전사前史라할수있는 공업생산과 자본주의 경제의 초기단계에서는 욕구가 생산을 인도하지 않았다고 주장한다. 기업가들은 시장을 알지 못했고 소비자를 몰랐다. 그들은 구매자를 기다리며 소비자가 있을 것을 희망하며 무턱대고 생산했고 시장에 상품을 내놓았다. 오늘날 생산을 조직하는 사람들은 시장을 알 것이다. 지불능력이 있는 수요만이 아니라 소비자들의 욕구와 욕망까지도 알 것이다. 결국 소비행위는 조직된 합리성 속에 영광스럽게 입성한 것 같다. '일상생활'이 있기 위해서는 소비행위를 고찰해야만 하고 고도 조직사회의 실천 속에 구현된 가학적 이성에 이 소비행위를 있는 그대로의 모습으로 통합시켜야만 한다. 이 소비행위를 현실의 한 수준으로 간주하거나 구분할 필요조차 없을 것이다.

우선, 프랑스 같은 나라에서는 '문화적' 사회적 소비재에 대한 깊은 연구를 확인할 수 없고 다만 개인적 욕구에 대한 시장조사(그러니까 지불가능한 수요)만이 있다는 것으로 답하려 한다. 도시생활 고유의 사회적 욕구들이 얼마나 잘못, 그리고 뒤늦게 밝혀졌는지를 제시하는 것은 너무나 쉬운 일이다.

게다가 그 개인적 욕구들은(이것들은 대상이 아니다!) 중립적 지식의 '대상'도 아니다. 그 욕구들을 연구하는 방법이 그 욕구들에 영향을 미친다. 즉 그것이 사회적 실천의 한 부분이 되고 또 요구들을 결정화結晶化한다. 욕구에 대한 행동이 시장조사나 동기연구보다 훨씬 강력한 수단들을 소유하고 있다. 광고의 역할은 무엇인가? 광고전문가는 현대사회의 조물주인가, 또는 의기양양하게 욕망의 전략을 짜는 전능의 마술사인가? 또는 사람들의 욕구에 정보를 제공해 주고 이러저러한 품목이 소비자의 만족을 위해 준비되어 있다는 것을 알리는 소박하고 정직한 중개인인가? 이 극단적인 두 명제 사이에 광고이론으로 우리를 이끄는 하나의 진실이 모습을 드러낸다.

광고전문가는 욕구를 창조하는가? 자본주의적 생산자를 위해 그는 욕망을 제조해 내는가? 상당히 설득력이 있기는 하지만 아마도 아닌 것 같다. 광고는 그래도 여전히 굉장한 위력을 가지고 있다. 그 자체가 가장 첫 번째의 소비재가 아닐까? 광고는 기호記號와 이미지와 담론의 거대한 덩어리를 소비에 제공하고 있지 않은가? 이것은 이 사회의 수사修辭가 아닐까? 끊임없이 실천 속에 간섭하고 염원의 한가운데에 끼어들기 때문에 우리 사회의 언어·문학과 사회적 상상에 침투하고 있지 않은가? 광고의 방법을 모방하는 프로파간다가 매우 효과가 있다는 사례가 보여주듯이 광고는 우리 사회의 지배 이데올로기를 제공하고, 결국은 그 자체가 이 사회의 지배 이데올로기가 되는 것이 아닐까? 광고가 제도화되면서 그것은 예술을 포함한 옛날의 매개수단들을 대체하지는 않을까? 그것은 또 생산자와 소비자, 기술과 실용, 사회생활과 정치권력 사이의 한 중간이 되지 않을까? 이 이데올로기는 분명한 사회현실의 한 수준, 곧 의상·식품·가구 들을 포함하는 일상이 아닌 다른 그 어떤 것을 형상화하고 보호한다는 말인가?

제안된 명칭은 틀리지는 않지만 수락할 수는 없다. 결국 희소성에서 풍요로, 불충분한 생산에서 거대한 소비, 또는 수정 자본주의 테두리 안에서의 과소비(낭비 또는 사치나 위엄을 위한 소비)로 이행되고 있다. 박탈에서 향유로, 궁색하고 부족한 욕구의 '인간'에서부터 다양하고 풍부한 욕구(행동과 향유의 능력에서)의 '인간'으로 이행되고 있다. 그러나 다른 모든 과도적 변화와 마찬가지로 이 이행도 분명치 않은 강제에 사로잡혀 과거를 질질 끌며 고통스럽게 수행된다. 욕구의 제한, '절약', 희소성의 배치에 기초한 낡은 문화로부터 풍요로운 생산 및 거대한 소비에 기초한 새로운 문화로 이행되고 있으나 이것은 일반적 위기 속에서 이루어지고 있다. 생산 이데올로기와 창조행위의 의미가 **소비 이데올로기**로 바뀌는 것은 바로 이 역사적 상황 안에서이다. 이 이데올로기는 부르주아지에게 우월성과 주도권을 마련해 줌으로써 노동계급으로부터 이념과 '가치'를 박탈했다. 이 이데올로기는 능동적 '인간'의 이미지를 지우고, 대신 행복의 이유로서의 소비, 지고의 합리성으로서의 소비, 현실과 이상의 동일성(살며 행동하는 개인적 '주체' 및 '자아'와 그 '대상'사이의 동일성)으로서의 소비를 담당하는 소비자의 이미지를 내세웠다. 이 이미지에서 중요한 것은 소비자도 아니고, 소비된 물건은 더욱 아니며, 다만 소비의 기술이 된 소비행위와 소비자의 표상이다. 이데올로기의 대체와 이동이 일어나는 이 과정에서 사람들은 옛날의 소외에 새로운 소외를 덧붙이면서 소외의 의식을 멀리하거나 아니면 아예 그것을 지워버리기까지 한다.

우리는 이미 우리가 그 속에서 살고 있는 한 이상한 현상의 존재에 관해 언급했다. **시니피에**에 연결이 잘 되어 있지 않은, 또는 완전히 분리된 **시니피앙**들(말·문장·이미지 여러 기호들)의 거대한 덩어리가 해방되었다. 시니피앙들은 광고와 선전이 손쉽게 잡을 수 있는 곳에서 둥둥 떠다니고 있다. 미소는 일상적 행복, 또는 견식 있는 소비자의 행복의 상징이 되었고, '순수함'은 세제의 백색과 연결되었다. 버림받은 시니피에들(양식·역사성 등)은 스스로 길을 헤쳐 나가고 있다. 어떤 사람들은 그것들을 거의 은밀하게 엘리트에게만 남겨진 고급문화의 모습으로 다시 발견한다. 또 다른 사람들은 그것들을 소비재(예술작품 또는 고대양식에서 힌트를 얻은 가구·주택·보석 등)의 형태로 회수하려 한다. 그렇게 함으로써 그들은 무엇을 차지하는가? 사회현실의 한 수준이다.

이러한 변화가 전개되고 현대성이 자리 잡기 시작한 이래 수없이 여러번 사회학자·경제학자·그리고 '정치인'들은 국가의 역할을 증명했다. 마르크스의 사상에 반하여, 또는 당치도 않게 자신이 마르크시스트라고 주장하면서 그들은 그 무엇보다도 우선 '국가의 소멸'이라는 그 유명한 명제를 부인했다. 대부분의 경우 그들은 자신들이 헤겔의 명제를 다시 채택하고 있으며, 헤겔과 마르크스를 대립시키고 있고, 또 우리 시대는 끊임없이 이 대립 속에서 살고 있다는 사실을 아마도 모르는 듯하다. 이 시대는 인간적 전체성의 의미 속에서 철학을 실현시키기보다는 헤겔주의와 국가적 전체성을 실현시킬 것인가? 사실상 세계대전 이후에 모든 나라들에서, 예컨대 '제3세계' 국가들, '사회주의' 국가들, 그리고 이때까지는 경제계획과 합리적 조직의 필요성과 국가 간섭의 필요성을 부분적으로 피해 왔던 앵글로―색슨 국가들까지도 포함한 모든 나라들에서 국가가 그 어느 때보다도 더 강력하게 재건되었다. 유고슬라비아만이 이러한 지배력에서 벗어났다. 결정의 권한들은 높은 곳에 우뚝 솟아있고, 높은 곳에서 수행된다. 아주 높은 곳에서 전략이 수립되고, 수많은 전략들이 서로 상충된다. 그러나 도대체 권력은 어디에 영향력을 행사하는가? 그리고 어디에 근거를 두고 있는가? 또 무엇을 문제 삼는가? 제도가 내리누르는 것은 일상이 아니고 무엇이겠는가? 제도들은 국가의 전략을 실현시키고, 또 국가의 요구를 표상하는 여러 강제들에 의해 일상을 재단裁斷하고 배치한다. 국가라는 괴물 앞에서의 모든 항의 및 이의제기와 마찬가지로 이러한 질문들도 헛된 것으로 간주될 수 있다. 그러나 이 상황을 이론적 지식으로 확인하거나, 또는 국가에 양심의 꼬리표를 붙이는 일도 받아들일 수 없기는 마찬가지다. 게다가 이 구조물에는 커다란 금이 가 있고, '공적인 것'과 '사적인 것'의 관계(프랑스와 다른 곳에서도 마찬가지로)에는 상당한 문제가 있다.

기술은 비상하게 발전했으나 기술이 어떤 결과를 만들어내는 것은 국가의 수준에서, 즉 우주 및 핵개발, 군비확장과 전략의 수준에서이다. 우리는 앞에서 일상적 기술의 힘과 비참 사이의 콘트라스트, 그리고 진짜 기술 품목의 화려함과 기술 이데올로기에 감싸인 기계제품의 초라함을 확인한 바 있다. 마찬가지로 '문화' 또한 내부분열 이후에 해체되고 있다. 아주 높은 곳에는 섬세한 지성과 언어 및 문학적 글쓰기의 교묘한 유희, 양식 및 역사에 대한 이해가 있다. 아주 낮은 곳에는 대중화, 좀 수상쩍은 취미의 말맞추기 놀이, 세련되지 못한 게임들, 대중문화 등이 있다.

그러니까 시험의 대상은 욕구·소비·소통들의 합리적 통합이 아니라 이와 같은 수준의 차이이다. 이 **수준의 차이**는 정돈되고 계획화된다. 그리고 소위 현대사회의 피라미드적 구조가 자리 잡고 있는 것은 이처럼 저급한 차원, 곧 일상성이라는 광범위한 토대 위에서이다.

프랑스와 같은 신자본주의적 서구 국가에서는 생산의 계획화—기업의 전면적 합리화—가 일어나지 않았다. 그러나 간접적인 계획화, 어느 수준의 전면적 조직화는 우회의 길을 통해 자리를 잡았다. 관청·공공기관·부설 연구소 등의 활동이 이런 방향으로 기능하고 있다. 전체적으로 유기적인 관계가 잘 되어 있지 않고 부분적으로 삐걱거리거나 덜컹거리지만 여하튼 이것은 가동하기 시작했다. 이처럼 허약한 구조화는 구조의 이데올로기에 의해 은폐되어 있고, 이러한 지리멸렬은 짜임새의 강박관념에 의해 은폐되어 있다. 마찬가지로 창조적 통일을 이루지 못하는 무능성은 다채로운 노스탤지어, 즉 참여니 공동사회니 하는 것들의 겉모습을 띠게 되어 있다. 이러한 조직들은 무엇을 조직하는가? 바로 일상이다.

1960년경부터의 상황이 분명하게 밝혀졌다. 일상은 이제 더 이상 버림받은 것, 박탈된 것, 특별한 행동들의 공동의 장 또는 중립의 장소가 아니다. 프랑스 또는 다른 나라에서 신자본주의의 지도자들은 식민지가 매우 거추장스럽고 이득도 별로 없다는 것을 잘 이해했다. 그들의 전략은 바뀌었다. 그들은 새로운 전망, 즉 국토에 대한 투자 및 내수시장의 정비에 돌입했다(그러나 그렇다고 해서 '개발도상국'을 인력 및 원료 공급지로서, 또는 투자 장소로서 의존하는 것이 바뀌지는 않았지만, 이것이 과거처럼 그렇게 지배적인 관심사는 아니다). 그들은 무엇을 하는가? 정치적 결정과 자본의 경제적 집중이 이루어지는 중심부 주변의 모든 것에 대해 반⸝식민지 착취를 하는 것이다. 중심부를 둘러싸고 있는 지역이란 다시 말해서 주변부·시골·농업생산 지대·교외이고, 그 인구는 단순 노동자만이 아니라 회사원과 기술자들도 포함하고 있다. 프롤레타리아의 신분은 점점 일반화되는 경향이고, 이것이 노동계급의 경계선을 희미하게 만들고, 그들이 '가치'나 이데올로기를 지우는 데 기여했다. 사회 전체에 대한 고도의 조직적 착취는 오로지 생산계급에만 미치는 것이 아니라 소비에도 영향을 미친다. 자본주의는 결국 사람들로 하여금 '현대생활'에의 적응을 요구하면서 스스로 '적응'해 왔다. 예전의 기업주들은 우연한 시장을 위해 거의 무턱대고 '생산'을 했다. 중간 규모의 가족기업이 우세했고, 이것은 직업과 품질과 친근한 노동의 아름다움을 노래하는 일종의 주술적 멜로디에 부르주아적 화음으로 반주를 하는 것이었다. 전후 유럽에서 재능 있고 지성적인 몇몇 사람들이 소비에 영향력을 미칠 수 있는 가능성, 즉 소비를 통해 사람들에게 영향력을 행사할 가능성, 다시 말하면 일상생활을 조직하고 구조화할 가능성을 알아

차렸다. 일상성의 단편들은 마치 '그림 맞추기 놀이'의 조각들처럼 찢기고, '한정된 장소 안에서' 분리되거나 조립된다. 그것들은 각기 모든 조직과 제도에 속해 있다. 일상의 그 조각들—노동·사생활·가정생활·여가 은 여가의 새로운 조직(상업적 또는 반쯤 정책적 계획에 의한)과 함께 아주 합리적인 방법으로 이용된다.

　　이러한 조직이 읽혀지는, —왜냐하면 그것은 거기에 쓰였으므로—의미 심장하고도 특징적인 현상은 다름 아닌 **신도시**이다. 왜냐하면 새로운 도시안에 그러한 조직들이 극명하게 부각되어 있기 때문이다. 다른 특징과 성격들, 예컨대 전통적 도시의 와해, 주민의 분리, 경찰의 감시 등은 생각하지 말기로 하자. 새로운 도시, 읽는 법을 알기만 하면 충분히 많은 것을 읽을 수 있는 이 사회적 텍스트 안에는 무엇이 기입되어 있는가? 무엇이 투사되어 있는가? 일상의 배치, 재단(노동·사생활·여가), 잘 통제된 조직, 세분화된 시간의 활용 등이다. 소득이 얼마든 간에, 어떤 계층에 속했든 간에(회사원·'화이트칼라'·하급 또는 중급의 기술자·하급 및 중견간부) 새로운 도시의 주민은 모두 프롤레타리아라는 일반적 신분을 갖는다. 게다가 그 새로운 도시들—사르셀, 무뢰[21], 그 외 많은 도시들—은 이상하게도 식민지 또는 반半식민지에 건설된, 바둑판처럼 구획정리가 잘 되어 있고, 감시를 받는 그런 도시를 연상시킨다.[22](이 새

───────

21　파리의 위성도시들.

22　이 의미 있는 사실들은 유일한 것도 아니고, 다른 많은 사실들과 분리시킬 수도 없다. 프랑스에 관한 한 여기서 반(半)경제계획, 국가예산 등의 중요한 역할과, 소비 및 가계지출에 대한 연구의 중요성을 상기하자. 그리고 신용거래의 증가도 의미 있는 사실들 중의 하나다.(원주)

로운)도시들은 오락장이나 찻집의 부족으로 한층 더 엄격한 모습을 띤다. 도시의 식민화는 일탈의 기회를 멀리한다!

이러한 고찰과 나중에 할 다른 많은 고찰들은 다음과 같은 몇 개의 결론을 내릴 수 있도록 해준다.

1. 프랑스 및 신자본주의적 여러 나라들에서 사회적 관습이 변했다고는 하나 이것이 일상성의 개념을 배제하지는 않았다. 일상성과 현대성 사이에서 하나를 택하는 문제가 아니다. 일상의 개념이 변모되었지만 이 변모 자체가 일상을 확인하고 강화시켜 준다. 그 내용의 일부, 특히 부와 빈곤, 정상과 비정상 사이의 날카로운 대립을 포기해야 한다. 이러한 유보사항에도 불구하고 그 개념은 단순히 존속할 뿐만 아니라 가장 중요한 것으로 부각된다.[23] 현대세계에서 일상은 '주체'(주관성이 풍부한)이기를 그치고 '객체'(사회적 조직의 대상)가 되었다. 반성의 대상으로서 이것은 사라지기는커녕(만일 혁명운동이 그것을 앗아갔다면 그것은 다시 살아날 가능성이라도 있을 것이다) 오히려 강화되고 공고히 되었다.

2. 이러한 조건 속에서 제안된 명칭들은 수락할 수 없는 것처럼 보인다. 고찰의 대상이 되었던 특징들을 어떻게 한마디 말 속에 한데 모으고, 또 간직할 수 있겠는가? '소비 조작의 관료사회'(Société bureaucratique de consommation dirigée), 이것이 '우리의' 사회를 위해 우리가 제안하는 정의이다. 그렇게 함으로써 우리는 이 사회의 합리적 성

---

23 저자는 이러한 결론 앞에서 한참 망설였다는 것을 고백한다. 1950년에서 1960년 사이의 기간 동안 일단 시작한 이 연구와 그 개념 자체를 포기할까 하는 생각도 여러 번 했다. 제1권(『일상생활 비판 서론』, 1946)에서 제2권(1962)까지의 오랜 간격도 그 때문이었다.(원주)

격, 이 합리성의 한계(관료적), 이 사회가 조직하는 대상(생산이 아니라 소비), 그리고 이 사회가 자신의 토대로 삼기 위해 노력을 기울이고 있는 평면, 즉 일상을 부각시킬 수 있다. 이러한 정의에 우리는 하나의 **과학적** 성격을 부여하려 한다. 이 정의는 다른 어떤 정의들보다 더 **엄격하게** 공식화되었다.[24] 그것은 더 이상 문학에 속한 것이 아니고 또 사회현실의 지식을 위한 외부적 '사회철학'에 속한 것도 아니다.

---

24 이 정의는 다른 정의들, 예컨대 국가 독점자본주의라는 정의와 양립 불가능한 것이 아니다. 우리 생각에 이 정의는 이 사회의 기능과 구조를 좀 더 잘 분석하도록 허용해 준다. 이것은 경제에만 치중하고 경제주의와 고찰 대상 사회의 이데올로기와 '가치'만을 선호하는 '국가 독점자본주의'보다 훨씬 더 많은 가능성과 시사성을 가지고 있다.(원주⑩)

6. 그러니까(1950년에서 1960년 사이에 프랑스에서) 무슨 일이 일어났는가?

우리는 이제 국가, 행정부, 순수한 도시문제, 그 외 다른 차원의 많은 문제들을 잠시 접어둔다면 몇 가지 분명한 사실들을 밝힐 수 있을 것이다.

우리는 또한 시장의 통제(불완전하기는 하지만), 행동에 의해 획득된, 소비자에 대한 시장법칙들도 고려의 대상으로 삼지 않을 것이다. 우리는 물론 근본적인 비판을 통해 **경제주의**를 배척하기는 하지만 여하튼 이런 문제들은 경제학자들에게 맡기기로 한다.

a) 순환적 시간과 직선적(합리적) 시간 사이, 특히(사회적) 축적의 과정과 비축적의 과정 사이의 대조는 너무나 두드러지게 눈에 띄어 거의 모순처럼 보일 지경이다. 마르크스의 저작 속에서 이미 치밀하게 다듬어져 있는 축적의 이론은 아직도 불완전한 상태이다. 『자본론』과 그 부속의 저작들 속에서 축적의 이론은 오로지 서유럽과 영국의 역사에만 근거를 두고 있다. 새로운 현상들이 1세기 전부터 나타나고 있다. 축적의 성격은 단지 자본에 만 속하는 것이 아니라 지식·기술, 그리고 어떤 점에서는 인구에까지(물론 축적을 방해하거나 중단시키는 정반대의 경향도 있긴 하지만) 속하는 것이다. 기억도 일종의 축적의 과정이다. 그런데 일상은 축적의 성격이 없다. 육체의 사회적 사용은 수세기 동안 변모해 왔다. 제스처도 달라졌고 시니피앙(기표)으로서의 육체적 표현(몸짓·얼굴 찡그림·모방)들도 변했다. 그러나 육체는 변화하지 않았다. 생리적 생물학적 욕구들과 그에 상응하는 능력들은 어떤가 하면, 그것들은 양식·문명·문화에 의해 영향을 받는다. 욕구를 충족시키는(또는 좌

절시키는) 방법들도 변했다. 생리적 생물학적 면에서 결핍이나 활동성은 안정되어 있는데, 이것이 '인간성' 또는 진화적 연속성을 믿게 만드는 요인이다. 감정이나 정서는 변하지만 축적되지는 않는다. 꿈도 그렇다. 미국의 억만장자나 홍콩의 쿨리(인부)는 칼로리의 요구량에서는 다를 것이 없다. 오히려 쿨리 쪽이 더 높은 칼로리를 요구할 것이다. 육체적 수행 능력, 에로틱한 능력, 성장 또는 노쇠에 소요되는 햇수, 자연적 출산능력 등은 비교적 좁은 한계 내에서 왔다 갔다 한다. 일상생활에서 정말로 사용할 수 있는 물건들의 수는 무한정 늘어날 수 없다. 결국 축적의 결과에서 완전히 벗어날 수 없지만, 일상은 그 중의 단 하나만을 반영한다. 일상은(그것이 변모할 때에도) 축적의 시간과 일치하지 않는 리듬에 따라, 그리고 축적 과정의 장場과 동일하지 않은 공간 속에서 변화한다. 그것이 우리로 하여금 원시사회에서 우리 시대에 이르기까지 집과 거주와 도시의 엄격한 지속성을 믿게 만드는 요인이다.

그런데 한 사회는 부단히 통일성을 수립하지 않으면 모든 결집력을 잃는다. '현대'사회는 그 문제에 어떻게 대처하는가? 일상성의 변화를 조직함으로써이다. 물건이나 '유행'이 구식이 되어 쓸모없게 되는 현상은 축적의 과정과 함께 점점 가속화된다. 정신적 소모도 물질적 소모(기계·기술응용·일용품)의 속도를 따라잡으면서 점점 더 빨라진다. 이 사회는 파괴 및 자기파괴 쪽으로 나아가고, 여기서나 다른 곳에서나 전쟁은 다른 방법으로 평화를 연장시킨다. 일상은 그 빈약함 속에서 유지되는 듯이 보이다가도 또 파괴(급작스럽거나 아니건 간에 항상 강요되어서)를 목적으로 하고 있는 듯이 보이기도 한다.

축적·비축적 간의 갈등은 비축적의 조직적 예속, 또는 그것의 질서정연한 파괴에 의해 해결된다. 다시 말하면 비합리성과 인접해 있는, 그러나 사물과 사람들의 조작에는 아주 능한 그러한 합리성에 의해 해결된다.

b) 전체적 의미의 장(즉 여러 장소들, 산재한 중심과 핵들을 포함한, 의미작용의 장으로서의 사회 전체)을 고찰해 보면 우리는 눈에 띌 정도의 변화를 확인할 수 있다. 오랜 역사적 기간동안 **상징들(물론 자연에서 유래됐지만, 상당한 사회적 힘이 부여된 상징들)**이 이 장을 지배해 왔다. 벌써 우리 문명의 초기에서부터 문자의 점증하는 풍요성과 함께, 그리고 특히 인쇄술의 발명 이후에 의미의 장은 상징에서 기호 쪽으로 넘어갔다. 우리가 고찰하는 시대에는 또 다른 이행이 시작되고 있거나 또는 확인되고 있다. 그것은 기호(signe)에서 신호(signal)로의 이행이다. 상징 및 기호들과 함께(전체적) 의미의 장 속에 모습을 나타낸 신호는 그러나 그것들과 좀 다르다. 신호는 규정된 명령 이외의 다른 의미작용이 없고 분절 단위(말들 또는 형태소形態素들) 속에 들어가는 의미작용(예컨대 문자들) 없이도 기호와 비교될 수 있다. 신호는 명령하고 사람의 행동을 통제하며 그것을 조정한다. 신호는 대립(빨강·초록)에 의해서만 결정되는 여러 대립들로 구성되어있다. 그러나 신호들은 몇 개의 법규들(간단하면서도 너무나 잘 알려진 규범인 교통법규 같은 것)로 그룹이 나뉘어져 있고, 그런 식으로 강제의 망을 형성한다.

의미의 장이 신호 쪽으로 옮겨감에 따라 의미보다 강제가 우세하게 되었고, 일상생활 속에서의 조건화가 일반화되었으며, 언어·의미·상징과 대립적 의미 등 여러 다른 차원들을 배제하면서 일상을 단 하나의 차원(재단된 요소들의 배치)으로 축소시키게 되었다. 신호와 신호체계는 사람들과 그들의 의식을 조작하는 훨씬 편리한 모델을 제공했으나, 그렇다고 해서 좀 더 정교한 다른 수단들을 배제하는 것도 아니다.

자, 이제 기억에 대한 기능을 작동시키는 '새로운 인간'을 한번 상상해보자. 그가 '다른' 사람들의 어떤 사실, 어떤 행동, 어떤 말을 신호의 방법으로 영원히 기입해 놓는다고 가정해 보자. 거기서는 아주 멋진 인류가 생겨날 것이다.

c) 작품을 만들어내는 창조적 에너지를 공연, 또는 세계의 스팩터클한 시각화(영화·텔레비전)쪽으로 돌리는 것에도 어떤 함축적 의미가 있다. '세계의 스팩터클'(spectacle du monde)은 공연의 소비 또는 소비의 공연이 되었는데, 이처럼 빙글빙글 도는 중복어법이 조직의 합리주의자들의 눈에는 만족스러운 균형(피드백)으로 보이는 것이다. 이러한 전환은 과거의 양식과 작품들을 삼키는 소비의 실망스러운 성격과 창조적 무능성에 대한 생생한 의식을 야기시킨다. 이것이 이데올로기적 보상의 시도로 이어진다. '참여'의 주제와 함께 '창조성'의 주제가 떠오른다. 내용(외관상이건 실질적이건 간에)과 연결된 옛날의 확실성은 실추되었다. 내용이 제고되고 '순수' 형태로서만 확인되는, 따라서 구조적 기능만을 갖고 있는 이 형태들은 우리를 실망시킨다. 거기서부터 **실체의 상실**이라는 인상이 생긴다. 이것은 막스 베버(아직도 합리성의 실체를 믿고 있었던)가 이론화를 시도했던 합리성 앞에서의 '환멸'보다 한층 더 함축적인 드라마틱한 인상이다. 역사 또는 선사시대, 다시 말해서 현대 이전의 시대들에서의 실체성의 인상은 어디서부터 오는 것일까? 자연에서부터? 물건들의 희소성, 또는 그와 연관된 가치들에서? 비극 또는 죽음에서? 공동사회의 존속에서? 양식들에서, 윤리에서, 또는 형태들 사

이의 실체적 매개로서의 예술에서부터인가? 문제가 제기될 만하다.

d) 제2차 세계대전 이전까지, 적어도 프랑스와 유럽에서는 옛날 사회가 그대로 연장·존속되고 있었다. 산업생산은 아직 농업생산 및 수공업생산의 잔재를 완전히 쓸어버리거나 통합시키지 못했다. 산업 국가들의 한가운데에서조차 촌락은 아직 존재했고, 시골이 도시를 포위하고 있었다. 수많은 **전前자본주의**적 성격들이 아직 민속의 영역으로 쫓겨나지 않고 있었다(그리고 민속의 이름으로 관광소비를 위해 되살려지지도 않고 있었다). 산업 제조품 위에 수공업 제품 또는 농촌의 제품들이 중첩되어 있었다. 상징적으로 이 제품들은 이미 구식의, 게다가 아주 모순적인 가치들을 지니고 있었다. 어떤 것들은 진기함(보석·자질구레한 장식품 등)에서 오는 귀중함과 희소성을 말해 주고 있었고, 또 어떤 것들은 궁핍의 한가운데에서도 특권층들이 누리는 다산성·풍부·풍요 등을 말해 주고 있었다. 이런 식으로 '과시'를 위해 귀족이나 상·하류층의 부르주아지가 사용했던 가구들, 즉 큰 옷장·침대·넓은 거울·벽시계들 사이로는 거의 신화적인 추억들이 감돌고 있었다. 우리가 고찰하는 시대에는 소비를 조작하는 자본주의가 이처럼 서로 시대가 다른 물건들이 중첩되어 있는 현상을 종식시켰다. 자본주의 시장은 소위 내구소비재를 떠맡았다. 다시 말하면 신자본주의에 의해 추진되는 상업경제가 여러 시대에 걸친 물건들의 중첩과 존속을 제거하면서 소위 '물질문화' 속에 침투해 들어왔다. 외관상의 예외는 아주 오랜 옛날의 것이거나 아니면 비교적 최근의 것이거나 간에 어떤 양식의 예술품들이었다. 그러나 예외는 표면적일 뿐이다. 작품의 흔적을 갖고 있는 이 물건들은 '엘리트'만이 가질 수 있으며, 특별한 시장과 특수한 생산 분야

(복제와 오리지널의 모방)가 그것을 담당한다.[25]

25 『일상생활 비판』의 최초의 구상은 3부작 속에 '기만된 의식', '박탈된 의식'을 다루는 것이었다. 의식은 끊임없이 박탈되고 좌절된다. 그러나 개인주의(접촉과 소통의 상실)의 비판 위에 오늘날의 새로운 요구가 겹쳐진다. 즉 고독에의 권리, 사생활을 가질 권리, 창궐하는 공포정치를 피할 권리 등이다. 신비화에 관해 말하자면 첫째, 이것은 일반화되었고, 둘째, 이 용어는 저널리즘에까지 침투했고, 셋째, 오늘날의 이데올로기들은 이데올로기를 이데올로기가 아닌 것으로, 또는 신비화('순수과학', 고급문화 등)에 대한 반격의 수단으로 간주하고 있다. 그래서 그 애초의 계획을 포기했다.(원주)

7. 제3기, 1960년 이래

우리 앞에는 일상의 재단과 배치만이 있는 것이 아니라 일상의 프로그
래밍(programmation)도 있다. 자신의 역량을 확신하고 자신의 승리에 자
만하는, 소비 조작의 관료사회는 그것의 종착점에 가까이 와있다. 이
때까지 반쯤은 의식되고 반쯤은 의식이 되지 않았던 그 종착점이 희미
한 모습을 드러낸다. 그것은 일상의 우회를 통한 사회의 인공두뇌화이
다.[26]

　　일상생활은 반쯤 계획된(프랑스에서) 집중 행동의 결과로서 조직
된다. 점점 더 분명하고 강하게, 소위 우월하다는 행위들(형태, 모델, 응용
지식)은 일상과의 관련 밑에 위치를 정할 뿐만 아니라 일상을 그 목표
로 삼고 있다. 일상은 이 사회의 빛과 어둠·공허와 충만·힘과 허약함
이 투사되는 평면이다. 정치권력과 사회적 형태들이 이 방향으로 한데
모이고 있다. 곧 일상을 공고히 하고, 그것을 구조화하고, 그것을 **가동**
시키는 것이다. 사회의 다른 수준들(사회학적 성층권에서 매우 높이 기능하는
국가는 제외하고)은 오직 일상성의 기능 속에서만 존재한다. 구조들의 중
요성과 그 이해득실은 일상생활을 '구조화'하는 능력에 따라 측정된
다. 표면적으로 드라마는 없어 보인다. 사람들은 **차가움**(cool) 속에 정
착해 있다. 그들은 애써 드라마를 잠재운다. 더 이상 드라마는 없고 다
만 사물들, 확신·가치·역할·만족·직업(jobs)·상황·기능들이 있을 뿐

26　이 책의 다음 장과 우리가 여기서 초안을 보여주고 있는, 나중에 출간될 『일상생활
　　비판』제3권 참조.(원주)

이다. 그러나 사소하면서도 거대한 모든 힘들이 일상을 공략한다. 그 힘들은 일상을 사로잡아 그것을 억누르고 말라죽게 한다. 그리고 여행으로의 출발, 현실과의 단절, 꿈, 상상, 도피 속에서까지 그것을 추격한다.

몇 년 전부터 새로운 현상은, 생산관계 및 자본주의적 재산관계 (약간 수정되기는 했으나 근본은 보존되고 있는)에 의해 지배되는 사회에서의 산업화의 결과가 그 종착점에 거의 다다랐다는 것이다. 이 종착점에 맞게 만들어진 도시의 테두리 안에서 일상성이 편성되고 있다. 전통적 도시는 없어졌고, 도시계획만이 한없이 확대된다. 그것이 오늘날 그러한 과업을 가능하게 해준다. 사회의 인공두뇌화는 다음과 같은 방법에 의해 이루어질 가능성이 있다. 즉 구역정리, 효율적인 거대장치의 설립, 적합한 모델에 따라 도시 생활을 재구성하기(결정권이 집중된 도심과 권력에 봉사하는 교통 및 정보 체계) 등을 통해서 말이다.

이런 식으로 아직 신도시들에서 볼 수 있는 구획정리가 끝이 난다. 이제는 일종의 통일성을 가진 실용적 재구성을 지향한다. 이러한 경향은 공식적으로 '도시계획'이라 불린다. 종합의 문제가 가장 전면에 떠오른다. 사람들은 '종합적인 인간'을 찾는다. 이 명칭의 지원자는 많다. 철학자·경제학자·사회학자·건축가·도시계획가·인구통계학자·다양한 직급의 테크노크라트 등이 그들이다. 그들 중 거의 대부분의 사람들이 자신도 의식하지 못하는 채 '로봇화化'에 내기를 걸고 있다. 그들은 이 작업의 프로그래머가 될 것이다. 왜냐하면 로봇화 작업은 그들의 종합적인 모델에서부터 시행될 것이기 때문이다. 그중 가장 지적인 사람들은 '자발적인' 실현, 다시 말해서 그들 모델의 권위주의적인 실현이 아니라 민주적인 실현을 목표로 한다.[27] 우리의 분석은 미국 사회를 비판하는 사회학자들의 분석과 합류한다(더 정확히 말하면 부분적으로 그것들과 합치한다). 그러나 우리의 분석은 그들의 분석과 다르다. 미국 사회학자들은 몇 가지 중요한 점들을 밝혀냈지만 중심 개념들, 예컨대 일상성과 현대성, 도시화와 도시문제 등의 개념들을 이론화하지는 못했다. 그들은 사회 전체에 대한 비판, 이데올로기에 대한 비판, 그리고 경제주의(성장이론)에 대한 비판을 할 수 없었으므로 최종적인 결론을 경제학자들에게 맡겼다. 우리는 리스만처럼 '타인지향의 인간'(other directed)과 '내향적 인간'(inner directed)을 대립시키지는 않는다. 다만 우리는, 외부로부터(강제·스테레오타입·기능·모델·이데올로기 등에 의해) 결정되고 조립되기까지 했으면서도 자신을 여전히, 아니 더욱더 자율적으로 믿고 있으며, 로봇화化하면서도 그것이 자신의 자발적인 의식인양 생각하는 인간을 보여줄 것이다. 그러나 우리는 또한 이러한 경향들의 실패, 곧 억누르고 일탈시키고 방향을 전환시켜도 여전히 자꾸만 생겨나는 모순들, 그 '완강한' 문제들을 제시하려 한다. 테

---

27 여기서 우리는, 우리가 노스탤지어와 회고주의를 배격한다는 것, 그리고 전기를 사용하고, 정보를 처리하며, 많은 에너지를 사용하는 '기계'를 결코 죄악시하지 않는다는 사실을 거듭 확인하는 것이 좋겠다. 오히려 정반대다. 생산 장치의 계획화된 비자동화는 소비자의 프로그래밍을 초래한다. 자동화는 아마도 작품을 창조하는 에너지를 되살려줄지도 모르겠다. '소비 조작의 관료사회'는 새로운 모순 쪽으로 가고 있다. 산업생산만이 자동화될 수 있다. 소비자는 도망가고, 그를 추격해야만 한다. 근본적인 문제의 위치만 바꿔놓았을 뿐, 이 사회는 여전히 좌초할 위험이 있다. 사회생활의 분야에서 이 사회는 이미 실패했다. 무력한 휴머니즘의 청산이 그것을 암묵적으로 고백하고 있다.(원주)

러적 압력과 억압은 개인적인 자기억압을 강화시켜 마침내 모든 가능성을 가로막기에 이르렀는가? 마르쿠제에 반하여, 우리는 그 반대를 주장하는 바이다.[28]

　　미국의 비판사회학은 기업의 주문에 의한 순응주의적 '연구'라는 거대한 부담에도 불구하고 많은 커다란 문제들, 특히 **기업의 사회적 기능**이라는 문제들을 제기했다. 우리는 지금 현실 경험을 보완하는 서지 연구를 통해 '현대의' 대기업이 하나의 경제적 단위(또는 단위들의 집합)가 되거나 정치에 압력을 가하는 것만으로는 만족하지 않고, 스스로 사회적 관행 전반에 침투하려 한다는 것을 잘 알고 있다. 대기업은 자신의 합리성을 조직이나 경영의 모델로서 사회 전체에 제시한다. 대기업은 도시 대신 들어서서 도시의 역할을 독차지하려 한다. '회사'·기업·상사 등은 원래 도시에 속해있던, 그리고 앞으로 도시사회에 속하게 될 기능들, 예컨대 주택·교육·생활향상·여가 등의 기능을 장악했다. 대기업은 자기 회사원들의 주거를 등급화하고 그들의 사생활에까지 강제를 가한다(즉 소외시킨다). 통제는 가끔 믿기지 않을 정도의 형태까지 띤다. 아무것도 이 통제에서 벗어날 수 없다. 기업은 자기 나름대로 사회생활을 통합하고, 그것을 전체적 필요에 예속시키며, 결국 '종합'을 지향한다.

　　사이버사회는 경찰을 통해(오웰) 수행되거나 관료주의를 통해 실현되는 것 같았다. 그런데 일반적인 조건화는 일상의 조직을 통해 이루어지고, 결국은 여자들 또는 '여성성'의 조건화에 의해 수행된다. 그

---

28 『일차원적 인간』(One dimensional man, Beacon Press, Boston, 1964) 참조.(원주)

러나 '여성성' 또한 반항이고 자기주장이다. 로봇이건 컴퓨터건 간에, 이것들이 생산의 기구라는 것을 거듭 말해야겠다. 전면적 수준에서의 합리적 계획화를 전제로 하는 이 작업을 피하기 위해 사람들은 생산의 모델에 따라 소비를 조직했다. 그런데 욕망은 환원불가능한 것들 중의 하나다. 그리고 사람들은 아직 소비자를(소비하는 여성은 더 더욱) 사이버 인간적 모델에 따라 다루지 못하고 있다. 아무리 최신의 것이라 하더라도 로봇은 꿈이 없고 먹지 않고 마시지 않는다. 그 기억만이 허점 없이 완벽할 뿐이다. 그러니까 사람들은 소비자를 처리하는 것이 아니라 소비자에 대한 정보를 처리한다. 이것이 아마도 인공두뇌적 합리성과 일상의 계획화에 한계를 주는 요인일 것이다.

우리는 지금 막 우리의 '문제'에 또 하나의 위험한 문제, 마치 예쁜 꽃다발 속의 독초화 한 송이 같은 문제를 추가시켰다.('현대성'이라는 '빛나고' 반짝이는 덮개를 가진)일상성의 조직은 프랑스적 관습의 미국화가 될 것인가? 우리는 앞서 제시했던 문제들을 여기서 다시 발견하게 된다. 사람들은 단 하나의 절대적인 체제를 만들어 내거나 또는 그것을 드러내 줄 세계 적 동질성을 지향하게 될까? 아니면 차이나 상호 저항이 강조되어 이 구조 자체까지도 파괴시키게 될까? 경제적으로 우위에 있는 사회가 당연히 비교적 후진적인 사회에 하나의 모델(이데올로기·관행)을 제공하게 될까? 성장은 개발에 부담을 주어 마침내 서로 합류하게 될까? 기술과 기술 이데올로기, 성장과 생산 이데올로기 등이 유럽과 프랑스에서 득세하게 될까? 반反아메리카 전략의 정치적 우산 밑에서, 그리고 처음에는 궤도에서 벗어났지만 차츰 힘을 찾아가는 한 사회그룹(테크노크라트들)을 사용함으로써 프랑스의 미국화는 성공적으로 수행될 것인가? 우리는 여기서 이 문제들을 종결짓지 않은 채, 그 답을 유예의 상태로 남겨두겠다.

제 2 장

소비조작의
관료사회

1. 결집과 모순

우리는 지금 이 사회의 몇 개의 특징을 재수합再收合하여 어떤 정의를 내려볼까 한다. 이것은 우리의 주제를 완전히 규명하기 위해서라기보다는 다만 이론의 일관성을 보여주기 위해서이다. 만일 어떤 이데올로기들이 이 정의에 이의를 제기하는 영광을 베풀어준다면 그것들은 아마도 이 정의의 '과학성'에 공격을 가하고, 이 정의가 주관적 가치와 논쟁적 범위밖에 가지고 있지 않다는 것을 보여주게 될 것이다. 그런데 우리의 감각으로는 논쟁적 성격은 '과학성'과 관계가 없는 것이다. 그와 정반대이다. 지식이란 아이러니와 이의제기에 의해 풍요롭게 되는 것이다. 이론적 싸움은 지식이 정체하는 것을 막아준다. 철학적 성찰과 과학적 탐구가 제 아무리 오래된 것이라 하더라도 이러한 논의는 그것보다 훨씬 더 오래 갈 것이다. 우리 생각에는 행동과 신중하게 떨어져 있는 '순수'과학은 비록 그것이 정밀하다 하더라도 더 이상 진정한 과학은 아닌 것 같다. '순수'인식과 엄격한 형식화는 실제 문제의 공격 앞에서의 전략적 후퇴 자세에 불과하다. 이러한 후퇴는 '기능주의'를 은폐시키는 역할도 하고 있다. 기능주의는, 항의와 이의제기를 피하기 위해 사람들이 분명히 밝히려 하지 않는 어떤 전망과 이해관계에 의해서 문제 및 해결의 탐구를 자기 나름으로 분할하는 연구 자세이다. 포착하고 평가하기 위해 대상에서부터 좀 거리를 두는 것, 이것은 지식의 어떤 공식 위에 몸을 웅크리고 있는 것과는 다르다. 그런데 이 두 번째 행동이 첫 번째 행동을 희화화한다. 우리는 기꺼이 다른 여러 공식들 위에 하나의 결정적인 공식을 덧붙이겠다. 곧 "과학에 반하는 과학주의! 이성에 반하는 합리주의! 정확성에 반하는 엄격성! 구조에 반하는 구조주의!" 등이다. 비판적 부정에 대해 말하자면 그것은 진정한 긍정을 향한 길이 아닐까? 우리 가 제안하는 정의를 피할 방법은 한 가지뿐이다. 즉 사회를 그 전체성으로 명명하고 전체적으로 고찰하기를 거부하는 것, 또는 지식을 이론도 개념도 없는 단순한 사실들의 집합체로 환원시키는 것이다.

1세기 전에 마르크스는『자본론』제1부를 출간했다. 이 책은 사회 현실에 대한 과학적 진술과 주어진 사회의 가능성에 관한 제안들을 동시에 담고 있었다. 그것은 다음과 같은 것을 내포한다.

a) 이성(변증법적)에 의해 파악될 수 있는, 그리고 자발적이지만 제한된 자동 조절장치(이윤의 비율이 평준화되는 경향이 있는 경쟁자본주의)가 주어진, 따라서 안정될 수 없고 역사나 생성으로부터 피할 수 없는 그러한 **전체성**.

b) 특정의 주제: 생산수단을 소유하고 있는 한 계급(권력 쟁취를 위한 분파적 투쟁에도 불구하고 단 하나의 계급인), 즉 부르주아지에 의해 지배되고 경영되는 사회.

c) 지식에 의해 파악될 수 있는 상품이라는 **형식**(교환가치), 즉 무한정한 확장의 능력이 주어져 있고 한 '세계'의 구성요인이며 논리와 언어에 연결되어 있지만 동시에 **내용**, 즉 사회노동과 불가분의 관계에 있는 형식(사회노동은 질과 양, 개인과 사회, 부분과 전체, 단순과 복잡, 특수 또는 분리와 균등 사이에서 변증법적으로 결정된다). 상품의 '세계'를 통제하고 그 맹목의 확장을 제한할 수 있는 가능성도 이처럼 사회노동을 통해서 모습을 드러낸다.

d) 생산과 재산이 서로 구조화하는 관계를 통해 토대(계획노동과 분업)와 **상부구조**(제도와 이데올로기, 기능과 '가치'체계, 그리고 또한 예술 작품 및 사상의 작품) 사이를 매개하는 하나의 사회구조. 이때의 주요 이데올로기는 **개인주의**(이 사회의 기초를 감추고 또 정당화시켜 주는)이다.

e) 그 안에 실제생활, 과학, 혁명 등을 포함하는 논리적 언어, 즉 『자본론』속에서 일반 언어와 분리되어 특별한 형태를 띤 언어(다시 말하면 상품의 세계, 이 세계에 대한 과학적 지식, 이 세계를 통제하고 변형시키려는 행동), 더군다나 특정의 참조대상(변증법적 이성·역사적 시간·사회적 공간·양식 등)과 연관이 있는 언어. 이러한 위치는 학자와 혁명가, 지식과 행동, 이론과 실천 사이의 통합을 의미한다.

f) 우리가 고찰하는 전체성 내부의 **특별한 모순들**(특히 생산노동의 사회적 성격과 '사유'재산 관계 사이의).

g) 사회의 양적 성장의 가능성과 질적 발전의 가능성.

한 세기가 지난 후, 이 위엄 있는 이론작업에서 살아남은 것은 과연 무엇인가? 그것이야말로 가장 중요하며, 또 아직도 해결되지 않은 문제이다. 마르크스의 저서는 20세기 후반기를 이해하기 위해서 필요하기는 하지만 충분하지는 못하다고 주장하면 옳은 이야기가 될까? 아니다. 그러나 우리는 메워야 할 간격의 윤곽을 제시하면서 여기서는 위의 주장을 하는 것만으로 만족하려 한다. 주체는? 우리는 그것을 찾을 것이다. 창조적 주체(집단적, 생산적)는 희미하게 지워졌다. 조직을 하는 주체는 누구인가? 정치지도자? 군대? 관료와 국가? 기업? 온 사방이 메말라 보푸라기가 난 '주체'는 더 이상 집단의 접착제로 간주될 수 없다. 그러나 집단이니 전체성이니 하는 것이 있기나 한 것인가. 전체성이 희미해졌다면 그것은 루카치 학파가 주장하듯이 오로지 개인의 의식 속에서, 또는 의식 앞에서만 그런 것은 아니다. 사라지는 것은 사회적 지주支柱와 관계들의 전체적 성격만이 아니다. 바로 1세기 전에 마르크스에 의해서 포착되고 정의된 '전체'가 메말라버렸다.

'인간적'전체를 유지시키고 발전시킬 만한 혁명이 없었기 때문이다. 우리는 각 나라의 차원에서나 전 세계적인 차원에서 그 단편적인 조각들만을 볼 뿐이다. 곧 문화의 조각, 세분화된 과학의 조각, 단편적인 체계 또는 '하위 체계'가 그것이다. 하나의 전략을 나타내 주는 전망에 의하지 않고는 어떻게 가능성들을 정의할 수 있을까? 노동계급과 그들의 역할은 지워 없어져버린 것 같으나 여하튼 이 계급은 아직도 최상의 의존 수단으로 남아 있다. 제도와 기능들은 그 목적과 함께, 그리고 그것들을 강화하고 합리화해 주는 가치체계들과 함께 더 이상 '주체'로 간주될 수 없다. 그것들을 주체라고 말한다면 그것은 언어의 남용일 뿐이다. 우리는 국가가 자기 자신의 기능을 목적으로 삼고 있다는 인상을 떨쳐버릴 수가 없다. 그 기능은 정치인이 한 사회의 책임 있는 봉사자가 되고, 그 사회 앞에서 정치인이 사라져버리는 그러한 사회의 합리적 기능과는 거리가 먼 것이다. 가치의 부분적인 체계들은 커뮤니케이션의 체계를 지향한다. 그 체계들이 전달해야할 것은 무엇인가? 그들 스스로의 기능의 원칙과 내용 없는 형태이다. 외관상의 실체를 간직하고 있는 '가치체계들'은 그것이 감추고 있는 내용을 우리에게 보지 못하도록 금지하고 있는 것 같다. 그래서 모든 국가의 관료정치는 정직성을 도덕적 이상으로 삼고 있지만, 그 정직성은 가장 부패하기 쉽고 또 가장 부패된 것이기도 하다. '가치체계'라는 개념 자체가 수상한 것이다. 니체는 바로 그 자신이 '가치'의 이론가였으므로 우리에게 가치에 대한 불신을 물려주었다. 이데올로기만이 중요한 것이 아니라 일련의 대체물들의 자리 잡음도 중요하다. '잠재적 구조'는 **알리바이**의 고리들로 구성되어 있는데, 그 알리바이는 기능과 제도들만큼이나 수가 많다. 기술성은 기술관료정치의 알리바이가 되고 합리성은 순환적 기능들의 알리바이가 된다. '체계'라는 것이 만일 있다면, 그것은 '하위체계들' 밑에 숨어 있다. 그것은 수많은 상호 알리바이들의 체계이다. 자연은 모순을 피하거나 또는 감추고자 하는 사람들에게 알리바이를 제공한다. 엘리트 문화는 또 대중문화의 알리바이고 계속 그런 식이다.

　　이 사회 자체의 카테고리에 의한 사회분석을 생각할 수 있을까? 물론이다. 그런 식으로 **기능적인 것**(제도), **구조적인 것**(집단, 전략), **형식적인 것**(망網·단계·정보망·여과기 등)을 분석할 수 있다. 이 사회를 자동차 같은 하나의 기술품목처럼 해체시켜 모터·차체·여러 장비 및 부속기계들로 나누어 볼 수도 있을 것이다. 우리는 이러한 방법을 거부했고 또 지금도 거부한다. 우리가 사회를 각기 분리된 조각들로 나누면 우리는 아주 중요한 어떤 것을 잃게 되는데, 그것은 이 사회로 하여금 잘게 부스러지지 않고 하나의 총체로서 기능할 수 있게 해주는 '전체'이다. 사회 자체의 카테고리만 따르면 이 사회는 더 이상 하나의 사회가 아니다. 이 방법은 어떤 불안감을 노정시켜줄 뿐 사회에 대한 지식을 얻기 위해서는 다른 방법, 다른 분석이 필요할 것이다. 사회를 위해서나 또는 도시처럼 중요한 여러 가지 사회적 요소들을 위해서나 우리는 전체를 염두에 둔 채, 더군다나 뒤틀림·빈틈·균열·구멍을 잊지 않은 채 유기체설의 은유를 피해야 한다.

　　우리가 여기서 주장하는 명제는 사회를 그 자체의 표상들로 이해해서는 안 된다는 것이다. 왜냐하면 그 카테고리들 역시 하나의 목적성을 갖고 있기 때문이다. 카테고리들은 단 하나의 전략적 게임 속의 부분들이다. 그것들은 무상無償적이거나 중립적인 것이 아니며, 실천과 이데올로기라는 두 측면에서 봉사한다. 1세기 전에는 개체주의가 지배했고 철학자와 학자들(역사학자·경제학자 등)에게 카테고리와 표상들을 제공해 주었다. 실체, 다시 말해서 가능성에 도달하기 위해서는 이 장막을 제거해야만 했다. 오늘날에는 이데올로기들이 바뀌었다. 그것들은 기능주의·형식주의·구조주의·행동주의·과학주의 등의 이름을 갖는다. 그것들은 과거보다 더 교묘하게 상상과 뒤섞이면서 자신을 비—이데올로기적인 것으로 제시한다. 그것들은 기본적인 사실, 다시 말하면 사실의 기초를 은폐한다. 전체가 일상성을 향하고 일상성 위를 내리누르고 있으며, 그 일상성은 문제의 '전체'를 폭로한다(다시 말하면 일상성의 비판적 분석은 전체를 문제 삼으면서 그 '전체'를 드러내 보여준다).

　　앞에서 제시된 문제는 다음과 같다.

　　a) 우리는 일상성에 대한 정의를 내릴 수 있을까? 또 일상성에서부터 출발하여 현대사회(현대성)의 정의까지 내릴 수 있을까? 그리하여 그 연구가 어떤 냉소적 차원이나 부분적 수준, 또는 어떤 분파적 결정에 머물지 않고 본질과 전체를 파악할 수 있도록 할 수 있을까?

　　b) 우리는 이런 방법을 통해 사회 '현실' 속에서의 갈등과 모순에 대한 논리적 이론에 도달할 수 있을까? 또는 현실과 가능성의 개념에 도달할 수 있을까?

최대한 과학적으로 제시된 이 질문에 우리는 우리의 주장들을 압축하여 대답하기로 한다. 일상이란 버려진 시공時空이 아니고 자유·이상 또는 개인적 해결에 맡겨진 영역은 더더욱 아니다. 그것은 인간의 비참과 영광이 맞부딪치는 인간조건의 장소도 아니다. 그것은 또 식민화 되고 합리적으로 개발되는 사회생활의 한 분야도 아니다. 왜냐하면 그것은 더 이상 한 '분야'가 아니기 때문이고, 합리적 개발도 옛날보다 훨씬 교묘한 형태를 만들어냈기 때문이다. 일상은 모든 관심의 대상이 되었다. 즉 조직의 영역, 자발적이고도 계획된 자동조절의 시간 및 공간이 되었다. 잘 정리되기만하면 그것은 그 고유의 순환(생산-소비-생산)과 함께 하나의 체계를 형성할 수도 있다. 사람들은 욕구를 만들어내면서 욕구를 예견하고 욕망을 쫓는다. 이것이 경쟁시대의 자발적이고도 맹목적인 자동조절을 대체할 것이다. 일상성은 조직적 사고와 구조적 행동이 겨냥하는 다른 체계들 밑에 가려진 채 곧 유일한 체계, 완벽한 체계가 될 것이다. 그러므로 일상성은 일상성의 장식품인 현대성과 마찬가지로 소위 조직사회, 또는 소비조작사회의 주요 산물이 될 것이다. 만일 순환의 고리가 채워지지 않는다면 그것은 의지나 전략적 지성이 부족해서가 아니라 완강한 그 '어떤 것'이 거기에 대립되기 때문이다. 욕망이란 현실의 이쪽(그 밑)에 있는 것일까? 이성(변증법적) 또는 도시, 도시적인 것은 저쪽(그 위)에 있는 것일까? 악순환의 고리를 깨기 위해서, 그리고 순환의 원점회귀를 막기 위해서는 일련의 행동들—정신력의 집중, 공략·변형—에 의한 일상의 정복이 필요하고 하나의 전략에 따라 그런 일을 수행해야만 한다. 그런 다음에야 우리는 언어와 실제생활 사이, 또는 인생을 변화시키는 행동과 지식 사이가 일치하는지를 발견하게 될 것이다.

논리적이고 일관성이 있는 이 명제는 동시에 실제 행동에도 적용될 수 있다. 그러나 우선 이 명제는 하나의 행위, 아니 오히려 하나의 사고—행위를 전제로 한다. 일상을 이해하기 위해서는, 일상성의 이론을 고찰하기 위해서는, 몇 개의 선행조건들이 있다. 우선 일상 속에서 살며 일상을 체험할 것, 둘째로 그것을 수락하지 말고 비판적 거리를 유지할 것 등이다. 이 이중의 조건이 없으면 일상의 이해는 불가능하고 오해만 야기할 뿐이다. 그때부터 일상에 대한 담론은 최악의 경우 아예 듣지도 않으려 하는 그런 완강한 반대자를 상대로 말을 하게 될 것이다.

여성들의 위로 일상성의 무게가 내리누른다. 여성들이 일상에서 어떤 유리한 점을 이끌어내는 일은 물론 가능한 일이다. 그녀들의 전술은 상황을 역전시킨다. 그렇다고 해서 여성들이 일상의 무게를 덜 느끼는 것은 아니다. 그런데 대부분은 일상이라는 무거운 반죽 속에서 헤어 나오지 못하고 있다. 그 외 다른 여성들에게 있어서는 사유가 곧 도피이고, 더 이상 보지 않는 것이며, 의기소침을 잊는 것이고, 끈적거리는 덩어리를 더 이상 지각하지 않는 것이다. 여성들은 알리바이를 가지고 있고, 여성들 자신이 하나의 알리바이다. 그녀들은 불평한다. 무엇에 대해서? 남자에 대해서, 인생의 인간조건에 대해서, 신들과 신에 대해서이다. 그녀들은 옆으로 빠져나간다. 그녀들은 일상성 속에서 주체인 동시에 일상생활의 희생자이며, 따라서 물체, 알리바이(아름다움·여성성·유행 등)이고, 알리바이에도 불구하고 스스로 희생자이다. 마찬가지로 그녀들은 구매자이고 소비자이며 상품인 동시에 상품의 상

여성은 상품인 동시에 상품의 상징이다.

징(광고에서의 심한 노출과 미소)이다. 이처럼 일상에서의 그녀들의 상황의 모호성은 분명히 일상성과 현대성의 한 특징적 부분이라고 할 수 있는데 이 모호성이 그녀들의 이해에 접근하는 것을 차단한다. 그녀들을 위해서, 또는 그녀들에 의해서 현대성은 일상성을 놀랍게도 잘 감춰준다. 로봇화化는 그녀들에게 중요한 것(유행, 가정 공간의 배치, 요소들의 조합에 의한 분위기 추구 및 개성화 추구 등)의 기능을 통해 여성들 사이에서, 또는 여성들에 대해 승리를 쟁취할 수 있게 한다. 그 승리는 더군다나 그녀들의 '자발성'에도 불구하고, 아니 오히려 그 자발성 때문에 가능한 것이다. 청년 또는 학생들의 경우는 정반대이다. 그들은 거의 일상성을 체험하지 못한다.

그들은 그 입구 앞에서 좀 머뭇거리지만 일상성 속으로 들어가기를 열망한다. 그들은 자신의 가정을 통해서만 일상을 안다. 그것도 하나의 먼 가능성으로만 알고 있다. 그들의 관습에는 성인의 이데올로기와 신화가 작용하고 있고, 성숙해 가면서 아버지·부성·모성·문화·체험이 덧붙여진다.

이번에는 지식인들로 넘어가 보자. 그들도 일상성 속에 있다. 그들에게도 직업·여자·어린아이·일과표·사생활·직장생활·여가생활 그리고 주거생활 등이 있다. 그들은 일상의 안에 있으나 약간은 변두리에 있다. 그래서 그들은 자신을 일상의 밖, 먼 곳에 있는 것으로 느끼고 생각한다. 도피라고 여겨질 만한 방법들도 가지고 있다. 자신들에게 유리한 온갖 알리바이도 있다. 꿈·상상·예술·고전주의·고급문화·역사 등이 그것이다. 그것뿐이 아니다. 그들은 가끔 사회관습과 일상생활이 강제 및 조건화, 즉 '구조'와 프로그램에 예속되는 방법들의 총화

를 '사회과학'이나 '도시과학' 또는 '조직과학'으로서 받아들이는 때
도 있다. 이런 '기능주의'의 지적 성실성은 아직 인정받지 못하고 있다.
이 노선의 이론가들 중에서 가장 진지한 사람들은 하위체계나 부분적
준칙들을 형식화한다. 이 부분적 준칙들에 의해 기존사회가 조직되고,
이것에 의해 기존사회는 어떤 서열, 아주 가까운 서열에 따라 일상성을
조직한다. 그것은 다름 아닌 주거·가구·점성술·관광·요리·유행·그
외의 안내서·카탈로그·논문 등 모든 출판에 관계되는 부분적 행위
들이다. 이 진지한 이론가들은 스스로 한계를 부여한다. 그들은 일상
생활과 거리가 먼 서열에 대해서는 의문을 제기하기를 거부하고, 일반
준칙의 부재라는 중요한 사실은 제거해 버린다. 과학주의와 실증주의
는 서로 대립되고 또 서로 전제가 되는, 탁월한 논제들과 탁월한 알리
바이들을 제공한다. 그것은 한편으로는 실용주의·기능주의 및 기능적
행동주의이고, 다른 한편으로는 문제의 포기와 전문가에게 일임함이
다. 이 이데올로기의 옹호자들에게 있어서는 모든 비판적 사고, 모든
항의와 이의제기, '다른 것'으로 향한 모든 가능성의 추구는 모두 유토
피아적이다. 참으로 그들은 옳다! 그들은 자기 고유의 이성, 곧 편협
한 합리성을 가지고 있다! 19세기에 마르크스, 푸리에, 생시몽 등에 반
대했던 논리가 바로 이것이 아니었던가? 사실 강제를 반영하거나 확
인하는 데 만족하지 않고 권력을 수락하거나 사물의 관행을 정당화하
는 것에 만족하지 않는 모든 성찰은 유토피아를 지향한다. 이것은 이
성찰이 실천 속에 끼어들 지점을 찾고 있고 지식과 정치를 분리하지 않
는다는 것을 의미한다. 이때 정치는 물론 현행 권력이 행사하는 정치
와는 일치되지 않는 것이다.

유토피아라고? 이 부가형용사, 이 욕설, 이 낭음법朗吟法에 우리는 다음과 같이 답하련다. "그렇다! 모두가 유토피아주의자이다. 당신들도 완전히 그리고 맹목적으로 복종하지 않는 순간부터, 지금과는 다른 것을 원하고 단순한 수행자, 단순한 경찰관이 되지 않는 순간부터, 당신들 역시 유토피아주의자이다." "교조주의다! 당신은 스스로 정의를 내리고, 스스로 거기에 집착하고, 거기서 얼토당토 않은 결론을 끄집어낸다!" 그렇지 않다. 우리는 이미 제기된 다른 정의들을 충분히 고찰한 뒤 '소비조작의 관료사회'라는 정의를 이끌어냈다. 우리는 별로 확고해 보이지도 않는 그 정의들의 기초와 논쟁을 모두 열거했다. 그뿐만이 아니다. 우리는 우리의 정의를 **상대화**했다. 만일 이 정의가 교조적이고 전체적이고 충만하다면, 이 정의는 모든 가능성의 문을 닫고 모든 희망을 파괴해 버릴 것이다. 그러나 우리는 더 이상 **환원 불가능**한 것, 즉 순환을 방해하고 벽을 금 가게 하는 갈등과 이의제기들을 제시하려 애썼다. "문학! 시詩! 서정주의!" 이것들이야말로 대단한 욕설이다.

　　좀 더 교묘한 욕설은 "주관주의! 주관주의와 이미 구식이 된 주체는 이제 그만! 낭만주의!"라고 쓴다. 결국 우리는 지식과 시詩 사이의 분리, 과학과 행동, 추상과 구체, 직접과 매개, 긍정과 부정, 지지와 비판, 사실과 평가, 대상과 주체 사이의 분리를 수락하지 않는다. 그러나 그렇다고 해서 기회 있을 때마다 이 철학적 카테고리들의 불충분성(그들의 효용성 및 필요성과 마찬가지로)을 지적하지 않는 바도 아니다. 다시 말해서 우리는 **분리**를 인정하지 않는데, 그것은 권한을 부여하고 설정하는 힘을 가진, 그러나 실체적 이론적 논쟁을 배제하지 않는, 그러한 사고행위의 이름으로써이다. 분리의 주장을 하나의 요청으로 간주하고 분리를 인식론적 엄격성의 이름으로 확인하는 사람들에게 우리는 그들의 찢겨진 의식의 불행 앞에서 결코 타협하지 않고, 또 합일을 지향하는 그들의 고통에 굴복하지 않은 채 철학의 요청이며 동시에 철학적 지양의 요청인 이 태도를 끝까지 견지할 것이다.

이야기를 짧게 상기시키는 일을 두려워하지 말자. 옛날에는 편협하고 숨 막히는 듯한 비참한 인생이 있었다. 왕국은 수천 개의 영지로 나뉘고, 토지는 신과 죽음을 왕과 왕비로 삼았다. 그러나 이 비참과 억압에도 양식樣式은 있었다. 본질적으로 종교적이거나 혹은 형이상학적인 양식이 지배했고, 미세한 세부사항에까지 들어가 있었다. 역사는 아마도 옛날 사람들이 얼마나 못 살았는지, 그러나 얼마나 따뜻하게, 그리고 얼마나 뜨겁게(hot) 살았는지를 말해 줄 것이다. 이 그리운 옛 시절 이후 많은 '진보'가 있었다. 일상성이 아무리 저속하다 하더라도 그 누가 일상성 대신 굶주림을 택하겠는가. 또한 인도의 민중에게 일상성이 있기를 희구하지 않을 사람이 어디 있겠는가? 비록 몹시 관료적이라 하더라도 고통의 왕국 속에 버려두는 것보다는 '사회보장'이 훨씬 더 좋다고 사람들은 생각할 것이다. 동감이다. '진보'를 부정하자는 이야기가 아니다. 다만 그 반대급부, 그 대가가 무엇인지를 알아야겠다는 것이다. 죽음의 왕국이 저만치 물러가고 있는 지구의 스펙터클 앞에서 놀랄 필요는 없다. 그러나 우리는 핵공포 앞에 서 있다.(핵공포는 정확성의 장점을 가지고 있다. 우리는 그것의 정확한 위치를 말하고, 그것을 정확한 이름으로 부를 수 있다!). 우리는 향수에 굴복할 필요는 없지만 향수를 설명하고, 또 향수가 얼마나 우리 사회의 '우익 비판'에 기여하며, 언제나 앞날을 모르는 채 사람들의 마음을 편안하게, 그리고 양심의 가책을 갖도록 만드는가를 설명할 필요는 있다.

여기에 단순한(그러나 구체적인) 탐구와, 우리가 전면적으로 다루지는 않을 문제들이 있다. 사람들은 다소 버려지고 부패하고 훼손된 도심지를 왜 재건하는가? 왜 영화인·연극인, 그리고 교양 있는 상층 부르주아들이 '부자동네'와 '교외의 별장'을 떠나 재개발된 도심지에 정착하는가? 도시와 도시적인 것은 운 좋은 사람들의 최고의 재산, 최상의 소비재가 된 것 같다. 왜 '여유 있는' 사람들이 골동품이나 옛 양식의 가구에 몰려드는가? 그리고 왜 이탈리아·플랑드르·스페인·그리스의 도시들에는 그토록 사람들이 북적대는가? 소비와 여가선용의 패턴으로서 관광사업, 또는 아름다운 경치나 '고품질' 제품에 대한 취미만으로는 이 모든 것을 설명할 수 없다. 다른 것이 있다. 그게 무엇일까? 그것은 노스탤지어이고, 일상과의 단절이며, 현대성과 현대성이 스스로에게 부여하는 스펙터클의 포기이고, 과거에의 의존이다. 우리가 사태를 확실히 **이해**해야만 하는 것은 이와 같은 향수와 회고주의에 빠지지 않기 위해서이다. 그러한 이해는 **일상생활의 역사** 및 비교 지식으로 우리를 인도한다. 가능하기도 하고 꼭 필요하기도 한 이 역사는 만일 각 시대, 모든 사회 속에서 사회 전체와 연결되지 않으면, 그리고 사회적 관계 및 생산양식·이데올로기 등과 연결되지 않으면, 세부적 묘사나 오해 속에 떨어질 염려가 있다.

일상의 역사는 적어도 다음의 세 부분을 포함할 것이다.

a) 양식들

b) 양식의 종말과 문화의 시작(19세기)

관광객들이 예술적 향취의 도시를 가득 메우는 것은 이제는 사라져 버린 양식樣式에의 향수가 아닐까?

c) 일상성의 정착과 공고화

이 일상성은 일상이 1세기 전부터 모든 혁명기도의 실패와 함께 어떻게 굳혀져 왔는지를 보여줄 것이다. 일상은 이 실패의 원인이며 결과이다. 원인이란, 일상이 혁명의 장애물·둑·난간이기 때문이다. 하나의 동요가 끝날 때마다 사회적 존재가 재구성되는 것은 이 일상의 주변에서이다. 그 결과 실패한(가장 중대한 실패는 해방의 실패이기에) 다음에는 언제나 압박과 강제가 한층 더 심해졌다.

과학은, 문제들이 별로 엄격성이 없다는 이유로 실천(praxis)에 의해 제기된 문제나 명제들 앞에서 뒤로 물러서서는 안 된다. 왜 유희를 과학의 대상으로 삼아서는 안 되는가? 학자들이 벌써 형식화된 놀이와 전략들을 연구하고 있는데 사회생활의 유희적 측면을 왜 철학자들에게만 남겨두어야 하는가? 반대로 학식은 지식인들·기술자들과 권력을 잡은 고위직 인사들에게 떳떳한 양심(이것은 중량이 나가지 않고, 운반할 수 있고, 시장에서 평판이 아주 좋은 상품이다)을 제공할 권리가 없다. 과학에 의해 합리화되고 제도화된, 그리고 과학의 이름으로 관료화된 편안한 양심보다 더 추한 것이 어디 있을까? 평가와 확인을 한데 결합시키는 데 주저하지 말자. 우리는 과학의 나무에서 썩은 과일 하나를 따고 있다. 여느 때처럼 엘리트들은 지식을 그들의 변명거리로 삼는다. 이런 과학에 대항하여 우리들의 과학을 내세우자.

구조와 구조화의 사회, 기능주의와 응용 합리주의, 그리고 통합과 논리적 일관성이 있는 이 사회에서는 얼마나 많은 모순이 떠오르고 있는가! 우선 떠오르는 갈등은 진지함·엄격함에 대한 욕구(진실성 또는 진실에 대한 욕구라고 해도 괜찮다)와, 이해 및 판단을 가능하게 해주는 참조 대상 또는 절대적 기준의 부재, 곧 일반 준칙의 부재 사이에서 현실화되는 갈등이다. 그리고 메시지, 정보, '뉴스' 등의 거대한 분출과 몹시 대조를 이루는, 노래와 침묵 속의 고독이 있다. '안보'와 '안보화安保化'는 핵공포와 우주적 모험의 이 세계에서 거대하고 무제한한 가치와 엄청난 인간적 의미를 갖는다. 병에 걸린 어떤 어린 아이나 부상자를 치료하기 위한 호들갑스러운 행동들, 또는 죽어 가는 어떤 사람의 생명을 연장하기 위한 그 가상한 행동들은 대학살, 일반 병원과 의료 상황, 의약품의 판매 등과 심한 콘트라스트를 보이고 있지 않은가? 만족과 불만족이 나란히 면해 있고, 장소와 사람에 따라 상충하기도 한다. 갈등은 항상 나타나지 않는다. 있어도 겉으로 말해 지지 않는다. 사람들은 갈등을 말하기를 피하고 그것을 분명하게 드러내놓기를 꺼린다. 그러나 갈등은 항상 잠재적으로, 암묵적으로 거기에 있다. 우리는 무의식을, 시니피에들 밑에 숨겨진 시니피앙인 '욕망'을 드러낼 것인가? 그토록 멀리 들어갈 필요조차 없다. 우리는 이상을 말하고 있을 뿐이다.

사람들(수많은 사회학자들)은 전 세계적 차원에서 노동계급이 혁명적 모험보다는 안정, 즉 직업의 안정, 신분의 안정, 확실한 휴가 등을 더 좋아한다고 자주 말한다. 노동계급이 자신의 역사적 임무를 포기하고 '고르고' '선택'했다는 것이다. 좀 수상쩍은 주장이다. 비록 맞는다 하더라도 다른 여러 가지 주장이 나온 후 가장 마지막에 나올 수 있는 주장이다. 만일 그렇다면 그것은 노동계급이 창조적 불만족보다 '선택된' 만족을 선호해서라기 보다는 일상의 정착 또는 일상 속에서의 정착 때문일 것이다. 거기에 어떤 진실이 있다 하더라도 그것은 현시대의 가장 큰 모순 중의 하나가 아닐까? 프롤레타리아는 자기 자신을 포기하지 않고는 자신의 역사적 임무를 포기하지 못할 것이다. 그들이 만일 부르주아지에 의해 관리되고 자본주의적 생산관계에 따라 조직된 사회에 통합되기를 '선택'했다면 그들은 자신의 계급적 존재를 포기한 것이다. 그들에게 있어서 통합은 자기 계급으로부터의 이탈과 일치하는 것이다. 그런데 한 계급의 자살은 쉽게 생각할 수 없고, 자살의 실행은 더더욱 어렵다. 우리는 지금 무엇을 보고 있는가? 전술적 전략적으로 노동계급의 통합을 지향하고 있는 사회는 그것을 부분적으로 성공시키지만(강제에 의해 억압적으로 조직된 일상성에 의해, 그리고 소비의 현실보다는 설득적인 소비 이데올로기에 의해), 그러나 그 요소들, 즉 청년·민족집단·여성·지식인·과학·문화 등의 통합적 능력은 상실한다. 프롤레타리아로 하여금 자기 자신을 포기하게 하고 할복자살을 공식선언하는 신자본주의는 그 자체도 사회로서의 자살을 한 것이나 다름없다. 프롤레타리아가 신자본주의 사회를 자신의 파멸 속으로 끌고 들어간다.

드러난 여러 모순들 중에서 하나만 예를 들어보자. 한쪽에는 놀이의 타락이 있고 조직의 합리성과 일상의 프로그램이 둔중하게 느껴진다. 그런가 하면 또 다른 한쪽에는 자연의 힘과 사회적 행동의 한가운데에서 우연·위험·놀이·전략에 대한 과학적 발견이 있다.

이처럼 근본적 수준의 연구, 즉 일상에 대한 연구는 더할 나위 없이 중요한, 그러나 전면적 차원의 새로운 모순들을 보여준다. 가장 중요한 모순 중의 하나는 한쪽의 기술 이데올로기 또는 테크노크라시의 신화와 또 다른 쪽의 일상생활의 현실 사이의 모순이다. 그중 가장 심각한 것은 한 사회질서 또는 계획의 구성요소로 간주되는 **강제들**의 총합, 즉 일상과 훨씬 더 근본적인 계획 및 도정을 폭로해 주는 모든 억압과 압제에도 불구하고 외관상 자유인 것처럼 유지되는 자유 이데올로기 사이의 갈등이다.

2. 불안의 근거

이 사회는 그 자체 안에 자기비판을 간직하고 있다. 그것을 이해하기 위한 필수 불가결한 비판적 거리와 또 반드시 필요한 비판개념들, 이 모든 것들을 이 사회는 비판적으로 설명하거나 공식화함이 없이 단순히 제시할 뿐이다. 그것들을 알아보기 위해서는 사회관행의 틈새를 확인하기만 하면되고, 그 심연과 틈새 속에 떠도는 말들의 안개를 실체적 '현실'로 간주하면서 그 구멍들을 메우지만 않으면 된다.

이 사회의 목표, 목적, 공식적 정당화는 **만족**이다. 이미 알려지고 규정된 우리들의 욕구는 만족될 것이다. 만족은 어디에 있는가? 최대한 신속한 포식(해결될 수 있는 욕구에 관한 한)에 있다. 욕구는 하나의 허공과 비교될 수 있는데, 다만 그 허공은 충분히 정의되고 한정된 공동空洞이다. 사람들은 이 허공을 메우고 공동을 가득 채운다. 그것이 포식이다. 충족이 되면 곧 만족은 포식을 야기했던 것과 똑같은 장치에 의해 다시 자극받는다. 욕구를 다시 유효하게 하기 위해서 사람은 그것을 거의 비슷한 방법으로 다시 자극한다. 욕구는 같은 방법의 조작에 의해 자극되면서 만족과 불만족 사이를 왔다 갔다 한다. 그러므로 조직된 소비는 사물만을 분할하는 것이 아니라 이 사물들에 의해 야기된 만족도 분할한다. 동기에 대한 작용은 그것이 동기에 영향을 미치는 한 동기를 배반하고 파괴한다. 그러나 이 게임의 규칙을 결코 공표하지도 않는다.

사실상 정말 하나의 불안이 지배하고 있다. 일반화된 만족은 '가치'·이념·철학·예술·문학 등의 일반적인 위기와 함께 일어난다. 의미는 사라졌다가 다른 방식으로 나타난다. 거대한 공동, 즉 수사修辭가 아니고는 아무것으로도 채울 수 없는 의미의 공동이 있다. 그러나 이 상황은 하나 또는 여러 개의 의미가 있다. 그 중의 첫 번째 의미는 '포만'(욕구의, '환경의', 시간과 공간의)이 하나의 목표를 제공해 줄 수 없고, 목적성을 갖지 않으며, 의미가 박탈되어 있다는 사실이 아닐까? 만족·향유·행복을 엄격하게 구분해야 하지 않을까? 귀족들은 즐길 줄 알았고 향유를 정의할 줄 알았다. 부르주아지는 기껏해야 만족에 도달했을 뿐이다. 그러면 행복에 대해서는 누가 말하고 누가 그것을 줄 것인가?

이 불안감을 표현하기 위해서 얼마나 많은 작품들이 최근에 일상의 주위에서 맴돌고 있는가! 10여 년 전부터 중요한 작품들은 모두 공공연히, 또는 간접적으로 그것을 말하고 있다. 연극·영화·문학·철학의 거의 영속적인 '위기'속에서 다른 작품들의 성공이야 어떻든 간에 이런 성격의 작품들만이 지속적인 관심을 끌고 있다. 어떤 사람들은 거의 사디스틱한(또는 매저키스틱한) 꼼꼼함으로 일상성을 묘사하고 그것을 검게 칠한다. 또 다른 사람들은 외관상의 만족을 야기하고 확인하는 장치들을 보여줌으로써 만족 속으로 사라져가는 비극을 되살리려 한다. 문화에서부터 남은 것을 통해('문화적인' 것의 밖에서) 이 사회의 내재적인 불안은 또한 하나의 사회적 현상 또는 문화적 현상이 되었다.

우리가 앞에서 여러 번 말했듯이 이 사회는 엄청난 성장(톤과 킬로미터로 측정되는 경제적 수량적 성장)과 미미한 **발전**을 했다. 사회를 구성하는 관계들(구조화되고 구조화하는), 다시 말해서 사회를 하나의 계급(부르주아지)에 예속시키고 그 계급에 관리를 맡기는 그러한 생산 및 재산의 관계는 계급의 전략(일상의 공고화)을 제외하고는 별로 바뀐 것이 없다. 계급의 전략이 겨냥하는 것은 발전이 아니라 그런 식의 성장의 '균형'이며 '하모니'이다. 도시생활을 포함한 사회적 관계들의 발전, 복잡화, 풍요화는 '문화적인 것'에 인계되었고, 문화라는 이름으로 정착되었다. 그때부터 물질적 자연에 대한 **기술적** 통제는 인간의 자연적 존재(육체·욕망·시간·공간)에 대한 인간의 전유와 일치하지 않는다. 성장과 개발의 모순에(기술적) 통제와 전유 사이의 더 심각한 모순이 중첩된다. 새로울 것도 없는 이 제안들은 우리가 용어를 전문화할 때에만 그 충만한 뜻을 가지게 된다. **성장**은 산업화의 과정과 관계가 있고, 발전은 도시화와 관계가 있다. 우리의 생각으로는(우리는 논쟁을 제기했고 또 앞으로도 제기할 것이다) 도시화는 산업화의 의미를 포함하고 있다. 전체적 과정의 이 마지막 측면(산업화)은, 이것을 첫 번째 측면(도시화)에 예속시킨 오랜 기간 이후에 본질적인 것으로 되었다. 상황은 뒤바뀌었다. 그러나 계급의 전략은 참을 수 없는 한 상황, 곧 다른 모든 항구적인 위기에 추가되는 **도시의 위기**를 자극하면서 이 예속을 유지시키고 있다.

이 사회는 그 자체 안에 자신의 한계, 즉 자본주의의 한계를 지니고 있다. 이 한계는 자본주의적 생산의 한계가 아니다. 우리는 그 어떤 명목으로도, 그 어떤 차원에서도 **경제주의**를 수락하거나 확인할 수는 없다. 경제주의는 사회 그 자체를 경멸하므로 옳지 않다. 그렇다고 해서 그것을 편협하기는 마찬가지인 철학주의 또는 사회학주의로 보완해야 할 이유는 없다.

변화(별로 심하지 않은 이 변모의 성격은 '현대정신'에서 본질적인 것으로 간주되는 영구변화의 주장과 대조를 이룬다)와 함께 이 사회는 어디로 가고 있는가? 사회는 그것을 알 수가 없다. 제자리걸음이 아니라면 고작해야 미궁의 출구를 찾으려는 희망을 가지고 캄캄한 밤 터널 속에서 두 눈을 감은 채 무작정 앞으로 내달리는 형국이 될 것이다. 그러나 그렇지 않다!

그것은 단순한 제자리걸음이 아니라 즉각적인 자기 파괴다.

대량소비에 의해 작품들·양식들·예술, 그리고 과거의 문화를 파괴하는 이 현장에 머물러 있지 말자. 이 소비 안에 내재하는 고유한 장치를 **좀 더 자세히 검토해 보자. 상품의 수명**(obsolescence)[1]은 잘 연구되었고, 그것은 기술로 전환되었다. 상품의 폐기 전문가들은 물건들의 평균수명을 알고 있다. 욕실은 3년, 거실은 5년, 침실의 비품은 8년, 대리점 설비와 자동차는 3년 등이다. 이러한 통계적 평균치는 생산비 및 이윤과 관계를 가지며 물건의 인구통계학을 형성한다. 생산을 관장하는 기획부서들은 물건의 수명을 단축시켜 제품과 자금회전을 가속화시키기 위해 이것을 잘 이용한다. 자동차에 관한 한 그러한 추문은 가히 세계적 수준에 이르렀다.

이제는 매우 잘 알려진 이 이론에 우리는 두 개의 사항을 덧붙이려 한다. 우선 **욕구의 폐기** 역시 고려의 대상으로 삼아야 한다는 것이다. 물건의 수명을 짧게 하려고 조작하는 사람들은 인간의 욕구 동기 또한 조작한다. 그리고 그들이 그것을 해체하면서 공격하는 것은 바로 그 동기들, 곧 욕망의 사회적 표현이다. '정신적' 마모와 물건의 폐기가 순식간에 일을 해치우기 위해서는, 욕구 또한 노쇠해져 새로운 젊은 욕구가 노쇠한 욕구를 대체해야만 한다. 그것이 바로 욕망의 전

---

1   새로운 기계의 출현으로 과거의 기계가 구식이 되어 더 이상 쓰지 못하게 되는 현상.

략이다! 둘째, 이제부터는 생산능력이 생활·물건들·집·도시·'주거'의 **유동성을 극대화**하게 될 것이라는 점이다. '실제생활'은 이제 더 이상 일상성 속에 고정되어 있지 않을 것이다. 이데올로기이며 실제 관행이기도 한 폐기는 덧없음을 오로지 일상성을 수익성화하기 위한 방법으로만 간주한다. 이런 전망 속에서 객관적으로 제도화되고 '구조화된' 지속성(형태의 논리에 따라 특히 안정적인 것으로 여겨지는 주거·환경·도시·행정을 포함한 행정부, 국가에 관한 모든 것)과 물건의 빠른 변질로 실현되는 조작된 덧없음 사이에는 하나의 콘트라스트, 아니 차라리 하나의 모순이 모습을 드러낸다. 수동적으로 당하는 덧없음이 아니라 사람들이 능동적으로 기꺼이 원하고 열망하는 질적인 덧없음은 한 사 회계급, 즉 유행과 미를 만들어내고 세계를 활동무대로 삼는 그러한 한 사회계급의 전유물이다. 물건의 변질(수량적이며 시간 속에서 측정할 수 있는, 사람들이 열망하고 원해서가 아니라 수동적으로 당하는)은 비록 방법에서는 비합리적이지만 여하튼 일상의 합리적 개방을 꾀하는 **계급 전략**의 한 부분이 되었다. 덧없음의 예찬은 현대성의 본질임이 판명되었다. 그러나 그것은 현대성을 계급 전략으로서 드러내준다.[2] 안정과 균형, 지속적 엄격성의 예찬(또는 요구)과는 얼마나 모순적인지…….

이 사회는 자신을 합리적이라고 생각하고 또 그렇게 되기를 원한다. 이 사회는 목적성의 '가치들'을 가장 우위에 놓는다. 사람들은 온힘을 다하여 언제나 조직한다. 구조화하고 계획하고 프로그램을 짜기

---

2 『유토피아』(Utopie) 1권, PP.96-107, 장 보드리야르가 주석한 J. 오베르의 논문 참조.(원주)

도 한다. 과학성이 기계에 자양분을 제공한다(무엇으로? 어떻게? 전자두뇌, IBM 계산기, 컴퓨터만 있으면 이런 세부사항은 별 중요성이 없다. 중요한 것은 프로그래밍이다). 저 아래층의 요리법들이 과학의 최종단계로 간주되고 '전문가'를 자처하는 애송이 얼간이가 무제한의 위엄을 누린다. 그런데 비합리주의는 여전히 악화되고만 있다. 사람들의 실제생활에 대한 앙케트 조사는 트럼프 점쟁이·마법사·접골사·점성술사들의 역할을 잘 보여주고 있다. 신문만 읽어보아도 알 수 있다. 광고를 제외하고는 사람들의 일상생활에 방향을 잡아주고, 그것을 인도하고, 또 거기에 어떤 의미를 부여해 주는 것은 아무것도 없는 듯싶다. 따라서 그들은 옛날의 마법과 마력에 의존한다. 아마도 이런 식으로 해서 그들은 우회의 길을 통해 욕망의 **전유(폭로와 방향 설정)**를 시도하는 것 같다. 경제주의와 기술주의의 합리성은 이것들을 '구조적으로' 보완하는 그 정반대 현상을 야기하면서 이런 식으로 자신의 한계를 드러낸다. 한정된 합리주의와 비합리주의가 서로 노려보면서, 각기 상대방 앞에 거울을 들이대면서 일상 속에 침투해 있다.

일상성과 일상성의 정보를 주는 것(신문, 영화) 안에서 우리는 **심리학주의**와 심리 테스트가 만발하고 있음을 본다. "당신은 누구입니까? 당신 자신을 알도록 하십시오." 이런 식이다. 심리학과 정신분석은 임상 치료적 지식에서 이데올로기로 변모했다. 이러한 변화는 미국에서 쉽게 목격된다. 이 이데올로기는 하나의 보상, 즉 신비술을 부른다. 점성술의 원전을 마치 하나의 문집(corpus: 잘 정의된 논리 정연한 전체)으로 간주하면서 그것을 방법적으로 연구하거나 또는 그 주제들을 분류하는 일도 얼마든지 가능하다. 따라서 점성술의 모든 것에서부터 하나의 체계(결국 우리 사회의 하나의 하위체계)를 유도해 낼 수도 있다. 이러한 도식화를 우리는 시도하지 않을 것이다. 우리는 다만 그 가능성을 지적하는 것에 만족하기로 한다. 그 가능성은 우리의 문제, 곧 체계의 기능이라는 문제의 한 옆으로 지나간다. 점성술에서부터 사람들은 무엇을 기대하는가? 왜, 그리고 어떻게, 사람들은 이 텍스트 쪽으로 향하는가? 어떤 매력이 그들을 이끄는가? 점성술의 지시를 그들은 어떻게 해석하는가? 그들은 그 주제들을 어떻게 받아들이는가? 그들은 개인적 전술을 정당화하면서 하나의 **모호성**의 지역, 즉 반은 표상이고 반은 꿈이지만, 그러나 행동을 지향하고 있는 그러한 모호성의 지역을 설정한 것이 아닌가? 그래서 상대방이 그들의 말을 믿기도 하고 믿지 않기도 하지만 여하튼 그들은 자신들의 취미, 감정, 관심에 따라 예언들을 자기에게 유리하게 해석하며 그것들을 믿는 척하는 것이 아닐까⋯⋯.

이러한 일련의 의문들이 떠오른다고 해서 점성술의 텍스트가 세계관의 한 단면을 담고 있다는 것을 잊어서는 안 된다. 그것은 바로 황도대黃道帶(zodiaque)·성좌·별에 새겨진 인간의 운명, 읽는 것을 배운 사람만이 독할 수 있는, 신의 문자로서의 창공을 포함하고 있다. 그것은, 건축에 영향을 주었으며 많은 기념비들에서 읽을 수 있거나 또는 지세학地勢學(공간의 방향과 표적, 사회적 우주적 공간, 양치기·농부·도시인들의 공간 속에 시간을 투사하기)을 요약해 주는 거대한 상징이다.

아마도 이러한 우주진화론은 완전히 소멸되어 버린 듯 하다. 우주진화론이 순환주기와 순환을 측정하는 수들(12와 그 배수들)에 부여하는 특권적 역할이 그것을 말해 주는 듯하다. 일상생활은 순환적 시간과 합리적 시간, 곧 일직선적 시간 사이의 혼합지대에서 나오는 것이 아니다. 오늘날 억압된 일상성에서부터 새로운 우주의 종교가 솟아나고 있다는 것을 믿게 만드는 수많은 이유들이 있다. 이 종교는 감정적으로(비합리적으로) 양극 사이에 위치해 있다. 즉 한쪽 끝에는 점성술이 있고—다른 쪽에는 우주 비행사와 그들의 신화, 신화학, 그들의 승리를 선전으로 활용하기, 우주탐험과 그것이 요구하는 **희생** 등이 있다. 세계(또는 우주)에서 다시 소생하는 이 종교 앞에 좀 더 '인간적'이고 보완적이며 보상적인 종교, 즉 에로스의 종교가 생겨나고 있는 것을 우리는 보는 듯하다. 에로티즘은 강박적으로 되었 다. 그것은 외관상으로는 남성의(또는 '여성성'의) 증강된 생식력과 좀 더 커진 관능의 능력을 증명해 준다. 그러나 우리는 거기서 그 반대의 징후들, 예컨대 남성과 여성의 기능 저하, 극복된 것이 아니라 좀 더 의식적으로 된 불감증, 그리고 보상의 요구 등을 보게 된다. 에로스의 종교는 에로틱한 행위에 이제는 사라져버린 하나의 의미를 부여해줄 수 있는 **위반**을 재창출하기 위해 예전의 **금기들**을 되살리려는 경향을 증언해 주는 것 같다. 집단 강간과 가학적 피학적 의식들의 괄목할 만한 증가는 여기서 유래하는 듯하다. 금기에 대한 이데올로기적 정당화는 이미 사라졌음에도 불구하고 금기들은 일상성의 한가운데에까지 확산되어 들어왔다. 피임에 반대하는 심리적, 생리적(실제 또는 가공의), 이데올로기적, 정치적 장애물들을 여기서 상기시키는 것만으로 충분할 것이다. 인간이 자신의 **욕망을 전유하는 것**(appropriation)은 현실과 가능성의 한가운데에, 그리고 실제 행동과 상상의 중간 단계에 어정쩡하게 머물러 있다. 그것은 생식과 성행위 사이의 근본적인 이데올로기적 종교적 관계에서부터 비롯하여 모든 근본적인 억압들과도 상충한다. 이 종교적 근본이 상존하는 채, 하나의 섹슈얼리티는 바로 이 새롭게 태어난 종교성의 흐름을 바꾸고 거기서 등을 돌린다. 그런데 사회적 관행은 이 섹슈얼리티에게서 전유專有의 기능을 박탈한다.

서로 상반되고 대립되고 서로를 함축하면서 만족과 '만족'상태에 대한 강박적 추구와 불만족, 그리고 불안이 한데 뒤엉켜 있다. 공연물의 소비는 소비의 공연물로 전환된다. 과거(예술작품·양식·도시들)의 탐욕스러운 소비와 빠른 포만과 권태가 서로 맞물려 있다. 그때부터 어떻게 단절을 열망하지 않겠는가? 어떻게 일상에서의 도피를 원치 않겠는가? 물론 이 욕망, 이 염원, 이 단절, 이 도피는 곧 쉽사리 회수되는 것들이다. 그것은 관광의 조직, 제도화, 프로그래밍, 전신부호가 된 신기루, 통제된 집단이기주의를 가동하는 것에 불과하다. 사물과 목표의 자기 파괴가 여기서 생겨난다. 아름다운 도시 및 관광지·박물관 등은 이것들의 존재와 축적만을 소비하러 몰려드는 관광객들의 홍수 밑에서 사라져버린다.

조금만 분석해 보면 아주 분명하게 다른, '구조적으로' 정반대인 두 종류의 여가가 있음을 알 수 있다.

a) 일상성에 통합된 여가(신문 읽기와 TV 시청 등), 그것은 근본적인 불만족을 그대로 놓아둔 채, 이 여가를 즐기는 당사자를 키에르케고르적 인간의 상황 속에 집어넣어 겁에 질린 아내와 어린아이들 앞에서 신문을 찢으며 "세상에! 원 이럴수가!"라고 소리치게 한다.

b) 출발의 기대, 단절의 요구, 도피의 염원: 사교·휴가·LSD(마약)·자연·축제·광기 등이다.

3. 상상 속으로의 네 걸음

현대의 철학과 사회학은 그 실험적 개념적 모색 중에 어떤 것을 발견했는데, 그것은 개인적 상상력과 구분되는 사회적 상상, 그리고 사라진 양식樣式들로부터 승계된 위대한 상징들이다.[3]

    사회적 상상의 가장 극명한 예시를 우리는 어떤 영화나 공상과학 소설에서 발견하는 게 아니라 여성 잡지에서 발견한다. 원칙적으로 여성 독자를 겨냥하는 주간 잡지들 속에서는 상상과 실재가 중복되어 있다. 여성과 남성 독자들은 자기들이 어디에 있는지 갈피를 잡을 수 없다. 똑같은 책 속에서 사물들에 대한 정확한 정보가 있는가 하면, 이 사물들은 멋진 수사에 의해 제2의 존재를 갖기도 한다. 여성 잡지 속에는 모든 옷들(가능하거나 불가능한 옷들), 모든 요리와 상차림(가장 간단한 것에서부터 전문적 기술을 요하는 것에까지), 모든 가구들(하찮은 기능을 수행하는 것에서부터 궁전이나 성을 장식하는 것에 이르기까지), 모든 집들, 모든 아파트들이 있다. 일상을 프로그램으로 편성하면서 이 '메시지'들을 실제적인 것 또는 의식적儀式的인 것으로 만드는 약호들도 무수히 많다. 남성과 여성 독자들은 각각 자기 방식으로 읽고, 자기가 읽은 것을 자기 취미대로 구체 또는 추상 속에, 실용 또는 꿈속에 설정한다. 그는 자기가 본 것에 대해 꿈꾸고 그가 꿈꾸는 것을 본다. 마찬가지로 문학과 광고

---

3   사회적 상상의 탐험가를 생각나는 대로 적어보면 G. 바슐라르, J. P. 사르트르, E. V. 모랭, R. 바르트, 장 뒤비뇨, H. 레이몽, 그 외 수많은 극작가, 공상과학 소설가, 영화인들이 있다.(원주)

는 사람들의 관심을 끄는 몽타주(편집)에 의해 서로 구별된다. 가끔 광고의 수사는 문학보다 훨씬 더 좋을 때가 많다.

문학작품은 광고문안과 같은 방법에 의존하기도 한다. 광고 문안은 문학과 똑같은 은유적 기능을 갖고 있다. 즉 관심 없는 사람을 '열정적으로' 만들고, 일상을 상상 속에 옮겨 넣고, 소비자로 하여금 행복의 미소를 띠게 만드는 것이다. 한편 문학작품의 텍스트들도 각 개인(남·여성 독자들)의 일상생활 속에 가능한 모든 일상생활과 일상생활 이상의 그 무엇을 들여온다. 즉 올림포스 산상의 그리스 신들과 같은 미친 듯한 인생, 그리고 가능한 행복 등이다. 여성들은 그 텍스트의 실제적 부분들을 상상의 양식에 의해 읽고, (광고를 포함하는) 상상의 부분을 실제적 양식에 의해 읽는다는 것을 우리는 확인할 수 있다. 그것이 현실적 차원에서의 즉, 피상적 분석이 중첩된 분야들(주거·식품·의복·유행·실내장식·관광·도시·도시성 등)을 확인하고 형식화하는 그러한 수준에서의 우리의 명제를 강화시켜 준다. 이때 각 분야는 체계의 지배를 받고 일종의 사회적 실체를 구성한다. 우리는 거기서 일상성을 기능적으로 조직하고 일상성을 별로 중립적이 아닌 강제들에 예속시키는 것을 허용하는 하위체계들을 보게 될 것이다. 체계를 구성하고 완결시키려는 노력에도 불구하고 일상성의 체계는 없다는 것을 여기서 보여준다. 더 이상 환원시킬 수 없는 빈틈들로 갈라져 있지만 그러나 같은 차원 위에 혹은 이 차원과 연결되어 있는 그러한 하위체계들만이 있을 뿐이다.

우리가 지금 거기서 지체할 수만은 없는 그 분석은 옆 페이지와 같은 도표를 제공한다.

[사회 현실의 수준]

반대세력의 전략, 전망과 미래학
개념적·이론적 지식
(실천 쪽으로 다시 내려가는)

표상과
이데올로기
(단편적
'문화')

재산·합리성, 국가의 이데올로기
가치체계들(윤리와 도덕주의, 미학과 심리주의,
'패턴'과 모델, 비非이데올로기로 자처하는 이데올로기:
과학주의·실증주의·구조주의·기능주의 등), 하위체계들,
조직력이 있고, '가치들'에 의해 정당화되는.

소비이데올로기
이데올로기로서의 광고

이데올로기와 현행 수사修辭에 의해 연결된 환상과 신화

상상(사회적)
(개인적 상상력과
집단적 상징을
포괄)

언어
어휘
대립
연음

은유적 기능
　(글쓰기의)

환유적 기능
　(담론의)

수사
말들의
이미지의
물건들의

상상을 강화시키거나 소유에서 구현되는 감정적 정신집중

시와 실천

전유
(인간이 자신의 자연적
존재를 전유하는 것)

육체
시간
공간
욕망

형성되고 있는, 또는
사라져 가고 있는
'가치들': 축제, 연가, 스포츠,
도시, 도시성, 자연 등

일상성

강체들
(과학에 의해
확인되고, 기술에
의해 통제되는)

생물학적
지리학적
경제학적
등등

다양한, 그러나 자연의
사회적 통제와 실천 속에서
다시 취합된.

이 도표를 해설해 보자. 우리의 해설은 이 도표를 지지하는 논쟁과 증거들 사이에서 나타날 것이다. 이 도표는 3차원적 약호(『언어와 사회』 제7장을 참조할 것), 다시 말해서 상징, 패러다임(어형변화표), 연음 등 담론에 의해 표현되는 3차원의 실체를 공식적으로 구분하는 분석과 양립 불가능한 것이 아니다. 이것들은 같은 현실에 대한 두 개의 분석일 뿐이다. 하나는 수준에 따른 것이고 또 하나는 차원에 따른 것만이 다르다. **강제들**은 예컨대 0에서 100까지의 단계를 따라 올라갈 수 있다. 도시환경의 한 양식이며 일상성의 의미심장한 한 변조變調인 '대규모 아파트 단지'의 주민들에게는 이 등급의 수치는 좀 더 낮고, 도심지에 사는 유복한 도시인에게는 그것이 한층 더 낮다. 전유와 강제는 갈등적 복합적 관계를 갖고 있다. 전유는 강제의 정복을 뜻한다. '자연적' 결정론에 대한 기술적인 통제는 필요하기는 하지만 충분하지는 않다. 강제(조직화되고 약호화된)가 많으면 많을수록 소유는 줄어든다고 대강 말해 볼 수도 있다. 이것은 논리적 반전反轉의 관계가 아니라 변증법적 모순의 관계이다. 전유는 강제를 붙잡아 그것을 변형시켜 작품으로 바꾼다.

이러한 일상성의 모순과 문제점들은 **허구적** 해결방법을 지시한다. 이 허구적 해결들은 **현실적** 해결이 **불가능**하거나 또는 그렇게 보일 때 현실적 해결과 중첩된다. 이런 식으로 문제와 해결의 추구는 상상의 문턱을 넘는다. 실재와 상상의 사이로 '투입'(investissement)이 끼어든다. 사람들은 이러저러한 물건들 또는 이러저러한 행위들, 예컨대 집·아파트·가구·요·휴가·여행·'자연' 등에 그들의 욕망을 투사한다. 이러한 투입은 사물에 현실과 상상이라는 이중의 존재를 부여한다.

우리는 상상의 운반수단으로서의 언어와 이 수준에서의 모순에 관해서 이미 검토한 바 있으며 앞으로도 다시 거론할 것이다. 상징들이 이동하고 소멸하고 있으며, 상징과 대립을 제치고 통합적 관계나 약호 쪽으로 흐르는 일반적 경향이 있다. 상상이 있는 한 이 이동은 완전하지 않다. 게다가 메타언어(métalangage), 즉 두 번째 등급의 담론이 보완적 역할을 한다.

예술은 원래(시간, 공간, 욕망을) **전유專有하기**(appropriation) 였다고 우리는 확언할 수 있다. 작품은 감성의 수준에서 시간과 공간을 빚어 형상화시켰고 가끔 사회적 수준에서, 예컨대 도시 안에서 건축, 기념비 등으로 나타났다. 담론이 예술·해석·수사의 수준에 위치해 있듯이 미학은 차라리 상상의 수준에 위치해 있다. 예술과 미학에 대한 두 번째 등급의 담론이며 일상의 환상적 소유이고 가공의 변신이며 언어의 소비인 심미주의에 대해서 말하자면 우리는 그것을 상상과 이데올로기 사이에 위치시킬 충분한 근거가 있다. 이것은 담론의 '질'에 달린 문제이다.

양식은 **전유**였다. 사용되는 물건은 개별적으로 분류된 욕구에 따라 전유되는 것이 아니라 사회 전체의 삶과의 연관 속에서 전유된 것이었다. 그러한 전유가 없이도 욕구와 재화 사이의 정확한 일치에 의해 소비가 있을 수 있다는 것, 이것이야말로 소위 소비사회의 공리이고, 소비 이데올로기의 기초이며, 이데올로기로서의 광고의 기초이다. 그리고 이것이 소위 만족의 원칙이다.

여기서 제시된 도식이 사물과 행위들의 '분야', 예컨대 의상·식품·실내장식·'주거'·'환경'그리고 물론 성과 섹슈얼리티 등의 분야의 분석에도 적용된다는 것을 주목하는 것은 매우 중요한 일이다. 이 도식은 도시와 '도시성'에도 적용된다. 자동차에도 물론이다. 그것은 물론 모든 하위그룹, 하위체계에 글자 그대로 적용되는 것은 아니다. 각 분야를 포착하기 위해서 분석은 이 도식을 특수하게 변형시켜야만 한다. 이 도식은 본질만이 존속하는 것처럼 보인다. 각 분석은 하나의 분야를 분석적으로 포착하고 포위하고 묘사하기 위해서 최초의 도식을 변조시킬 것을 명령한다. 이런 식으로 우리는 여기저기서 강제들(얼마간 수동적으로 당하는)과 전유들(얼마간 성공한)을 발견할 수 있다. 수많은 물건들이 실재와 상상을 가르는 문턱을 넘고 꿈과 정서를 떠맡는다. 왜냐하면 그것들은(사회적으로) 지각되고 동시에 말해지기 때문이다. 그 중의 어떤 것들은 '고등의' 신분에 도달하고 이데올로기의 무게를 부여받는다. 따라서 '별장'은 '주민'의 전유의 기회이기도 하지만 또 한편으로는 꿈과 이데올로기의 대상이기도 하다. 의상(유행하는 형, 기성복과 고급 기성복)과 요리(보통요리·고급요리·축제나 잔치의 요리)도 각기 그러하다. 뜻 그대로의 상상은 일상의 한 부분이다. 각자는 매일(또는 매주) 자신의 상상의 몫을 요구한다. 그러나 실제적 일상성(강제와 전유)과의 관련 밑에서 상상은 하나의 역할을 갖는다. 즉 강제의 우위성, 허약한 전유능력, 그리고 '실제적' 문제와 갈등들의 첨예함을 은폐시켜 준다. 그리고 가끔은 전유와 실용적 투입을 준비해 준다.

광고는 오로지 소비 이데올로기만을 제공해 주는 것은 아니다. 그것은 있는 모습 그대로 자신을 완성시키고, 행동 속에서 자아를 실현시키고, 그렇게 함으로써 자신의 이미지(또는 자신의 이상)와 정확히 일치하는 그러한 소비적 '자아'의 표상이다. 따라서 광고는 물건들의 상상적 존재 위에 근거를 두고 있다. 광고는 물건의 한 등급이다. 광고는, 소비행위에 중첩되어 있고 표상에 내재적으로 들어 있는 시와 수사를 포함하고 있다. 이 수사는 단순히 언어적인 것이 아니라 물질적이기도 하다. 생 오노레 가街의 진열창, 고급 기성복점의 진열은 그 자체가 객관적 담론, 사물의 수사로 이해될 수 있지 않을까? 그러나 광고 문제는 나중에 다시 다루기로 하자. 지금은 불안과 불만족의 윤곽을 포착해 보기로 한다.

소비의 실망스러운 성격은 여러 가지 이유가 있다. 우리는 도저히 그것을 완벽하게 알 수 없다. 여기서 다만 우리는 무엇인가를 힐끗 엿볼 수 있을 따름이다. 물건의 소비와 기호·이미지·표상들의 소비사이에는 아무런 간격도 단절도 없다. 소비행위는 실제의 행동('실제'라는 것 자체가 강제와 전유로 나누어져 있음)인 동시에 상상의(따라서 허구의) 행위이다. 그것은 따라서 은유적 양상(한입 베어 먹을 때마다, 그리고 물건이 침식되어 줄어들 때마다 행복을 느낌)과 환유換喩的 양상(각각의 물건과 행위를 소비할 때 느끼는 행복)을 취한다. 소비가 그 자체로 따로 떼어져서 아무런 환상도 속임수도 없이 충만한 행동, 현실성으로 제시되지 않는다 해도 그건 별로 중요한 것이 아니다. 상상 속의 소비, 상상의 소비—광고문안들—와 실제의 소비는 그것들의 한계를 긋는 경계선이 없다. 굳이 말하자면 끊임없이 침범되는 움직이는 경계선이 있을 뿐이다. 분석만이 그 수준을 구분한다. 기호記號는 재화를 장식하고 재화는 기호의 모습을 띠었을 때만 '재화'가 된다. 그리고 최고의 소비는 재화 없이 단지 '재화'의 기호만을 목표로 삼는 소비이다. 자신의 탐욕스러운 이빨 아래 놓을 것이 기호밖에 없다는 것을 알아 차린 사람들의 실망과 좌절감이 왜 크지 않겠는가? '젊은이들'은 지금 당장 빨리 소비하고 싶어한다. 이 시장은 빨리 조사되고 개발되었다. 그래서 '젊은이들'은 부모의 일상생활과 최대한 닮았으면서도 그것과 적대적인 평행 우주적 일상생활 속에 정착했다. 그들은 자신의 존재와 '가치'로 어른들, 어른들의 재화, 어른들의 시장에 흔적을 남겼다. 그러나 아직 젊으므로 그들은 주변에 머물러 있다. 그들은 아직 그들의 가치기준을 설정하지 못했고, 더더욱 그것을 주장하지는 못하고 있다. 그들이 부정적인 방법으로, 그리고 대량의 방법으로 소비하는 것은 그러니까 그 물질적 존재와 기호들로 그들의 주위를 둘러싸고 있는 어른들의 물건일 따름이다. 이런 상황에서부터 깊고도 다양한 좌절감이 생기며, 이 좌절감은 과격한 자기주장으로도 보상되지 못한다.

　　이보다 더 고통스럽게 노동계급은 소비의 기호들 사이에서 살고 있고, 기호의 거대한 덩어리를 소비하고 있다. 이 계급의 일상성은 특히 강제들로 구성되어 있고, 최소한의 전유만을 포함하고 있다. 이런 상황 속에서 의식意識은 상상의 수준에 머물러 있고, 거기서 곧 근본적인 실망을 느낀다. 예속과 착취의 양식이 노동계급에게 그들의 진정한 조건을 은폐시키기 때문이다. 노동계급은 생산의 차원에서와 마찬가지로 소비의 차원이나 일상성의 차원에서 자신이 예속되고 착취되고 있음을 쉽게 알아차리지 못한다. 이미 '과거의 좋은 시절'(belle époque) [20세기 초의 유럽]에 생산구조, 곧 착취의 구조는 노동계급을 벗어났다. '임금과 맞바꾸는 노동'이라는 교환의 표상(이데올로기)이 생산관계, 즉 구조화하고 구조화되는 그 관계들(노동력 팔기, 한 계급에 의한 생산수단의 관리와 소유)을 은폐했다. 그 아래로 관계들은 더욱더 모호해졌다. 소비 이데올로기가 그 관계들을 뒤덮기에 이르렀다. 소비는 생산의 알리바이 역할을 한다. 단번에 더욱더 완벽해진 착취는 좀 더 두터운 장막으로 뒤덮였다. 노동계급은 깊이 실망하지 않을 수 없다. 사회계층과 계급들 사이에서 제일 먼저 이 계급은 좌절감을 느꼈다. 그들의 '계급의식'은 힘들게 수립되지만, 그러나 결코 없어지지는 않는다. 노동계급은 계급들의 '오해'가 되었지만, 바로 그 자격으로 모든 요구의 현장에 모습을 드러낸다. 요구는 막연하게나마 임금의 문제(결코 사라지지 않을 것이다)를 벗어나 일상의 재배치 문제에까지 확대되고 있다.

여성문제에 관한 한, 우리는 이미 그녀들의 조건의 애매성을 잘 알고 있다. 일상 속으로 떠밀려진 그녀들은 일상으로 요새를 쌓고, 그러면서도 더욱 일상에서 벗어나려고 애쓰고 있지만 그러나 의식意識의 모순은 애써 피하고 있다. 여성들은 끊임없이 항의하지만, 그것이 서투르고 주장의 방향도 잘 잡혀 있지 않은 것은 그 때문이다.

지식인들은 또 어떤가, 그들은 글자 그대로 수사修辭와 언어와 메타언어에 의해 운반되는 상상 속에서 영원한 알리바이를 유지한다. 이 알리바이는 그들로 하여금 권력 없고 돈 없는 그들의 보잘 것 없는 조건과 사회의 사다리를 몇 개 기어 올라가 좀더 높은 살대 위에 앉기 위해서(인기 있는 작가, 대 기자, 권력이 자문을 구하는 탁월한 기술자 등) 그들이 받아들이지 않을 수 없는 강제와 신화들을 잊게 해준다.

따라서 항의, 이의제기, 요구들은 끊임이 없고, 또 결코 사라질 수도 없다는 결론이 나온다. 번갈아가며 그 부분적 그룹들은 물론 자기 상황을 이용하려는 시도를 하지 않는 바는 아니지만, 계속해서 이의제기와 항의를 한다. 이중에서 가장 의미가 있는 것은 소수이지만 항상 새롭게 갱신되는 '젊은이들'의 거부이다. 전체적, 전면적, 절대적 거부, 희망 없고 생성生成이 없지만 언제나 다시 시작되는 거부이다. 거부하는 그룹들은 누구나 알다시피 폭력·비폭력으로 갈린다. 거부란 일상에서부터 빠져나가고자 하는 시도이며, 또 작품이나 전유 같은 다른 인생을 살아보려 하는 시도이다. 이 '다른 인생'은 여러 가지 방법들, 예컨대 방랑·마약·음모와 연대連帶의 기호 등으로 시도된다.

중간계급은 어떤가, 한 번 더 '사람들'은 그들을 속였다. '사람들'?……

누구인가? '계급의 전략'은 물론 하나의 '주체'를 갖고 있을 것이다. 그러나 그 주체는 눈에 보이지 않는다. 그것은 사후에 지식에 의해서만 '구성될'뿐이다. 기계장치의 축에 해당하는 중간계급은 조작의 대상이며 희생자이다. 사물 또는 재화와 그들과의 관계는 일반화된다. 그들이 존재한 이래 이 중간계급은 만족을 추구해 왔다. 즉 세부화된 만족과 만족의 세목을, 권력이나 힘의 의지는 그들에게서 빠져나갔고, 다른 이유로 창조의지는 더욱 더 빠져나갔다. 그들에 관해서 말할 때 '양식樣式'을 논한다는 것은 매우 적절하지 못할 것이다. 오히려 양식의 부재가 더 적당한 논제이다. 그러니까 사람들은 이런 식의 생활을 사회 전체에 확산시켰다. 오늘날 옛날의 귀족계급과 그대로 일치하고 또 귀족의 잔재를 물려받기도 한 상층 부르주아지가 우뚝 솟아오른다. 올림포스 산의 신들[4]은 비록 그들을 통속화시키는 이미지가 그들에게 고급 일상성을 부여하기는 하지만, 그러나 그들에게는 일상생활

---

4 상층 부르주아지를 가리킴.

이 없다. 극단적인 경우 올림피언들은 고정적인 주거지도 없다. 그들은 돈의 힘으로 호사스럽게 '자유로운' 유랑생활과 유목생활을 즐긴다. 요트에서 살기도 하고, 이곳에서 저곳으로, 이 성에서 저 성으로 옮겨 살기도 한다. 그들은 '주민'의 개념을 초월해 있다. 보통사람들을 위해 꿈의 피조물인 올림피언들은 상상의 감각적 이미지들(매우 비싸게 팔린다)을 제공해 준다. 가능한 모든 것이 구체화된다. 집안의 수영장·백색 전화·고급 탁자 등은 알아보기 힘든, 그러나 매우 잘 알려진 또 다른 일상성이다. 올림피언은 더 이상 주거하지 않는다. 그런데 땅에 뿌리 박고 사는 보통의 주민들로 말하자면, 일상은 그들을 포위하고 빠뜨 리고 삼켜버린다. 중간계급은 만족 속에 길게 누워 있다. 그런데 그들 은 뭔지 막연하게 도둑맞은 느낌이다. 그들은 영향력의 희미한 그림자 같은 것만을 갖고 있을 뿐이다. 부스러기 같은 부富가 약간 있을 뿐이 고, 권력이나 위엄은 눈곱만큼도 없다. 그들의 삶의 방식이 노동계급 을 포함한 사회 전체를 정복한 듯하다. 아마 그럴 것이다. 그러나 이제 부터는 그들이 프롤레타리아와 같은 삶의 방식을 갖는다. 프롤레타리 아보다 약간 더 여유가 있고, 소득이 조금 더 높을 뿐이다. 사람들이 거 듭 말했듯이, 그야말로 계급이 아니라 계층의 형성인 것이다. 그런데 중간계급은 노동자들에게 '계급'의 자격을 주기를 거부하면서 프롤레 타리아에 대해 일종의 높은 신분, 우월한 권위, 요컨대 계급의식을 과 시한다. 이런 식으로 그들은(자기도 모르는 사이에) 부르주아지에게 봉사 한다. 지금 현재 소비 조작 사회의 중간계급은 막연히 프롤레타리아적 생활방식에 사로잡혀 있는 듯한 느낌을 갖고 있다. 화이트칼라·하급 기술자·회사원·중견간부들은 이런 상황과 이런 의식에 악착같이 저항한다. 그러나 이런 의식과 상황은 계속해서 침투해 들어온다. 이데올로기의 길을 통해서가 아니라 비슷한 일상성의 지각을 통해, 그리고 똑같이 일상의 공백을 지향하는 도피를 통해서이다. 본의 아니게 중간계급의 구성원들은 소비사회에서 소비자 역시 소비되는 현상을 재촉한다. 그러나 살과 뼈를 가진 그 자신, 프롤레타리아와 마찬가지로 자유스러운 그 자신은 아니다. 그가 살고 있는 시절은 그렇지 않다고 생각한다. 소외의 이론은 구식으로 간주된다. 이 관점에 대해 길게 언급할 필요가 있을까? 어떤 소외, 예컨대 성적인 소외는 확실히 경감된 듯하다. 그러나 여전히 확실치는 않다. 그리고 성적 억압의 기초(성행위와 생식 사이에 실제적 '문화적'으로 유지되고 있는 '자연적' 관계)는 사라지지 않았다. 옛날의 소외들에 새로운 타입의 소외들이 덧붙여졌다. 그리고 소외의 지세학地勢學은 매우 다양해져서 정치적·이데올로기적·기술적·관료적·도시적 소외가 새로 생겨났다. 소외는 전체로 확산되었고, 소외가 너무나 강해져서 소외의 흔적(의식)마저 지워버리기에 이르렀다. 우리는 여기서 이 이론을 해묵은 철학으로 돌리는 이데올로기들을 비난하는 바이다. 이데올로기적 '음모' 또는 이 음모의 '주체들'에 대한 그들의 냉소적 질문에도 불구하고 그들은 계급의 전략에 봉사하고 있다. 아주 편안한 양심으로 말이다. 사실을 알면서도 그것을 전혀 이해하지 못하는 사람들보다 별로 나을 것이 없다. 참신성이라면 소외의 이론이 점차 사라져가는 한 철학적 준거를 갖고 있다는 사실이다. 소외 이론은 **사회적 실천**이 되었다. 즉 일을 복잡하게 만들고 보편화된 소외 의식을 억누르기 위해서 철학이나 역사를 멀리 해야만 할 계급의 전략이 되었다. 이 전략은 거대한 일꾼을 가지고 있는데, 그것은 다름 아닌 중간계급이다. 중간계급은 불안에 예속된 존재로서 소외의 기록 또는 그 기록자들에게 끊임없이 소재를 제공하면서도 소외의 의식은 가지고 있지 않다. 옛날의 부인들처럼, 또는 "그저 그래!"라고 소리 지르는 키에르케고르적 인물처럼 프티 부르주아(소시민)는 어느 날 아침 갑자기 마음이 편치 못하다. 현실에서 상상 속으로의 도약, 또는 상상에서 현실로의 도약, 즉 차원의 혼동은 더 이상 그를 만족시키지 못한다. 그들에게는 무엇이 필요한가? 지금과는 다른 것이다. 소비는 그를 만족시키기도 하지만 동시에 만족시키지 못하고 있다. 소비는 행복이 아니다. 부유와 안락은 기쁨을 가져다주기에 충분치 않다. 그래서 그는 권태를 느낀다.

이 사회는 **통합**을 원한다. 무엇을 통합하기를 원하는가? 그 구성원들, 그룹과 개인들, 원자와 분자들이다. 무엇에 통합시킨다는 것인가? 사회이다. 그러나 아무도 사회가 하나의 '주체'라고는 생각하지 않는다. 그것이 이 사회의 문제이고 모순(모순 중에서도 가장 중요한 모순)이다. 사회는 물론 통합의 능력이 없는 것이 아니다. 그것은 시장상품으로서의 수단으로는 매우 강력하고 문화의 수준에서는 좀 미약하지만 그러나 매우 효과적이다.

일상성은 일상성을 받아들이는 사람들을 통합하고, 또 일상성에 실망을 느끼는 사람들도 통합한다. 좀 더 완전한 일상성을 염원하며 불만을 느끼는 사람들도 곧 일상성에 의해 덥석 물려 삼켜진다. 그들의 귀에는 아무리 놀라운 전복적顚覆的 말들도 그저 귓전을 스치는 소리에 불과하다. 이 사회는 그 극성스러운 심미주의와 함께 옛날의 낭만주의도 통합시키지 않았는가? 초현실주의는? 실존주의는? 마르크시즘의 상당 부분은? 정녕 그러하다. 마치 식료품처럼 시장을 통해서이다. 과거에는 이의를 제기했던 것이 지금은 문화적 소비를 위한 고품질의 제품일 따름이다. 이 소비는 과거에 **의미를 추구하던 어떤 것들**을 삼켜버렸다. 지금 사람들은 의미를 청산하고, 의미의 추구를 우스꽝스럽다고 선언하고, 부조리·현실·합리성을 혼동하거나 동일시한다. 거대한 구멍이 뚫렸다. 철학자들은 현기증을 느끼지 않는다. 그러나 다른 이데올로기적 수단을 소유하지 못하고 있는 사회는 그 통합능력을 잃었다. 경제적 기술적 요구들을 추상적으로 표현한 것에 불과한 문화는 무력하게 되었다. 거기서 하나의 패러독스가 생기는데, 이것은 가끔 명백하게 드러나기도 하지만 그러나 그 뿌리까지 분석되는 일은 거의 없다. 패러독스란 현재 기능하고 있는 이 사회가 통합과 참여에 대해서는 강박증적 욕구를 가지고 있으면서도 자신의 구성원 중 그 누구도, 예컨대 젊은이·지식인·소수민족·지역·도시·기업, 하다못해 여성까지도 통합시키지 못하고 있다는 사실이다. 이처럼 강력하면서도 동시에 무력한 사회의 원형은 미국이다. 프랑스와 유럽의 부르주아지는 그들이 아직 이데올로기(이성의 보편성)와 사회적 실천(민족국가 건설)을 가지고 있었을 때는 통합능력이 있었다. 이 보편적 이데올로기를 기술주의와 국가의 편협한 이성으로 전환시켰을 때 그들은 옛날의 전략적 능력을 박탈당했다. 문화의 차원에서, 그리고 특히 통합적 능력의 차원에서 표현되는 무력감은 바로 거기서 유래한다.

　　상황의 요구에 부응하기 위해 사람들은 새로운 이데올로기를 찾는다. 1950년부터 1960년 사이에 사람들은 미국적 토양, 즉 탈이데올로기, 긴장의 점진적인 조화로운 해결, 계급 구분의 종식 등의 토양에서는 살 수 없다는 것을 이해하게 되었다. '이데올로기의 종말'은 공격적 아메리카니즘의 구호였다. 이 파성추破城鎚, 이 대포와 함께 아메리카니즘은 유럽의 도시를 보호하고 있는 성벽들을 파괴했다. 성벽이 무너지자 전문가·사회학자·심리학자 등의 거대한 군단이 뒤이어 상륙했다. 그리고 지금은? 유럽은 이제 이론과 철학이 파괴된 폐허일 뿐이다. 여기저기 심하게 뒤흔들린 성벽과 요새의 일부분(마르크시즘·역사성)이 저항을 계속하고 있다. 미국의 공격은 스탈린의 교조주의의 붕괴와 일치한다. 지금은 어떤가? 좀 더 정교한 이데올로기에의 요구가 미국과 유럽에서 동시에 크게 일고 있다. 이것이 이데올로기의 개념 자체가 좀 더 세련화 될 것을 요구한다. 우리 생각에는 오늘날 이 개념은 한편으로는 '엄밀한' 비非이데올로기적 표상에 적용되고, 또 한편으로는 광고(동시에 이데올로기와 실천이 되려고 하는)에 의해 유지되는 사회적 상상의 상당 부분을 포함한다. 오늘날 이데올로기는 감정에 호소한다든가 지배그룹에의 귀속을 종용한다든가 함으로써 더 이상 이데올로기처럼 보이지 않는다. 이데올로기는 어떤 정신분석 또는 신비술처럼 과감하게 비합리성에 내기를 걸지 않는 한 언제나 과학의 모습을 띠어야만 한다.

이론화의 낮은 단계에서 하급 간부, 하급 및 중견 기술자, 하급 관료들에게 던져줄 어떤 먹이로서는 **경제주의**가 있다. 성장의 이데올로기, 생산 제일주의, 조직의 합리성, 풍요가 곧 실현되리라는 전망 등, 대중화되고 또 저속한 이 경제주의는 쓸모가 있기 때문에 끈질긴 생명력을 가지고 있다. 이미 미국에서는 포기된 이 주제들이 후진적인 프랑스에서는 제철을 만나게 될 것이다. 아마도 대학과 그 외 국가의 지원을 받는 기관들이 공식·비공식적으로 그것을 채택할 것이다. 경제주의는 변질된 마르크시즘과 타락한 부르주아 합리주의를 연결시키는데 상당한 관심을 가지고 있다. 게다가 경제주의는 일상성, 일상성의 배치와 그 합리적 이용을 모두 포함하고 있다. 따라서 그것은 이데올로기의 유효성과 비슷한 장점이 없지도 않다.

좀 더 민감한 시도들도 있다. **여성성**의 이데올로기, 아니 차라리 여성성에 의한(또는 여성성 안에서의) 행복의 이데올로기는 소비 이데올로기(소비행위에 의한 행복)와 기술성의 이데올로기(행복의 테크닉은 여성들에게 달려 있다!)의 수취인인 것처럼 보이며, 어떻게 보면 이 이데올로기들보다 훨씬 더 매혹적인 어떤 것을 가지고 있다.

문화 이데올로기 또는 문화주의는 '그' 문화의 일관성 및 통일성이라는 불안한 명제를 떠받치고 있다. 그것도 공식적인 명제를, 분명하게 문화가 가루처럼 분쇄되고 있는 이때에 말이다. 이미 오래전부터 다양한 근원의 하위문화만이 있을 뿐이다. 즉 시골과 전원생활·도시생활·귀족계급·프롤레타리아·부르주아지·국가와 소위 '후진적' 분야, 대중문화 등이다.

'하위문화'는 아무리 여러 개가 모여도, 예컨대 '고전주의'같은 다른 하위 문화의 광대의 옷을 다시 걸친다 해도 결코 하나의 문화가 되지는 못한다. 미세한 지식들과 전문적인 작업들의 단편화는 통일성 회복에 기여하지 못한다. 문화란 하나의 신화가 아닐까? 그렇지 않다. 그 이상의 것이다. 즉 국가 이데올로기이다. 문화의 통일성은 좀 더 높은 수준, 즉 문화제도의 수준에 자리 잡고 있을 것이다. 이것이야말로 '대중문화'의 자양분이 되고, 또한 '고품질 제품', 즉 아직 '더럽혀지지 않았다'고 사람들이 주장하는 작품의 소비를 조장하는 것이다.

기능의 이데올로기(기능주의), **형식**의 이데올로기(형식주의), 구조의 이데올로기(구조주의)는 모두 이데올로기라는 이름을 가지고 있다는 점에서 과학주의, 실증주의와 공통점을 가지고 있다. 이데올로기화化의 과정은 그러나 매우 분명하다. 그것은 연역—환원의 방법으로 구성되어 있다. 이데올로기는 부분적 개념 또는 상대적 진실을 절대성으로 바꿔놓는다. 언어 이데올로기는 너무나 흥미로워서 그것만을 위해 한 장章을 할애할 만하다. 언어 이데올로기는 한편으로는 지금 한창 발전하고 있는 과학, 즉 언어학의 괄목할 만한 발견들에 접목되어 있고, 또 한편으로는 일상생활 속에서 전개되는 '언어현상'에 접목되어 있다. 우리는 여기서 언어 이데올로기가 언어를 **사회현실의 열쇠**로서(그러니까 그 언어적 형태에 의해 파악되고 또 파악할 수 있는), 그리고 동시에 하나의 **체계**로서(현실과 관념의 통일성을 포함하고 함축하는) 제시하고 있다는 것을 지적하는 것만으로 만족하려 한다. 나중에 이론적 근거를 밝히게 될 명제에 의해 우리는 지금 **메타언어**, 즉 담론에 대한 담론과 옛날의 메시지 해독 속에서 움직이고 있다. 물론 이것이 '현실'에 대한 암호해독이라거나 또는 어떤 새로운 메시지라고 주장할 생각은 추호도 없다.

광고는 주의 깊은 조사를 요구하는 '언어현상들' 중의 한 부분이다. 광고는 수많은 문제들을 제기한다. 그 유효성의 문제, 그것의 성질, 그 영향력의 범위 등은 결코 사소한 문제가 아니다. 우리는 어떤 대체 과정을 통해 광고가 이데올로기의 옛 역할, 즉 현실, 다시 말해서 생산관계를 가리고 감추고 그 위치를 이동시키는 역할을 맡았는지를 밝힐 것이다.

일상성을 완전한 논리적 일관성이 갖추어진 체계로 간주할 때에만 예전의 의미에서의 이데올로기(다시 말하면 과거에 합리주의가 갖고 있던 장악력, 해방의 힘, 사회통합의 능력 등)가 있을 수 있다. 그런데 이것은 불가능하다. 우선 이 체계는 실천 속에서 모습을 보여야만 한다. 일상을 하나의 체계로 간주하는 것은 체계를 구조화하고 그것을 하나의 순환으로 완결시키는 것을 의미한다. 그런데 이 이론화를 위해 불행하게도 일상이 체계(의미들의 총계)로서 나타나는 순간부터 그것은 무너져 내린다. 일상은 사람들이 의미를 부여하고 싶어하는 비의미들의 총체이다. 일상의 무의미성은 현재의 일상성과는 다른 어떤 것으로 변모되고 변신될 때에만 의미를 지닌다. 다시 말하면 일상생활의 세부사항이 이 체계에 의해, 그리고 이 체계 속에서 의미를 가질 정도의 그러한 이론적 실천적 체계를 형성하는 것은 불가능 한 일이다. 둘째, 체계가 없다는 것은 수많은 하위체계가 있다는 뜻이다. 그 하위체계들은 하나의 유일한 체계 속이 아니라 동일한 차원 또는 현실의 수준에 위치해 있다는 것을 우리는 앞에서 제시한 바 있다. 그것들 중에서 우리는 빈틈, 구멍─그리고 떠다니는 구름들을 발견한다……. 체계라는 이름에 합당한 일반성의 수준에 도달한 유일한 '체계'는 **알리바이**의 체계이다(이 체계는 너무나 철저한 것이어서 그것에 대한 '질문', '재검토', '문제제기'까지도 문제를 회피하기 위한 알리바이가 되고, 또 오로지 말 속에서만 존재하는 '체계'의 유지를 위한 알리바이가 된다!).

4. 몇 개의 하위체계들에 대하여

구조주의 이론가들은 기꺼이 '체계'라는 용어를 사용한다. 그들의 언어는 정확성이 결여되어 있다. 서서히 이 말은 분명하게 규정되지 않는 막연한 의미를 띠게 된다. 엄격성은 이 말의 함축된 의미 또는 수사의 부분이지 그 외양적 표시의 부분이 아니다. 그것은 '그거' 또는 '거시기' 이상의 어떤 의미가 아니다. 체계가 유일하거나 또는 유일하지 않을 수 있다는 것은 분명한 사실이다.[5] 만일 몇 개의 체계가 있다면 그것들은 각기 고유의 존재를 갖고 또 상대적인 중요성을 가질 것이다. 그것들 중 어떤 것도 따로 떼어놓고 생각할 수 없다. 하위체계들에 관해 말하는 것이 더 옳은 것 같다. 그러나 그렇게 되면 구조주의는 위엄과 당당한 풍채를 잃는다. 구조주의의 권위는 배타적·절대적·전체적 체계에 대한 자신의 막연한 예언에서 나오는 것이기 때문이다. 이미 헤겔 철학도 철학적 정치적 체계를 하나의 덮개, 원圓의 원, 모든 영역을 포괄하는 영역으로 생각하면서 하위체계들의 목록을 작성했었다.

하위체계가 있기 위해서는 당연히(필요조건으로) 다음과 같은 것이 있어야 한다.

a) 행동들, 특별하거나 특수화된 분명한(사회적)행위. 그리고 이 행위에 일치되는 물건들, 다시 말하면 이 명목으로 정돈되고 분류되고 꼬리표가 붙여질 수 있는 특별한 물건들, 행위들(주체 또는 사회적 대리

---

5 미셸 푸코가 그의 책『말과 사물』(Les Mots et les choses)의 마지막 페이지들에서 보 여준 바와 같다.(원주)

인들, 개인 또는 그룹의)과 감각적 사물(대상) 사이의 관계에 의해 결정되는 상황들. 이것이 해체 불가능한 전체를 이룬다.

　　b) 조직과 제도들. 국가의 수준에서, 또는 국가와 관련된 제도의 수준에서 제도는 조직을 합법화해 준다. 제도는 이 '질료', 즉 조직에 작용을 가하고, 조직은 또 그 자체가 사회적 활동에 영향을 미친다. 능력 있고 헌신적인 관료집단은 곧 사회적 사물을 약탈한다. 이것이 서둘러 계급(또는 몇 개의 계급들)을 만들어낸다.

　　c) 텍스트들(거기서 '문집'을 미리 뽑아낼 수 있는). 이 텍스트들은 행위의 소통과 그것을 조직하는 조치들에의 참여와 관련 기관들의 권위, 영향력을 모두 보장해 준다. 분석에 의해 그것의 문집과 분명한 코드를 추출해 낼 수 있는 이 텍스트들은 벌써 하나의 법규일 수도 있지만, 또한 서류·논문·개론·안내서·광고·그림 또는 문안일 수도 있다. 이 분석은 만일 완성된다면 일부 언어학자(옐름슬레브, A. J. 그레마스)들이 **코노테이션(함의)의 언어**라고 불렀던 것을 드러내고 또 정의내릴 수 있을 것이다.

　　이런 정의에 따르면 유행은 하나의 하위체계이고[6] 요리 또한 그러하다. 요리는 구전의 요리법에 의해 만들어지는 지역적·수공업적·가정적·질적 생산품이라는 옛날의 신분을 잃고 형식화하고 특수화된

6　R. 바르트의 『유행의 체계』(Le Système de la mode, Seuil, 1966) 참조. 이 책은 언어와 유행에 대한 방법적 분석에 가장 큰 관심을 쏟고, 유행의 '실재'(사회학적 실재: 여자들, 옷감, 가격, 요컨대 체계의 영향과 중요성)에 대해서는 별 관심이 없다는 것을 지적할 필요조차 없을 것이다. 그것이 사실상 저자의 의도였다. 우리들의 관심은 이 저자의 관심이 끝나는 부분에서 시작된다. 즉 유행이 일상 속으로 삽입되는 지점이다.(원주)

행위가 되었고, 장소와 식탁의 등급, '맛집' 안내서, 협약 등에 따라 정해지는 물품이 되었으며, 사교적 세레모니의 한 구실이 되었다. 그러나 상당 부분에서 요리는 아직도 질적·가정적·지역적 특성으로 남아 있으면서 체계화를 피하기도 한다. 일종의 의미들의 핵이 형성된다. 이 핵은 한 사회적 공간에 매력과 반감을 부여하면서 사회적 공간의 한 지역을 특수화한다. 이것이 **동위소**(isotopie: A. J. 그레마스)이다. 이 언어의 핵은 인간의 행위를 형식화시키기 위해 그리고 행위와 작품들을 기호와 의미작용들로 변모시키기 위해 인간의 행위를 전유로부터 되돌려 자기편으로 끌어들인다. 이러한 과정들이 한데 뒤섞이는 것은 모두 상상의 수준에서이다.

소위 소비사회에서는 관광도 그 나름대로 하위체계가 된다. 또는 이 조명 속에서 하나의 실체를 구성하는 '문화'도 역시 그러하다. 이런 의미에서 성행위와 에로티즘도 분석할 수 있다. 그러나 지금 현재, 프로그램화化한 일상성의 전망 속에서 가장 훌륭한 예는 자동차가 아닐까?

자동차에 대한 물질적 형식적 연구는 지금까지 별로 깊게 이루어지지 못했다. 이 주제에 관한 수많은 기사와 저작들은 면밀한 검토가 필요할 것이고, 그 중의 어떤 것은 분석의 출발점이 되는 하나의 '문집'을 제공할 수도 있을 것이다. 이 텍스트들의 대부분은 정보 또는 지식이라기보다는 징후로서 간주되어야 할 것이다. 방법적 탐험의 수고는 다른 사람들에게 맡기고 우리는 다만 일상성과의 관계 속에서만 자동차에 조명을 맞추려 한다. 요컨대 우리는 하나의 '하위체계', 즉 일상성 속에 침투하고 간섭하는 부분적 의미의 장場이 형성되는 과정을 보여주려는 것이다.

　　a) 자동차는 물건 중의 왕이고 첨단의 사물이다. 그것을 반복해 말하는 것은 결코 나쁘지 않다. 이 물건은 경제에서 담론에 이르기까지 수많은 분야에서 다양한 행동방식으로 탁월하게 지배력을 행사한다. 교통은 사회적 기능의 일부분이 되었으며, 그 중에서도 가장 중요한 위치를 차지하게 되었다. 그리고 이어서 주차·통로, 적당한 도로행정의 최우선 순위가 주어졌다. 이 '체계' 앞에서 도시는 자기 방어를 잘하지 못하고 있다. 도시가 존재했던 곳, 또는 도시가 살아남는 곳에서 사람들(기술관료들)은 도시를 파괴할 준비가 되어 있다. 어떤 전문가들은 철학적 합리적 여운을 갖는 한 단어, 즉 도시계획이라는 말로 극에 달한 일반교통의 결과들을 지적하기도 했다. 공간은 자동차의 강제에 의해서 개념이 정해진다. 운행이 거주의 개념을 대치했는데, 그것도 소위 기술적 합리성 속에서이다. 많은 사람들에게 있어서 자동차는 그들의 '거주'의 한 부분이자, 실로 그 자신의 본질의 한 단편이기까지 하다. 흥미로운 몇 개의 사실들을 강조해도 괜찮겠다. 자동차의 운행 속에서 사람과 사물이 축적되고 서로 만남이 없이 한데 뒤섞인다. 각 부분이 자기 상자 속에 남아 있고 각자가 자기의 껍질 속에 갇힌 채 상호교환 없이 동시성을 이룬다는 것은 참으로 놀라운 일이다. 이것이 도시생활을 타락시키고 운전자의 '심리학', 아니 차라리 정신병을 야기하는 것이다. 미미하지만 실제적인, 그리고 미리 수치가 정해져 있는 위험은 사람들이 '모험을 감행하는' 일을 별로 막아주지 못한다. 부상자와 사망자, 그리고 유혈이 낭자한 도로와 함께 자동차는 일상에 남겨진 모험의 한 잔재이고 감각적인 쾌감이며 일종의 놀이이다. 흥미로운

것은 우리가 이미 발견했던 유일한 전면적 체계, 즉 알리바이의 구조 속에서 자동차의 위치를 알아낼 수 있다는 사실이다. 에로티즘을 위한 알리바이이고, 모험을 위한 알리바이이며, '주거'와 도시적 사교성을 위한 알리바이이다. 자동차는 우리가 그것을 발견하는 순간 산산조각으로 부서지는 이 '체계'의 한 조각이다. **기능적** 분석(빙글빙글 돌고 굴러가기 −상당한 에너지를 낭비하고 사용하기−길을 비추기, 방향과 속도의 전환)과 비교적 단순한 **구조적** 분석(모터·차체·장비)으로 파악되는 빈약한 기술적 물체인 자동차는 그대로 사회에 대한 빈약하면서도 단순한 기능적 구조적 분석의 축소판이다. 자동차는 사회에서 중요한 자리를 차지하고 있고 점점 더 우월한 지위를 확보해 가고 있다. 자동차는 하나의 실천을 (경제적·심리적·사회학적) 결정한다. 자동차는 스스로 전체적 물체가 되기를 원한다(사람들도 '의식하지 못하는 채' 그것을 원한다). 자동차는(부조리한) 의미를 지닌다. 사실상 자동차가 정복하고 '구조화'하는 것은 사회가 아니라 **일상**이다. 자동차는 일상에게 자신의 법을 부과시킨다. 이것은 일상을 공고히 하며, 자신의 차원 위에 그것을 고정시키고, 또 그것을 계획화하는 데 강력하게 기여한다. 오늘날 일상성은 크게 보아서 모터의 소음이고, 모터의 '합리적' 사용이며, 자동차의 생산 및 분배의 요구이다.

b) 그것만이 전부가 아니다. 자동차는 단순히 어떤 기술성이 부여된 물질적 물체만이 아니라 사회·경제적 수단이고 환경이며, 요구와 강제들의 담지자이다. 자동차는 **등급들**을 야기한다. 지각될 수 있고 감각될 수 있는 등급(크기·동력·가격)은 좀 더 복잡하고 미묘한 등급, 즉 행위수행의 등급과 쌍을 이룬다.

이 두 등급의 작용은 유연하다. 그것들은 서로 일치하지 않는다.

그것들 사이에는 하나의 주변, 하나의 사이가 있다. 다시 말하면 대화와 논의와 논쟁의 장소가 있다. 한마디로 담론을 위한 장소이다. 물질적 단계에서 확정된 위치와 행위수행의 단계에서의 위치는 일대일로 일치하지 않는다. 나는 단계를 뛰어올라 점수를 딸 수도 있다. 소그룹 안에서 나는(몇 분간 또는 며칠간) 챔피언이 될 수도 있다. 그러나 물론 나에게는 한계가 있다. 그것이 어디일까? 내가 만일 좀 더 동력이 큰 자동차를 추월한다면 나는 한 단계 높은 등급으로 내 위치를 수정시킨다. 이 등급은 과감한 사람들에게 열려 있고 교묘함·술책, 따라서 자유에 호소하고 있다. 그리고 나는 그것에 대해, 특히 내가 모험을 감행했는지에 대해 통행인 및 친구들과 함께 오랫동안 자랑스럽게 토의할 것이다. 이런 조건 속에 등급은 더 이상 억압적이 아닌 듯이 보인다. 그것은 통합적으로 된다.

자동차라는 물체의 신분이 스포츠와의 관계 속에서의 인간의 육체와 아주 비슷하다는 것을 생각해 보자. 거기에는 물리적 등급(무게·힘·크기 등)이 있으며, 행위수행의 등급이 있고, 두 차원의 충돌이 있다.

그런데 이 이중의 등급은 사회적 등급과 그대로 일치한다(**부적절하게**, 따라서 아주 유연한 방식으로, 그것이 모든 사람들, 즉 분석자들에게는 흥미 있는 일이다). 사회적 생활수준의 등급과 자동차의 등급 사이에는 성(엄격한 동질성이 아니라)이 있다. 그 등급들이 서로 일치하지 않으므로 사람들은 결정적 정지의 지점을 찾지 못한 채 끊임없이 한 등급에서 다른 등급으로 이동한다. 결코 정의되지 않고 또 정의될 수도 없으며 항상 역전 가능하고 언제나 재검토의 대상이 되지만, 도저히 거역할 수 없는 이 분류의 성격이 많은 수의 조합·대립·예측을 허용한다.

고풍스러운 성 앞에 놓여 있는 팬시한 자동차들은 자동차가 실용적인 운송 수단만이 아니라 상상의 이미지임을 잘 보여주고 있다.

c) 교통의 기구이고 운행의 도구인 자동차의 실용적 존재는 결국 사회적 존재의 일부분이다. 정말로 특별한 이 물체는 다른 어떤 것보다 더 강한 이중성을 가진 강력한 이중 존재이다. 즉 그것은 감각적 대상인 동시에 상징적·실용적·상상적 대상이기도 하다. 등급화는 상징에 의해 동시에 말해지고, 의미되고, 지지되고, 심화된다. 자동차는 사회적 신분의 상징이고 위엄의 상징이다. 자동차에서는 모든 것이 안락과 힘과 위엄과 속도의 상징이며 꿈이다. 실제 사용에 **기호들의 소비**가 중첩된다. 물건은 마법의 것이 된다. 그것은 꿈속으로 들어간다. 이 물건에 대한 담론은 수사에 의해 풍요롭게되고 상상을 감싸 안는다. 그것은 의미적 총체(언어·담론·수사와 함께) 안에서의 시니피앙적 물체다. 소비의 기호들과 기호들의 소비, 행복의 기호들과 기호들에 의한 행복이 서로 한데 얽히고 서로 강화하고 상호 중화시킨다. 자동차는 역할들의 축적이다. 그것은 일상성의 강제들을 요약한다. 자동차는 중개물 또는 수단에 부여된 사회적 특권을 극단까지 밀고 간다. 동시에 자동차는 일상에 게임과 모험과 의미를 덧붙여 줌으로써 일상에서 벗어나고자 하는 노력을 압축시킨다.

d) 이 물체는 자신의 법규를 가지고 있다. 도로교통법이 그것이다. 아무런 주석도 필요없다. 도로교통법에 대한 의미론적·기호학적·기호론적 해설들은 이미 여러 권을 채웠다. 그것은 강제적 '하위법규'들의 원형이다.

그 중요성은 오히려 의미의 부재와 사회의 일반법규의 부재를 은폐해 준다. 그것은 기호들의 역할을 보여준다. 자동차에 대한 기호론적(그리고 사회학적) 탐구를 끝까지 밀고 갈 결심을 한 해설가가 의존할 수 있는 '문집'이 있다면 그것은 이 법규를 넘어서서 다른 자료들, 예컨 대 법률·언론·문학 텍스트들과 안내광고 등을 병합시킨 것이어야 할 것이다. 자동차라는 첨단 물품은 교통 체계만을 자극하는 것이 아니 라 그 체계를 사용하고 또 그 체계에 봉사하는 조직과 제도들까지도 활성화시켰다.

여기서 우리는 코미디, 아니 차라리 상황의 한 **익살**에 도달했다. 그 하위체계들이 중복어법 또는 동음이의어 놀이에 의한 파괴 쪽으 로 향하고 있다는 것을 우리는 확인했다. 여기서 물체는 대상을 파괴 하고, 또 스스로를 파괴한다. 관광은 한 장소에 수많은 사람들을 끌어 모은다는 사실만으로, 그리고 그 장소(도시·경치·박물관)가 다른 어느 곳 에도 있는 만남의 장소밖에 되지 못한다는 사실에서 그 관광지를 파 괴한다. 유행은 어떤가? 얼마나 많은 여성들이 유행을 따르는지 생 각해 보자. 소수의 패션모델을 '표지모델'(cover-girls), 상류층 여인들 (Olympiennes)뿐일 것이다. 이 여성들은 유행에 뒤떨어질까 전전긍긍한 다. 그녀들 자신이 유행을 만드는 주체인데, 유행이란 일단 세상에 나 오면 곧 그녀들에게서 떠나고, 따라서 그녀들은 또 다른 유행을 찾아 나서야 하기 때문이다. 스포츠는 어떤가? 스포츠가 있기 위해서는 몇 몇의 챔피언과 수천, 수백만, 수십억의 관중만 있으면 된다. 형식화된 요리는 사라지고, 전문지식이 없는 애호가들은 요리 그 자체보다 요리 의 의식儀式, 진열, 장식을 더 즐기며, 이윤만 추구하는 호텔 경영자들 은 질을 형식으로 대체시켰다. 한편 음식에 정통한 애호가들은 명성 을 추구하는 어떤 주방장이 마치 제식祭式을 거행하듯 정성스럽게 요 리를 하는 소박하고 단순한 레스토랑, 또는 '작은 선술집'으로 몰려든다. 그런 자동차는 어떤가? 당신이 제아무리 도시와 시골을 휩쓸고 다녀봤자 조만간 자동차는 포화점에 이를 것이다. 자동차는 이 한계를 향해 달린다. 운행 전문가들의 공포인 이 한계는 결정적 결빙, 옴짝달싹도 못할 정도로 응고된 부동성이다. 항상 뒤로 물러서는 이 멋진 경계선을 대하며 독일과 미국의 운전자들은 모텔에서 오래 머무르면서[7] 고속도로상의 자동차의 홍수를 바라보며 이 장관 속에서(완벽하지는 않다 하더라도 대단히 큰) 만족감을 느낀다.

우리는 실제 경험과 제품 수명 이론에 의해 자동차의 노후老朽가 얼마나 미리 예견되고 정리되고 계획되었는가를 잘 알고 있다. 자동차가 자기 파괴의 상징이라고 말한다면 우리는 약간 과장(은유 또는 동음이의어의 말놀이)하는 것이 될 것이다. 그리고 또 '내구 소비재'로 간주되고 지속적 구조(교통의 축·교통량의 계산)의 구축을 요하는 자동차가 알리바이의 체계 속에서 가장 명예로운 지위를 차지하고 있다는 말도 좀 지나친 과장일 것이다.

광고는 하나의 하위체계인가? 그렇게 생각할 수도 있을 것이다. 그러나 이 가설은 받아들이기 어려운 것으로 보인다. 광고는 차라리 상징적 표현·수사·메타언어가 부여된 가장 정교하게 다듬어진 상품의 언어다. 그것은 또 교환돼 물건 또는 나타나는 교환가치(추상-구체, 형식-실천이 혼합된 모호성의)의 존재양식이 아닐까? 우리는 이 이론을 마르크스의 『자본론』에서 결정적으로 가져왔다. 상품은 하나의 형식인

---

7 만화가 상페의 그림을 상기해 보라. 물론 익살이 섞인 그의 유머는 별로 위험하지 않고, 쉽게 기존질서에 통합시킬 수 있는 것이기는 하지만 말이다.(원주)

데 분석이 그것을 내용(사회노동)과 분리시키거나, 또는 그에 수반되는 부수적 우연들(교환에 따르는 흥정·상담·말·담론·몸짓·의식 등)과 분리시킨다. 이 변증법적 분석은 교환행위를 그 순수한 형태로 **환원**시킨다. 마치 나중에 의미 분석이 소통행위의 형식, 즉 언어를 끌어내기 위해 말(parole)을 분리시켰던 것과 똑같은 것이다. 그런데 이 형식은 한번의 환원만으로 그 내용 및 내용을 둘러싸고 있는 우연성들과 구분된다. 그 이상의 인식방법들은 내용과 물품교환의 구체적 양식들(역사적, 사회학적)을 복원시켜 준다. '순수'형식의 관점에서, 그리고 분석이 그것을 분리시킬 때, 괄호 안에 들어가는 것(내용)과 분리되는 것(조건들)은 그 뒤에 다시 검토된다. 이것이야말로 형식으로 하여금 사회적 실천과 연결되게 하고 스스로 길을 헤쳐 자신이 사회적 실천을 야기하게 하는, 그리하여 바로 자신이 그 실천이 되게 허용하는 것이다. 교환가치를, 교환하는 사람들(고객과 판매자·상인들, 그리고 상업에 종사하는 자본가들)의 말과 행동 속에 감추어진 이미 형성된 하나의 체계로 간주하는 것은 너무 순진한 생각일 것이다. 형식인 상품은 하나의 논리를 갖는다. 노동의 산물인 상품은 영리하게 연결된 행위들과 맥락을 갖고 있다. 그것은 사회적 물건이며 동시에 정신적 물건이다. 이 형식은 자신보다 앞서 존재하는 언어 또한 장악하고 있다. 상품은 언어를 자기 마음대로 만든다. 상품은 단순한 코노테이션(함의) 이상의 것이다(비록 어떤 특정의 상인그룹이 어떤 특정의 기호학적 하위체계를 소유할 수는 있지만). 혁명의 가능성, 그리고 과거와 노스탤지어 쪽의 악착같고도 완강한 저항이 없지도 않지만 상품은 '하나의 세계'(또는 이미 자본주의라는 이름을 가지고 있는 하나의 '체계')가 되려 한다. 그러나 결코 완전히 거기에 도달하지는 못한다. 광

고급스러운 복장에 신문을 옆에 든 젊은 커플의 사진은 이들이 유복한 계층의 지적인 젊은이들임을 암시한다. 이 상표의 옷을 사는 소비자는 단순히 옷을 사는 것이 아니라 이와 같은 부유함, 지성, 젊음의 이미지를 사는 것이다.

고는? 그것은 구매자의 구매행위를 부추기기 위해 시장에서 가격이 매겨지고 교환가치가 부여된 어떤 용도의 물건을 묘사한다. 이 묘사는 시작에 불과하다. 정보를 주고 묘사하고 욕망을 부추기는 것은 19세기 광고의 성격이었다. 이 성격은 물론 사라지지 않았다. 그러나 다른 성격들이 여기에 추가되었다. 20세기 후반 유럽과 프랑스에서는 그 **어떤 것**도(물건이건, 개인이건, 사회그룹이건) 자신의 분신에 의해서가 아니면, 즉 후광이 되어 주는 광고적 이미지가 추가되지 않으면 아무런 가치가 없다. 이 이미지는 대상의 감각적 물질성만이 아니라 인간의 욕망과 쾌락도 두배로 만들어준다. 동시에 이 이미지는 욕망과 쾌락을 허구적인 것으로 만든다. 즉 그것들을 상상 속에 위치시킨다. '행복'을 가져다주는 것, 다시 말해서 소비자에게 만족을 가져다주는 것은 바로 이 이미지이다. 재화의 소비를 자극하기 위한 광고가 이렇게 해서 제1의 소비재가 되었다. 광고는 신화를 생산한다. 아니 오히려 아무것도 생산하지 않으면서 과거의 신화들을 빼앗아 자기 것으로 삼는다. 광고는 시니피앙들을 두 개의 목적을 향해 유출시킨다. 그 첫째는 있는 모습 그대로의 시니피앙들을 일반 소비용으로 제공하는 것이고, 둘째는 한 물건의 한정적 소비를 자극하는 것이다.

광고는 이런 식으로 신화들, 즉 미소의 신화(소비의 행복은 소비할 물건을 지시하는 남녀의 가상의 행복과 일치한다)와 진열의 신화(물건을 제시하는 사회적 행위, 물건 자체를 새롭게 생겨나게 하는 행위, 예컨대 '진열대')를 회수해 간다.

여기에 거의 나체의 한 남자 운동선수의 그림(사진)이 있다. 바다를 가르며 전속력으로 달리는 요트의 난간과 밧줄을 잡고 서 있는 그의 팔과 넓적다리는 곧게 뻗쳐 있고 근육은 모두 팽팽하게 긴장되어 있다. 파도와 밧줄의 팽팽함에서 우리는 이 요트가 최고의 속도를 내고 있다는 것을 알 수 있다. 이 멋진 청년의 눈은 수평선을 응시하고 있다. 잡지의 독자는 볼 수 없는 그 어떤 것을 그는 보고 있는 것일까? 위험, 모험, 또는 기적? 또는 아무것도 없을 수 있다. 그는 정말 아무것도 하지 않는다. 해안에 접안하지도 않고 방향을 돌리지도 않는다. 그는 참 대단하다. 이 그림의 의미를 규정하는 카피는 다음과 같다. "진짜 남성의 인생, 그래, 그건 멋지다. 남성의 인생, 매일 아침 애프터 쉐이브 로션의 짙은 향기를 발견하는 것은 참으로 멋진 일이다……."

약간의 주석을 가해 보자.

a) 문안과 함께 그림이 하나 있다. 문안이 없다면 그림은 아무 의미가 없거나 또는 여러 개의 의미를 갖게 될 것이다. 이것은 이미 알려졌고 말해진 사실이다. 다만 시니피앙들(태양 아래 벌거벗은 남자·바다·배 등)의 가변성과 시니피에들(진짜 인생·충만성·인간적인 것)의 공허성을 강조해보자. X라는 애프터 쉐이브 로션의 광고는 판매행위를 위해, 그리고 상품이라는 수단에 의해 그 방향들을 서로 연결시켜 고정시킨다.

b) 이런 식으로 해서 이 광고는 새로울 것이 하나도 없는 옛 신화들, 즉 자연·남성상·자연과 맞선 남성상·남성의 자연성 등의 신화를 복원한다. 이 커다란 주제들과 함께 우리는 글자 그대로의 신화에서 벗어난다(만일 이 용어에 이데올로기를 포괄하는 매우 일반적이고도 막연한 의미를 부여하지 않는다면 말이다). 광고는 이데올로기의 기능을 한다. 광고는 한 물건(애프터 쉐이브)에 이데올로기적 주제를 연결시키고, 그렇게 함으로써 그 물건에 현실과 상상이라는 이중의 존재를 부여한다. 광고는 이데올로기의 용어들을 거기에 다시 연결하고, 신화학을 건너뛰어 그 너

파도와 밧줄의 팽팽함. 곧게 뻗쳐있는 근육의 긴장은 자연과 맞서는 남성상의 이미지를 보여준다.

머에서 이미 회수되고, 사용된 시니피앙들을 시니피에에 연결시킨다.

    c) 한 광고회사에서 일하는 어떤 사진작가가 어느 날 한 청년이 요트를 타며 정말로 멋진 '자발적' 제스처를 보이는 현장을 잡았다고 생각해 보자. 이 청년으로 하여금 애프터 쉐이브의 쾌적함을 표현하게 하기 위해 그는 그림과 카피라는 수사, 다시 말해서 이중의 공포정치를 사용한다. "깨끗한 남자가 되십시오. 매일 아침 멋있는 남자가 되어 자신도 만족하고 여자에게도 만족을 주십시오. 이 애프터 쉐이브를

사용하시면 그 외에는 아무것도 필요 없습니다. 그걸 아시기를……"

　　광고는 현대성의 시詩이자 가장 성공한 공연물의 모티브 혹은 변명이 되었다. 그것은 예술·문학, 그리고 사용 가능한 시니피앙들과 내용 없는 시니피에들의 총체를 사로잡았다. 광고는 예술과 문학이 되었다. 광고는 축제의 잔재들을 사로잡아 자기 방식으로 활용하기 위해 그 잔재들을 복원하기도 한다. 광고는 상품을 자기 논리의 극단까지 끌고 가지만, 이것은 또 모든 물체, 모든 인간에게 충만성과 이중성을 부여한다. 즉 물건(효용가치)과 상품(교환가치)으로서의 이중의 가치인데, 광고는 상품 쪽에 유리하도록 이 '가치들'을 교묘하게 혼란시킨다.

　　광고는 이데올로기의 중요성을 갖는다. 그것은 상품의 이데올로기이다. 광고는 예전의 철학·도덕·종교·미학의 자리에 대신 들어섰다. 광고업자가 구호의 반복으로 소비 '주체'를 조건화하겠다고 주장하던 때는 벌써 옛날이다. 오늘날 가장 정교한 광고 문안은 세계에 대한 개념을 폭로해 준다. 선택을 할 줄 아는 사람이라면 그러한 상표를 선택하라. 이 기구(가전제품)는 여성을 해방시킨다. 이러이러한 '에센스'(참으로 모호성을 가진 용어다)는 좀더 당신 곁에 가까이 있다. 이 광범위한 '내용'과 꼼짝없이 사로잡힌 이데올로기들, 이것들은 여전히 가장 구체적인 친절함이다. 미국 텔레비전의 영화와 뉴스 중간에 끼어드는 명령들은 이 친절함이 어디까지 가는지를 잘 보여주고 있다. 당신은 편안하게 당신 집에 있는데 그 집에는 작은 화면(화면에 의해 전달되는 메시지들보다는 화면이 중요하다고 맥루한은 주장한 바 있다)이 있고 누군가가 당신을 사로잡고 있다. 사람들은 당신에게 항상 어떻게 하면 더 잘살 수 있는지, 무엇을 먹고 무엇을 마시며, 무슨 옷을 입고 무슨 가구를 들여놓으며,

야성미 넘치는 젊은 남성의 얼굴. 이 향수를 구입하는 소비자는 더 이상 화학물질의 향수를 사는 것이 아니라 '야성'이라는 이미지를 소비하는 것이다.

어떻게 살 것인지를 말해 준다. 그런 식으로 당신은 프로그래밍 된다. 다만 소비행위는 영원한 구조이므로 당신은 언제나 이 좋은 조건들 중에서 하나를 선택해야만 한다. 사람들은 이미 미소의 신화를 넘어섰다. 소비는 이제 진지한 일이 되었다. 친절하고 이로운 회사[société는 '사회'라는 의미이기도 하다] 전체가 당신 곁에 있다. 아주 주의 깊은 모습으로, 회사는 개인적으로 당신을 생각해 준다. 아주 친밀하게, 회사는 당신을 위해 특별히 개인적인 물품을 준비하고, 이 개인적인 물품들은 안락의자·조립용 부품·침대 시트·속옷 같은 생활용품의 자격으로 당신의 개인적인 자유에 양도된다. 저것이 아니고 반드시 이것이다. 회사를 우리는 잘 알지 못하고 있었다. 회사란 누구인가? 모든 사람이다. 그것은 어머니요 형제다. 눈에 보이는 현실 속의 가정은, 눈에 보이지 않지만 훨씬 효율적이고 우수한 이 가정, 즉 그 보호자적 매력과 세심한 보살핌으로 우리들 각자를 감싸주고 있는 이 소비의 사회와 두 겹의 한 짝을 이루고 있다. 그런데 어떻게 불안이 존속할 수 있는가? 이 무슨 배은망덕이란 말인가!

회전대는 땅바닥에서 빙글빙글 돌고 있다. 스펙터클의 소비, 소비의 스펙터클, 소비의 스펙터클의 소비, 기호記號의 소비, 소비의 기호, 완결을 지향하는 각각의 하위체계는 이처럼 자기 파괴적인 선회를 제공한다. 일상성의 차원에서.

특히 기호들의 소비가 흥미를 끈다. 그 양식은 잘 확립되어 있다. 예를 들면 스트립쇼는 에로티즘 기호의 의식화儀式化된 소비이다. 그러나 그것은 가끔 광란의 자세를 보인다. '스쿠비두스(scoubidous)[8](무엇의 기호인가? 쓸데없음, 배합, 부조리하며 편집광적이고 재미없는 합리성의 기호이다)

의 해도 있었고, 열쇠고리(재산의 기호)의 계절도 있었다. 몇 주 또는 몇 달 동안 돌풍이 일어나 수천 명의 사람들을 끌고 다니다가 어느 날 흔적도 없이 사라져 버린다.

이 사회에서는 '문화'도 역시 소비품이다. 물론 약간 예외적이기는 하다. 자유를 자처하는 이 소비행위(완성된 제품을 받아들이는 다른 방식들보다는 약간 덜 수동적인)는 축제의 모습을 띤다. 그것이 이 행위로 하여금 일종의 허구적 통일성을 갖게 해준다. 그 허구적 통일성은 비록 상상 속에 자리 잡기는 했지만 사회적으로는 엄연한 현실이다. 작품과 양식들(styles)은 탐욕적인 소비에 맡겨졌다. 도시가 특히 신속하게 삼켜진다. 이 현상은 극심한 박탈감과 욕구를 잘 보여준다. 변두리 인생·외국인·교외거주자·관광객들이 탐욕스러운 식욕과 함께 아직 파괴되지 않은 도시의 중심부로 질주해 들어간다. 모든 소비대상은 소비의 기호가 된다. 소비자들은 기호라는 자양분을 취한다. 즉 기술·부富·행복·사랑이라는 기호들이다. 기호와 의미작용이 감각을 대신한다. 거대한 대체, 큰 덩어리의 전이가 일어나는데 이것은 모두 회전대의 어지러움 속에서이다!

우리가 살고 있는 이 사회에 대해서 다음과 같은 아이러니한 이미지(구조분석의 그림)를 제시해 볼까? 땅이 있고, 일상이 있고, 땅바닥에서 소란이 일어나며 사람과 물건들을 휩쓸어가고, 이어서 상품의 교환이라는 거대한 소용돌이 속에 모든 것이 묻혀 버린다. 이건 좀 지나치

8　스쿠비두스: 젊은이들 사이에 크게 유행하는 취미로, 색색의 가느다란 플라스틱 끈을 엮어 만든 열쇠고리, 장난감, 팔찌 등을 뜻한다.

게 드라마틱하다. 이동성을 너무 중요하게 생각하면서 사람들은 덧없음의 예찬 밑에 구조화되어 지속되고 있는 어떤 단단한 것에 대한 취미와, 그 취미에 감추어진 금욕주의를 숨기고 있다. 우리는 땅의 표면, 곧 일상성만을 보고 있는지 모른다. 그 표면의 밑에 무의식의 지하가 있고, 그 위에는 의심과 신기루로 가득 찬 지평선, 즉 현대성이 있다. 그리고 그 위에는 영원과 창공이 있다. 큰 별들 사이에 아직 이울지 않은 차가운 투명성의 별, 곧 과학성의 별을 놓자. 그리고 두 겹의 태양을 이루고 있는 여성성과 남성성을 놓자. 지평선 위 아주 높은 곳, 극점에 기술성이 있다. 그리고 그 근처 어딘가에 젊음이 있다. 신뢰성 같은 새로운 별도 있고, '아름다움'같은 이미 죽어버린 차가운 별들도 있고, 에로티즘의 이상한 기호들도 있다. 가장 큰 항성들 사이에 도시성 또는 도회적인 것을 놓아야 할까? 자연성, 합리성, 그 외 다른 실체들을 잊게 되지만 않는다면 왜 안 되겠는가? 그리고 아래쪽에는 유행이라는 별이 있다. 이것은 여성성에서 과히 멀리 떨어져 있지 않은 곳에서 찾아볼 수 있다. 그리고 스포츠도 있다.

덧없음을 사랑하고, 탐욕적이며, 생산적임을 자처하고 스스로 동적, 역동적이라고 주장하지만, 균형을 찬양하고 안정을 존중하며 구조와 일관성을 격찬하는 이 사회, 항상 단절의 위험을 안고 있는 이 사회는 도대체 어떤 철학을 실현시키고 있는가? 신 헤겔주의인가? 신 플라톤주의인가? 자기 자신의 철학을 직접 만들어내는가? 또는 현실을 인식하고 평가하기 위해 우리가 남겨두었던 철학적 참조를 아예 부인하는 것일까? 같은 문제를 다른식으로 말해 보자. 창조적 능력을 괄호 안에 집어넣고 스스로 탐욕적 행위(소비, 파괴 및 자기 파괴)에 기초를 두는 사회, 논리적 일관성이 하나의 강박관념이 되고 정확성이 이데올로기로 된 이 사회, 거기서 하나의 도식으로 축소된 소비행위가 무한히 반복되는 그러한 사회는 어떤 기능을 갖고 있는가?

우리는 이에 대해 나중에 답하기로 한다. 지금 현재로서는 기호들의 소비 문제에 접근함으로써, 우리는 이미 언어현상의 검토를 시작한 것이다.

제 3 장

언어현상

1. 참조대상의 몰락

현대사회에서 언어현상의 연구는 두 개의 측면을 가지고 있다. 우선 언어를 사회적 현실로서 검토할 수 있다. 이때 우리는 우리 시대의 언어(langage 또는 langue)와 그 형태적·통합적·어휘적 특징들을 연구할 것이다. 이러한 방법으로 하위체계와 코노테이션(함의)(성생활과 에로티즘의 코노테이션), 노동과 노동생활 및 도시생활의 코노테이션, 그리고 물론 문자언어와 문학 등)까지 정의하게 될 것이다. 또한 우리는 언어과학이 가장 전면에 부상했다는 것, 이것이 특수한 미세과학이 아니라 과학의 원형이 되었다는 사실에서부터 출발할 수 있을 것이다. 그리하여 사람들이 일반적으로 정보와 의사소통에 강한 관심을 가지고 있다는 것이 드러났다. 이것이야말로 하나의 사회적 사실(역사-사회학적 사실)과 문화적 현상을 구성하는 것이다. 사람들은 이렇게 자문할 것이다. "이것은 무엇을 의미하는가? 이것은 어떤 의미를 갖고 있는가? 의미의 추구 또는 거부도 역시 의미가 있는 것인가?"

　　이론의 요점을 상기해 보자. 말과 말들의 조립(서로 구분되는 의미단위들, 즉 형태소의 조립)은 이것 또는 저것을 지시(指示)한다. 그것들은 무엇을 지시한다(dénoter). 디노테이션(외시外示)(dénotation)과 시니피에(signifié) 사이에는 밀접한 관계가 있다. 그러나 첫 번째 개념이 두 번째보다 훨씬 더 많은 어떤 것을 포함하고 있다. '의자'라는 말은 '의자'라는 개념을 그시니피에로서 가지고 있다. '의자'라는 물체가 존재하건 안하건 별 상관이 없다. '의자'라는 시니피에는 완벽하게 고립시켜 보면 일종의 절대적 형식이 된다. "나는 이 의자를 생 앙투안 가街에서 샀다"라는 말은 언어적인 문맥만이 아니라 사회적 실천적 문맥을 전제로 한다. 만일 프랑스 사회가 없다면, 그리고 공간과 시간의 한정이 없다면 이것 또는 저것, '의자'라는 물건, '거리'라는 현실, 그리고 프랑스어를 어떻게 위치시키고 또 정의할 것인가? 오로지 문맥만이 디노테이션(외시)들을 소통 가능한 한정사로 승격시킨다. 외시적 기능(fonction dénotative)은 참조적 기능(fonction référentielle) 또는 문맥적 기능을 암시한다. 이 기능은 하나의 참조를 전제로 하는데, 이 참조에 의해 시니피앙(signifiant: 記表)들의 동위소(isotopie)(또는 헤테로토피 hétérotopie)와 등시성等時性(isochronie)(또는 헤테로크로니 hétérochronie)이 명시된다. 참조대상(référentiel)과의 관계 속에서 시니피앙들은 같은 장소, 같은 시간에 놓이기도 하고 그렇지 않기도 한다. 이 참조 대상이 없다면 기호들을 어떻게 연결시키고 대립시킬 것이며, 어떻게 그들 사이의 연계를 확보할 수 있을 것인가? 문맥을 메시지에 선행하거나 또는 뒤에 오는 말과 문장들(기호들의 조립)로 환원시킬 수 있을까? 이런 환원은 언어학자의 자의적 결정이 아닌 다른 방법으로 유지될 수 있는가? 물론 조건에 따라 다르기는 하지만 단언(assertion)은 문자에 더 잘 어울리는 것 같다. **파롤**(parole), 그것은 정확하지 않다.

이 부정적인 대답을 수락한다면, 우리는 합법적으로 언어학에서부터 **빠져나갈** 수 있다. 우리의 고찰은 더 이상 형식으로서의 언어 내부에('내재성' 속에) 머물러 있지 않고, 또 언어횡단을 목표로 삼지도 않으며, 다만 참조대상이 사회적 사실(사회학의 소관)이기 때문에 언어를 고찰하는 것이다. 다른 곳에서 발표된 논문들을 여기서 다시 거론해 보자.[1]

우리는 우선 20세기 초의 **참조대상의 몰락**을 주의해 보기로 한다.

백 년 전에는 사회적 맥락 속에서 말과 담론(discours)의 주변에 견고한 지시대상들이 세력을 떨치고 있었다. 그것들 사이에는 서로 연관이 있었고, 어떤 단일한 체계가 형성되지는 않은 채 논리적 일관성까지는 아니라 하더라도 최소한 어떤 결집이 있었다. 따라서 지시대상의 통일체는 양식良識과 상식 속에, 감각적 지각(3차원의 유클리드적 공간, 시계에 의해 측정되는 시간) 속에, 자연의 개념 속에, 역사적 기억 속에, 도시와 도시환경 속에, 그리고 일반적으로 받아들여지는 미학과 윤리 속에 그 모습을 드러냈다. '주체'로서의 이 사회의 전체적 성격은 이런 식으로 감지될 수 있었고 이 사회는 모든 것을 지배하는 일반 법규, 즉 정직·명예·존엄성의 법규를 소유하고 있었다(또는 소유한다고 믿었다). 이 사회의 뒤에 우리는 벌써 생산 활동에 대한 참조, 그리고 생산과 불가분의 관계에 있는 창조의 '가치'에 대한 참조를 배경으로 세워놓았다. 사회계급들과 이데올로기들에 의해 제 아무리 다르게(또는 모순적으로) 해석이 되어봤자 사실과 가치를 결합시키는 이 참조는 그래도 여전히 깊은 뜻을 함축하고 있었다. 이런 의미에서 『자본론』(1867년)은 이론적 언어에 어떤 철학적 '합의'를 가져다주었다. 물론 이 합의는 이 저작의 밖에서는 별로 의식되지 않고 알려지지 않았으며, 또 자신의 조건도 알고 있지 못했지만 말이다. '주체'와 마찬가지로 '인간' 또는 '인류'는 하나의 실체나 추상적 본질이 아니었다. '순수'철학은 이미 극복되었다. 이제 인간과 인류는 행동 또는 행위로서 정의되고 있다. 다시 말하면 인

1　『언어와 사회』(Le Langage et la société, Idées 총서, 1966) 참조.(원주)

간은 '대상'에 작용을 가하는 구체적이며 특수한 '주체'이고, 동시에 역사적 맥락 속에 자리 잡은 구체적이고 특수한 '객체'이다. 갈등에도 불구하고, 아니 아마도 그 갈등들 때문에 더욱더 이 사회(경쟁자본주의)의 **실천**(praxis)은 하나의 통일성을 가지고 있었다.

그런데 1905년부터 1910년 사이에 여러 가지 압력(과학·기술·사회변화) 밑에서 지시대상들이 하나씩 폭파되어 날아가 버렸다. '양식良識'과 '이성'의 통일체는 흔들리고 와해되었다. '상식' 앞에서 현실의 절대적 성격은 사라졌다. 정통한(또는 그렇다고 주장하는) 인지認知의대상인 이 현실에 또 다른 현실, 또 다른 감성세계가 중첩되고 대체되었다. 기능적이고 기술적인(또는 그렇다고 믿어지는) 물건들이 전통적 물건들을 대신하여 들어섰다. 좀 더 쉽게 말해 보면 전기·전깃불·전자신호 또는 전기에 의해 움직이고 조종되는 물건들의 지배가 1910년경에 시작된 것이다. 이 중요한 기술혁신은 공업생산에만 영향을 미친 것이 아니라 일상생활에도 침투하고 밤과 낮의 관계, 윤곽의 인지도 변경시켰다. 이 변화가 유일한 것은 아니고, 또 그렇게 오래 전에 일어난 것도 아니다. 우리는 그것을 본질로서보다는 오히려 상징으로 간주하려 한다.

이때부터 과거에 청각 및 담론(말 또는 글로 표현된)의 우위성 때문에 빛을 보지 못했던 시각의 의미가 커다란 중요성을 띠게 된 것을 우리는 납득할 수 있을까? 이런 식으로 해서 가동하기 시작한 시청각은 감각—실천의 이해를 훨씬 풍요롭게 했다. 그것은 인정할 수 있다. 그러나 모든 사실을 빈곤화, 일탈의 도식으로만 해석하는 것은 부당하고 또 부정확한 일일 것이다. 그러면 풍요화인가? 약간의 유보와 함께 그렇다고 말할 수 있다. 그것들이 가져다주는 정보와 의미가 '복잡화'됐을 뿐만 아니라 청각에 의해 시각적 인지를 해석하고 시각에 의해 청각적 인지를 해석하는 등 해석의 능력이 증가되었다. 따라서 시각적 인지와 청각적 인지는 서로가 서로의 기호가 되었다. 감각교육의 등급과 감각의 이론적 능력도 증가되었다. 감각은 '이론적'으로 되었고, 직접성에서부터 분리되어 매개를 가져왔으며, 추상화는 직접성과 결합하여 '구체'를 만들게 되었다. 이런 사실에서부터 실제생활 속에서 대상은 기호가 되고 또 기호는 대상이 되었다. '후천적 성격'이 선천적 성격 또는 감각—실천적 현실의 첫 번째 층을 대신하기에 이르렀다. 그것이 1910년경 미술과 음악 속에서 생겨난 것이 아닐까? 화가들은 곧 둘로 나뉘었다. 일부는(중부 유럽에서) 시니피에에 우선권을 주고 '관람객'으로 하여금(만일 그가 할 수만 있다면) 시니피앙들을 가져오게 했다. 이것이 표현주의이다. 또 다른 사람들은(파리에서) 시니피앙을 강조하고 관심 있는 사람들로 하여금 시니피에를 가져오도록 했다. 이것이 입체파(피카소·브라크 등)이다. 이 두 경우에 기호의 거대한 간섭과 표현에서 의미에로의 이행은 시니피앙과 시니피에의 일체성을 깨뜨렸다. 이제 감각—실천 속에는 더 이상 참조대상이 없다.

같은 시기에 빠른 속도의 체험과 표상은 움직임에 대한 지각을 변화시켰다. 빛과 그림자, 또는 윤곽들과 마찬가지로 정지와 움직임도 이제는 서로 분리되고 병렬된 절대적 존재가 아니라 서로 간섭을 하는 상대적 존재가 되었다. 물리학의 상대성 이론은 감각의 차원에서의 이 사회적 현상現象과 아무런 직접적 관련이 없다. 그러나 그 유사성은 매우 놀랍다. 공간의 절대성(유클리드와 뉴턴의 공간) 및 시간의 절대성과 동시에 감각—실천도 안정된 참조대상의 성격을 잃었다. 이것은 미학적 이론화의 수준에서 곧 반영되었다. 원근법도 변했다. 정교한 기하학적 공간의 지표였던 지평선은 사라졌다. 그리고 주조음主調音의 특권과 함께 음계법도 사라졌다. 주조음은 지속적 음의 한 부분에 주어진 고정성의 지표였다. 원근법과 마찬가지로 음계법도 전문적이어서 이해하기 어려운 동시에 대중적이었다. 두 기법은 모두 수 세기 동안 사회적으로 다듬어진 지각과 일치하게 되었다. 그것들은 상식과 일치했다. 가장 난해한 음악(화성학)과 가장 통속적인 노래, 위대한 회화적 구도와 미술학교 실습생의 소묘는 모두 같은 원칙에서 나왔고 절대·보편·고정으로 간주되는 같은 법칙의 영역에 속했다. 합리성이 부여된 체계들, 원근법과 음계법 등은 예술가와 관객 또는 청중 사이에 형식상의 일치를 보장해 주었다. 예술가는 자신의 감정과 표상을 위해 시니피앙들을 찾았고, 관객 또는 청중은 예술가에 의해 지각된 이 시니피앙들에게 자신의 시니피에들을 덧붙였다. 게다가 작품은 가끔 좀 더 깊이 숨겨진 시니피앙들, 예컨대 불안·회한·욕망 같은 예술가의 '비밀' 또는 주관성을 지시할 때도 있었다. 확실하게 정립된 듯이 보였던 어떤 합리성과 연관된 이 집합체는 1910년경 유럽에서 흔들리기 시작했다. 이론적 수준에서 사람들은 '우리의 공간'이 다른 여러 공간 중의 하나이며, 그것은 단지 우리들에게만 상대적으로 존재하고, 다른 곳 또는 다른 차원에서는 아마도 다른 공간, 다른 시간성이 있을 것이라는 사실을 이해하기 시작했다. 상대성 원리의 발견은 새로운 감각적 실재의 발견을 강조해주었다. 즉 선천적 성질에 덧붙여진 후천적 '성질', 그리고 대상이 된 기호 또는 기호가 된 대상 등의 발견이다. 이것들은 평가기준 속에서의 실제적 변화이며, 이 변화는 개념의 변화와 함께 우리에게 강요된다. 그러나 감정과 정서 또한 해체된다. 심리학과 정신분석은 기독교에서 원죄사상을 보상해주는 신화인 어린이의 순진무구성을 수상한 것으로 만들었다. 또 이 학문들은 인간의 자발성·순수성·순결성을 의심하게 만들었다.

감각—실천의 양식良識에 이어 다른 모든 지시대상들, 예컨대 자연·역사·도시 같은 것들도 사라졌다. 철학적 절대성·종교적 도그마·도덕적 명령 같은 것은 말할 것도 없고 지시대상의 분석이나 이데올로기 비판도 사라졌다. 그러한 지진들에 대한 상세한 역사는 한 번의 진동이 끝날 때 마다 좀 더 견고한 새로운 확실성이 자리 잡았다는 것을 잘 보여줄 것이다. 그러나 그렇다고 해서 그것이 거대한 투입(investissements)이나 호기심 어린 열광을 야기시키지 않는 것은 아니다. 노동의 '가치'가 해체되었을 때 여가가 그것을 이용한다. 그 반대도 마찬가지다. 역사가 지워질 때 자연이 전면에 등장한다. 그 역도 마찬가지다. 여러 붕괴들을 동시에 보여주는 그림이 모든 진실을 말해주는 것은 아니다. 사실상 이 폭발과 정지는 반세기 이전부터 교대로 행해지고 있다. 해방² 이후 역사적 사실은 인식 가능하고 잘 확립된 시간적 과정으로의 역사에 대한 참조를 잃었다. 이데올로기는 사회적 실천의 측면, '문화'의 측면, 즉 기정사실을 사후 승인했다. 역사성은 지워 없어졌다. 노스탤지어로서, 아름다운 이미지로서, 또는 여가의 이름으로 조직되고 상업화된 교환가치로서의 도시도 역시 사라졌다.

따라서 생산관계도 흐릿하게 되었다. 이 관계는 의식意識의 장에

---

2 1945년, 독일 점령으로부터 프랑스의 해방을 가리킴.

서 완전히 사라진 것은 아니다. 만일 사라졌다면 누가 말하고 무엇에 관해 말하는지를 어떻게 알 것인가? 소비는 아무것도 창조하지 못한다. 소비자들 사이의 관계조차도 만들어내지 못한다. 그저 모든 것을 삼킬 따름이다. 비록 소위 소비사회에서 어떤 의미작용이 부여되었다고는 하나 소비행위는 고독한 행위이다. 이 행위는 거울효과에 의해서만 즉 다른 소비자 속에서 자신의 모습을 비춰보거나 다른 소비자에 의해 자신의 모습을 보는, 그러한 반영효과에 의해서만 의사소통이 가능하다.

생산관계의 의식과 함께 능동적 창조적, 그리고 넓은 의미에서의 생산적 '인간'이라는 개념과 이미지도 역시 사라지려 하고 있다. 따라서 집합체(총체)로서의 사회라는 이미지와 개념 역시 마찬가지다.

어떤 특정의 해석을 피하기 위해 다음과 같은 사실을 분명히 해 두는 것이 좋겠다. 우리는 지금 윤리적 종교적 기준이나 형이상학적 절대성 또는 신학적 절대성이 사라진 것을 애도하는 것이 아니다. "신은 죽었다"라는 니체와 도스토예프스키의 말은 2천 년 전 그리스의 한 수부가 들었던 "위대한 판(Pan)은 죽었다!"라는 신비한 말보다는 아마 반향을 덜 일으켰겠지만 그러나 강렬하게 울려 퍼진 것은 사실이다. 아마도 우리는 마르크스에게 있어서, 또는 마르크스적 유물론에 있어서 신이 진정 죽었는지를 생각해 볼 수 있을 것이다. 왜냐하면 마르크스는 아무런 충분한 증거 없이 생성의 종말, 행동과 노동의 합리성, 인생과 전체성의 의미를 수락했기 때문이다. 철학은 실현되었는가? 어떤 철학이? 현대성을 평가하고 거기서 타락·쇠퇴·퇴폐의 징후를 간파하는 일이 중요한 것은 아니다. 만일 대양식大樣式(Grand Style)

을 기준으로 삼는다면 타락과 퇴폐 사이에 무엇인들 놓지 못하겠는가? 그런데 베네치아와 같은 가장 큰 작품, 또는 아테네나 피렌체 같은 가장 큰 양식, 한마디로 말해서 도시를 참조로 삼지 못할 이유가 무엇인가? 여기서부터 생기는 판단의 엄격성을 다른 판단들이 참을 수 없다고 판단하더라도 왜 이것을 유지할 수 없는가? 그러나 이것은 더 이상 큰 문제가 아니다. 여기서 우리는 니체의 이 문제제기를 잠시 한옆에 밀어 두기로 한다. 사회 학주의(미세과학에 부여된 전체성의 특혜)를 피하려고 애쓰면서, 그리고 사회학이라는 학문을 비판도 하지만, 그러나 우리의 논의는 사회학적 계열 속에 있다. 예를 들어 오랜 세기 동안 도시는 시골과의 비교 속에서 인식되고 이해되고 평가되었으나, 또 한편으로는 시골을 통해 자연과의 비교속에 평가되기도 했다. 그런데 이런 상황은 1세기 전부터 역전되기 시작했다. 시골은 도시를 참조하여 인식되고 이해되었다. 시골은 침투해 들어오는 도시 앞에서 자꾸만 뒷걸음을 치고 있다. 용어들의 개별적인 무게가 변했다. 도시가 사라져버리는 것은 바로 이 순간에서이다(이것은 도시라는 실체와 사회가 아무런 흔적도 남기지 않고 옛 대립의 지양 속에서 해소되었다는 의미가 아니다). 도시가 참조대상이 된 순간부터 감각적 확실성으로서의 도시는 사라진다. 사람들은 무엇을 참조할 수 있을까?(여기서 '사람들'이란 도시와 농촌 사람들을 모두 가리킨다.) 사회학에 속하는 이 현상들의 총체는 어떤 결과를 야기하지 않을 수 없다. 논리란 따로 떼어놓았을 때에는 참조대상이 될 수 없다는 것을 염두에 두자. 철학자 또는 어떤 특정의 지식인들에게는 그렇지 않겠지만 말이다. 논리란 무엇을 명령하는가? 하나의 메시지가 파괴되지 않기 위해 따라야 할 규칙과 일관성이다. 이것이야말로 모든 메시지에 적용된다. 과학 또는 과학성은 오늘날 참조대상의 역할 또는 일반 법규의 역할까지도 수행한다고 스스로 주장한다. 용어들의 앞뒤를 뒤바꿔 놓은 주장이다. 과학은 원래 현실의 인식이 아니던가? 지식의 형이상학이라는 차원이 아니라면 현실은 결코 과학의 현실이 아니고, 과학성의 현실은 더더욱 아니다.

참조대상으로 남은 것은 무엇인가? 두 가지밖에 남지 않았다. 하나는 고급문화의 수준이고, 또 하나는 아주 보잘것없고 통속적인 수준이다. 즉 철학과 일상성이다. 우리가 철학에 그토록 중요성과 '가치'를 부여했던 이유가 여기에 있다. 우리가 중요하게 생각하는 철학은 그냥 철학이 아니라 메시지로서의 철학, 또는 우주의 이미지와 인간의 이념의 오랜 역사를 통해 정교하게 이론화된 철학이다. 철학의 덧없는 측면들, 예컨대 우연성, 말의 관습과 남용, 철학자들의 은유와 숫자들이 떨어져 나갔다. 반성과 심사숙고가 참조할 수 있는 본질만이 남았다. 철학은 필요하기는 하지만 충분하지는 않다. 가끔 철학자들이 이 필요성을 덕으로 삼기는 했지만 철학이 충분한 적은 한 번도 없었다. 그 앞에 일상성이 있다. 일상성을 참조대상으로 삼는 순간 그것은 참을 수 없는 것으로 된다. 그런데 우리가 사용할 수 있는 유일 한 참조는 가장 높은 문화만이 접근할 수 있는 그런 참조일 뿐이다. 참조 대상들이 사라졌다고 말할 수 있다. 그러나 참조체계에 대한 요구와 그 추억까지 사라졌다고는 할 수 없다.

이런 조건 속에서 무슨 일이 일어났는가? 사회적 관계의 기초로서의 담론(discours)만이 끈질기게 남아있다. 기준도, 사실성도, 진정성도, 객관성조차도 남지 않았다. 이것은 관계들이 그 토대를 잃었다는 의미이다. 의사소통의 형식인 담론은 의사소통의 도구이며 내용이 되었다. 짙어지는 말의 구름 너머로 가끔 숨겨진 내용물, 즉 일상이 언뜻 모습을 드러낸다. 그러나 사람들은 그것을 보기를 원치 않고, 그것을 알기는 더더욱 원치 않는다. 왜냐하면 그것을 인정할 수가 없기 때문이다. 사람들은 그것에 대해서만 말하면서도 결코 또 그것에 대해 말하지 않는다. '그것'이란 욕망이 아니라 일상이다. "여기서 나는 당신 말을 끊겠소."라고, 끼어들 자격이 있는 대담자가 소리 지를 것이다. "당신은 일상에 대해 거의 정신분석학적 용어로 말하고 있다. 당신에게 있어서 일상은 어디쯤에 위치해 있는가? 도처에, 그리고 아무 곳에도 없고, 명백하지만 동시에 눈에 띠지 않는다. 사람들은 일상을 보기를 거부하고 그것을 억누른다. 일상의 언어 속에 일상의 의식이 있다. 이런 식이다. 그렇다면 일상과 무의식 사이에, 그리고 일상과 욕망 사이에 어떤 관계가 있는지 그것을 밝혀보기 바란다."

좋다. 첫 번째 차이점, 그것은 일상의 역사성이다. 후퇴와 진보가 혼합된 일상이 생겨난다. 그것은 역사에서 나오자마자 행위와 관계들의 밑에 깔리는 것이 아니다. 그것은 사회적 또는 사회학적 계열의 사실이나 사실들의 연계이다. 숨겨진 구조, 즉 알리바이의 구조가 있다면, 그것은 일상의 통합된 한 부분을 이룬다. 사고思考가 일상을 잡으려는 순간 곧 그것은 무의식 속으로 도망치고 무너져 내린다. 그러나 모든 부분이 일상의 의미를 띠고 있다. 광고도 그렇고, 행복 또는 만족의 기술, 그리고 조직과 기구들도 그렇다. 게다가 마치 극장 무대 뒤쪽에 출연자 대기소가 있듯이 의식의 밑바닥에 무의식이 있다고 어떻게 단언할 수 있을까? 무의식은 의식 그 자체이다. 다만 자기 고유의 법칙

(또는 구조)을 모르고 있는 상태에서의 의식이다. 이런 의미에서 일상성은 사실 현대성의 무의식이다. 욕망은 무엇인가? 이 의문을 제기하는 심리학자·정신분석학자 및 다른 모든 사람들은 철학적 소양이 부족하다. 욕망은 존재하지 않는다. 철학자들은 그것을 오래 전부터 알고 있었다. 욕망은 '욕망'할 뿐이다. 무엇을 원하는가? '존재'를 가리키는 용어가 하나의 의미를 지니는 한 욕망은 스스로를 원한다. 이것 또는 저것을 원하고 즐기는 것은 시니피에이다. 시니피앙(정신분석학자가 발견했다)은 그런 식으로 도망친다. 그런데 일상은 신문(특히 여성란)의 헤아릴 수 없이 많은 기사들(texts)에 의해 지시된다. 그러나 사람들은 있는 모습 그대로의 일상을 체계화시킬 수는 없고, 단지 일상(그 참을 수 없음)이 폭파해 버릴 한계선에 접근할 뿐이다. 이것이 일상과 욕망을 근접시키는 요인이다. 그런데 욕망은 스스로 소멸될 수도 없고 스스로 목을 조를 수도 없다. 욕망의 본질은 무엇인지, 본질이 과연 있기나 한 것인지조차 우리는 알 수 없다(왜냐하면 욕망은 빠져나가기 때문이다. 그것을 충동적·성적으로 정의하려 하는 순간 그것은 다른 모습, 즉 전체적인 것으로 나타난다. 그러나 그것을 전체성 −권력의지라든가 숨겨진 이성−으로 파악하려 하는 순간 그것은 잔인성·망상·폭력, '타인'의 압류 등 예측 불허의 방식으로 침입해 들어온다). 일상이 욕망의 장소라고 말하는 것인가? 그렇다. 다만 일상은 우선 비욕망의 장소, 욕망의 비非장소라는 것, 거기서는 충만감 속에서 욕망이 죽고 그 재에서부터 욕망이 다시 생겨난다는 것을 특히 염두에 둔다는 조건 밑에서이다. 확실치 않은 질문에 대해 노르망디 식으로 대답을 하자.[3] 그

---

3   긍정도 부정도 아닌 모호한 대답.

렇다. 일상성과 무의식, 일상과 욕망 사이에는 관계가 있다. 그러나 그
건 그렇지 않다. 그건 다른 문제다. 일상성은 사물의 힘을 간직하고 있
는 만큼 사물 쪽으로 기울어 있다. 욕망이라는 것은 말이 안 된다. 그
리고 욕망은 그것의 힘이다…….

　　담론이 구조의 환상 속에서 이미지와 뒤섞이므로 참조대상의 부
재는 더욱더 큰 비중을 갖는다. 이미지 자체가 참조대상으로 보이는
데, 그러나 이미지는 이런 성질을 갖지 않는다(가질 수도 없다). 이미지와
담론은 서로 상대방을 참조한다. 이미지는, 매우 광범위하지만 항상
불확실하고 다양한(시니피앙들의)의미작용의 장을 마련해 준다. 이 의미
작용을 말할 수 있는 것(시니피에로 전환시킬 수 있는 것)은 담론뿐이다. 그
런데 담론은 공간 속에서 둥둥 떠다니고 있다. 담론은 이미지를 지주
로 삼고 있는 듯이 보이고, 이미지 또한 하나의 지주를 필요로 한다. 그
러나 담론은 어디에 기대고 어디에 적응해야 할지 더 이상 알지 못한
다. 좀 더 자세히 들여다보면 시니피앙과 시니피에의 분리가 부분적·
국지적 현상이 아님을 알 수 있다. 평론가의 언어가 분명히 보여주는
방식에서 우리는 이 현상을 확인할 수 있다. 평론가들은 하나의 이미
지 −예컨대 한 장의 사진−가 여러 개의 의미를 가질 수 있다고 말한다.
다시 말하면 평론가는 틀릴 수도 있고, 너무 지나치게 말했거나 반대
로 충분히 말하지 못했을 수도 있으며, '진짜 의미'를 놓칠 수도 있다.
참조대상의 붕괴는 이 분리현상을 일반화시킨다. **상식**('topoi'와 'koina',
사회적으로는 일반 공리)을 제공해 주는 법규와 참조대상이 없으므로 기호
의 두 측면 사이의 연동장치는 확보되지 못한다. 우리는 이미 감각이
박탈된 시니피앙들(우리의 의식과 무의식 속에서 방황하는 이미지들)이 거대하

게 떼를 지어 떠다니는 것에 주의를 환기시킨 바 있다. 예전의 예술작품들은 감각(시각·청각과 감각적 지각)에 제공된 시니피앙의 덩어리였지만, 그것은 떠다니지는 않았다. 전적으로 또는 수동적으로 관객이나 청중만은 아니었던 '관객' 또는 '청중'들은 시니피앙에 시니피에를 가져오고 시니피에에 시니피앙을 갖다 붙이기도 했다. 기호(signe)와 의미작용(signification)의 이 두 측면이 상대방 없이 혼자 있는 것은 한 순간뿐이었다. 잠정적인 부재는 결별이 아니라 부득이한 일이었고, 각자는 각기 자기 길을 가기보다는 서로 상대방을 불렀으며, 사람들은 시니피앙 속에서 시니피에를 찾는 방법, 또는 그 반대의 방법을 잘 알고 있었다. 메시지는 '자유롭게' 재구성되었고, 이미 공인된 참조대상을 참조하면서 잘 알려진 약호에 의해 해독되었다. 기념비, 그리스의 신전, 18세기의 궁전, 요컨대 하나의 작품과 양식이 이런 식으로 지각되었다. 그런데 지금은 참조대상이 없으므로 불확실성의 여백이 메워지기 힘들다. 사람들은 기호의 소비 속에서 시니피앙들을 구별 없이 마구 쓴다. 연결은 아무렇게나, 아무 곳에서나 이루어진다. 부분적인 '체계'는 사용 가능한 시니피앙들을 그런 식으로 사로잡는다. 예를 들면 유행이 그렇다. 사람들은 꽃에 대해서와 마찬가지로 옷에 대해서도 모든 것을 말할 수 있다. 즉 자연, 봄과 겨울, 아침과 저녁, 축제와 초상初喪, 욕망과 자유 등 무엇이든 말할 수 있다. '체계'는 모든 것, 즉 허구적 상상적 전유專有(appropriation)까지도 포함하는 모든 것을 빼앗는다. 우리는 아무것이나 말할 수 있을까? 그렇기도 하고 아니기도 하다. 연결을 떠맡는 것은 권위이다. 권위는 거의 무엇이나 우리에게 부과시킬 수 있다. 어떤 순간에 이르면 더 이상 환원시킬 수 없는 이 '거의'라는 말이 본질적으로 된다는 것은 사실이다.

시니피앙과 시니피에의 재연결 또는 조정이 가까스로 이루어지는 것은 일상생활 속에서이다. 우리는 거기서 살아야 한다. 사람들은 각자 자기가 옳다고 주장하면서 그럭저럭 시니피앙에 시니피에를 부여한다. 이것이야말로 **기호**의 매혹적인 성격을 잘 설명해 주는 현상일 것이다. 덩어리로, 구름으로, 또는 평평한 층으로 떠다니면서 기호들이 우리에게 제공된다. 항상 우리 손이 미치는 범위 안에 있으면서 기호들은 행위로 대체되고, 작품에 대한 흥미는 기호들에게로 옮겨진다.

앞에서 지적된 대체, 이동, 대리 등 매우 복잡한 과정 가운데 특히 흥미 있는 것이 하나 있다. 즉 언어적 관계, 다시 말해서 언어의 형식에 의해, 그리고 이 형식 속에서 형성된 관계가 행위(노동과 분업, 하나의 '작품' 또는 '산물'을 위한 협동 또는 그 속에서의 협동, 감정 등)에 기초한 관계들로 대체된다는 사실이다. 의상·물건·목표 등의 참조물에 의해 상호소통을 하는 그룹들의 활동적 관계 대신 형식적 소통에 기초를 둔 관계가 들어선다. 이때 수단은 목표로, 형식은 내용으로 승격된다. 결국 생산 활동(기업·노조)에 근거를 둔 사회그룹들이 특수화되고 위치가 확정된다. 만일 그 그룹들이 어떤 일반적 신분에 도달하려 한다면 그것은 이데올로기(예컨대 기업의 합리성)의 길을 통해서이다. 거대한 '무정형의' 그룹들, 즉 언어 및 언어적 관계에 기초한 그룹들은 전면적인 수준에서 결여된 그룹을 대체한다. 이 거대한 그룹은 여성·청년·노년 등이다. 그들은 자신들만의 언어를 만든다. 그저 그뿐이다. 이 그룹 안에서는 그저 말하기 위해서만 말한다. 함께('그 안에') 있다는 느낌을 갖기 위해서. 그리고 상호 의사소통을 위해서 이 '그 안에'다. 대상도 목표도 없이 오로지 이 커뮤니케이션 안에서만 구성되는 집단생활을 영위하기 위해서이다. 그것은 말·객설·수다가 지배하는 곳인데, 이 지배는 기회만 생기면 문자 쪽으로 이동한다. 작가들에 의해 기록된 이 언어과잉은 사회—경제적 차원의 필연적 결과를 야기한다. 사무실과 회사원들의 증가, 합리적 유효성과 혼동되는 '진지한' 궤변(규칙의 '결핍'이 아니라 규칙의 회피라고 생각하며) '사생활'을 수상한 존재일 뿐이라고 생각하는 관료집단의 경솔 등이 그것이다. 언어가 사물을 가치 있게 정한다. 그 정도가 아니다. 사물은 명명되고 지시되고 체계화되었을 때만 사회적 존재를 갖는다(서로 상반되는 관점의 단언이다. 물론 하나의 '사물'은 명명되었을 때에만 사회적으로 존재한다. 그러나 이 어법을 법으로, 또는 권위 있는 규칙으로 변형시키는 사람은 가장 위험한 작업, 즉 절대 권력을 정당화해 주는 작업을 수행하는 것이다. 왜냐하면 권력은 '명명하는' 자에게 속한 것이기 때문이다. 어제는 신과 그 대리자였고, 오늘 그리고 내일은 군주와 그 신하들에게 속해 있다. 이쯤 되면 이것은 사소한 동음이의어의 말장난이 아니라 최고의 권위주의에 관한 문제가 된다!).

언어는 스스로의 가치를 약간 떨어뜨리면서 한 시대의 가치를 설정해준다. 동시에 그것은 일상을 만들어 준다. 언어 자체가 일상이고, 또 일상을 빠져나가기도 한다. 언어는 일상의 모습을 드러내기를 거부하면서 일상을 은폐한다. 정반대로 언어는 수사와 상상으로 장식하면서 일상을 베일로 덮기도 한다. 언어와 언어관계는 일상을 거치면서 이런 식으로 일상의 부정이 된다. 담론은 두 겹으로 분리된다. 한편으로는 현실(실천-감각적 또는 사회적)을 실제적으로 분석하는 도구의 역할을 계속하고 이 기능을 완수한다.

담론은 어떤 것을 나타내고(dénoter) 상황을 지칭한다. 그러나 이러한 이유로 담론은 빈약하게 된다. 녹음하는 사람의 방향 설정 없이 녹음되어 나중에 의미론적으로 분석되는 비의도적(non-directif)[4] 인터뷰만큼 이상하고도 의미심장한 것은 아무것도 없다. 두세 개의 형용사가 미친 듯이 반복된다(그건 "나쁘군요", 그건 "좋군요"). 강제를 나타내기 위해서는 두 세 개의 부사면 족하다. 즉 '억지로', '자동적으로', '거기에 있다' '거기에 없다', '그런 식이다' 등이다. 이 똑같은 말들은 강제의 결과·불쾌·실망 등을 아주 빈약하게 함축할 뿐이다. 어떤 단어들은 무엇을 증명한다는 듯이, 또는 미망에서 깨어났다는 듯이 사물들을 가리키는데, 이때 이 사물들은 사물 일반과 혼동되어 있다. 예를 들면 그거(bidule), 거시기(machin)(냉소의 뉘앙스 없이), 또는 그저 단순히 그것(a) 등이다. 자신을 지칭하기 위해서 사람들은 겸손하게 '사람들'(on)이라는 말을 사용하는데 이것은 다른 사람들을 지칭하고 또 개인을 변장시키는 데 아주 유리하다. '우리들'(nous)은 너무 대담한 것으로 여겨진다. 그것은 경솔하게 자신을 내세운다. 일반적인 타인을 가리킬 때는 '그들'(ils)을 쓰기도 한다. 그들이 그것을 했고, 그들이 왔다. '그들'이란 간섭이고 권위이며 행정·관료·권력이다(이것들 앞에서 말들은 스스로를 무장해제하고 앞질러 애원한다). 전유(appropriation)는 어떤가 하면 그것은 훨씬 더 빈약하게 표시되고, 특히 '자기 집처럼 아늑했다…… 그래서……' 같은 몇몇 개의 함축어 속에서만 나타난다. 실질적인 빈곤을 표현하는 말도 빈약하기 짝이 없다. 이제 교외의 전원주택에 사는 한

---

4 도시사회학회 편 『별장주민들』(Les Pavillonnaires, 파리, C.R.U., 1966, t. Ⅱ, N. 오몽) 참조.(원주)

부부로 하여금 모든 강제와 권태를 잊고 교외생활의 놀라운 즐거움과 그들의 상상적인 존재에 대해 말을 시켜 보라. 그것은 마르지 않는 샘처럼 끝이 없을 것이다. 그 부부는 **차가움**(cool)에서 **뜨거움**(hot)으로 넘어간다. 가장 순진한 수사가 펼쳐진다. 도시 또는 도심지에 대립하여(이건 환상이다. 왜냐하면 도시가 확장된 교외는 역시 도시의 일부분이기 때문이다. '별장에 사는 사람'은 여전히 도시인이다. 비록 그가 도시 밖에 위치한 자신의 모습을 보고 스스로 반도시적이라고 생각한다 하더라도 그는 결코 도시사회의 외부에 있는 것이 아니다). 전원주택은 자연·태양·녹음·건강 그리고 자유를 상징한다. 반면 도시와 그 중심은 부자연성·불건전·예속성을 속성으로 갖고있다.

이런 식으로 언어(그 빈약성을 통해, 또는 빈약성에도 불구하고)의 한 가운데에 일상의 하위체계인 '주거환경'(habitat)에 따른 일상생활의 방식과 그 변조가 나타난다. 담론은 감추고, 그와 동시에 드러내며, 자신이 말하지 않는 것을 말한다. 일상은 언제나 주름과 맴돌기로 이루어진 자기 모습을 폭로한다. 몸을 빼내 도망치지 않는 일상성이란 없다. 상상은 이런 기능이 있고, 또 이것을 수행한다. 사람들을 사로잡고 있는 일상 속에서 일상성은 비일상과 대립된다. 일에서 편안함을 느끼는 사람들과 여가를 즐기는 데 익숙한 사람들도 서로 대립된다. 이런 식으로 일상성은 두 겹으로 분리되고, 그 부분 중의 하나는 상상의 존재양식을 갖는다. 가장 일상적인 것은 표상 속에서 일상성을 벗어난다. 교외의 별장에 사는 사람들을 포함하여 많은 사람들에게 있어서 그것은 **사생활**(l'intimite)이다(마치 은밀한 조용함과 고요함 속에서, 또는 아무 일도 일어나지 않는 외진 구석에서, 시간과 공간의 부스러기를 완전히 소유한 채 뜰과 커튼과 휘장과 수많은 물건들에 의해 외부·시선·태양·이웃들에서 빠져나온 듯, 하다못해 가족과도 분리된 듯 상상되고 미화된다). 대형 아파트 단지나 신도시의 주민에게는 다른 현상이 생긴다. 그의 시간표는 명령되고 공식화되고 기능적으로 된다. 그것은 담벼락에, 길가에, 쇼핑센터에, 주차장에, '서비스센터'에, 버스 정거장이나 지하철에 쓰여 있다. 별장 주인은 독백을 하고, 신도시의 주민은, 도처에 존재하면서 아무 곳에도 없는 권력·국가와 대화한다. 이 주민은 지혜의 언어를 말하는데, 그것은 결국 누군가에 의해 조작된 지혜여서, 이것은 항상 더 많은 것을 요구하고 따라서 언제나 더 많은 규정을 불러들인다. 한쪽 ─ 별장주민 ─ 의 합리적 망상에 다른 쪽의 망상적 합리성이 대응한다. '대단지'의 주민에게 있어서 상상이란 그의 소비와 시간의 활용을 정당화해 주는 명령들의 합리성이다. 일상의 한가운데에 숨겨진 '사생활'의 일상성은 정해진 날·주·달 동안 이루어지는 덧없고도 재빠른 피로회복과 같은 것이다. 모든 사람들에게 있어서 인생의 의미는 의미가 박탈된 인생이다. 자기실현을 한다는 것은 줄거리 없는 인생, 완벽한 일상성을 갖는다는 의미이다. 또는 그러한 인생, 완벽한 일상성을 갖는다는 의미이다. 그것은 또한 그러한 인생, 그러한 일상성을 가능한 한 바라보지 않고 거기서부터 도피하는 것을 뜻하기도 한다.

강조해야 할 주의사항이 여기에 있다. 만일 우리가 현실을 고정시키고 이 굳어진 카테고리 속에 생각을 고정시키면 우리는 서로 대립되는 하나의 도표를 볼 수 있게 된다. 투명한 관계 속에서 각 항목은 다른 항목을 참조한다. 휴식이 노동과 대립된다. 일상성은 휴가와 대립된다. 만일 우리가 이 고유의 카테고리 속에 우리의 생각을 고정시키기를 그친다면, 한 번 더 우리는 각 항이 다른 항에 알리바이를 제공한다는 사실을 알아차리게 된다. 여가는 노동에, 그리고 노동은 여가에 알리바이를 제공한다. 출발과 일상에서의 단절(바캉스)은 일상성의 알리바이가 된다. 그리고 그 반대도 사실이다. 이 두 전망 사이에는, 정적靜的인 반성에서부터 사고思考에 이르기까지, 또는 구조주의적 이데올로기로부터 변증법적 이성에 이르기까지의 차이가 있다.

그러나 도시(중심 혹은 중심의 주변) 주민들의 경우를 잊지 말자. 오늘 비록 가난해도 그들은 특혜 받은 사람들이다. 내일, 다시 말해서 몇 년 안가서 도시들(파리, 뉴욕)의 중심은 아마도 우연한 경우를 빼고는 돈과 권력이 있는 소수의 특권자에게 속할 것이다. 그들(오늘날의 도시주민들)의 일상성과의 관계는 주변인들(교외에 사는 사람·별장 주민·새로운 주택단지의 주민들)이 본의 아니게 맺는 관계와는 판이하게 다르다. 소유가 강제와 균형을 이룬다. 가난해도 그들은 과거의 혜택을 입고 있으며 그들의 주도권의 여력은 상당히 넓다. 그들 주위에서 도시의 상상적인 생활은 주변의 상황에서보다 훨씬 덜 허구적이고 덜 실망스럽다. 기념비적 건물들, 거리에서의 마주침, 감각적 실천(pratico-sensible)과 분리되지 않은 수많은 다양한 활동들이 이들의 존재를 떠받쳐준다. 도시적 상상은 시간과 공간의 전유를 고양시켜 준다. 도시 주민들은 시니피에와 별로 유리되지 않은 수많은 시니피앙들을 언제나 사용가능한 것으로 갖고 있으면서, '중심성'을 전유하고 있다. 서민 언어의 노골성, 활기, 그 풍요로움을 문득 발견할 수 있는 것은 파리 중심가의 어떤 거리에서이다. 앞으로 당분간은 그럴 것이다……

옛 도시의 중심지에서는, 특히 사회적으로 성공한 특별한 지역(파리에서는 생라자르나 생미셸, 생제르맹 데 프레, 샹젤리제 등, 밀라노에서는 돔 광장의 갈레리아, 뉴욕에서는 타임스 스퀘어에서 센트럴 파크에 이르는 지역) 에서는 단지 옛날 생활이 그 양식의 흔적과 함께 연장되고 있는 것일까? 옛날의 생활은 일상의 침입에 대해, 또는 형태학적으로 인구가 폭발하는 도시 주변, 별장 지역과 신도시, 신 주택단지 안에서의 일상의 완벽한 실현(감히 이렇게 말해도 된다면)에 대해 단순히 향수에 의해서만 수동적으로 저항을 하고 있는 것일까? 거기서 우리는 어떤 약속, 어떤 예고를 볼 수 있지않을까?

의심의 여지가 없다. 하나의 현상이 다른 현상을 배제하지는 않는다. 향수는 약속을 떠받쳐주지 않지만 그것을 금지하지도 않는다. 이 특혜 받은 장소에서 잠재적 도시사회의 배종胚腫인 '도시성'(l'urbain)이 유지되고 또 확인된다. **뜨거움**의 양식(style hot)이 거기서 보존되고 또 아마도 자신의 승리를 준비하고 있는 것 같다. 거기서는, 도시의 효용가치가 돈으로 환산되는 가치(관광객 또는 고객을 상대로 하는)보다 우세하다. 뜻밖의, 그러나 이 테두리 안에서 예견할 수 있는 만남들이 수없이 증가한다. 만남들은 일상성을 연극적으로 만든다. 대화들은 의미를 갖고 있고, 사람들은 무엇에 대해, 또는 왜 말하는지를 안다(그러나 어느 정도까지 만이다). 오랫동안 억제되어 왔던 잠재적 폭력이 거기서 폭발된다. 정보들이 보태어지고, 쌓이고, 그러다가 갑자기 새로운 것이 생겨나려 한다. 놀이는 옛날의 형태들을 되살리거나 가끔은 새로운 것을 고안해 내기도 한다. 과거의 형태를 사로잡아 거기서 새것을 끄집어내기 위해 과거의 형태로 향하는 이 향수 어린 회귀는 매우 역설적이다. 19세기의 소시민이 아마도 원치 않았을 가구들로 장식된 소박한 아파트, 그리고 과거의 소작인 집이나 농가 같은 것들이 오늘날 높은 지위(haut standing)의 상징이 되었다. 다시 말하면 스노비즘(snobisme)이 되었다.

우리는 **도시성**을 일상성에 대해 잠재적으로 승리하고 있는 효과적인 저항으로 예고할 수도 있다. 우리는 도시성에만 테두리를 둘러 그것을 다른 것과 구별할 수도 있다. 그러나 그것을 강제들 위에 위치한 상상 또는 관조와 소비의 대상인 기호체계로 간주해서는 안 된다. 다시 말하면 쫓겨나고 타락하고 기능화되고 구조화된, 요컨대 '특수화된' 일상성을 효과적으로 극복하는 '어떤 다른 것'으로 생각해서는 안 된다는 것이다. '도시적인 것'을 가능한 참조대상으로 생각 할 수 있을까? 이때 '도시적인 것'이란 구체적인 땅 위에 그려져 있거나 상징과 기호들로 구현되어 있는 형태학적 도시가 아니고, 예전에 있다가 사라져버린 전통적 도시는 더더욱 아니다. 그것은 도시적 삶이며 사회다. 우리는 이 가설을 자신있게 주장할 수 있다. 그러나 거기에는 하나의 위험이 있다. 도시성(l'urbanité) 또는 '도시적인 것'의 조건은 무엇인가? 그것들의 물질적 기초는 무엇인가? 그 이론적 근거는? 우리는 그것을 아직 모른다. 앞으로 알 것 같지도 않다. 지금으로서는 새로운 실체, 새로운 플라톤적 관념 또는 본질을 선언하는 일은 피하자. (도시사회를 지향하는) '경향'이 해명되고 이론적으로 개념이 정립되지 않는 한 유보를 간직할 수밖에 없다.

가상의 심연에서부터, 다시 말해 일상의 한가운데에서 가장 좁은 의미의 특수한 일상성이 따리를 틀고 있는 그 구멍에서부터 고독의 외침소리가 들려온다. 끊임없는 소통 속에서, 또 정보의 홍수 속에서 생겨나는 불가능한 고독이다. 사실상의 소통은 가능-불가능이 되었고 강박증과 고통이 되었다. 매순간 가능하나, 그 조건이 충족되지 않으므로 불가능하다. 사람들(개인과 그룹들)은 참조대상 없이도 서로 소통할 수 있는가? 그들은 참조대상을 통해서만 상호소통을 하는 것이 아닐까? 만일 반박의 여지가 없는 참조대상이 그들 주위에 하나도 나타나지 않는다면 그들은 다른 곳에서 허구적인 보잘 것 없는 참조대상을 취하려 하지 않을까? 이의제기의 여지가 없는 것으로 간주되는 기호들의 장(건전한 상식만이 아니라 음악·노래·몸짓·의식의 방법·얼굴들)이 더 이상 이 역할을 맡지 않는다면 누가 그것을 떠맡을 것인가? 그것은 반드시 떠맡아야만 할 역할이다! 단순히 개인들이나 몇 명의 개인들(크고 작은 그룹)이 현전現前해 있을 때(또는 부재중일 때)만이 아니라 사회 전체의 차원에서 필요하다. 수준 높은 의식의 소유자는(냉소가 날개를 펴도록 하지 말자. 실제로 이것은 가장 통찰력 있는 반성 능력과 정신적 사회적 현상 전체에 대한 끈질긴 성찰이다) 만일 언어가 참조할 대상이 더이상 없다면, 그것은 언어자체가 자기 고유의 참조대상이 되었기 때문이라는 것을 안다. 수준 높은 의식의 소유자는 다음과 같은 것을 모르고 있거나 모르는 체하고 있을 뿐이다.

　　a) 자신이 스스로의 내면으로 들어와 자기고유의 언어를 사용하고 남용할 자세가 되어 있다는 것.

　　b) 자신의 길을 개척하거나 아니면 대중적 의식의 길, 곧 일상성의 길을 따르고 있다는 것.

　　문학에서는 이 움직임이 일찍이 19세기 중반에 예고되었다(대혁명의 실패, 초기 자본주의의 공고화, 상품의 세계 또는 돈의 위력이 떨치는 세계의 확장 등). 우리는 세 단계를 구분할 수 있다.

a) **말의 연금술**(보들레르에서 조이스에 이르기까지 질곡에서부터 해방된 시인의 말과 담론은 일상을 변형시키고 현실을 위반하고 또 변형시키기에 충분하다).

b) 다른 현실로서의 언어(첫 번째의 물질적 사회적 자연에 중첩된 다른 자연으로서의 시('따뜻한' 서정주의, 초현실, 초현실주의, 표현주의, 미래주의, 입체주의 등).

c) 실재로서의 형식(순수한 상태의 글쓰기, 냉담하고 엄격한 세계의 산문, 예를 들면 '누보 로망', 일반적인 신형식주의, 구조주의로 자처하는 문학 등).

이것은 철학에서도 포착할 수 있는 운동이며 다음과 같이 서로 연계된 단계를 거친다.

a) 헤겔 및 그 추종자들과 함께 철학적 이성(Logos) 즉 절대이성의 표현으로 간주되는 언어에 대한 고찰, 절대이성은 하나의 내용과 연결된 지고의 주체이고 이 내용의 형식(객관적 또는 형이상학적)임.

b) 철학적 언어에 대한 고찰, 다시 말해서 철학의 본질로 간주되는, 철학자들의 유산이며 유증인 어휘들에 대한 고찰(철학적 용어와 의미론과 어휘를 전면에 놓기).

c) 철학으로서의 언어(양극화되어 있는데, 한쪽은 논리적 실증주의, 또 한쪽은 하이데거의 기초 존재론).

결국 철학의 밖, 과학적 인식 속에서 서로 관련이 없지도 않은 채 다음과 같은 일이 일어난다.

a) 특수화되고 세분화된 과학언어 다듬기(19세기 중반 이래).

b) 언어의 일반적 메타과학(실증주의적 과학주의)과 분리된(세분화된)

과학의 메타언어를 찾으면서 이 언어들을 고찰하기.

    c) 언어과학을 모든 과학, 모든 인식의 원형으로 변형시키고 인식론을 체계적이고 엄격한 인식의 형식과 모델로 승격시키며 또 실존, 실재, 관념성(intelligibilité)의 전형으로 승격시키기(이론과 실제의 면에서 동시에, 왜냐하면 정보 및 커뮤니케이션 과학이 과학 중의 과학, 또는 '몸소' 사회학적 실재를 자처하므로).

    이 삼중의 운동은 매우 인상적이지 않은가? 이 삼중의 운동에 의해 정신의 구조가 떠오르는데 이 구조는 동시에 사회적 구조(그리고 사회의 상부 구조)이고, 실로 이데올로기이며 제도이다. 이 사회는 기능주의적·형식주의적·구조주의적이다. 이 사회는, 각기 따로 떼어져 철학이라는 부가물과 함께 해석되는 기능·형식·구조의 개념들에서부터 자신의(이데올로기적) 표상을 끌어낸다. 자기 고유의 기능의 개념에서부터 출발하여 이 사회가 스스로에게 부여하는 표상들(이데올로기들이 관념의 시장에 제공하고 던지는 표상들)은 끝이 좋지 않다. 궁지·생선 꼬리·탁한 물로 그치고 만다. 한 사회는 형식·기능·구조들의 총화가 될 수는 없다. 마르크스가 계급으로서의 부르주아지의 지배 이데올로기와 사회적 실천, 그리고 개인주의를 분석하던 시절의 사회가 일사불란한 개인들의 총화로서 구성될 수 없었던 것과 꼭 마찬가지다. 이 사회를 이해하기 위해서는 세 개의 개념을 사용해야 하는데, 그 세 개의 개념 중 어느 하나에도 특권을 부여하거나 그것들을 일반화시키지 말고 똑같은 자격으로 사용해야 한다. 열쇠가 되는 이 세 개의 개념에 의해 이 사회를 분석하는 것은 또 다른 분석으로 우리를 인도하는데, 이 분석은 일상성-현대성이라는 서로 연결된 두 개념에 의해 여기서 수행될 것이다. 따라서 우리는 위에서 언급된 개념들에 의해 얻어진 실천의 중요성의 동기와 그 개념들의 이데올로기적 중요성의 이유를 다시 발견하게 된다. 분석은 이 사회가 자신에게 어떤 명령을 내리고, 자신을 어떤 모습으로 바라보는지를 이해할 수 있게 해 준다. 그리고 또 이 사회가 자신의 구성적 관계들을 재생산하는 방법도 이해하게 해 준다. 이 구성적 관계들은 이상하게 허약하면서 동시에 견고하고, 또 덧없음과 이동성의 물신숭배(현대성) 밑에서 유달리 확고부동하다(일상적이다). 이 모순의 해결은 역시 지속적인 것과 덧없음이 화합하고 있는 언어의 차원에서 이루어질 수밖에 없는 듯이 보인다. 이 사회는 담론에 의해 유지되고 기능을 수행한다. 거기서부터 담론의 세 양상이 삼중으로 떠오르는데 그것은(철학적) 반성, 과학, 문학적 또는 그 외의 수사에서다.

이 삼중 운동의 동기·원인·이유 등을 진술하고 이 세 양상 사이의 동질성을 제시하는 것은 여기서 우리가 할 일이 아니다. 현대세계의 이데올로기 및 사상의 역사는 다른 장章에서 다룰 것이다.[5] 지평선을 닫기보다 열기 위해서는 기존의 지식(특히 언어의 수준 및 차원 분석)을 활용하는 것만으로 충분할 것이다.

---

5   특히 『현대성 서론』(Introduction à la modernité, éd. de Minuit), 그리고 Arche에서 출판된 『일상생활 비판』제3권 참조.(원주)

2. 메타언어(métalangage)

메타언어의 이론은 논리학자·철학자·언어학자들의 탐구(그리고 이 탐구들에 관한 비판)를 기초로 하고 있다. 다음과 같은 정의를 상기해 보자. 메타언어는 하나의 메시지(기호들의 조합)로 구성되어 있다. 그런데 이 메시지는 자신과 다르거나 또는 같은 한 메시지의 코드를 따르고 있다. 담화자가 자기 코드의 일부를 발설하는 순간 거기에 메타언어가 있는 것이다. 비록 그것이 한 단어의 정의 또는 한 의미의 설명을 위해 앞서 한 말을 다시 되짚어보는 경우에라도 그렇다. 다시 말하면 메타 언어란 담론에 대한 규범적, 현행적現行的, 본질적인 기능이다(R. 야콥슨). 담론에 대한 담론이며 두 번째 등급의 담론인 메타언어론 안에서 나타난다. 만일 코드에 대한 선행적 의사소통이 없다면, 다시 말해 메 타언어가 없다면 담론도 있을 수 없다. 메타언어는 언어학습의 일부분이다. 철학적 은유를 다시 한 번 들어본다면 메타언어라는 장갑이 언어를 감싸고 있다고 할 수 있다. 언어학자 자신은 무엇을 하고 있는가? 그는 암호문을 해독하고, 이 작용을 체계화한다. 언어학은 스스로에 게 인식론적 신분을 주면서 언어 위로 우뚝 솟아오르는 메타언어이다. 언어의 사용, 다시 말해서 담론보다 앞에 있으면서, 동시에 메타언어 는 그것들의 뒤에 있기도 하다. 메타언어는 담론의 조건 또는 반성으로서 담론을 감싸고 있다.

언어학자들이(말, 담론의 내용, 사회적 맥락 등을 괄호 안에 넣으면서) 정당하게 수행하는 환원은 그들로 하여금 형태로서의 언어의 한가운데에 자리 잡도록(내재성의 원칙) 허용해 준다. 문맥을 복원하면서 사회학적 분석은 형식들, 언어의 기능과 구조, 수준과 차원들, 부차적 체계들 혹은 (코노테이션의) 하위체계들이 형식화된 체계 혹은 디노테이션 체계들 안에 서 다르게 나타나는 모습을 보여준다. 이러한 분석을 아마도 언어학자는 '초언어학'이라고 부를 것이다. 다시 말하면 '초과학적'이라는 의미이다. 예를 들어서 내가 마르크스는 어떻게 해서 교환과 교환가치를 처음에는 형식(특수한 환원에 의해 끌어내어진)으로, 다음에는 논리·언어·사물과 의미의 이중의 연쇄 고리로, 그리고 마침내는 '세계'로 간주하게 되었는가를 보여준다면, 또 마르크스는 옳았고, 가끔 잘못 이해되기는 하지만 『자본론』의 초반부는 특히 주목할 만하다고 단언한다면, 나는 어떤 사람들이 보기에는 비과학적인 행동을 하고 있는 것이다. 나는 이데올로기 또는 주관적 철학 속에 몸을 내맡기는 것이 된다. 그런데 과학성을 행동의 규칙으로 승격시키고, 다른 모든 방법의 과학성에 이의를 제기하는 것은 한 전문 분야의 권리를 침해하는 것이 아닐까? 만일 사회학적 방법이 어떤 언어학자에게 부합하지 않으면, 그 언어학자가 틀렸다고 한다. 그러나 이것을 판단할 재판소는 존재하지 않는다.

그러니까 사회적 맥락의 복원은 변증법적 운동을 회복시킨다. 만일 내가 교환, 교환가치와 상품의 형식만을 검토한다면 나는 그 형식의 논리, 무한한 확장 가능성, 그것의 언어와 세계만을 분리시키면 된다. 외관상 엄격한 듯이 보이는 이 방법은 오류를 내포하고 있고, 날조되었다고까지 말할 수 있는 표상을 포함하고 있다. 사회노동과 그 안에 형식이 삽입된 문맥을 설명해 주는 변증법적 분석, 오로지 이 분석만이 구체성에 도달할 수 있다. 다시 말해서 구체성이 포함하고 또 발전시키는 운동과 갈등에 도달할 수 있는 것이다. 예를 들어 내가 상품의 세계를 부_富로, 그 세계의 확대를 성장으로 간주하는 추상적인(in abstracto) 연구를 한다면 나는 다른 '세계들'의 존재, 즉 과거의 도시국가, 가능한 대도시, 교환가치의 상품이 지배하는 세계에 앞서 있던 세계, 또는 뒤따라올 세계들이 이 세계에 부과하는 한계들을 잊는 것이다. 그런 식의 방법을 통해, 아주 편안한 마음으로(마르크스의 사상을 잊고, 또 그것을 배제한 채) 나는 상품에 대한 메타언어를 구성한다. 나는 현대성과 일상성의 드라마 중에서 가장 격렬한 것은 괄호 안에 넣기로 한다. 게다가 이 '과학적' 침묵은 소위 저개발국과 사회주의의 국가들을 '자유'세계(상품이 자유롭게 펼쳐지는 세계)에 편입시키려는 전술을 간접적으로 정당화해 준다. 그런 상황 속에서는, 소위 **과학**이라는 것이 **현실**에 대해서 아무 말도 해주지 못한다. 메타언어는 무해하거나 순진무구한 것으로 간주되어서는 안 된다!

변증법적 운동의 복원은 – 언어학자가 수행하는 정당한 환원과 형식화에 비해 볼 때 –언어학자가 짐작도 할 수 없는 대립들을 보여준다. 다시 한 번 말하거니와, 그것은 언어학자의 권리이다. 그러나 그는 이 대립들을 백일 하에 드러내는 일을 금지할 권리는 없다. 참조기능과 메타언어적 기능 사이에는 대립이 있다. 메타언어의 기능이 참조기능을 부식시키고 그 자리에 대신 들어선다. 참조대상이 희미해지면 질수록 메타언어의 중요성이 증가한다. 언어와 담론이 자신을 참조대상으로 자처할 때 메타언어의 지배가 시작된다. 메타언어는 담론에 대해 두 번째 등급(가끔 세 번째 등급)으로 작용하면서 참조대상을 배제하고 해체시킨다. 그와 반대로 하나의 참조대상이 사라질 때마다 메타언어의 확대(특정분야 속으로의)가 예고된다. 그래서 메타언어는 참조대상이 부여된 언어의 속성을 언어에 주면서 언어와 대체된다. 여기서 떨어져 나가는 참조대상들은 시니피앙들을 해방시키는데, 이 시니피앙들은 끌어내어지고 분리되어, 결국 누구나 마음대로 사용할 수 있는 물건이 된다. 메타언어는 이 시니피앙들을 낚아채어 그것들을 '두 번째 등급으로' 사용한다. 이 사용은 참조대상들을 해체하는데 기여하고, 메타언어는 차가운 빛(cool의 장르) 속에서 군림한다.

여기서 우리가 주장하는 것은 사회생활·문화·과학 속에서의 언어와 담론에 대한 대강의 구도가 이상하게 모호하다는 것이다. 우리가 전면에 내세우는 것은 메타언어이다. **메시지**의 개념(커뮤니케이션의 추상적 이론 속에서 형식적으로는 엄격한)은 좀 더 엄격한 비판을 거쳐야만 한다. 가짜 사건·가짜 뉴스·가짜 새로움이 있듯이 가짜 메시지도 있다. 가짜 제품 또는 자칭 작품도 있다. 작품들(철학·예술·문학)이 마치 수학과 자본처럼, 비본질적 요소에 의해서만 작동이 중지되는 축적의 법칙에 종속되어 있다고 주장하는 것은 합리주의적 망상일 뿐이다. 수많은 메시지들은 사실상 메시지의 환상들일 뿐이다. 그것들은 옛날의 메시지들을 해독한다. 담론에 대한 담론이다. 그리고 그것들은 재귀성에 의해 작업을 수행한다. 그 메시지들은 주석으로서, 또는 역사적 '반성'으로서는 받아들일 만하다. 그러나 그 메시지들이 참조를 거부하고 참조를 어둠 속에 몰아넣는 한, 그리고 그들 자신의 역사성의 거부를 지원하는 한에서는 그것들을 수락할 수 없다. 가장 '결백한' 경우는 ― 이런 경우는 자주 있다 ― 보이지 않는 인용문들로 이루어진 책의 경우일 뿐이다.

우리는 여기서 출발점을 찾고, 현대성에 대한 철저한 비판의 실마리를 찾는다. 이 비판은 물론 호의적인 편견, 관심 있는 사람들의 흥분된 열광, 그리고 변호론자들이 만들어내는 표상들과 맞닥뜨리게 될 것이다. 모든 독자가 매일 아침 매주일 신문 속에서 읽는 자기만족 및 자기 축하와 이 철저한 비판 사이에는 정확한 중간이 있을 수 없다. 전부 아니면 전무 全無일뿐이다. 20세기의 중반기에 관해서 우리는 19세기 중반기의 지배적 표상(이데올로기)이었던 개인 및 개인주의의 분석 속에서 마르크스가 포착한 것과 비슷한 비판의 원칙을 지키려 한다. 만일 언어에 대한 관심이 무대 전면을 차지하고 있다면, 그것은 사람들이 자기도 모르는 사이에 언어에서 메타언어로 옮아갔다는 것을 의미한다. 이 '사람들'에게 그들의 편안한 양심이 속삭인다. "거기에 본질이 있군! 바로 그거야. 우리의 문제제기는 시사적時事的이면서 동시에 영원한거야……." 근본적 비판이 이에 답한다. "당신은 중복의 우를 범하고 있군. 환상에서 진실로 넘어간다고 주장하고 있어. 진실의 체계는 언어와 함께 사방에서 당신을 뒤덮겠지. 그리고 진실의 침입은 곧 임박하겠지. 그러나 그렇지 않아. 유럽에서 1세기 훨씬 전부터 혁명들이 실패하고 있고, 산업생산에 내재하는 창조력이 희미해지고 있으며, 삼켜버리는 쪽에 강조점이 주어지는 현상들이 결코 중요하지 않다고 말할 수 없어. 그리고 당신을 그토록 자랑스럽게 만드는 그 관심들도 커다란 문화적 번영을 가리키는 것은 아니야. 오히려 그것들은 뿌리에까지 이르는 근본적인 위기의 지표가 아닐까……."

여기에 몇 개의 지표가 있다.

a) 작품들. 기억 또는 인식과 마찬가지로 축적의 법칙에 속해 있

는 듯이 보이는 그 작품들 중에서 몇 개나 그들의 '메시지'를 메타언어에 의존하고 있는가? 작품들의 상당부분, 그리고 저항하는 작품들의 명백한 기여 중 상당부분이 그러할 것이다. 그것은 좀 더 열등한 작품, 즉 원형의 복사나 모방 같은 작품들일까? 전혀 그렇지 않다. 그것은 정확히 아주 위엄 있고, 모범이 될 만하고, 극히 독창적이거나, 표현적이거나 의미심장한 것으로 여겨지는 작품들이다.

예를 들라고? 예는 얼마든지 있다. 그 중의 하나가 피카소이다. 그의 위대성에 걸맞은 무례함으로 다음과 같이 그에게 직접 말하지 못할 이유가 어디 있겠는가? "파블로 피카소! 당신은 현재 가장 위대한 예술가이고, 세계 전체에 알려져 있으며, 칭송받고 있다. 당신의 영광이 얼마나 당신을 불안하게 하는지는 누구나 알고 있다. 당신은 영광을 어떻게 생각하고 있는가? 그 사람들이 당신의 천재성 앞에서 고개를 숙인다고 정말 생각하는가? 결함·속임수·과오는 어디에 있는가? 당신은 마르크스가 어떻게 살았고 어떻게 죽었는지를 아는가? 그리고 오늘날 그의 사상 자체 안에서, 더 이상 환원되지 않는 요지부동의 이론을 어떻게 찾아야 하는지 아는가? 마치 목마른 자가 샘물을 찾듯이 당신이 혁명을 찾았다는 말이 사실이라면 왜, 그리고 어떻게 당신의 작품은 기존 사회에 흡수되고, 동화되고, 통합되었는가? 당신의 작품은 무엇을 증언하는가. 혁명인가, 아니면 혁명의 실패인가? 파블로 피카소, 당신은 누구인가, 그리고 어디에 있는가? 당신의 화폭 속에서 사람들이 알아보지 못하는 것은 무엇인가? 벨라스케스, 스페인 회화와 흑인 예술, 그리스 정신, 지중해, 미노스 시대의 황소, 그리고 그 외 무엇인가? 당신에게서 도망가는 대양은 없을 것인가? 당신은 한 개인 속에

파블로 피카소(Pablo Picasso)의 작품「화가와 그의 모델」

파블로 피카소, 당신은 누구인가? 당신은 한 개인 속에 실현된 상상의 박물관이다. 당신은 한 세계를 마감했다. 여기 당신 앞에 해체되고 망가져 산산조각이 난 수세기가 있다. 참으로 멋진 속임수의 놀이이다. 당신은 인생의 말년에 정상에 도달했다. 그것은 당신의 주제, 곧「화가와 그의 모델」이라는 주제를 당신이 이해한 순간이었다.

실현된 상상의 박물관이다. 당신은 한 세계를 마감했다. 여기에 그 결산과 목록이 있다. 여기 당신 앞에 해체되고 망가져 산산조각이 난 수 세기가 있다. 참으로 멋진 속임수의 놀이다. 당신은 인생의 말년에 정상에 도달했다. 그것은 당신의 주제, 곧 화가와 그의 모델이라는 주제를 당신이 이해한 순간이었다. 그때 당신은 슬픈 기쁨, 고요한 기분, 자신에 대한 잔인성으로 당신이 말해야만 했던 것을 말했다. 당신은 그림을 언어로서, 기호의 집합으로서, 또는 글자로서 밝혀냈다. 당신은 모든 것을 다 말했다. 어떻게 자기가 그린 것과의 관계 속에서 화가가 번갈아가며 찬양과 경멸, 애정과 잔인, 감탄과 실망, 존경과 조롱을 할 수 있는가? 모델이란 단순히 여자가 아니라 세계이며, 예술 전체이다. 이 20여 점의 그림이 매우 고맙다. 환희에 찬 파괴와 신성모독적인 자기 파괴를 보여주어 매우 고맙다……"

이런 이야기를 또 누구에게 할 수 있을까? 혁명의 또는 사랑의 메타 언어를 만들고 사용한 사람들에게? 철학에서는 좀 더 간단한 문제이다. 낡은 철학을 연장시키려 하는 사람들의 주제·문제·카테고리들은 이 철학의 역사와 너무나 착잡하게 뒤섞여 있어서 아무도 그것을 풀 재간이 없다. 고작해야 이 철학자들은 플라톤, 스피노자, 피히테 등이 '깊이' 생각했던 것을 드러내 보여주는 데 불과하다. 그들은 마치 사람들이 시에 /글해, 또는 시 /속에서 시를 쓰듯이, 그리고 소설(또는 소설가)에 대해서 소설을 쓰듯이, 또 연극에 대해 연극을 하듯이 그렇게 철학에 /대해서, 또는 철학 /안에서 철학을 한다. 도처에 담론에 대한 담론이 있다. 이것은 두 번째 등급이고 '차가운 것'이고, 자신의 환상을 곁들인 메타언어이며, 자신을 새로운 것으로 자처하는 반영이다.

조르쥬 페렉의 소설 「물건들」

스스로 반영·차가움·백색·파괴적 또는 자기 파괴적이라는 것을 알 때 오히려 이것은 가끔 어떤 새로움을 가져다준다.

우리의 대담자는 더 이상 참지 못하고 화를 내며 다음과 같이 말한다. 그가 그러는 것도 무리는 아니다. "중상 비방을 잘도 하시는군! 당신 앞에서는 남아나는 게 없어. 아무것도 당신 눈에 드는 게 없군." 그건 질문이 아니다. 그런 식으로 제기된 것은 결코 질문일 수 없다. 유일한 문제는 논증이 쓸 만한 것인지, 그것이 무엇인가를 설명해 주는지, 또는(대상·객관적 목표, 주체들 속에서, 다시 말해 효과적인 전술 속에서) 무엇인가를 복원하고 장악하고 있는지를 아는 것이 중요하다. 게다가 질문은 정확하지도 않다.

지평선 속에, 그리고 철저한 비판으로 뚫린 길 위에 작품들이 존재하고 또 살아남아 있다. 그것들은 무엇인가? 일반적으로 오랫동안 좀 쳐지는 것으로 여겨졌던 작품들인데, 모두 일상성을(직접 또는 간접적으로) 다룬 것들이다. 가끔은 거론할 가치조차 없는 일상성을 그 모습 그대로 보여주고, 또 그것을 정면으로 묘사하면서 말이다. "그런 작품들을 들어보시오!" 여기 몇 개만 들어보면 『위부 왕』(Ubu)[6], 『밤이끝날무렵의 여행』(Le Voyage au bout de la nuit)[Louis-Ferdinand Céline의 소설, 1932년], 『내일은 개들이』(Demain les chiens)[미국인 Clifford Simak의 SF 소설, 원제는 City, 1952년], 『화산 밑에서』(Sous les volcans)

[미국인 Malcolm Lowry의 컬트 소설, 원제는 Under the Volcano, 1950년],『순진한 제비들』(Naives Hirondelles)[Rolan Dubillard의 희곡, 1962년],『탈출』(L'Extricable) [Raymond Borde의 소설, 1962년],『물건들』(Les Choses)[Georges Perec의 소설, 1968년] 등이다. –"당신은 함부로 예를 드는군! 무슨 얘기를 하고 있는 거요?" –"내 마음에 드는 사람들 얘기요. 당신이 그들을 모른다니 유감이군……. 그러나 이 리스트가 완벽한 것은 아니라오. 마음이 내킨다면 그걸 완성해 보시구려!"–"당신은 제자리걸음을 하고 있군. 일상성이 문제였고, 당신은 현대문학과 예술을 혹독하게 비난하면서 길을 떠나지 않았는가. 그런데 다시 일상 쪽으로 되돌아오고 싶어하다니. 위부 왕이 일상에 관한 이야기라고 주장할 생각은 아니겠지?" – "왜 아니겠나, 바로 그것이네, 당신한테는 자기기만의 기미가 약간 보이는군, 당신은 위부 왕이 아버지, 수장首長(사무실의 장을 포함하여), 사장, 주인 등 여하튼 일상성 속에 모습을 보이는 모든 것이라는 사실을 잘 알고 있겠지. 위부 왕은 일상을 현대성에 연결해 주고 있어. 이 허풍, 이 재담, 이 경박한 문학이 왜 당신과 나, 아니 당신과 나만이 아니고 많은 사람들을 사로잡는지, 왜 이것이 눈에 두드러지게 보이고, 왜 금세기가 위부 왕의 세기가 되었

---

6   알프레드 자리(Alfred Jarry, 1873~1907): 프랑스의 시인 극작가로서 희곡『위부왕』(Ubu-Roi, 1897)에서 근대인의 우둔, 허영, 비열 등을 통렬히 풍자하여 전위극의 선구가 되었다. 세기말적 데카당에 빠져 세상의 인정을 받지 못하고, 빈곤에 허덕이다가 정신병원에서 죽었다. 사후에 아폴리네르, 브르통 등이 그의 재능을 인정했다. 시집에『모래로 재는 시간, 또는 비망록』(Les Minutes de sable: Mémorial, 1894), 소설『절대적 사랑』(L'Amour absolu, 1899) 등이 있다.

알프레드 자리의 희곡 「위부 왕」의 일러스트레이션

느지를 당신은 어떻게 설명하겠나? 자리(Jarry)는 이름 붙일 수 없는 것에 이름을 붙이고, 진흙의 조각상을 세우고, 미천함을 위한 기념비를 하나 세우는 데 성공했네. 게다가 그 작품들은 철저한 비판도 받았지. 그것들은 유혈이 낭자한 혼돈상태를 보여줌으로써 우리를 웃게 했지. 그리고 모든 흥미를 파괴하는 것이 재미있는 일이라는 것도 가르쳐 주었어. 이 작품들은 은유적 기능을 수행했고, 그렇게 함으로써 메타언어의 영역에 들어갔어. 일상을 냉소와 익살의 주제로 변형시켜주는 일상에의 암시는 일상을 참을 만한 것으로 만들어 주지. 그리고 또 일상을 은유적 담론으로 감싸면서 그것의 모습을 가려줘."[7]

b) 작품과 양식의 소비인 것처럼 보이는 거대한 문화적 소비는 결국 기호들(작품의 기호들, '문화'의 기호들)의 소비에 불과하다. 소비자는 메타언어를 통째로 삼킨다. 효용가치가 천천히 마모되는 것은 이 때문이다. 베네치아의 관광객은 베네치아를 삼키는 것이 아니라 베네치아에 대한 담론, 다시 말하면 여행 안내자(또는 안내서)의 말, 강연자의 말, 녹음테이프와 디스크의 말들을 삼킨다. 그는 듣고 본다. 돈의 지불로 그에게 제공되는 물품, 즉 상품과 교환가치는 산마르코 광장, 총독

---

7   예를 들면 크리스티안 로슈포르의 소설들이 그러하다.(원주)

궁, 또는 화가 틴토레토에 대한 해설이다. 효용가치, 다시 말해서 사물 그 자체(작품)는 말로만 이루어지는 탐욕스러운 소비에서 벗어난다.

　　이것은 '메타언어'라는 용어를 남용하는 것이 아닌가? 그저 단순히 두 번째 등급, 곧 담론에 대한 담론이 아닌가? 그렇다. 도시(베네치아, 피렌체)·박물관·작품(어떤 특정 화가의 작품 또는 그 화가의 그림 전체)들은 사고의 차원에서 존재한다. 역사가들을 통하지 않고 다른 방법으로 그것들을 감지한다는 것은 불가능한 일이다. 학술적인 담론이 당연히 작품과 그 이해 사이에 끼어든다. 이 담론은 양식과 작품들을 구체적으로 이해하는 데 있어서 어려운 통로, 힘든 길을 제공한다. 이 힘든 길이 '고급문화'를 성격 짓는다. 대중문화와 관광 속에서의 소비는 담론에 대한 담론, 즉 메타언어에만 만족한다.

　　그런데 이 메타언어는 결코 소박하지 않으며, 오만함이 없지도 않다. 오히려 정반대이다. 메타언어의 야심은 꽤 멀리까지 뻗친다. 그것은 상대방을 '참여하게', 또는 '……로 인도'하기를 원한다. 관광에서는 대중의 소비자들, 즉 관람객들에게 도시와 미와 자연과 자연성을 말해 준다. 인간도 물론 제외하지 않는다. 담론의 이러한 환유적 기능은 순진하기 그지없다. 이것은 본질·실체·형식들을 유지시키고, 사람들로 하여금 이런 것들 안에 들어가는 것처럼 믿게 만든다. 담론은 쉽게 부분에서 전체로 이행한다(미학의 어떤 용어 또는 심미주의의 어떤 문구들에서부터 예술로, 그리고 몇 개의 돌에서부터 도시로, 하나의 그림에서 유행으로, 이런 식이다). 그것은 또한 상대에서 절대로 이행하기도 한다. 메타언어, 그리고 소비자에 의한 이 메타언어의 사용에 신 플라톤주의적 세계관이 일치한다. 또 하나의 알리바이다! 피렌체의 우피치 미술관이나 베네치아의 총독궁을 잰걸음으로 돌아보고, 폭탄처럼 퍼붓는 연사의 설명 아래에서 가끔 물웅덩이처럼 고여 있고, 아무것도 보지 않고 볼 수도 없고, 어쩔 수 없이 물건을 사용하고, 이 하찮은 '사용'에 값을 비싸게 지불하는 기진맥진한 군중을 조롱하지 않는 게 좋겠다.

　　c) 우연한 행동들의 혼동이 갖는 집중의 전략 또는 전면적 효과, 이것이 그 결과이다. 이중의 과정, 즉 산업화와 도시화가 전개된다. 마르크스는 첫 번째 측면을 포착하여, 이 과정을 어떻게 통제할 것인가를 지적했다. 다시 말하면 제품과 작품을 생산하는 능력으로서의 '사회적 인간'을 어떻게 합리적으로 계획화하고, 또 그에게 어떤 의미를 부여할는지의 문제였다. 노동계급이 이 임무를 떠맡도록 되어 있었다. 그런데 무슨 일이 일어났는가? 노동계급은 부분적으로는(나라와 분야에 따라 다르지만) 자신의 임무를 박탈당하고 경제적 압박을 당하는 한 그룹으로만 되었다. 이 계급 대신에 정치적 그룹과 기술적 그룹들이 들어섰다. 따라서 사람들은 어느 정도까지는(경우에 따라 다르지만) 생산을 조직화했지만, 거기서 의미는 박탈했다. 자연을 기술적으로 극복했지만, 인간에게 사회적 또는 생물적인 고유의 자연을 찾아주지는 못했다. 과정의 두 번째 측면, 곧 도시화는 역사적 이유 때문에 마르크스에게서 벗어났다. 1세기 전『자본론』이 출간되던 당시에는 도시화가 막 시작될까 말까하던 시기였다. 이 과정은 인식에 의해 포착되지 못했다. 사람들이 이것을 과학적으로 연구하려 했을 때, 그들은 이것을 단순히 유기체 또는 산업생산의 강제들로 환원시켰다. 그러나 이것은 단순히 산업화로 환원되는 것이 아니라, 산업화의 의미를 밝혀준다. 바로 이 영역에서 전유(이론적·실제적)가 전면에 등장한다. 산업생산 속에

서 실현되고 해방된 창조적 능력은 이 중요한 작품, 즉 도시 및 도시생활에도 집중될 수 있었을 것이다. 작품 중의 작품인 이 도시 안에서 일상생활 역시 작품이 될 것이며, 각자(개인이나 그룹)는 자신의 창조적 능력을 발휘할 것이다.

산업화는 도시화(이데올로기가 아니라 도시의 관념, 또는 작품으로서의 도시생활의 관념에 의해 인도되는) 속에서만 자신의 목적성을 발견할 수 있다. 산업은 그 자체만으로는 수단에 불과하다. 만일 수단이 자신을 목적이라고 주장한다면(또는 사람들이 그렇게 주장한다면) 합리성은 부조리성이 되고만다.

거기서 어떤 결과가 생기는가? 사람들은 그러한 실제적, 이론적 방법을 요구하며 기다리고 있는 어떤 것을 언어에, 의미 즉 사고思考에, 활동하는 의식에 가져다주지 못했다. 따라서 – 완성된 것에 대한 담론, 또는 수행에 수반되는 담론에 대한 담론인 –메타언어는 언어로 대체되었다. 다시 말하면 거대한 구멍이 하나 파이고, 기호들이 그 구멍을 가득 메웠다! 메타언어가 부재의, 그리고 부족한 도시의 자리를 차지했다. 수증기와 벌레들의 구름이 늪 같은바닥, 즉 일상의 위로 선회하고, 질질 끌고, 붕붕 소리를 내고 있다. 메타언어, 그것은 아직 완성되지 못한 임무나 역사적 과업을 은폐시키고 잊어버리게 하기 위한, 그리고 책임감을 지우기 위한, 또 잠재적 죄의식이나 좌절감 또는 불안감의 막연한 감정을 엷게 만들기 위한 거대한 알리바이다.

3. 익살

플로베르는 익살을 만들어냈다. 수수께끼 같은, 그리고 이해하기 힘든 『부바르와 페퀴셰』(Bouvard et Pécuchet)[8] '플레이아드'(판에 서문을 쓴 사람은 이 작품에서 과학주의와 독학자에 대한 희화戱畵, 그리고 극단적으로 완성된 모습의 오메 씨(M. Homais 『보바리 부인』에 나오는 약제사-역주), 만을 보았다. 그러나 이것은 저자가 자기 책에 준 거대한 범위와는 일치하지 않는다)에서였다.

플로베르의 『부바르와 페퀴셰』 1881년도 판.
플로베르는 순수한 글쓰기와 메타 언어를 사용하는 이 기이한 소설과 함께 문학에서의 고전주의, 낭만주의를 종식시켰다.

　　바스티유 옆, 도시 한가운데("33도의 더 위였으므로 부르동 가街에는 행인이 하나도 없이 텅 비었다"), 표지판이 당연히 알려야 할 것을 알리고 있는 도시적 풍경("두 개의 수문으로 막혀 있는 생 마르탱 운하는 직선이었고, 물은 잉크 빛이었다. 한가운데에는 나무를 가득 실은 배가 한 척 떠 있었고, 제방 위에는 큰 통들이 두 줄로 늘어서 있었다") 속에서 일요일만 되면 텅비는 장터에서 무엇인가가 일어나려 하고 있다. 그

8　많은 메모들에서 이 익살꾼의 모습을 볼 수 있다. 예컨대 "용모의 단정함이 의상의 도발성을 완화시켜 주었다…… 반 나체의 여자들이 모여 있는 모습은 회교 왕궁의 규방을 연상시켰다. 이 청년의 머릿속에는 더욱 상스러운 비교가 떠오르기도 했다. 결국 모든 종류의 아름다움이 거기에 있었다……"(『감정교육』, 플레이아드, P.191). (원주)

것은 하나의 만남·우연·운명이다. "두 남자가 나타났다. 하나는 바스티유 쪽에서 왔고, 또 하나는 식물원 쪽에서 왔다. ……그들은 같은 순간에 같은 벤치 위에 앉았다." 그들은 누구인가? 두 사람의 필경사이다. 그들은 문자 속에서 일한다. 한 사람은 과장에게 재주를 인정받아 등본계원으로 발탁되었고, 또 한 사람은 스스로 자기의 아름다운 글씨 솜씨를 사용할 생각을 했다. 두 동업자는 각기 작은 책상 위에 한 유명한 출판사(라루스)를 부자로 만드는 데 기여했던 작은 책자를 올려놓았는데, 이 책의 표지에는 '50종류의 글쓰기의 단계적 선택. 원고 읽기의 연습을 위하여. 내용: 1.어린이의 행동지침과 교훈적인 이야기 2.역사의 중요 사건들 3.제품의 모델. 공업의 간단한 설명 4.서간체의 범례들'이라고 쓰여 있었다. 오늘날에는 잊혀진 이 책은 다음과 같은 말로 시작된다. "우주의 스펙터클, 태양의 폭발, 식물과 동물의 놀랄 만한 다양성, 이 모든 경이들은 우리에게 신이 있다는 것을 가르쳐준다. "아주 예쁜, 둥근 인쇄체로 쓰여 있다. 두 친구에게 다시 돌아와 보자. 하나는 홀아비이고, 다른 하나는 독신자, 하나는 다소 자유분방하고 다른 하나는 숫총각인데, 그들은 아주 일상적인 늘 똑같은 삶을 살고 있다. 거의 동시에 그들은 소리 지른다. "시골에 가면 얼마나 좋을까!" 그들은 상호소통에 목마르고 굶주렸으므로 곧 서로 의사소통을 한다. "생각이 앞질러 갔으므로 그들은 고통이 더욱 심했다." 그래서 두 친구는 샤비뇰에 갔다. 그들은 무엇을 하려고 하는가? 일상을 잊고, 일상을 초월하려 한다. 뭐든지 한 번 시도해 보고는 곧 다시 일상으로, 즉, 요리·집·이웃·여자들에게로 돌아오곤 했다. 그들은 시간을 어디에 할애하는가? 소비하는 데에 썼다. 그들이 만들지 않은 것, 그리고 사람 손에 의해 만들어지지 않는 물건들을 소비한다. 빵도, 가구도 (물론 시골 가구이긴 하지만), 포도주도(한 모금이면 기분이 좋아질 텐데), 요리나 물건들도 아니었다. 그들은 작품·문화·모든 문화를 소비할 작정이었다. 그리고 모든 책들을.

      부바르와 페퀴셰는 우리를 악몽 속으로 인도한다. 즉 문화·책· 글로 쓰인 물건의 소비를 노골적으로 강요하는 그런 세계로. 이 악몽 은 바로 우리 일상의 빵이다. 그들은 작품의 발 밑에 엎드려 있다. 그들은 아주 본받을 만한 용기를 가지고 거기에 임한다. 그들은 시니피 앙들 속에 몸을 담그고, 수영하고, 그들을 떠받쳐주는 이 달콤한 바닷물을 마신다. 그들은 숨을 헐떡이며 다시 출발한다. 모든 것이 확고부 동한 질서 속에서 그리로 지나간다. 우선은 농학이(왜냐하면 그들이 시골 과 자연과 자유를 원했으므로), 다음에는 화학·생리학·천문학·물리학·지 리학·고고학·역사·문학·언어학·미학·철학·교육학이. 원은 한 바퀴 돌아 제자리에 왔다. 왜냐하면 교육학은 그의 생도 및 제자들에게 자 연·농학·화학·철학 등을 가르쳐주기 때문이다. 한 바퀴 돌아온 고리 는 단추가 잘못 채워져 그만 튀어 오르고 말았다. 계속 길을 가면서, 원을 돌면서, 부바르와 페퀴셰는 체계들을 만났다. 많은 체계들을, 정 신주의를, 유물론을, 헤겔 사상을. 합리적인 모든 것은 현실적이었다. 절대란 주체인 동시에 객체였다. 신은 눈에 보이는 덮개를 쥐고서 자 연과의 동실체적同實體的인 결합을 보여주었고, 자신의 죽음으로 죽음 의 본질을 증언했다. 죽음은 신 안에 있었다. 그러나 오류에 중요한 명 분을 주는 논리적 체계도 있다. 거의 모든 오류가 말을 잘못 사용하는 데서 온다. 결합시키는 체계들도 있다. 알레리·파리·프네관의 체계들이 그것이다(알레리는 숫자를 형상으로 변형시켰다. 숫자 1은 탑으로 표현되고, 2는 새로, 3은 낙타로…… 그런식이다. 프네관은 우주를 집들로 나누었는데, 그 집은 방들을 가지고 있고, 각 방은 아홉 개의 널빤지로 이어진 네 개의 벽을 갖고 있으며, 각기의 널빤지에는 문장紋章이 그려져 있었다). 그리고 지나는 길에 부바르와 페퀴셰는 다소 냉담한 구경꾼으로서 스펙터클한 사건의 현장을 지켜보았다. 그것은 1848년의 혁명과 그 후의 쿠데타였다…….

　결국 상상의 세계 일주를 끝낸 뒤 그들은 무엇을 흡수했는가? 말들, 언어, 그리고 바람이다. 그들은 무엇을 소비했는가? 작품들인가? 별로 없다. 주석·해석·논문·설명서·안내서 등뿐이다. 메타언어인 것이다. 이것이 그들로 하여금 스스로를 (약간) 인식하게 해 주었지만 전문지식을 얻는데는 별로 도움이 되지 못했다. 시니피에는? 이 두 동업자가 모방한다고 생각했던 백과사전 편찬자들에게 이것은 무엇이었을까? 그것은 사치이고 향유가 아니었을까? 백과사전 편찬자들은 그것을 말했고, 그것만을 말했다. 우리들의 이 동업자들은 아무것도 보지 못하고, 아무것도 갖지 못했으며, 말들과 바람만을 잡았다. 동업자 플로베르도 그것을 알고 있었다. 그리고 그것이 그의 시니피에였다. 그 자신의 시니피에! 그러나 부바르와 페퀴셰는 바보가 아니다. 그들과 자신을 동일시하고 있는 플로베르와 마찬가지로 바보이기는커녕 그들은 스스로 교양을 넓히고, 자신을 교육하고, 도야하고, 높은 수준에 올라가기를 원했다. 만일 1968년에 그들이 살았다면, 자유주의적인 좌파 지식인이 되어 그들의 화관에 실존주의·마르크시즘·기술·사회과학 등의 꽃을 장식했을 것이다. 그들은 아마도 '크세주' 문고를 샅샅이 읽고 「렉스프레스」와 「르누벨 옵세르바퇴르」, 그리고 물론

「라캉젠 리테레르」를 읽었을 것이다. 거기에 덧붙여 「유행의 정원」,
「엘르」「마리-클레르」 등도 읽었을 것이다.

원이 한 바퀴 돌아 단추가 완전히 채워진 뒤 그들에게는 무엇이
남았을까? 아무것도 남지 않았다. 다시 시작하는 일밖에는. 그들은 그
전의 그들의 모습, 즉 필경사로 되돌아갔다. 그들은 그들이 결코 떠난
적이 없었던, 글자로 쓰인 물건이 지배하는 곳으로 다시 돌아왔다. 어
떤 희망이 남았는가? 아마도 새롭게 어떤 상속을 받을 희망, 그리고
또 새로 시작할 희망이 남았을 것이다.

영원한 생명이 부여된 단짝들 중에서 가장 명성이 높은 단짝인
부바르와 페퀴셰, 그대들은 누구인가? 당신들은 우리에게 우리의 모
습을 보여준다. 당신들은 저자가 당신들 얘기를 쓰기 전에 이미 극단
적인 조롱에 의해 쓰였다. "옛날 옛적에 두 사람의 서기가 있었지……"
그러나 지적 용기의 덕분으로 이 서기들의 이야기. 문자와 메타언어
속에서 성장한 이 두 불쌍한 녀석들의 이야기는 장엄한 작품으로 변모
했다. 새로운 웃음이 생겨났다. 그것은 씁쓸하고, 노랗고, 검정색으로
변색되고 있었다. 따라서 당신들은 바보가 아니었다. 말들의 덫에 사로
잡히고, 가면과 베일 너머로 비틀거리면서 당신들은 조그마한 체험을
한 것이다. "부바르는 자기 주위에 있는 사물들과 사람들이 말하는 사
물이 일치하지 않는 것에 크게 놀랐다. 왜냐하면 말들은 항상 환경과
일치해야만 하며, 높은 천정은 위대한 사상을 위해 만들어진 것처럼
보였기 때문이다……"

거기에 익살이 있다. 신의 죽음, 그것은 큰일이고 비극이다. 그의
'서거'? 당신은 막연히 눈물에 젖은 가족, 미망인의 눈물, 고아들의 외

침, 매장의 의식, 공증인의 도착, 유서의 공개, 상속을 둘러싼 분쟁들을 상상할 것이다(문맥? 참조대상? 또는 단순히 함축). 그러나 사제가 있음에도 불구하고("신부님은 일어났다. 다른 일들이 또 그를 다른 곳으로 불렀다") 사변적인 또는 신학적인 '성聖 금요일'은 벌써 매장되었다. 말을 한 것은 그 작고 교활한 페퀴셰이다(플레이아드판 868).

여기에 교활하고 약삭빠른 유사類似(pseudo) 부르주아 플로베르는 그의 유사소설 속에서 사람들에게, 혁명이 실패한 그 시점에서 그들을 기다리고 있는 것이 무엇인지를 알려주고 있다. 그는 이 소설을 이용하여 그의 생각에 의해서, 그리고 현장 목격자로서 그가 본 바에 의해서, 혁명들이 왜 그리고 어떻게 실패하는지를 우리에게 말해 주고 있다. 한 사람 속에서 악한 반쪽은 무엇인가 변화시키고 싶어하고, 또 기회 있을 때마다 모든 것을 변혁해야 한다고 선언한다. 한편 선한 반쪽은 인생을 있는 그대로 받아들여도 좋을 만한 것으로 생각한다. 그것이다.

웃음과 희극성의 새로운 뉘앙스인 익살은 고전적 웃음·냉소·유머와도 다르다. 상황도 행동도 웃기는 것은 없다. 어떤 특정의 상황이나 행동이 아예 없다. 익살 속에서는 그런 것이 필요 없다. 이야기의 '신빙성'도 더이상 문제가 되지 않는다. 이런 문제는 참조대상들과 마찬가지로 사라져버린다. 이것이 커다란 안도감과 언어적인 자유의 기분을 준다. 아직 어떤 지역, 어떤 공통의 장이 남아 있다면 그것은 일상인데, 이 일상도 언어의 날갯짓 한 번으로 떨쳐버릴 수 있는 것이다. 웃음은 말들에서, 오로지 말들에서만 온다. 이것은 언어적, 형식적인 희극이다. 즉 말장난들, 동음이의어 맞추기, 두 단어 이상의 문자, 음절 또는 어순을 바꿔 엉뚱한 뜻으로 만들기, 첫 자음 또는 중간 자음을 되풀이하는 자음운子音韻, 같은 모음을 연달아 쓰는 모음압운母音押韻 등을 방법적으로 사용하는 희극적 힘(vis comica)이다. 단지 일반적으로 좀 의심스러운 취미('고전주의'의 관점에서)나 재치를 위한 것이 아닌, 수백 페이지에 걸친 말장난이다. 이와 같은 언어의 수행은 신참자로서는 이해하기 어렵다.

갈리아인(Gaulois)? 누가 그들을 모르는가? 갈리아(Gaule)나 갈리아 사람에 대해 유명한 경구나 몇 개의 고정된 지식(스테레오타입)을 가르치지 않는 학교가 어디에 있을까? 갈리아 사람들은 어떠했을까? 강하고 우둔했을까? 머리는 금발이었을까? 로마인들에게 정복당했는가? 마음에 안 드는 역사라고 버릴 수는 없다. 정확한 설명을 찾아야만 한다. 프랑스는 갈리아이다. 그러나 갈리아만은 아니다. 왜냐하면 로마도 바바리아도 프랑크도 있기 때문이다. 수많은 침입과 전쟁이 있었다. 그 중의 마지막이 최근의 전쟁이다. 독일인·영국인·미국인도 있다. 이 모든 것이 합쳐진 연후에야 프랑스는 프랑스의 모습을 되찾는다. 갈리아면서도 갈리아가 아닌 프랑스의 모습을. 사물이란 그것들이 갖고 있는 그대로의 모습이다. 그러나 또 한편 그것들은 있는 그대로의 모습이 아니다. 그것들은 항상 다른 어떤 것을 뒤에 숨기고 있다. 당신이 알고 있는 것과 실제의 그것 사이에는 항상 거리가 있다. 우스운 이야기다. 이 갈라진 틈은 자세히 들여다보면 구멍으로 변한다. 그것은 메워야 한다. 언어로, 또는 이야기에 대한 담론으로, 즉 메타언어로 말이다. 거대한 덩어리의 시니피앙들이 그들의 시니페에서 분리된 채 둥둥 떠다닌다. 알려졌거나 알려져 있지 않은 실제의 역사이다. 이 시

만화 『갈리아(Gaule) 사람 아스테릭스』

니피앙들은 소비되어야만 한다. 그리고 위치도 확정되어야 한다. 갈리아의, 또는 갈리자 주의자들의 프랑스에게 그 우스꽝스러운 서사시[9]를 주기 위해 그 위치를 밝혀내야만 한다. 프랑스가 기다렸던 서사시, 그 위로 프랑스는 마치 하나의 사람인 것처럼 몸을 던진다. 그것은 어린이를 위해 쓰인 것 같지만, 어른도 그것을 좋아한다. 특히 어른 중에서도 세상 이치를 알고 있는, 교육받고 교양 있는, 젊은 중견 간부들이 좋아한다. 어른과 어린이를 위한, 다시 말하면 조숙한 어린이와 유아적 어른을 위한 공통의 세계가 있다는 의미가 아니고 무엇이겠는가?

그러니까 시간차의 패러독스와 뛰어넘기의 놀라움을 정확히 평가하는 조그마한 지적 행동에 의해, 시니피앙과 시니피에를 가르는 이 거리를 메우도록 하라. 그러면 당신은 익살의 웃음을 가지게 될 것이다. 그것은 상대적으로 높은 '문화적 수준', 곧 지식과 정신의 유연성을 전제로 한다. 과거에서 현재로, 또는 현재에서 과거로, 그리고 낯선 것에서 낯익은 것(일상)으로, 또 낯익은 것에서 낯선 것으로의 왕복, 언어의 모호함에 의해 교묘하게 유지되는 이 왕복은 교육을 전제로 한다. (참조대상이 없는) 영원한 참조의 체계 속에서 언어의 역설적 지점, 즉 암시를 포착해야만 한다. 이미지가 와서 떠받쳐주고 작동을 용이하게 해 준다. 그러나 이것은 좀 시간적으로 엇갈리는 말이다. 시니피앙-시니피에의 결합체로서 분리된 언어적 시니피앙이 토대인 이미지에 참조를 구하기 때문이다. 그 반대로, 최종적인 시니피에는 시사성時事性이기 때문이다. 그리고 거기, 당신의 집, 아내와 아들이 함께 있는 난롯

9　어린이용 인기 만화 『갈리아(Gaule) 사람 아스테릭스』를 의미하는 듯하다.

가, 일상 속에서 모든 사람이 손쉽게 접할 수 있는 서사시가 있다.

언어의 유희에 의해 역사와 비슷해진 이 흉내(시뮬라크르), 이 모의 模擬(시뮬라시옹)는 신화를 모방하는 것인가? 아니면 이데올로기를 모방하는 것인가? 거기에 상당히 위대한 말들이 있다. 그러나 그것은 갈리아 사람 아스테릭스일 뿐이다. 왜 그에게 이름을 붙이지 못하는가? 프랑스는 동시에 자신의 신화와 이데올로기를 찾았다. 이 모의실험 속에서 비극은 사라졌다. 더 이상 죽은 사람은 없고, 적은 때려눕혀졌다. 그들은 곧 혼수상태 속에서 빠져나오고, 사람들은 마음 놓고 웃는다. 정열도 에로티즘도 없다. 여자도 별로 없다. 익살은 자발적으로 하나의 구조를 갖는다. 여기는 **차가움**(cool)(비록 익살이 요란한 몸짓을 해도 그것은 차갑다)이고 저기는 **뜨거움**(hot)이다. 여기는 폭력 없는 건전한 유머이고, 저쪽은 온갖 폭력(다소 모의적인 것이기는 하지만 에로티즘과 학살, 그리고 럭키 루크, 본드, 사타닉)이 있다.

이처럼 '자유롭게' 분출되는 익살과 '부바르와 페퀴셰'를 비교해 보라. 행마다 말장난이 눈에 띄는 것은 아니다. 동음이의어 장난이 한 페이지에 두 개씩 있는 것도 아니다. 얼마나 지루한가, 이 우스꽝스러운 책은…….

플로베르는 하나의 장르, 즉 카테고리를 창조했다(이렇게 함으로써 언어적 심미주의의 탄생과 함께 미학 및 예술의 '고전주의적' '낭만주의적' 카테고리들의 죽음을 은폐했다). 그는 아직 참조대상에서 해방되지 못했다. 다만 그는 참조대상의 땅 밑을 파고 들어가 그것을 허무는 데 기여했을 뿐이다. 익살은 그 완숙한 단계, 곧 순수한 글쓰기, 여가, 메타언어 그리고 대중적 언어소비 등의 희극적 품위에 이르지 못했다. 언어소비의 다른 양상들, 예컨대 TV로 방영되는 놀이와 시합, 그리고 십자 말 맞추기들에 대해 강조하는 것이 꼭 필요한 것 같지는 않다. 우리의 논지에 좀 더 가까운 것은 연결놀이(더 정확히 말하면 크로스워드 퍼즐, 그리고 또 삼운일구법三韻一句法)이거나, 에로티즘과 연결놀이의 작위적인 결합이다. '비현실적'이고 비싸게 팔리는 상품인, 이 결합의 예는 라스베가스와 그 외 다른 곳에서 거대한 차원에 이른 동전기계이다. 동전을 넣으면 작동되는 이 기계 위에서 숫자는 에로틱한 시니피앙들과 연결되어 거의 몽상에 가까운 욕망의 순간적인 만족을 표시해 준다. 우리들의 의도는 결국 일상의 변장된 모습인 비일상을 보여주고, 일상의 모습을 일상 자신에게 감추기 위해 다시 일상 쪽으로 오는 것이다. 언어의 소비(메타언어의 소비)는 이 소비와 중층구조를 이루고 있는 스펙타클의 소비보다 한층 더 이 기능을 멋지게 수행한다.

이런 식으로 일상적인 소비는 우리들 앞에서 또는 우리들을 위해서 그 이중의 모습, 곧 구성적인 모호함의 모습을 띠고 있다. 전체적으로 고찰해 보면 일상성과 비일상성, 그것은 물질적이고(실천-감각적: 사람들은 하나의 물건을 취해서 그것을 사용하고 삼킨다) 또 관념적(또는 이데올로기적: 사람들은 표상·이미지·시니피앙·언어 또는 메타언어를 소비한다)이다. 일상성은 전체적이고(일상의 합리적 조직화 밑에서 소비의 체계를 향해가는) 또 부분적(체계는 항상 미완성이고, 항상 다른 것으로 판명되고, 항상 위협을 받으며, 결코 닫히지 않고 허공 속에 열려 있으므로)이다. 그것은 만족(이런저런 욕구의 만족이고, 이런저런 것의 욕구이며, 따라서 다소 마감 시간이 긴 만족이다)이며, 또 좌절(사람들은 바람을 소비했고, 욕망은 다시 태어난다)이다. 일상성은 인격화되기도 하고(물건의 선택·정돈·분류·결합의 자유) 현실에서 벗어나기도(욕망도 욕구도 없이 사물의 한가운데에서 넋을 잃고 대상의 축적이라는 내리막길에서 마구 미끄러지며) 한다. 소위 소비사회는 풍요의 사회인 동시에 박탈의 사회이다. 낭비로 치닫는가 하면, 또 한편으로는 금욕(지성·엄격성·냉담의 금욕)으로 치닫기도 한다. 다양한 이원성이다. 각 항은 대립항(적당한 상대·자신과 정반대의 것 또는 자신의 거울)에 참조를 구한다. 각 항은 상대항을 의미하고, 또 상대항에 의해 의미를 부여받는다. 그것들은 서로 상대방의 알리바이가 되고 담보가 된다. 각 항은 다른 모든 것에 참조를 구한다. 이것은 유사–체계이며, 알리바이의 구조이다. 다시 말해서 비체계의 체계이고 지리멸렬의 응집이다. 우리는 언제나 분리지점에 가까이 갈 수는 있지만 결코 거기에 도달하지는 못한다. 이것이 한계이다.

제 4 장

공포정치화 일상성

1. 공포정치의 개념

카이사르의 것은 카이사르에게로, 그리고 문학에 속한 것은 문학에 되돌려주자. 눈과 귀가 세련된(즐거움을 전혀 느끼지 않는 것은 아니지만 직업적인 심술궂음을 가진, 소위 에스프리를 가진) 문학가와 문학 비평가들이 처음으로 공포정치를 감지했다. 그들은 방황하고 떠도는 모든 것들과 함께 허공중에 떠돌고 있는 그것을 포착했다. 그것은 다름 아닌 시니피앙들·메타언어, 구체화되려고 안간힘을 쓰는 추상적인 형식들, 권력에 굶주린 순수 사고들이다. 그들은 쓰는 예술, 곧 자유의(또는 견해의, 의식의, 이데올로기의) 구현으로 보이는 사실에 어떤 압력이 가해지는지를 이미 오래전부터 알고 있었다. 이 압력들 중 가장 불안한 것은 행동의 외부에 있는 것이 아니다. 교양인은 정신의 기쁨만을 사랑하고 행동을 무기력으로 간주하며, 스스로의 입장표명은 결코 계속해서는 안 될 농담으로 생각하기 때문에 분석을 더 진척시키지 않는다. 일부 정신분석학자, 일부 사회학자들이 그들과 교대했다.[1]

　　공포정치 사회라는 개념은 지금에 와서 약간 정립되었을 뿐이다. 이렇게 방향을 잡으면 우리는 몇 개의 계기와 단계들을 구별해낼 수 있다.

　　1. 한편에는 빈곤과 비非풍요가 있고, 다른 한편에는 한 계급(소유하고 관리하고 착취하고 조직하는 계급, 사치성 소비를 위해서나 재산의 축적을 위해, 또는 이 두 형태의 지배를 위해 사회적 과잉노동의 가능한 한 많은 부분을 자기 이

1　　장 폴랑, M. 블랑쇼, R. 바르트, H. 마르쿠제, D. 리스먼 등이 그들이다.(원주)

익을 위해 가로채는 계급)이 지배하고 있는 사회 전체, 이런 계열의 사회는 **설득**(이데올로기)과 **강제**(처벌·법률과 법규·사법 재판소·사용하기 위해 준비된 것이 아닌 폭력·공개된 폭력·군대·경찰 등)라는 이중의 수단으로 유지된다. 모든 계급사회(우리는 아직 그 이외의 사회를 알지 못한다)는 **억압적 사회**다. 우리는 서구사회에서 가톨릭교가 얼마나 화려하게 자신의 역할을 수행했는지를 잘 안다. 정치적 국가의 라이벌이며, 그 자체가 국가였던 교회는 '영적인' 직업들의 가능성을 제공해 주었다. 교회는 아주 일찍부터 하나의 글료기구·계급·존재론(철학적)과 실제의(실용적인) 지식을 소유하고 있었다. 교회는 성聖과 속俗, 그리고 영적인 것과 현세적인 것을 구별했다. 그때부터 교회는 가장 강한 에너지인 '정신'과 영적인 힘 쪽으로 향했다. 그 외의 모든 것들은 포기하도록 했다. 교회는 위험한 사람과 사상들을 재판하고 단죄했으며, 이어서 그 처형을 위해 그들을 세속의 손에 내주었다. 오늘날에는 완전히 녹이 슬었지만 참으로 경탄할 만한 장치였다.

억압사회의 기초에 관한 연구는 매우 깊은 곳으로 우리를 인도한다. 단순한 해석만이, 즉 마르크시즘의 무정부주의적 해석만이 억압(répression) 개념의 내용을 경찰과 계급적 의회에 한정시킨다. 새로운 질서의 사회에 이르기까지, 모든 사회의 억압적 측면은 비견할 수 없을 정도로 그 뿌리가 깊다. 그룹·카스트·계급·사회들은 항상(이데올로기적 해석으로 이해되는) 그들의 생존 조건을 진실 또는 '가치' 속에 세웠다. 과연 논리 정연한 사회를 세우기 위해 그것을 바위 위에, 또는 근본적 억압에 의해 견고하게 된 '받침대' 위에 세워야만 했을까? 어떤 사람들은 이것을 너무 빨리 수락하고, 또 어떤 사람들은 너무 쉽게 이의를 제기한다. 근친상간의 금기는 사회적 존재와 '문화'의 기초, 그리고 건축물의 토대로 간주된다. 모든 사회가 모순에 사로잡혀 있다고 주장하는 것이 좀 더 과학적이고 좀 더 논리적일 것이다. 한 사회의 힘과 부富, 그리고 방어적 공격적 능력은 그 구성원의 수에서부터 나온다. 동시에 자연환경과 기술적 수단에 의해 제한되는 자원과 사회노동의 산물에 대한 선취가 이 숫자를 결정한다. 사회들은 이 문제를 비교적 잘 해결했다. 어떤 사회는 망했고, 다른 사회들은 존속과 팽창에 성공했다. 다양한 방법에 의한 산아제한은 존속 방법의 한 중요한 부분이다. 따라서 억압의 기초는 섹슈얼리티와 다산성 사이의 통제된 연결에 있다. 어느 때는 억압이 산아제한 쪽으로 수행된다. 이때 사회 구성원들의 한 부분은 독신이 강요되고, 갓난아기들이 희생되며, 매음·동성애·자위행위가 중요성을 가지게 된다. 또 어느 때는 억압이 인구증가 쪽으로 수행된다. 이때는 쾌락과 성의 분리가 일어나고, 성행위와 다산성 사이의 결합이 강요된다. 물론 이 두 극단 사이에 다른 요소들이 들어와 여러 가지 다양한 뉘앙스와 조합이 이루어진다. 억압은 생물학적 생리학적 삶과 자연·유년·교육학·인생 입문에까지 확대된다. 억압은 근신과 금욕을 강요하고, 이데올로기의 길을 통해 박탈을 장점과 충만으로 간주하도록 만든다. 이런 의미에서 억압은 적어도 어떤 시대에는 지배계급에까지 확대되었다. 그들의 '가치'와 전략들은 그들 내부에서까지 작동되는 규율과 강제를 요구했다.

억압·회피·강제·전유 등의 이 복잡한 게임이, 우리가 대강 모습을 그려본 일상생활의 역사를 가득 채우고 있다(폭력과 압제에 근거한 고대의 가장 난폭한 강제사회들 안에 역설적이게도 가장 많은 전유와 가장 주목할 만한 작품 및 양식들이 있었다는 것을 우리는 강조했다).

그러니까 억압의 비판을 경제적 조건에만 국한시키거나(이것은 경제주의의 오류 중의 하나다) 또는 제도 및 이데올로기의 분석에만 국한시키는 것은 부정확하고 또 잘못된 것이다. 이 편견은 일상성에 대한 연구, 다시 말해서 모든 수준·모든 순간, 그리고 성생활·정서생활·사생활·가정생활, 유년·청소년·청년, 요컨대 자연과 자발성에 가깝기 때문에 외관상 사회적 억압에서 벗어난 듯이 보이는 모든 것을 포함한 모든 차원에서 행해지고 있는 억압과 압력에 대한 고찰을 은폐시킬 염려가 있다.

2. **과잉억압의 사회** 억압의 양식, 그 과정, 수단 및 이것들의 토대를 수정한다. 이 사회는 겉보기에 무해한 듯이 보이는 방식으로 강제의 작용을 통해 전유(appropriation)를 '순전히' 개인적인 생활, 가정家庭, 그리고 오불관언吾不關焉의 태도로 인도한다. 자유를 그렇게(정신적 관념적으로) 생각하기 때문에 그것에 대한 억압이 전혀 방해받지 않는다. 그뿐만이 아니다. 이 사회는 억압의 임무를 좀 더 작은 그룹들(가정 또는 아버지)이나 각자의 의식에 떠맡긴다. 과잉억압의 사회로서 전형적인 것은 프로테스탄티즘(신교)을 지배 이데올로기로 가지고 있는 사회이다. 신학이나 철학으로서는 가톨릭보다 훨씬 합리적이고 세련되었으며, 기구나 교리 또는 의식면에서는 훨씬 덜 억압적인 신교는, 그러나 훨씬 더 교묘하게 종교의 억압기능을 수행한다. 각자가 자기 마음속에 신과 이성을 가지고 있다. 각자가 스스로 자신의 사제가 된다. 각자가 욕망을 억누르고 욕구를 억제하는 책임을 떠맡는다. 금욕적인 교리가 없이, 그리고 금욕을 명령하는 권위가 없이 금욕을 강요하고 있

다. 귀찮은 희생양은 성과 성욕이다. 억압되고 억눌린 욕망은 전유가 박탈되어 적으로 변하고, 마침내 반항과 반역의 효모가 된다. 프로테스탄트 정신과 자본주의의 역사적인 연관을 다시 언급하지는 않겠다. 신교는 어떤 언어와 표상들을 제공했는데, 이 언어와 표상들 속으로 자본주의가 전혀 자본주의의 모습을 띠지 않은 채 미끄러져 들어갔다. 가톨릭교가 임무수행에 적합하지 않은 부분에서는 전이·이동·대체가 이루어졌다. 의도가 의식을 대신했고, 신앙이 작품의 자리에 들어섰다. 이 종교는 효용가치를 존중하는 체하면서, 또한 가치의 영역, 즉 양심·신앙·신과의 개인적인 관계 등의 영역 앞에 머무르는 체하면서, 효용가치를 사로잡음과 동시에 상품 및 교환가치가 일반적으로 확산되는 것을 도왔다. 과잉억압의 사회는 언어 와 표상들이 갈등을 교묘히 피하면서, 이 갈등들을 표현하지 않고 모순들을 무디게 하거나 그것을 배제하기까지 하는 그러한 사회이다. 어떤(자유) 민주주의는 이런 과잉억압사회의 개화開花이며 종언終焉인 듯이 보인다. 이런 사회에서는 강제들이 감지되지 않고 강제로서 체험되지도 않는다. 강제들은 수락되고 정당화되거나, 아니면(내적)자유의 조건으로서 해석되기도 한다. 이 민주주의는 유보상태로 폭력을 간직하고 있고, 마지막 단계인 최종적 순간에 가서야 힘을 개입시킨다. 이 민주주의는 조직화된 일상성 속에서의 자기 억압에 더 기대를 걸고 있다. 자기억압(그룹이나 개인)이 정확히 임무를 수행하는 한에서만 억압은 쓸모가 없는 것이다. 강제는 자발성으로 간주되고 전유는 더 이상 그것을 표현하는 개념이나 언어를 갖지 못했으므로, 사회는 자유가 지배하는 시대가 왔다고 선언할 수도 있을 것이다.

3. 과잉억압의 사회는 공포정치 사회에서 자신의 논리적 구조적 귀결을 발견한다. 이쯤 되면 강제와 자유의 '체험적' 느낌이 한 지점으로 수렴된다. 알려지지 않고 또 알아볼 수도 없는 강제들은 그룹들(그리고 이 그룹 안의 개인들)의 삶을 포위하고, 일반 전략에 따라 이들을 규제한다. 외부로부터 인도되는 의식(리스먼에 의하면 타인지향성: other directed)과 스스로 나아가는 의식(내향성: inner directed) 사이의 차이는 사라지게 된다. 왜냐하면 **내부**인 것처럼 보이는 것이 실은 투입되고, 전도되고, 내재화하고, 정당화된 **외부**에 불과하기 때문이다. 이의제기는 곧 침묵으로 축소되거나 중립화되어 일탈 속에 던져지거나 또는 흡수되고 통합되게 마련이다. 우리는 폭력이 판을 치고 피가 흐르는 사회를 '공포정치' 사회라고 부르지 않는다. 적색이건 백색이건 간에 정치적 공포는 오래 가지 못한다. 한 특정의 그룹이 자신의 독재를 수립하고 유지하기 위해 공포정치를 자행한다. 정치적 공포는 국부적이다. 그것은 사회 '전체'에 적용될 수 없다. 그러한 사회는 테러화化되었을 뿐 공포정치 사회는 아니다. '공포정치 사회'에서는 공포가 넓게 만연되어 있다. 폭력은 잠재상태에 머물러 있다. 압력은 모든 방향에서 이 사회의 구성원들에게 가해지고 있다. 그들은 압력에서 벗어나거나 그 짐을 벗어던지기가 매우 어렵다. 각자가 테러리스트, 그것도 자기 자신의 테러리스트가 된다. 각자는(잠시 동안이나마) 권력을 행사하면서 스스로 테러리스트가 되기를 열망한다. 독재자가 있을 필요가 없다. 각자가 자기 자신을 고발하고 자신을 벌 주기 때문이다. 이때 공포는 국지적이 아니고 전체와 세부에서 두루 생겨난다. '체계'는 각 구성원을 붙잡아 그를 전체에, 다시 말해서 하나의 전략에, 은폐된 목적성에, 또 결정권을 가

진 권력만이 유일하게 아는, 그리고 아무도 진정으로 문제제기를 하지 않는 어떤 목표들에 그를 예속시킨다. 그런 사회는 그렇다고 해도 변화를 피하지는 못한다. 이 사회는 변화를 피하기 위해 모든 것을 함으로써 위기를 맞을 수 있다. 어떤 변화에 사로잡히면 이 사회는 이 변화에 하나의 의미(또는 의미의 부재)를 주고, 또 이 변화를 이끌고 간다고 주장한다. 사회는 파워 게임이나 제도, 또는 구조의 면에서 대체로 보수적이다. 사회의 '가치들'은 자신을 설명할 필요가 없다. 그것들은 자체로 충분하다. 그것들은 그냥 사람들에게 부과된다. 그 가치들을 알기 위해, 또 그것들을 공식화할 목적으로 그 가치들에 관해 질문을 하는 것은 이미 신성모독이 된다. 공포정치 사회는 최소한 외관상 논리와 힘을 가지고 있다. 만일 이 사회가 이성과 자유의 이데올로기를 사용하지 않는다면, 그 공포에 대하여 반박할 이유가 하나도 없을 것이다. 이것이 이성에 비합리성을, 자유에 강제를, 이른바 설득하는 힘에 폭력을, 한마디로 말해서 환상적 논리 속에 모순을 도입하는 것이다.

　　여기서 개진되는 변함없는 주제는, 억압사회에만 한정된 공포사회는 오래 유지될 수 없다는 사실이다. 이 사회는 안정과 구조, 자기 고유 조건의 유지, 그리고 존속을 목표로 한다. 모두 헛된 일이다. 한계에 이르면 이 사회는 폭발하게 되어 있다. 이 사회는 일상성의 조직을 자신의 토대나 목적으로 삼고 있다. 이러한 조직이 공포의 지배를 초래한다. 일상성의 규칙위반은 정신착란과 일탈 속으로 던져지고 추방된다. 일상은 규칙이 되었지만, 그러나 그것은 가치로 정립되지 못하고, 체계화되지 못하며, 있는 그대로의 모습으로 나타날 수조차 없다.

　　이 명제를 확인하기 위해서는 축적된 만족이 행복을 주지 못하

고, 수 천 개의 쾌락이 단한번의 기쁨에 미치지 못한다는 것을 주장하는 것만으론 충분치 않다.[2]

2　아마도 여기서 몇 개의 난제들을 해결해야만 할 것 같다. 즉 몇 개의 논쟁거리들을 끝까지 밀고 가 보는 것이다. 날짜와 우선순위의 문제는 일부러 무시하기로 한다. 문제와 관념들이 아직 '허공'중에 있을 때 현실분석에서부터 출발하면 그 문제와 관념들은 땅 위에서도 발견된다. '억압사회'의 개념은 말리노프스키의 것이다. 말리노프스키가 파푸아 뉴기니의 동쪽 솔로몬 해에 있는 멜라네시아 군도의 산호 섬 트로브리안드 섬에 사는 트로브리안드 부족에게서 검열, 억압, 오이디푸스의 흔적을 발견하지 못했다는 것을 모르는 사람은 없다. 그에 의하면 그 사회에서 성생활과 임신에 대한 사회적 통제는 억압이 아닌 다른 방법으로 수행되었다. 그는 검열과 억압은 한정 지을 수 있는, 따라서 제한된 이유와 원인을 가지고 있다고 생각했다. 억압사회가 있다는 것은 억압이 사회적이라는 뜻이다. 그래서 그는 프로이트가 국지적인 상황(20세기 초 빈의 서구사회의 가정)을 절대적으로 보고, 그런 식으로 억압의 한 형태를 사회적 존재의 일반법칙 또는 과학적 명제로 끌어올렸다고 비난했다. 부분적으로는 부당한 비난이다. 왜냐하면 프로이트는 인식, 즉 그의 경우에는 정신분석의 해방적인 기능에 신념을 가지고 있었기 때문이다. 그런데 프로이트 이래 아주 중요한, 아마도 그의 저서에서 유래한 정신분석 중에서는 가장 중요한 하나의 흐름이 인식의 해방적 기능을 완전히 포기한 듯하다. 이 유파는 인식에서 강제의 인정과 신성화만을 본다. 그래서 근친상간(그리고 상관적으로 오이디푸스)의 금기가 사회생활의 실제적이면서 동시에 인식론적인 '초석'으로 승격되었다. 허버트 마르쿠제는 이런 경향을 '수정주의'라고 불린다. 따라서 이 마르크스주의적 정신분석학자는 일반적인 정신분석이 공포정치에 기여하고 있고, 일탈을 신경증이라고 분류한 뒤 그것을 회수하고 있으며, '의식'과 '무의식'에 대해 정상과 규범의 이름으로 행해졌던 옛날의 사회적 압력에 이데올로기적 도움을 제공하고 있다고 맹렬히 비난했다. 그래서 그는 억압과 과잉억압을 정신분석 용어(본능적 충동과 자아·초자아 −에로스와 타나토스 −쾌락 원칙과 현실 원칙)들로 설명했다. 그러니까 그는 억압사회와 과잉억압 사회의 개념을 열심히 추구하여, 그것을 정교하게 이론화했다. 그는 '공포정치'를 결코 언급하지 않은 채 그 개념의 주위를 맴돌았다. 왜냐하면 그의 비판적 분석은 심리적인 것에 머물렀고, 사회적(또는 '사회학적')인 것에 이르지 못했으며, 따라서 일상성과 현대성이라는 이중의 개념에는 미치지 못했기 때문이다. H. 마르쿠제나 그 외 많은 사람들에게는 세계성의 개념(즉 지구 한가운데에서 상대적인 차이가 얼마든지

어떤 욕구의 철학을 비난하거나 충만과 포만 사이의 혼동을 비난하는 것만으로 충분치 않다. 가상의 대담자의 대답이 즉각 튀어나온다. "더 이상 극적으로 말하지 말자! 사람들은 만족하고 있지 않은가? 기본적 욕구의 충족을 위해 사람들로부터 과도한 어떤 염원이나 주관성의 환상을 박탈한다 하더라도, 이와 같은 기본적 욕구의 충족 이외에 더 나은 어떤 것을 그들에게 바랄 수 있단 말인가? 좀 더 행복한 상태를 향한 행동은 만족과 포만감 밑에서도 끈질기게 살아남

쿠제나 그 외 많은 사람들에게는 세계성의 개념(즉 지구 한가운데에서 상대적인 차이가 얼마든지 현존하며 또 있을 수 있다는 생각)이 부족했다.

최근에 프랑스에서는 정신분석학이 서로 대립적인 경향과 학파로 분열되고 있다. 어떤 사람들에게는 어린이와 가족 및 양친과의 갈등적인 관계가 가장 중요하다. 그러니까 오이디푸스는 정신분석의 가장 중심적인 개념이다. 또 어떤 사람들에게는 무의식과 언어와의 관계(따라서 어린이와 담론과의 관계)가 가장 중요하다. 우리는 여기서 그 두 명제를 모두 버리고 유년과 사회와의 관계, 다시 말하면 일상성과의 관계를 모든 것의 '기초'로 간주하고 싶다. 어린 '인간존재'는 자신의 허약함을 이용하여 사회생활에서 자신의 약점을 보상 받는다. 그는 처음부터 모순적인 염원과 욕망을 가지고 있다(안전과 모험, 보호와 독립 등). 한편으로는 정도의 차이는 있으나 자신의 조건과 행동에 의해 자기 고유의 사회적 존재의 조건을 소유한다. 따라서 그는 예속과 견습(강제와 전유) 사이의 갈등을 해결하거나 해결하지 못하는 일상성을 가정의 테두리 안에서 겪는다. 어린이와 청소년의 발달은 다소 멀리까지 진척되고, 마침내 성숙 속에 매몰되거나 성인의 일상에 발이 걸려 넘어진다. 언어, 담론, 그리고 부모의 압력이나 가족 구성원들과의 정서적 관계들은 이 변증법적 과정속에서, 비록 한결같지는 않지만 그러나 매우 중요한 역할을 한다.

또 다른 명제와 가설이 있다. 억압의 기초 속에는 사회그룹과 땅과의 관계들도 있다. 이 관계들은 두 개의 양상을 갖는다. 한편에는(제한적인) 천연자원이 있고, 또 한편에는 이 사회가 속해 있는 땅에 대한 신성화가 있다. 이 신성화에서 거대한 제물 바치기 의식(다시 말하면 제물의 종교)이 생겨난다. 도시생활은 이 신성화에 종지부를 찍었다.(원주)

는 옛날의 불안감을 치유하려는 목적을 가지고 있다. 당신의 문제틀 (problématique)(당신이 이 말을 사용하지 않고, 또 그 것을 혐오스럽게 생각하는 것은 잘못된 것이다. 논리적 일관성을 위해 그것은 반드시 필요하다)은 우리의 문제틀이 아니다. 우리는 사람들의 배고픔·목마름, 즉 그들의 가장 단순한 욕구들을 생각한다. 우리는 그들에게 먹을것과 마실 것·입을 것과 잠잘 곳을 주고 싶다. 우리의 문제틀은 욕구·고통·죽음의 문제틀이다. 당신은 멀고도 환상적인 목표를 설정하고 있다. 당신은 쾌락과 관능으로 이루어진 뜨겁고도 강렬한 생을 원하고 있다. 우리는 사람들을 돕기 위해 '인간적인 것'을 거부한다. 그런데 당신은 초인超人과 시를 원한다. 그러면서도 초인의 이미지를 택하지 않고 인간적인 것을 토대로 보존한다. 그러나 왜 그러는 것인가? 욕망을 부추기고, 불안감을 일으키고, 희소성의 시대의 가치들 −작품·전체성·'인간'−을 다시 취하는 것은 범죄행위라고까지 규정할 수 있다! 이 사회는 아직 균형과 결말에 도달하지 못했다. 틈을 자꾸만 넓게 파고 혼란을 가중시키기보다는 이 사회를 도와주는 게 좋겠다. 이 사회는 자기가 어디로 가는지도 모르는 채 되는 대로 앞으로 가고 있다. 아주 이상한 우연에 의해, 앞을 향한 이 질주는 눈에 띄는 결과를 낳았다. 이 질주는 우리에게 인간조건의 한계를 가르쳐 주었다, 그 한계들을 받아들이도록 하자. 철학자들로부터 현실에 대한 도전이나 불가능성의 의미를 끌어내기보다는 하나의 철학적인 교훈을 끌어내 보자. 그것은 현실사회의 경험적 인간의 목적성이다. 사람들은 역사를 쓸데없는 것으로 만드는 이 역사의 교훈을 공식화하기 위해, 사회학자이며 또 다른 사회과학의 대표자인 당신에게 기대를 한다. 그러니 향수 따위는 치워버려라! 향수는 탈

영하게 만든다. 앞쪽으로의 도주? 물론이다. 전투 중에 도망치고 싶어
하는 병사들도 있다. 그러나 전선의 뒤에는 다른 군인들 – 헌병과 경
찰 – 이 탈영병을 총살하기 위해 기다리고 있다. 따라서 사람들은 어디
로 가는지도 모르는 채 앞으로 도주하고 있다. 향수에 의한 탈영병인
당신이여, 우리는 당신을 꼼짝 못하게 만들고 싶다……"

이상이 우리의 대담자가 함직한 **공포정치적** 담론이다. 왜냐하면
우리는 관이나 말을 통해 이런 이야기를 무수하게 들어왔기 때문이
다. 우리는 여기서 그것을 요점만 추려 소개했다. 결국 위에서 언급한
논의는 충분하지 않다. 공포정치의 양식을 정립하고, 왜 그리고 어떻
게 공포정치 사회가 폭파되는지를 제시해야 하며, 특히 그런 사회의 **입
구**를 지적해야만 한다. 결코 모호하지 않게 말이다.

현존 사회의 분석된, 그리고 분석할 만한 모순들 중에서 출구를
손가락으로 가리키고 있는 듯한 모순도 있다. 시사적인 문제 속에 드
러나는 모순 중 특별한 어떤 것들이 있다. 그것들이 하나의 의미를 가
지고 있다. 한편으로는 그럭저럭 계속되고 있는 '역사'(그것을 부인하고 타
기하는 이데올로기들임에도 불구하고)가 고도의 산업사회를 도시사회 쪽으
로 밀어붙이고 있다. 이 도시사회 안에서 거대한 대중들이 서로 만나
고 함께 살 것이다. 어느 정도 마르크시즘의 색채를 띠고 있는 개량주
의자들이 즐겨 사용하는 '사회의 사회화'라는 말은 이런 형식을 취한
다. 담벽들은 모두 없어지고, 모든 종류(물질적·사회적·정신적)의 소통이
다양해지고 복잡해질 것이다. 이것은 세계화의 한 중요한 양상이다.
그런가 하면 또 한편에는 개인이 완전히 실종해버린 듯한 이 대중화
현상 안에 개인화라는 이상한 현상들이 생겨난다. 이 현상들은 일상의

수준에서 생겨나게 된다. 오늘날(물론 산업화된 '선진'국가에서) 20세 또는 25세의 청년들이 자립적 생활의 권리, 즉 자기 가정을 떠나 가능하다면 직업을 하나 찾고, 집을 마련하고, 자기 일을 자기가 마음대로 결정할 권리를 가지고 있다는 것을 누가 부정할까? 그러니까 대중화의 한가운데에 어떤 개별화 현상이 있는 것이다. 이것이 권리의 문제, 예컨대 일할 권리와 여가·직업·교육·주거의 권리 등의 문제를 야기한다. 인신보호율(habeas corpus)의 이러한 확대는 제대로 진척된 것 같지 않다. 이 확대는 주장들로 변모하고, 도덕적 사법적 차원으로 공식화되는 경향이 있다. 국가는 자신의 전략을 실현시키기 위해 이것들(주장·도덕·사법)을 장악하고, 이 사실로 말미암아 이것들을 어느 정도까지는 인정하고 확인한다. **주거에의 권리**도 역시 마찬가지다(즉, 공식화시켜야 할 권리, 즉 **도시에의 권리**의 매우 불완전한 첫 번째 표현이며 첫 번째 꿈틀거림이다).

자기주장이 된 이 염원들은 공포정치를 막아주는가? 아니다. 건설을 공으로 변모시킬 수도 있는 주거에의 권리는 도저히 그런 식으로 인식될 수 없다. 주택문제에 개입하면서 국가는 관행을 수정했을 뿐 법규에는 손을 대지 않았다. 국가는 '신도시들'을 실현시켰지만, 그 중요한 특징들은 곧 다음과 같이 나타났다. 즉 모든 관점에서 볼 때 신도시는 도심지에서 밀려난 근로자와 회사원들을 위한 공동 침실도시(베드타운)이며, 휴식만을 위한 장소이다. 끊임없이 계속되고 있는 이 시기 동안, 주택 부족은 공포정치의 한 부분을 이루고 있다. 그것은 젊은이들(오로지 젊은이들만은 아니지만)에게 큰 위협이 되고 있다. 주택정책은 거대한 사회그룹, 특히 청년, 프롤레타리아와 중 '하층민'들에게 그들 인생의 가장 아름다운 시기를 희생할 것을 요구하고 있다. 그동안 우선

'정착'해야 하고, 생계비를 벌어야 한다. 그런 연후에야 아직 지치지 않고 여력이 남아 있으면, 그들은 삶을 꿈꿀 수 있다.

　　그들은 오랜 일상적 희생 뒤에 '삶'에 접하면서 오로지 삶을 꿈꾸기만 할 뿐이다. 그들은 기껏해야 살아남는 일만 가능할 것이다. 그 새로운 권리들이 길을 헤치고 나아가는 것은 이 거대한 장애물과 함정들을 넘어서이다. 염원과 자기주장인 한에서만 그것들은 문명의 한 부분이다. 어려움과 문제점들을 통해, 이 사회 안에는 상당한 수의 문명현상이 나타난다. 이런 식으로 우리는 **문명**과 **사회**(이 사회) 사이의 결코 덜 중요하다고 할 수 없는 새로운 모순들을 발견할 수 있는지를 생각해 보아야 한다. 이런 식으로 확인된 문명현상들은 이 사회의 미래에 대한 신념과 희망을 허용해 줄 것인가? 좀 더 자세히 들여다보면 그것들은 사실도 잠재성도 아니며, 다만 겨우 자기주장을 하는 염원일 뿐이다. 오직 호교론자와 정치가들만이 거기서 기정사실을 본다. 사실이기보다는 차라리 '가치'인 이 현상들, 권리로서 인정받지도 못한(도덕적인 차원에서가 아니고는) 이 현상들이 곧 사라지지 않을 것이라고 보장해 주는 것은 아무것도 없다. 하나의 위기만 생겨도, 또 단순히 '대중화'의 결과가 악화되어도, 이제 겨우 윤곽이 그려진 이 권리들은 쓸려 없어지지 않을까? 이 현상들 속에 새겨져 있는 것으로 보이는 어떤 '가치들'은 적어도 일시적으로나마 사라져 버렸다. 사회적 시간 속에서 결정적인 것은 무엇일까? 역사적 시간 속에서는 무엇을 얻었는가? 문턱과 단절과 비非회귀의 지점을 어디에 위치시켜야 할까?

　　이러한 문명현상들을 말하는 것만으로는 우리를 만족시킬 수 없다. 그것들이 어떤 의미를 가지고 있기는 하지만 그것은 입구를 보여주지 않는다. 만일 우리가 새로 생겨나는 이 가치와 권리들이 강화되어 사회적 인정을 받기까지의 길을 보여주지 않는다면 논증은 불완전하게 될 것이고 아무 것도 입증해 주지 못할 것이다.

2. 글쓰기와 공포정치

강제들(전유에 대한 이것의 우위와 강조가 테러리스트 사회의 특징적 성격이다)의 비평분석은 글(쓰인 물건)의 역할을 보여준다. 강제적이지만 폭력적이지는 않은 글쓰기, 더 정확히 말해서 글로 쓰인 물건(chose écrite)은 테러의 기초가 된다. 민족학자·선사학자 또는 역사학자들은 문자의 역할을 유목민의 정착에 연결시키지 않는가? 또는 불평등한 기능으로서의 사회적 분업에 연결시키지 않는가? 왜냐하면 서기의 기능은 좀 더 고위의 행위로 간주되었기 때문이다. 또는 계보학적 불안감, 가족과 조상들의 인명부에 연결짓지 않는가? 이렇게 여러 이론으로 갈리는 것은 실제적이기보다는 외관상 그러하다. 유목민의 정착은 땅의 신성화를 의미한다. 한 그룹에 의한 토지의 독점적 소유와 이 토지의 종교적 신성화는 부족의 신, 반신半神인 영웅들, 그리고 조상들에 의해 정당화된다. 기억을 간직하고 있고, 또 장소와 시간에 대한 사회적 분류의 방법을 간직하고 있는 족보와 함께 이정표의 표지들 역시 원시 필기체의 기호들 중의 하나가 된다. 정착 농경사회 이전, 또는 이런 사회의 밖에서는 사냥하는 사람, 열매 따는 사람, 떠돌이 목동들 이 토지의 영역을 표시하고, 행정行程·도정道程·경계선을 정했다. 표적을 정하는 것과 방향을 잡는 것은 같은 일이었다. 관목덤불이나 나무 한 그루, 바위나 작은 둔덕은 그 역시 시피니앙인 별들 밑에서 훌륭한 기호의 역할을 했다. 그 다음 시기에 땅 위에 어떤 기호들로 글쓰기를 만드는 방법이 이어진다. 나뭇가지 하나를 꺾어놓는다든가, 조약돌을 한 무더기 쌓아놓는다든가, 오솔길에 표시를 해놓는다든가, 경치나 장소(마을이나 도시)

를 별자리와의 연관 밑에 위치시킨다든가 하는 방법들이 그것이다. 그 근원에 대한 이론은 부차적인 관심의 대상일 뿐이다. 중요한 것은 글쓰기의 명령적 성격 과 그 지속성이다. 글쓰기는 법의 구실을 하고, 더 나아가 법 그 자체이다. 글쓰기는 강요된 태도, 고착(텍스트와 문맥의), 완강한 재귀(뒤로 되돌아옴·기억), 증언(전수와 교육), 그리고 영원히 그런 식으로 수립된 역사성에 의해 사람들을 강제한다.

글쓰기 역시 인류의 수많은 획득물의 기초이며 출발점이라는 것을 강조할 필요가 있을까? 법과 함께 글쓰기는 관념성의 토대를 이룬다. 재귀성과 함께 그것은 반성과 합리성을 이룬다. 결정적이고 한정된 경험과 함께 글쓰기는(지식과 기술의) 축적과 사회적 기억을 허용한다. 예술과 인식의 조건인 글쓰기는 사회의 조직과 문명을 가능케 한다. 사회노동 및 분업과 함께, 아니 오히려 이런 토대 위에서 글쓰기는 아직 이데올로기가 있기 전에 최초의 상부구조였다. 어떤 면에서는 도시도 땅 위에 그려진 글쓰기로서 생겨났다. 도시는 명령을 내렸다. 그것은 자신의 힘과 행정능력, 그리고 정치적 군사적 권력을 의미했다. 도시는 시골과 촌락에 자신의 법을 부과했다. 훨씬 나중에야, 쓰인 텍스트 안에 들어 있는 말과 인물을 복원시킬 필요성이 결국 연극과 시의 탄생을 돕지 않았을까?

문명의 기초인 글쓰기는 사회 자체의 어느 수준에 이르기까지는 차갑게 응고된 정신적, 사회적 사물이었다. 물론 이것은 역사적 시기에 따라 한결같지는 않다. 어느 때는 사회적 그룹들을 수동성으로 몰아넣기도 하고, 또 어느 때는 사회적 구조물들, 예컨대 도시·왕국·제국들이 적극적으로 그 위에 세워지는 그런 토대가 되기도 한다. 그 두 현상은 서로가 서로를 배제하지 않는다. 문명은 글로 쓰인 물건을 위해, 또는 그것에 의해 유지되지만, 쓰인 물건은 지속되는 동안 무기력하게 되고 살아남기에만 급급해진다. 역사를 조건 짓는 것은 또한 역사를 고착시키는 경향이 있다.

모세가 여호와의 손으로 쓰인 십계명을 백성들에게 보이면서 시나이산을 내려왔을 때, 그는 막 영원한 하느님 아버지를 만들어낸 것이다. 그의 몸짓은 앞으로의 수세기의 역사를 열었다. 그가 말한 주석도 역시 마찬가지였다. 성스러운 이야기는 그를 정당화시켜 주었다. 그는 한 민족의 초석이 되었다. 신비화에 의한 그의 속임수는 진리가 되었다. 이 귀중한(율법의) 문자판文字板은 신의 글쓰기로부터 그 영속성을 받았다. 신자들은 이 문자판이 인류의 종말까지 지속되어야만 한다고 생각할 것이다. 틀림없이 모세는 좀 더 우월한 문명으로부터 글쓰기의 덕성을 알게 되었을 것이다. 그에 의해 위대한 역사적 운명으로 인도되는 순진한 베두인 족 앞에서 그는 마술적이며 동시에 기능적인 행위를 탁월하게 수행했다. 단단하고 차가운 돌은 글쓰기의 초시대적 성격, 곧 영원하고 결정적인(외관상) 성격, 따라서 초역사적인 성격을 완벽하게 상징해 주었다. 글쓰기들(écritures), 그것은 음성 언어의 반대(anti-parole)이다. 수세기 앞에서, 그리고 수세기를 위해 글을 쓴 뒤 신은 침묵하고 있다. 그의 대리자들은 율법의 문자판(십계명)에 주석을 붙이고 그것을 해석하기만 하면 된다. 다른 사람들은 십계명에 이의를 제기할 것이고, 이의는 말(Parole)과 쓰기(Ecrit)의, 다시 말하면 정신(Esprit)과 문자(Lettre)의 갈등적인 관계의 시초가 될 것이다.

글쓰기라는 개념에 일반성을 부여한다면, 글쓰기 없는 사회는 하나도 없다. 표적·경표警標·방향판 등 기호가 없는 사회 역시 하나도 없다. 쓰인 물건, 예컨대 사건·전투·승리, 그리고 영원히 기억 속에 새겨진 최고 통치자의 결정들을 기록한 것이라든가 십계명의 문자판 같은 것을 고안해 낸 이후에도 역사는 앞으로의 도약, 좀 더 높은 수준으로의 이행, 요컨대 분리와 단절을 겪었다. 역사와 사회학이 날짜와 문턱들을 결정할 것이다. 즉 방향이 정해진 시간과 공간 속에서의 글쓰기인 도시 – 관습법에서 성문법으로의 이행, 다시 말해서 관례에서부터 공식화된 법령으로의 이행 –인쇄물에 의한 글의 일반화(끝없는 장서, 절대적인 책, 결국 말해진 것, 아는 것, 지각된 것을 글 쓰는 행위가 모두 흡수하는 현상)에 의해 한층 강조되는 **축적의 성격** 등을.

글쓰기(사회에 의한, 그리고 사회를 위한)의 역사는 쓰인 물건 속에서 제도들의 '필수 불가결'(sine qua non)의 조건과 원형을 보여줄 것이다. 쓰인 물건이 최초의 제도화이므로, 그것은 작품과 행위를 조직하면서 그것들을 사로잡기 위해 사회적 실천 속에 개입한다. 그것이 대체代替의 변함없는 최초의 매커니즘을 보여준다. 글로 쓰인 물건은 다른 '어떤 것', 즉 글습·관행·사건 등에 참조를 구한다. 그런 뒤에 그것은 그 자체가 참조대상이 된다. 글로 쓰인 물건은 글쓰기의 참조대상과 대체된다. 비판적 반성은 여기서, 이미 앞에서 언급되고 분석된 자리 이동과 갈등을 감지한다. 비판적 반성은 이러한 갈등과 자리 이동을 그 근원, 그 시초에서부터 포착한다. 글로 쓰인 물건은 메타언어로 기능하고, 문맥이나 참조대상을 내던지고 스스로 참조대상이 되는 경향이 있다. 글로 쓰인 물건이 있기 전에는 말과 연결된 행동들이 있다. 이미 메타언어인 기술체는 문자로 고정되었기 때문에 떠받쳐지고 유지되는 이것 또는 저것에 대해 제2, 또는 제3등급의 담론, 그리고 해석과 주석을 허용한다. 이때부터 메타언어는 파롤보다 우세하게 되었고 결국 글쓰기에 근거한 사회에서 스콜라학파·비잔틴학파·탈무드·수사학 등이 거대한 역할을 하게 되었다. 그 자체가 최초의 말에 대한 기입인 최초의 메시지 위에 두 번째의 메시지가 접목되었다. 이것은 아마도 비판적인 메시지일 것이다. 여기서부터 반성에 고유하게 들어 있는, 따라서 사상사 특유의 위험하고도 불안한 선택을 매순간 해야만 하는 일이 생긴다. 파생된 두 번째의 메시지는 일탈할 수 있다. 글로 쓰인 물건과 이것이 부여하는 권위를 소유한 사람들이 왜 이 일탈을 방지하기 위한 필요조치들을 취하지 않는가? 글쓰기와 글로 쓰인 물건 위에 기초한 사회는 공포정치로 향할 염려가 있다. 쓰인 전통을 해석하는 이데올로기는 설득적인 힘에 위협을 덧붙인다. 그러나 글로 쓰인 물건은 결코 완전히 구전의 전통, 곧 입에서 귀로 전달되는 파롤을 대신하지는 못한다. 따라서 문자와 정신과의 투쟁도 이 투쟁이 내포하는 잘못된 해석, 이단, 일탈과 함께 영원히 계속된다. 글쓰기에 근거를 둔(다시 말하면 글로 쓰인 물건과 연결된 표상들에 의해 자신의 존재조건을 유지하고 합리화하는) 사회는 명령에 토대를 둔 사회이다. 이 사회는 실제생활의 세부를 규정하고, 옷과 식품과 성욕을 의식화儀式化하는 경향이 있다(명령과 금기는 이 규제의 두 양상이다). 이 사회는 또 이 규정들을 위협과 제재에 의해 보호하는 경향이 있다. 이 사회는 나머지를 구성원들의 행동에 맡기는 그런 일반적인 금기에 만족하지 않는다. 생존조건들의 유지는 시간이 흐르면서 훨씬 치밀해질 수 있다. 그러나(비록 이런 경향이 벌써 나타나고 있기는 하지만) 조직된 일상의 이 단계를 아직은 말할 수 없다. 사실 글과 명령(여기에는 사물이 기록하는 것까지 포함된다. 즉 주거와 도시들의 형태, 기념비들, 중심을 향한 협로峽路들의 전진 등 단지 공간의 차지만이 아니라 시간의 활용까지를 나타내주는 표상들이다)은 비판적인 파롤과 해석, 새로운 문제점의 공식화를 결코 막을 수 없다. 게다가 글로 쓰인 물건은 작품의 성격을 간직하고 있다. 이것은 함께 모여 사는 사람들 앞에서 정당성을 인정받아야 한다. 글에 기반을 둔 종교는 하나의 정치권력을 유지시키고, 그것을 신성화하고, 거기에 하나의 이데올로기를 제공한다. 종교는 글쓰기에게 공동체의 통제를 면하게 해줄 수도 없고, 또 자신도 거기서 벗어날 수 없다. 공동체는(부속 토지와 함께) 권력 있는 신학자들의 통치권의 근원이 되기까지 한다. 위협이 사제·전사·왕들로 하여금 변덕에 몸을 맡기지 못하도록 막아준다. 가장 잔인하고 가장 폭군적인 것이 작품들, 예컨대 기념비와 축제들에 의해 정당화된다. 공동체와 함께 위협이 사라질 때, 축제가 끝나 버렸을 때, 형태로서의 도시와 기념비가 쇠퇴했을때, 작품의 의미가 상실되었을 때, 바로 이때 일상성이 시작된다. 일상성의 **문자적** 토대는 무엇인가? 관료제와 그 조직의 방법들이다.

글쓰기의 형식, 곧 재귀성을 주목해 보자. 글로 쓰인 물건은 매순간 뒤로 되돌아가는 것을 허용해 준다. 지각知覺의 성질로 특수화된 당신의 두 눈은 동시적 시각 속에서 이 페이지를 응시한다. 당신은 책한 권을 대강 훑어보고, 원하면 다시 첫 줄부터 볼 수 있다. 첫 번째 읽기에 이어 두 번째 읽기, 그리고 가능하다면 세 번째 읽기가 이어진다. 시간은 형태를 변화시킨다. 시간은 독서의 형식적 지속으로 환원된다. 시간은 더 이상 당신을 사로 잡지는 못한다. 당신은 시간을 제어하여, 시간이 당신의 시선 밑에서, 또는 차라리 시선 안에서 바짝 마르고 차갑게 식기까지 한다. 여기서 **정신적인 것**과 **사회적인 것**(이 두 용어 사이에는 통일성이 있으나 차이점도 있다) 사이의 별로 탐구되지 않은 일치점들이 제시된다. 종이 위에 기억의 작용과 메시지 수신의 작용이 투사된다. 앞으로의 전진은 현재에서부터 시작되는 반대방향으로의 전진, 곧 재귀적 제2차 독서를 결코 금지하지 않는다. 책은 늙지 않는다는 환상, 시간을 인식에 예속시킨다는 환상, 그리고 시간을 완전히 일직선적인 축적으로 만든다는 환상을 우리에게 준다. 여기서부터 시간성을 동시성으로, 발달과 쇠퇴를 순간으로 환원(환상적인)시키는 현상이 생긴다. 환상인가? 그렇기도 하고, 아니기도 하다. 역사와 과거, 미래를 부정하기 위해서 그러한 환원을 이용한다면 당신은 그것을 남용하는 것이다. 당신은 세계와 책을, 아니 더 나쁘게 말한다면 세계와 장서를 혼동하고 있다. 그러나 기호들이 흰색 종이 위에 조합되어 있고, 이미 예상된 방식에 의해 형태를 짓고 있는 그러한 책을 읽는 당신에게서 무엇에도 견줄 수 없는 기쁨인 하나의 충만성이 형성된다. 글쓰기와 글로 쓰인 물건을 사회와 세계의 모델로 변형시키고, '이데올로기적으로' 독자의 상황과 즐거움을 절대성으로 변모시키는 연역의 방법이 결국 환상과 철학적 오류를 낳게 한다. 절대적 책은 완강하게 주파된다. '그것은 쓰여진 것이다.' 책은 운명의 창조자인 지고의 주님을 독자로 또는 저자로 가지고 있다. 따라서 미리 예상되지 않는 것은 아무것도 없다. 신이 자신의 형상대로 능동적이고 자유로운 인간을 창조하기는 했지만 영원한 아버지로서 그는 인간을 벌주기도 한다. 하느님으로서 그는 사소한 몸짓도 명령하고, 하찮은 미물까지도 미리 준비한다. 신은 최고의 재귀성이다. 시작에서 끝까지, 또는 끝에서 시작까지 시간은 단 한 번의 눈길로 읽혀진다. 기억의 이름으로 사람들은 역사를 없앴고, 투명성의 이름으로 의미, 즉 이성에 대한 모색적인 탐구를 몰아냈다.

그때부터 정보와 기억의 기계가 글쓰기와 재귀성의 실용적이면서도 과학적인 마지막 항으로 모습을 드러냈다. 이 기계도 기입하고 명령한다. 비록 회로와 진공관의 배치 속에서 기계가 신을 '구현'하므로 신의 자리를 빼앗았다고 주장하기는 하지만 기계는 그래도 신과 사이가 좋을 수 있다. 기계와 공생하고 있는 기계의 광신자들이 또한 절대적 지식(그들이 '인식론'이라 부르는), 그리고 엄격한 글쓰기의 인간, 다시 말해서 사이버 인종이기도 한 것은 단순히 우연한 일일까!

글로 쓰인 물건은 고유성을 하나 더 가지고 있다. 정신작용, 그리고 인코딩(코드 엮기)과 디코딩(코드 풀기)은 글 속에 원래 들어 있는 것이지만, 그 모습 그대로 메시지 안에 담겨지지는 않는다. 그것이 게임의 법칙이다. 그렇게 형식들 자신의 투명성은 요행과 숨김을 결코 배제하지 않는다. 오히려 그것들은 그 엄격성과 순수성 한가운데에 이것들을 간직하고 있다. 중요한 것은, 약호를 만드는 사람들과 메시지가 통과하는 실제적인 망網들이 함께 은폐되어 그들의 존재 자체를 감지하지 못할 정도가 된다는 사실이다. 글은 '현존재'(être-là)의 모습으로 완벽하게(외관상) 주어져 있다고 어떤 철학자는 말할 것이다. 글은 순진무구해 보이고, 또 당신의 순진무구성을 이용한다. 여기서 순진한 사람들 또는 그 외의 사람들에 대한 글(인쇄물)의 지배가 생겨난다. 글은 응집력을 쟁취한다. 그 고착성은 사람을 매혹시킨다. 글 안에서 마술적인 것과 합리적인 것이 한 데 합쳐진다. 어떻게 글이 거짓말을 할 수 있을까? "신문에 써 있어"라고 순진한 사람들은 말한다. "내 눈앞에 증거와 자료가 있다. "스스로 순진하지 않다고 믿는 사람들은 이렇게 말한다. 메타언어는 자신의 '자연'(또는 '구조')을 결코 내비치지 않는 그런 특권을 가지고 있다. 그것은 언어 또는 메시지로 간주될 수도 있다. 비록 원칙적으로 코드의 축 위에 있기는 하지만 메타언어는 코드라는 상품으로 사기를 치기 위해 상황을 악용하는 '코드 해독가들'에 의해 잘리고 위조된 코드들을 제시하거나 또는 그것들을 가지고 속임수를 쓸 수도 있다.

관료정치가 글과 글의 축적을 그 권력의 기반으로 삼고 있다는 것은 아무리 반복해도 나쁘지 않다. 그리고 이런 관점에서 글쓰기와 공포정치의 사회학을 조명하는 것도 나쁘지 않다. 글의 힘은 경계선을 넘어서고, 장애물을 깨뜨리며 더 이상 한계를 모른다. 글쓰기에 기반을 둔, 그리고 그것들에 의해 정당화되는 관료주의적 합리성과 지식·능력은 사소한 부분에까지 확대된다. 국가가 신의 섭리를 대신한다. 기술적으로 기계의 도움을 받는 관료제는 신을 구현하면서 주님의 자리에 대신 들어섰다. 조직된 일상성의 체제 속에서 아무것도 빠져나올 수 없고, 또 빠져나와서도 안 된다. 강제들은 지식 및 예견과 동일시된다. 개념으로서의 또는 실천으로서의 전유는 **거의**(시효가 없는 나머지를 제외하고는) 사라졌다. '인간적인' 관료가 소유의 부분을 관리하기를 원하는 경우가 있다 하더라도 그들의 개입 방법은 전유를 없애버리기에 충분하다. 공포정치 사회의 모습은 그런 것이다. 거기서는 각자가 법을 모르는 것을 두려워하면서도 법을 자기 쪽에 유리하게 이용할 생각만 하고 죄는 남에게만 돌리고 있다. 이 사회야말로 각자가 자신에게 죄가 있다고 생각하고 또 실제로 각자에게 죄가 있는 그러한 사회이다. 각자는 마지막 남은 조그만 자유와 전유를 향유하는 것에 죄의식을 느끼고, 비밀을 간파하기 과히 어렵지 않은 별로 깊지 않은 어둠 속에서 그것을 계략에 의해 사용하고 있다는 것에 죄의식을 느낀다. 새로운 교회, 다시 말해서 새로운 의미에서의 교회인 국가적 정치적 관료제는 디테일을 규정하면서 옛날의 교회와 경쟁을 벌이고 있다. 관료제는 교회와 비슷한 결과를 얻는다. 도덕적 질서를 표방하면서 내면적으로는 김이 부도덕하고, 사람들에게 죄의식을 심어주고, 법과 천사로부터는 멀어지고, 밝은 빛으로 세상에 어두운 곳이라고는 없게 만든다.

파킨슨 법칙에 따르면 관료는 또 다른 관료를 분비하고 생산하지만, 이 법칙은 일상의 관료적 조직이라는 과정을 완전히 묘사하지는 못했다. 어느 수준의 공포정치에 도달하면 관료제는 '개인'을 가장 완벽한 착취에 내맡겨 그들을 속박하고, 서류의 기입이나 통첩의 회신 같은 일을 점점 더 많이 늘려 개인의 업무량을 늘린다. 관료제는 사람들을 지배하고 간섭하기보다는 차라리 그들을 관료화한다. 관료제는 사람들을 관료로 만들면서(마치 그들의 일상생활을 관료적으로 운영하도록 하기 위해 관청이 파견한 대리자인 양 만들면서) 그들을 통합시키는 경향이 있다. 관료제는 자기 방식으로 '사적私的' 생활들을 합리화한다. 그리해서 마치 관료적 이성이 순수이성과 동일시되고, 관료적 지식이 인식과 동일시되며, 마침내 설득이 강제와 동일시되듯이, 관료적 의식은 사회의식과 동일시된다. 이것이야말로 완벽한 공포정치의 정의이다. 상상의 길만이(내면의) 시선 앞에 열려 있다. 폭력과 에로티즘만이, 다시 말하면 소비에 제공된 폭력과 에로티즘의 기호들만이(몽상적인) 전유를 허용해 주는 것 같다.

각 관료제는 자신의 공간을 잘 정돈한다. 즉 그 공간에 이정표를 세우고 표시를 한다. 재정적 공간·행정적 공간·사법적 공간이 있다. 각 공간을, 법규·포고령·법령 같은 인신보호율에서부터 출발하여 하나의 하위체계로서 기호학적으로 연구하는 일이 가능할까? 물론 그런 연구는 별로 흥미가 없을 것이다. 이 공간들의 총화는 제한된 합리성의 공간, 즉 관료제의 공간이다. 이 공간은 병리학적(정신분열증적) 성격을 가지고 있는데, 이때 이것은 공간으로서가 아니라 합리성과 부조리성의 최종적인 동질성이라는 사회적 병리를 폭로해주는 한에서만 그러하다. 게다가 공간이란 그림맞추기 퍼즐의 조각들처럼 정확히 한데 합쳐지지 않는다. 그것들 사이에는 구멍이 있을 수밖에 없다. 단편화된 관료제, 즉 한 번도 실현된 적이 없는 전체적 관료화의 단편들은 결코 한데 맞추어지지 않는다. 그것들은 시간을 거슬러 뒤죽박죽으로 서로 결합될 뿐, 관료제에게 있어서 시간이란 포위하고, 둘러싸고, 완전히 공격능력을 상실하도록 만들어야 할 적敵이다. 시간은 규제를 닳아 없어지게 하고, 관료적 공간 안에 정돈된 '물체들', 결코 조용하게 머물러 있지 못하는 물체들의 계략을 허용하기 때문이다. 관료제는 시간의 활용을 명령하고, 자신의 명령권 안에 들어오지 않는 것을 추방한다.

가장 옛날의 제도(제도적 종교)와 가장 현대적인 국가적 정치적 제도 사이에는 어떤 관계가 수립될 수 있을까? 거기에는 라이벌 관계도 있고, 서로 일치하는 점도 있다. 정치적 관료제는 자신의 철학을 분비하고 있고, 교회 관료제를 합리화하는 존재론과 철학의 분쇄를 그 의무로 하고 있다. 동시에, 어떤 것은 권위가 있고 어떤 것은 그렇지않은 이 제도들이 서로를 보완한다. 그들의 노력은 한 점으로 수렴된다. 한

쪽 것은 욕망을 억누르고, 다른 쪽 것은 욕구에 관심을 갖는다. 전자는 무의식 속에 질서를 확립시켰고, 후자는 의식 속에 질서를 확립시켰다. 더 오래된 제도는 그 낯설음을 유지하면서 그들이 조직한 '깊이'의 도움으로 그들의 표상과 실천을 세련화 시켰으며, 두 번째 제도는 아주 피상적인 것, 즉 외부적 행동(소비·일상생활)만을 그 목표로 삼고 있다. '영적'인 제도들은 개인의 생활을 그 영역으로 삼고, 섹슈얼리티에 공포를 가하면서 이 영역을 관리한다. 한편 좀 더 최근의 제도들은 일상성에 공포를 가하면서 맹위를 떨치고 있다. 이 일치점에서 어떤 결과가 생기는가? 도덕적 질서, 즉 공포정치 사회의 모습이다. 언제나 틈새가 생기고, 또 언제나 이 틈새를 메우는 도덕적 질서는 잘 관리된 일상생활의 시선들 쪽으로 돌려진 얼굴에 불과하다. 영적 질서와 시민적 질서(어떤 특정의 수준 높은 사회 안에서)는 이 도덕적 질서 안에서 일치된다. 이것은 문자 시니피앙의 거대한 축적을 의미하는 최후의 시니피에가 아닐까?

말(parole)의 권리를 주장해야만 할까? 물론이다. 그러나 아무 말, 아무 주장이나 좋다는 것은 아니다. 말에 대한 권리를 노동의 권리·교육·건강·주택·도시에의 권리 옆에 놓는 것이 가능할까? 인간의 구체적 권리에 대한 선언이나 구체적 인간의 권리들에 대한 선언은, 더함도 덜함도 없이 옛날 것과 똑같은 유효성을 갖는다. 제도적으로 인정받기를 원하는 권리가 아니라 문명의 지평이라는 측면에서 본다면 말에 대한 권리는 도시에 대한 권리와 아마도 나란히 위치해 있는 듯하다. 그러나 지금 우리는 시적詩的인 말, 비판적인 말에 대해서 논의하고 있다. 이 말은 자신의 힘에 의해 인정받는다. 이것을 억누르기 위해 공포정치가 말 위로 덮친다. 그러니까 자신의 말을 들어줄 귀를 찾고, 자신의 목소리를 통과시킬 틈새를 질서의 벽 속에서 찾는 것은 이 말에 달린 일이다. 말에 한 영역을 떼어주어 시인들의 영역, 철학의 영역 또는 인간관계의 영역을 정해주자는 이야기가 아니다. 말에 그런 신분을 인정해 주는 것은, 말을 게토(고립지역) 속에 가두는 것이다. 즉 말씀(Verbe)의 이름으로 받아들여지고 정당화되는 인텔리겐치아의 게토를 하나 더 추가하는 것이다. 무기력한 권리보다는 박해가 차라리 낫다. 말의 인식에 관해 언급하자면, 이론적 수준에서 그것은 언어과학이 아니라 글쓰기의 인식에 비교함으로써만 이론화가 가능하다.

우리는 글쓰기의 사회학을 개진하거나 그 의미들의 비판적 분석을 제대로 하지는 못했다. 글로 쓰인 말, 또는 변함없는 기호는 한 신분을 가지고 있고, 또 고유의 성질을 가지고 있다. 그리고 이것은 언어나 음악의 영역에서도 마찬가지다. 언어학자들(그레마스)에 의해 밝혀진 동위성(isotopie)은 단순히 언어학적 공간만이 아니라 사회적 공간이다. 단어, 단 어들의 조합·문장·의미, 그리고 체계의 동위성은 결국 글의 동위성이라는 결과를 낳는다. 이것이 글의 아주 이상한 존재양식을 한층 더 자세히 밝혀주는데 기여한다. 왜냐하면 우리의 연구대상인 글은 형식에 관한 성질(특히 재귀성)이 부여된, 정신적이면서 동시에 사회적인 존재이기 때문이다. **동위성**의 개념이 **이위성**(異位性: hétérotopie)의 개념을 불러오므로, 정신적 사회적 공간을 그 관계와 의미들과 함께 귀속성·삽입·배제·외재성의 동위성과 이위성으로 가르는 형식적(구조적) 분류가 이어진다. 그러한 분류는 글을 참조대상으로 삼을 수 있다(글은 정신적 사회적 맥락 속에서 순전히 자신의 힘으로 우뚝 서고, 다른 참조대상들의 자리를 차지한다). 도시 공간의 분석적 연구를 위해 이것은 매우 흥미로운 일이다. 이론화 작업 도중의 이 형식적이고 구조적인 분석은, 만일 그것이 현재 일어나고 있는 움직임을 포착하지 못하거나 또는 그 공간들을 서로 연결시키지 못한다면 아주 제한적인 흥미밖에 갖지 못하게 될 것이다. 다른 말로 하면 역사적 변증법적 운동 속에서 분석이 형식적인 분류와 구조적 관계들을 포함하게 될 순간이 온다는 것이다. 그때 시간은 제 권리를 다시 찾는다. 무슨 시간인가? 이 공간들은 정확하게 서로 들어맞지 않는다. 그것들은 주어진 한 순간에 부동의 짜임새 있는 완벽한 전체를 구성하지 않는다. 정신적 사회적 공간의 부분들은 그들의 형식적 병렬 속에서의 관계와 그들의 구조적 대립을 완전히 소진시키지는 않는다. 그 부분들을 한데 모아 연결시키는 것은 무엇인가? 한 '주체'? 한 의식? 이 철학적 명제는 더 이상 꼭 필요하지는 않다. 그 부분들을 연결하고, 한데 모으고, 또 그것들을 생겨나게 하는 것은 한 행위의 말(Parole)이 아닐까? 말은 해체된 조각들을 다시 조립하여 간직한다. 그리고 사회적 공간의 단편들도 마찬가지다. 역사의 행위자들이 어떤 특정의 순간, 어떤 특정의 상황 속에서 말을 택했으므로, 창조와 역사의 시간은 말의 시간이 아닐까? 우리는 물론 그 연계관계를 상세히 밝혀내지 못했다.

행위

작품
제품 } — 조직

— 제도 { 활동적 합리성

고착된 합리성

합리성은 글쓰기의 모델에 따라 관료주의로 고정되고, 공포정치 사회를 선포한다.

롤랑 바르트의 책 『유행의 체계』를 잠시 살펴보자. 스스로 인식이기를 원하는 예술작품인가? 한 체계의 발견인가? 또는 한 '대상'에 대한 과학적 인식인가? 여기서 그것을 꼭 규정해야 할 필요는 없다. 이 책은 무엇을 다루고 있는가? 사실과 사물에 대해서인가? 유행 의상을 다루는가, 아니면 이 옷들을 입은 유행을 잘 따르는 여자들을 다루는가? 행동을 다루는가, 아니면 상황을 다루는가? 유행을 따른다는 말의 의미를 우리에게 말해 주는가? 아니다. 롤랑 바르트는 다른 목표·다른 방법·다른 과학적 전략을 가지고 있다. 그의 방법은 우선 대상을 환원하고, 모든 내용은 아니지만 여하튼 내용의 일부를 괄호 속에 넣는다. 유행에 관한 3백 여 페이지 속에 '유행' 의상을 입는 것이 여자들이라는 사실에 대한 언급은 별로 없다. 그것을 우리가 알아차릴 수 있는 것도 의상 사진이나 커버 걸 같은 제도적 형식을 통해서이다. 저자는 무엇을 검토하는가? 말(parole)과 마찬가지로 육체도 기호학적 환원 속에서 분리된다. 분석은 유행에 대한 담론, 글로 쓰인 의상, 다시 말해서 의상에 대한 글쓰기, 패션 기사(journal de mode)를 쓴다. 자료는 한 정기간행물의 2년치다. 저자는 유행에 대한 담론의 담론을 탁월하게 구성했다. 그는 메타언어 속에(명석하게) 자리를 잡고[3] 수사학의 논문을 쓰고 있다. 그는 그것을 알고 있고 그것을 말하고 있지만, 조심스럽게 자신의 뾰족한 바늘을 감추고 있는 한 사고思考의 끝까지 당도하

---

3 P.75과 P.261 참조.(원주)

지는 않는다. 이러한 절차를 통해 그는 '현실'·내용·사물(의복의 재료와 기술, 경제적 조건 등), 사람들(유행을 따르는 여자들은 누구이고 어디에 있는가?)을 다른 학문, 즉 사회학·경제학·역사에 떠맡긴다. 그는 무엇을 하는가? 그는 언어에서부터 출발하여 한 실체, 일종의 초시간적이고 안정된 본질, 그 순수성에 의해 규정되는 순수한 형태, 즉 유행(mode)을 구성한다. 역설적으로 유행은 덧없음을 주관하고, 이 덧없음의 가속화 속에서 자신의 형식적 순수성을 드러낸다. 유행이란 무엇인가? 일종의 유토피아이다. 패션 사진 이외의 곳에는 유행 의상을 입은 여성이 없다는 것을 생각해 보자. 그리고 상류층 여성들은 유행을 '따른다는' 환상만을 가지고 있을 뿐, 결코 유행에 '도달하지는' 못하면서 유행의 뒤를 따르기에 급급하다는 것을 생각해 보자. 그래도 유행은 여전히 똑같은 존재를 간직하고 있다. '최신 유행의 여성'은 단지 패션 기사의 독자일 따름이라는 것을 생각해 보자. 유행이라는 본질의 사회적 존재는 패션 기사에 의해 한층 강화된다. 이 존재는 상상과 현실 속에 자리잡고 있다. 그것들 사이의 경계선에 자리 잡고 있는가? 아니다. 그 둘의 인접지 또는 결합 속에, 하여튼 그 둘 안에 동시에 공동으로 들어 있다.[4] 유행은 수많은 힘과 영향력(사회에 대한, 또는 사상과 이데올로기에 대한)이 부여된 한 이념이다. 그것은 또 현실과 상상이 그러하듯 아주 밀접하게 연결된 채, 사회적 삶과 정신적 삶의 한 분야 위에 마치 깃발처럼 꽂혀져 있다. 한마디로 그것은 한 '현실'에 형태를 부여한 제도이다. 이 현실은 창조적이며 동시에 생산적인 활동을 조직하고, 이 활동을 글의

---

4   P.257 참조.(원주)

수단을 통해, 다시 말하면 패션 언론과 그 수사학을 통해 하나의 본질로 고착시킨다. 또 이 현실 안에서 강제와 전유는 서로 대립관계를 이루고 있다. 어떤 맥락 속에서인가? 저자는 이쯤에서 우리를 버린다. 그는 마치 오늘날 누군가가 문학을 하고, 또 누군가는 법학, 논리학을 하듯 예전에 웅변을 했던 웅변가들처럼 행동했다. 그 웅변가들은 전범이 되는 하나의 실체, 하나의 이념을 만들어냈는데 그것이 다름 아닌 웅변술이었다. 놀라운 것은 사회적 정신적 영역 속에, 다시 말해서 '동위성' 속에 자리 잡은 이 본질들이 스스로를 의미하기 위해 모든 시니피앙들, 모든 의미작용들을 장악하는 그 능력이다. 이것이야말로 사회적으로 '유행의 최첨단'이 아닐까? 또 놀라운 것은 투명하게 나타나는 모습으로서의 외관상의 덧없음이 아주 안정되고, 형식적이고, 엄격한 모습으로 나타난다는 것이다(물론 내용을 부수적 우연적인 것으로 간주하여 분리시킬 경우에 한해서 말이다). 하나의 '세계'가 어떤 건축물 안에서 모습을 드러내는데, 그것은 다름 아닌 유행의 '세계'이다. 그리고 이 건축물은 이 세계를 발견함과 동시에 자신의 모습을 발견한다. 작위성의 세계인가? 법이나 철학이 그렇지 않듯이, 이것도 그렇지않다. "제도 중에서 가장 사회적인 것은 사람들에게 자연을 생산하도록하는 이 힘이다"라고 롤랑 바르트는 썼다. 이것의 작위성은 글쓰기의 그것과 마찬가지다. 글쓰기는 사물로서 존재하지만, 그러나 인간의 시선이 없이는 존재할 수가 없다. 왜냐하면 글쓰기는 형태로서만 존재하기 때문이다. 작위성은 유행이 아니라 그 주위에 일어나는 것, 즉 유행시장이다. 롤랑 바르트의 구조물은 논박할 여지가 없고 나무랄 데가 없다. 이 순수형식과 내용(현실)의 비순수성 사이의 대립이라는 가설은 저자의 방법에 의해 거부되고, 또 미리 불법성의 낙인이 찍힌 듯하다. 다시 한 번 말하거니와 유행체계의 발견과/구축이 '사실적'이기 위해서는 현실 속의 여성들이 원피스와 코트를 실제로 입을 필요가 없다. 또 신문독자인 실제의 여성들이 '패션쇼'에 관한 기사를 실제로 읽을 필요도 거의 없다. 아마도 실제의 여성독자들은 사진을 설명하는 단어와 문안들의 함축의 미만을 느낄 것이다. 아마도 그녀들은 정보(디자이너·상점·가격 등)만을 읽을 것이다. 이것이 글로 쓰였다는 사실만이 중요하다. 롤랑 바르트는 주체의 제거를 그 패러독스에까지 밀고 갔다. 유행은 물리적 주체로서의 육체와 사회적 주체로서의 소유물을 동시에 제거한다. 그것이 실제의 제품이나 기성복과 구별되는 것은 이런 식으로이다. 유행은 자기 고유의 내용물, 즉 소비자, 구매자로서의 여성, 소비의 상징으로서의 여성, 그리고 상품 그 자체(여성의 육체까지 포함하여)인 여성을 배제한다.

우리는 이 '체계'에 사로잡혔는가? 이 체계를 **뒤집어엎는** 것이 우리의 할 일이다. 철학을 포함한 체계적 구조물들도 함께 말이다. 제 자신에만 몸을 웅크리는 폐쇄적인 체계, 자기 자신 이외에는 아무 다른 의미나 장점을 가지고 있지 않은 체계, 그리고 모든 의미들을 자신에게 편입시키기 위해 그것들을 장악하고 있는 그러한 체계가 형성이 되는 이 사회를 우리는 어떻게 정의내려야 할까? 그것의 존재와 기능의 조건들(철학자들이 말하는 선험적 조건이 아니라 실제적인 조건)은 도대체 무엇일까? 이 질문에 우리는 단도직입적으로 답할 수 있다. 즉 비록 본질적인 조건이라고는 말할 수 없지만, 하나의 조건은 공포정치 사회이다. 유행만이 유일하게 공포의 지배를 가져오는 것은 아니다. 그러나 유행은 공포정치 사회의 통합적인 기능을 가진, 그리고 또 통합된 부분이다. 유행은 어떤 공포의 지배를 가져온다. 유행을 따를 것이냐, 따르지 않을 것이냐. 그것이 햄릿 식 문제의 현대적 격언이다. 유행은 일상을 배제하면서 일상을 지배한다. 일상성은 유행을 따를 수 없다. 따라서 일상성은 유행을 따르지 않는다. 상류층 인사들은 일상성을 가지지 않았다(또는 가지지 않은 것으로 간주된다). 그들의 매일의 생활은 유행의 영역 속에서 경이와 감탄으로 이어진다. 그러나 영원한 추방 속에서도 일상성은 존재한다. 그것이 공포의 지배이다. '유행' 현상이 사상·예술·'문화', 그 밖의 모든 분야에 확대됨에 따라 더욱더 그러하다. 자기 범위 안에 들어오는 것을 사로잡는 체계의 능력은 한계가 없다. 가시적인 압력단체가 없는 압력인 유행은 자신의 영향력을 사회 전체에 확산시킨다. 유행의 행동 영역은 역시 분명한 한계를 그을 수 없는 다른 영역들과 교차하고, 서로를 간섭한다. 메타언어의 방법을 통해, 사회 전체는 서로 경쟁적이며 또 보완적인 몇 개의 체계들(또는 **하위체계들**)에 의해 설정되고 금지된다.

글의 지배는 글쓰기 안에 내재하는 방향성에 의해, 그리고 사물의 축적에 의해 그러한 실체들의 구성과 설립을 허용한다. 그 본질들은 정신적이면서 동시에 사회적인, 그리고 허구적이면서 동시에 현실적인 존재를 갖는다. 이 본질들은 사회적 장소와 사회 공간의 절점節點, 그리고 현대성의 위상(혹은 차라리 논점)(une topologie ou plutôt une topique)의 요소들을 정해 준다.

유행의 공포정치적 성질은 특히 **전유**에 대한 무관심에서 잘 드러난다. 유행은 사회적 활동이나 육체를 무시하면서, 물체의 다양화와 폐기를 그 목적으로 한다. 전유가 이루어진다면 그것은 우회의 길을 통해, 즉 값싼 기성복과 고급 기성복 사이의 길을 통해서이다. 이런 식으로 구체적 합리성은 남몰래 미끄러져 들어가기 위해 구멍·틈새·균열, 다시 말해서 모순들을 이용한다. 여기에 어려움이 없지도 않다. 우리는 여기서 유행의 체계 밖의 복장의 역사, 예컨대 재료, 시장과 그 확대, 기성복의 출현, 기성복의 편리한 점과 불편한 점 등을 세세히 열거할 필요는 없다. 물론 그것은 일상성의 비판적 연구의 중요한 장이기는 하다.

유행과 문학에 도달하기를 원하면서 롤랑 바르트는 글의 사회학에 가장 중요한 기여를 했다. 그가 머릿속에 품고 있던 생각은 바로 이 글쓰기의 사회학이었다. 처음에는 문학적이었던 이 개념은 차츰 사회학적 차원의 현실, 즉 사회적인 것과 정신적인 것의 장소를 포착하게 되었다. 바르트가 기호학의 이름으로 사회학을 배제하기는 했지만, 그는 역시(의식했건 아니건 간에) 사회학을 정의했고, 이 영역을 탐구하기를 원하는 사람들에게 이것을 넘겨주었다. 이렇게 하기 위해 그의 방법을 전복(도치)시켜야 하고, 하나의 '본질' 또는 실체의 제도화를 확인하는 기호학에 의해 형성된 체계(하위체계)를 다시 일으켜 세워야만 했다.

이 본질, 즉 유행은 유일한 것일까? 그것은 문학을 경쟁적 보완적 상대로 가지고 있는 것이 아닐까? 물론 그렇지 않다. 다른 본질들은 무엇인가? 정치·경제·철학 또는 종교·과학(과학성)일까? 방법론적으로, 그리고 개념적으로(이론적으로) 최대한의 주의와 유보가 요구된다. 부분적인 한 행동을 이데올로기로 변모시키고, 단편적인 한 연구 분야를 '본질'로 변모시키는 이 위험한 작용은 **연역**(extrapolation) 이라는 이름을 갖는데, 흔히 남용된 환원 이후에 이루어진다. 종교도 수세기 동안 체계 또는 본질, 즉 신학이나 신정神政정치로 승격되려 애썼다. 그러나 그것은 실패했다. 체계로서의 종교는 완전히 폭파되어 사라져 버렸다. 여러 종교들의 잔해만이 역사의 도정에 드문드문 이정표 역할을 하고 있을 따름이다. 사람들은 '종교성'을 본질로 만들고 싶어하는가? 많은 사람들이 그런 방향으로 노력한다. 왜 아니겠는가? 그것은 사회적 지형학 속에서 종교를 유행의 옆에 위치시키는 방법이다. 정치는? 한 계급의 전략 속에서 전략적 목표를 실현시키기 위해 이데올로기적 도구로 사용되는 실천으로서가 아니라면, 그 누구도 정치를 정확하게 (합리적으로) 정의할 수 없다. 이 분야(국가·정치 '체제' 등) 안에서 매우 견고하게 제도화되었음에도 불구하고, 이것은 결코 본질이 될 수 없다. 철학도 종교도 마찬가지로 총체적 체계가 되기를 원했지만 역시 폭파되어 버렸다. 역시 역사의 이정표가 되고 있는 그 잔해들은 철학을 본질로서 간주하지 않는다는 조건으로, 그리고 철학을 실천(praxis)과 대립시킨다는 조건 밑에서만 사용될 수 있다.

사회적 정신적 형태로서의 본질들은 그들 영향력 안에 고유하게 들어 있는 초시간성의 위엄 있는 외관을 가지고 있다. 사람들은 그 위엄 있는 외관을 그 본질들의 것으로 생각한다. 신앙인·신학자·철학자·도덕가 등은 자신들에게 영원성을 부여한다. 유행은 현대적 의미에서는 패션 기사와 함께 태어났다. 유행은 메타언어와 함께 수립되었다. 덧없음의 구조인 유행은 끊임없이 변화한다. 오늘의 유행을 세상에 내놓은 사람들은 내일의 유행을 벌써 준비한다(컬렉션·프리젠테이션). 상류층 여성들은 오늘 아침에 자기들이 산 것을 벌써 과거 속으로

집어 던지고 있다. 이것이야말로 유행이 자기 고유의 파괴에 의해 생명이 유지되는 방식이다. 그러나 유행 속에 있지 않는 사람들에게 있어서 유행은 영원한 어떤 것을 가지고 있다. 외관상으로보면 사람들은 자기가 어제 입었던 것을 알지 못하고, 내일 입을 옷도 모르고 있다. 어제의 유행은 우스꽝스럽고, 내일의 유행은 생각조차 할 수가 없다. 오늘만이 영원하다. 그것은 존재(또는 비존재)이다. 그것이 글쓰기·메타언어·제2등급의 담론 등의 성질이다. 다시 말하면 영원하다는 환상과 외관상의 비역사성이다. 그리고 공포가 거기에 덧붙여진다. 본질성(하위체계)이 있기 위해서 충분하지는 않지만 꼭 필요한 조건들이 있으니, 그것은 행동·조직, 그리고 글과 메타언어에서부터 시작되는 제도이다. 이런 자격으로 예술·문화는 본질과 하위체계의 서열에 들었음을 주장한다. 그것들은 여러 조건들을 한데 합친다. 그리고 자신의 개념이 형성되기 이전에 이미 자기 작품들 속에서 활기차게 존재한다. 그런 뒤에 개념(그리고 인식)과 메타언어의 이름으로 우리는 예술이나 문화가 작품들 속에서가 아니라 작품들과는 무관하게 '즉자卽自'적으로 존재한다고 상상한다. 한편 언어를 함부로 승격시키는 현상 속에서는 메타언어와 '제2등급'의 내재적 환상의 사용이 목격된다.

비판적 분석은 벌써 수없이 형이상학적 환상을 비판했다. 철학자는 나무들을 분류하는 데서부터 시작한다. 정당한 작업이다. 그런 다음에 그는 배나무와 사과나무를 배나무 일반, 사과나무 일반의 체화體化로 간주하고, 또 이 나무들을 나무 일반의 체화 또는 나무의 관념으로 간주한다. 그런 뒤에 그는 이 관념(분류가 체계 또는 본질로 변형되었음)에 배나무·사과나무 같은 모든 현실 속의 나무들을 생겨나게 하는 힘을 부여한다. 예술작품, 문명 또는 문화의 작품들도 마찬가지다(기능과 함께 형태와 분석적 구조가 있기만 하면). 인식은 작품들에서 출발하여 개념으로 올라간다. 그리고 나서 사람들은 예술과 문화를 예술작품 및 문화의 작품의 이유로 간주하고, 마침내 조직화되고 제도화된 '문화'에 문화적 작품들을 생산해 내는 힘을 부여한다. 19세기 말부터 '예술을 위한 예술'은 예술의 개념을, 작품들의 위에서 작품을 조건 짓는 그러한 실체로 생각했다. 예술을 위한 예술은 무엇으로 이루어져 있는가? 예술에 대한 예술, 메타언어, 그리고 이미 제2등급의 담론 등으로 이루어져 있다. 이미 예술작품은 미학에 자리를 내주었고, 심미주의는 메타언어로서 이 매개에 의해 작품의 자리를, 그리고 자동적인 힘으로 된 예술의 자리를 차지했다. 이런 식으로 사람들은 철학적인 환상을 재생산했다. 그러나 이번에는 범위를 좀 더 확대하여 제도적 실천 속에서, 그리고 정확하게 창조가 위협받고 문화재가 탐욕적인 소비재에 내맡겨져 있는 그런 조건 속에서 환상을 재생산했다. '문화'나 '예술'의 실체가 숨기고 있는 것은 바로 그것이다.

　　권한이 부여된 전문가들이 메타언어의 방법을 최대한 활용해도 종교·철학·사법·정치·경제·논리학, 그리고 도시문제를 본질로서 정립하지 못하는 것은 충분히 가능한 일이다. 따라서 그들은 실천 속에서 본질을 실제적 관계들로 대치하고, 이 관계들을 형식적 정의로 환원시키려 시도할 것이다. 사전에 비판하려는 시도이지만, 그것은 헛수고라는 것이 곧 드러난다. 이 이데올로기적-실천적 본질들은 절대적 영역 또는 분야 속에서 떠오르며 서로 충돌한다. 그리고 서로 부딪쳐 벌써 상당수가 깨졌다. 어떤 것들은 이미 늦었고, 다른 것들에 대해서는 **환원 불가능성**이 복수하고 반격을 개시한다. 이 시도들 중 가장 위험한 것은 경제에 관한 것이다. 산업생산과 그 조직을 목표(사회생활, 따라서 도시생활)를 향한 수단으로 간주하는 대신 경제는 그것들을 목표로 간주하고, 있는 모습 그대로의 그것들을 제도화한다. 경제는 **경제주의**라는 하나의 학설을 구축했으며, 이 학설은 과학적이라고 생각되는 마르크스 사상의 본질 또는 과학으로 간주된다. 그러나 이것은 단순히 이데올로기일 뿐이다.

앞서 우리는 현대세계의 철학적 면모를 모색했었다. 우리는 다음과 같은 질문을 했었다. "이 사회는 철학자들이 불확실성, 모색, 논쟁들을 통해 그렇게도 열심히 찾던 인간의 모습을 철학 전체, 역사 전체에서 끌어내지 못했으므로 ─즉 역사는 철학이 더 이상 체계화되지 못하고 다만 실현되기만 하는 시대 속으로 사회적 실천을 밀어 넣었으므로, 그리고 또 인간의 기도企圖로서의 철학이 아니라 특정 철학의 기도가 실현되고 있으므로, 우리는 **지금 여기**(hic et nunc) 어떤 철학의 흔적을, 아니 투영을 발견할 수 있을 것인가?"철학적·정치적, 그리고 전체적 체계화의 시도에 의해 국가적 시도에 의해 국가적 수준으로 한데 포장된 부분적 하위체계라는 신 헤겔학파의 가설이 자신을 옹호하고 나설 것이다. 따라서 마르크스적 혁명사상의 상대적 실패는 어떤 과거로의 회귀에 의해(일시적으로 또는 지속적으로) 청산될 것이다. 아직도 체계화를 추구하는 철학적 반성 속에서가 아니라 '현실' 속에서, 즉 이데올로기에 의해 지배되는 사회적 실천 속에서 그렇게 될 것이다. 그러나 이 가설은 비판적 분석을 충족시키지 못한다. 헤겔사상 또는 신 헤겔사상은 합리성의 개념을 강제력으로보다는 오히려 설득력으로 생각한다. 물론 현실과 합리성 사이의 가정적인 일치점은 강제와 설득 사이의 잠재적 일치를 의미한다. 그러나 공포정치 사회, 가치와 체계들로 변신한 전유의 결핍, 전략에 인식을 종속시키기 위해 강제성을 과대평가하는 것 등을 모두 헤겔의 탓으로 돌리는 것은 그에 대한 부당한 욕설이 아닐까?

허구적이며 동시에 현실적인 방법으로, 형태인 동시에 힘인 어떤 실체에 의해 아주 높은 곳에서부터 지배를 받는다는, 신 플라톤주의적 세계의 이미지가 좀 더 옳은 듯이 보인다. 자동화, 정신적·사회적 사물로 구성되기, 자기 고유의 목표에 의해 결정된 행동과 능력들의 제도화, 이런 것들이 모두 한 지점으로 수렴되어 그런 '세계'를 형성한다. 여기서부터, 이미 앞에서 상기되었던 별자리의 우주적 이미지가 생겨난다. 행성과 별들은 그들의 영향력을 일상성이라는 땅 위에 가하고, 이 땅의 하늘을 고정시키지만, 그러나 지평선을 닫지는 못한다. 멈춰서는(구름 아래에서, 덧없음의 회오리, 소용돌이 속에서) 한 '세계'의 이 그림 앞에서 우리도 멈추려 한다. 강하게, 그리고 다양하게 계급화 되어 있는(따라서 **글로 쓰인**, 또는 글쓰기나 글을 그 근거로 삼고 있는) 모든 사회는 아마도 이런 형태를 지향한다. 정신적이며 사회적이고, 반쯤 허구적이며 반쯤 현실적인 이 등급의 구조는 그 꼭대기가 별과 맞닿을 수밖에 없는데, 그 별은 허구적(정신적으로)인 동시에 현실적(사회적으로)이다. 우리 사회에서 이보다 더 새로운 것이 무엇이겠는가? 별들은 바뀌었다. 우리는 더 이상 같은 하늘, 같은 지평선을 가지고 있지 않다. 예전에는 별들의 영향이 문체를 창조하고 작품들을 자극했다. 우리들의 별들은 일상성 위에서 그저 빛나고 있을 뿐이고, 검은 태양은 공포를 쏟아 붓고 있다.

일상의 운명을 주관하는 별들 사이에 새로이 유행(또는 유행성)·기술, 그리고 과학(또는 차라리 과학성)을 추가하자.

　　몇 년 전부터 사람들은 글자 그대로 젊음을 제도화하려는 시도를 하고 있다. 젊은이들에게 자신의 행동으로 특정의 삶을 영위하도록 허락하기 위해 그들에게 관심을 가지는 것일까? 여기저기서 그렇게들 생각한다. 선한 의지의 사람들이다. 그러나 허사이다. 더 많은 사람들은 젊은이들에게 어른과 유사한 일상성을 마련해 줌으로써 그들을 소비와 시장에 통합시키려 한다. 사람들은 하나의 본질, 곧 젊음이라는 본질을 만들어내려 한다. 그런데 이 젊음은 상업화시킬 수 있는 속성과 성질을 부여받고, 특권적 또는 그렇다고 여겨지는 인구를 형성하며, 어떤 특정의 물품들(여러 가지 중에서도 특히 '블루진'이 요약하고 상징하는 의상들)의 생산과 소비를 정당화시켜준다. 이 실체는 일반적인 소비에 순진성의 증명서를 주고, 젊은이들의 소비에는 좋은 행동이라는 증명서를 가져다준다. 그러므로 이 창공의 가장 빛나는 별들 사이에 청춘의 별을 놓자. 이 체계를 연구할 '자료집'에는 "친구들 안녕"이라는 제목이 쉽게 미리 뽑힐 것이다. 그 영향력(세력이 약화되면서, 그러나 위에서 아래에 이르기까지 사회 전체에 확산되고 있는)의 영역 안에서 청춘은 자기 나름으로 공포정치에 기여하고 있다. 젊게 보이지 않는 것에, 그리고 또 사실상 더 이상 젊지 않다는 것에 두려움을 느끼지 않는 사람이 어디에 있는가? 원숙함과 순진무구함, 그리고 성년과 청년을 대립시키지 않는 사람이 어디에 있는가? 청춘과 지혜, 매일 비슷한 일상성과 최초의 일상성, 미완성과 포기 사이의 개념을 선택적으로 생각하지 않는 사람이 누가 있을까? 이런 식으로 각자는 자기의 일상성 속에서 비非자유,

비非전유의 고통스러운 선택을 강요당한다.

실제의 젊은이들의 실체인 청춘은 그 작전상의 환경(조직, 제도)과 함께 젊은이들로 하여금 기존의 의미들을 움켜잡아, 기쁨·관능·힘·우주 등의 기호들을 소비하도록 허용해 준다. 그리고 이것은 이런 목표 속에서 정교하게 다듬어진 메타언어들, 예컨대 노래·신문기사·광고 등을 통해 이루어진다. 여기에 실제 물건의 소비가 덧붙여진다. 이것이 어른의 것과 유사한 일상성을 마련해 주는 것이다. 한편 젊은이들은 춤의 최면상태와 도취상태(그것이 가상의 것이건 아니건 간에)에 의해 이 상황을 표현하고, 강조하고, 또 보상한다. 이런 식으로 메타언어는 자신의 역할을 끝까지 수행한다. 즉 이 세계의 백과사전적 개요이고, 심미안을 규정하는 상석이며, 스스로 실체, 마법을 자처하는 주술 풀린 그림자이고, 향기 없는 세상의 향내이다. 그런식으로 사로잡혀 사용 가능하게 된 시니피앙들의 시니피에는 어떤 것일까? 젊음 그 자체, 본질 곧 청춘이다. 여기에 또 중복언어·동음이의어·빙글빙글도는 말장난이 있다. 청춘은 다른 것을 의미하는 시니피앙들에 의해 의미를 갖는다. 청춘은 기쁨·충만·성취의 동의어이다. 왜냐하면 이것은 이런 상황들의 기호를 소비하도록 허용하기 때문이다. 청춘은 젊다는 기쁨, 그리고 젊음 속에, 젊음에 의해 존재한다는 기쁨을 확인한다. 그런데 한편 이 기쁨은 청춘 덕분에 사회적으로 존재한다. 이 청춘의 궤도 속에 들어 있지 않은 사람들에게는 무엇이 남아 있는가? 성취·충만·은혜·기쁨·전체성을 모방하는 이 청춘을 또 모방하는 일이다. 이처럼 증가되고 감속되는 선회에서부터 어떻게 거대한 불안감, 분명치 않은 어떤 박탈감의 감정, 상상에 의한 보상, 그리고 꿈속으로의 도피가 생기지 않을 수 있겠는가?

에로티즘은 사랑 없는 일상적 세계 속으로 사랑을 들여왔다고 주장한다. 섹슈얼리티라는 하나의 실체(그러니까 본질에 의해 주관되는 하나의 '하위체계')를 생각하고, 구성하고, 정립해 볼 수 있을까? 마치 사람들이 이런 절차를 시도해 본 것처럼, 그리고 본질이 형성되려는 것처럼 모든 일이 진행된다. 이 제도는 에로스의 종교 안에 함축되어 있다. 그 징후는 여기 저기서 나타난다. 이 종교는 나름의 역할을 하면서 인간을 제물로 바치고, 이 세상에 널리 퍼져 있지만 비밀스러우며, 공식화된 종교의 명칭을 거꾸로 사용하는 반용법反用法이다. 대사제大司祭는 하느님 후작이다. 성·섹슈얼리티·성적 쾌락과 그 정상적인 또는 비정상적인 자극을 주제로 삼는 글의 범람은 이 가설을 확인해 준다. 성을 광고에 쓴다든가 상업적으로 이용하는 것도 역시 마찬가지다. 본질 속에 우뚝 솟은 성욕은 욕망의 기호들을 모두 몰수해 갔다. 그러나 이 기도는 끝이 없을 것이다. 이 기도는 곧 더 이상 환원되지 않는 완강한 욕망과 만나게 될 것이다. 욕망은 거기에 어떤 조건을 붙이려 하면 죽어버린다. 욕망의 아노미적(반사회적) 성격은 욕망을 개별적으로 분류된 욕구로 환원시키는 정신적 사회적 체계화에 저항한다. 일상성은 욕망을 질식시킨다. 그러나 욕망은 특수한 맥락 속에서 죽는다. 욕망을 조직하려는 사람들은 욕망을 표현하기 위해, 곧 기호를 이용하여 욕망을 자극하기 위해 시니피앙들을 장악하려 한다. 옷을 벗는 모습이라든가 또는 옷을 벗기는 의식화儀式化된 행위, 욕망의 고통을 상기시키는 고통스러운 표정 등이 그것이다. 그러나 욕망은 다른 시니피앙에 의해 자신의 의미가 표현되도록 내버려두지 않는다. 왜냐하면 욕망은 떠오르면서 스스로 자신의 기호를 만들어내거나, 아니면 아예 떠오르지 않기 때문이다. 욕망의 기호라는 관점에서 장신구를 통한 과시가 생겨날 수 있다. 그러나 이것은 욕망의 시뮬라시옹일 뿐이다.

사회적 정신적 본질의 결정체로서의 섹슈얼리티는 마침내 일상을 몰수하는 데 성공한다. 그것이 공포정치에 대한 성욕의 기여이다. 그러나 그때 욕망은 일상성 속에 숨고, 어떤 갈등이나 예기치 않은 만남 또는 우연에 의해 그 안에서 불쑥 다시 나타난다. 자연의 힘을 통제하는 기술과 비슷한 기술을 욕망에 적용하는 것은 불가능한 일이다. 욕망은 강제의 소관이 아니라 전유의 소관이다. 비록 사람들이 강제적인 방법으로 욕망을 자극하기를 원하지만 욕망은 언제나 상상 속으로 도망친다. 그리고 그것을 활용(이용)하기 위해 사람들이 욕망을 기다리는 것은 바로 이 도피의 과정에서이다.

현실의 일상성과 상상의 일상성이 한데 중복된다. 상상의 일상성 안에서는 욕망이 상상의 만족과 만나고, 상상적인 방법으로 살고 살아남으며, 상상의 포만감, 상상의 영속성을 스스로에게 부여한다. 그 다음에 심리학자와 분석가들은 만일 할 수만 있다면 욕망을 다시 현실세계로 불러들인다. 욕망은 축적이 그러하듯 다시 돌아올 줄을 모른다. 욕망은 글이 아니라 말에서 생겨난다. 사라지거나 다시 생겨나는 것은 순전히 허구적이다. 욕망은 정신작용과 아무런 공통점이 없고, 사회적인 것과도 비슷한 것이 없다.

결국 에로스의 체계화에는 실패했지만, 이상한 종교를 만들 가능성은 남았다. 그러나 허구적이면서 실재적이고, 사회적이면서 정신적인 이상한 실체가 하나 떠오른다. 여성성이다. 이미 앞에서 언급되었지만 분석의 현 단계에서 다음과 같은 사실을 다시 확인할 수 있다.

a) 소비자인 여성들은 소비조작 관료사회의 소비를(외관상) 방향 짓는다(다시 말하면 욕구의 조작이 여성과 청년을 겨냥한다).

b) 여성들은 이 사회를 상징한다(광고 전략의 목표이고 신체 노출, 미소 여성들은 그 육체가 상품이며 또 최상 등으로 광고의 주제가 되기도 한다).

c) 여성들은 그 육체적 실체 그 자체로서 상품이며, 또 최상의 교환 가치이다(과시할 수 있는 육체는 돈과 명성을 가져다주기에 충분하다). 그래서 여성의 육체와 노출의 이용은, 소비 이데올로기의 기초인 광고 이데올로기의 정립과 합리화에 기여한다. 소비가 단순히 물건을 향한 시선 또는 소비에 의한 물건의 파괴만이 아니라, 여성의 육체 또는 이 육체가 상기시키는 것에서부터 시작된다면 소비행위는 그 단조로움에서 벗어날 것이다. 소비자의 일반행위라는 하나의 시니피앙이 된 여성의 육체는(비록 외관상으로나마) 메타언어와 수사학에서 빠져나오게 한다. 여성의 육체는 구매자의 시선을 딴 곳으로 돌리고, 소비행위를 다른 행위로 대체시킨다(사실 여성은 하나의 물체처럼 소비되는 것이 아니다). 이러한 전환이 소위 '문화'의 내재적 성격인 소비 심미주의를 가져다준다. 가장 큰 별인 일반적 여성성이 성좌의 중심에서 빛나고 있다. 거기서 우리는 자발적인 여성·자연스러운 여성·교양 있는 여성·도박하는 여성·사랑에 빠진 여성들, 한마디로 여성성이 그 영향권 안에서 자극하고 유지시키는 모든 역할들을 알아본다. 성격이라고? 아니다. 자연이라고? 아니다. 유사-자연, 문화의 산물, 즉 사실성(facticité) 들로 둘러싸인 순수형태들이다. 산물로 간주되는 자연에 대한 커 다란 불신이 우리로 하여금 자동화가 이 우회의 길을 통해 진전되고 있다고 생각하게끔

유도한다. 자연이라? 이 말은 욕망을 지칭할 수 없다. 욕망은 말이라는 수단으로는 포착되지 않는다. 무의식적 자동현상은 자발적 '순수함'이라는 겉모습을 띠고 있다는 것을 우리는(너무나 많은 경험을 통해) 잘 알고 있다. 이것이 일부 시인들을 절망하게 했고, 그들에게 죽음의 욕망을 주었다. 글쓰기와 글의 재귀성은 순수 자발성이라는 환상을 주지 않는가? 또 깊은 자유의 환상도? 외관상의 자발성에 의해, 그리고 그 자발성 밑에서 일상의 조직이 유효하게 된다. 여성성은 사이버 인간들의 일상성을 지배할 것이다. 이 일상성 속에서는 욕망이 한갓 허구일 따름이고, 행동이 아니라 역할 또는 기능일 따름이다. 비판적 사고가 단순히 그것을 여성성에만 돌리기에는 일상성 속에서의 여성들의 중요성은 너무나 크다. 아직도 드라마가 있다면, 그리고 개인에 대한 또는 개인을 위한 내기가 아직 있다면, 드라마가 연출되고 노름에서 잃거나 따는 일이 벌어지는 것은 바로 이 영역 속에서이다. 그런데 이 여성성은 실제의 여성들에게 자기 고유의 삶, 즉 자기 삶의 소유에 접근하는 것을 금지한다. 여성성은 개인성과 특수성(특별한 차이들)을 이상하게 함정에 사로잡힌 일반성에 예속시킨다. 전문가들이 고안한 본질인 창조성도 역시 마찬가지다. 전문가들은 아마도 개인과 그룹의 창조능력을 어떤 지점에만 국한시킬 것이다. 이 사회적 장소는 어디에 위치해 있을까? 소위 '취미' 또는 '반\#제품의 조립'(faites-le vous-même)에 있을까? 이런 취미들이야 말로 창조적 능력의 실패와 포기가 전 지구적 차원임을 보여주는 것이다.

비판적 사고의 레이저 광선 밑에서 일상성은 그 외관상의 윤곽을 잃고, 자신의 진정한 모습을 띤다. 각기 은유와 환유를 간직하고 있는 이 이미지들, 즉 플라톤적 창공, 중복언어의 나무, 악순환의 채집 등의 이미지 가운데에서 어떻게 선택할 것인가? 각각의 형상은 다른 것들과 똑같은 것을 말해 주는데, 다만 약간 다르게 말할 뿐이다. 초감각의 창공·별들·별자리·조디악의 기호들(황도 12궁)·사회적 정신적 장·본질들에 의해 지배되는 시간과 공간의 영역이 모두 같은 의미이다. 악순환을 말하는 이미지들은 회전문·소용돌이·허구적 목적성·목표로 승격되고 스스로의 목적이 된 수단들이다. 중복언어는 자동화된 '순수' 형태, 자신과의 동일성 속에서 선포되고 환호리에 찬성된 물신物神들(그리고 이어서 자기 소비, 자기 파괴)이다.

　　대중의 우상들은 이 전체의 통합을 상징한다. 이 우상들은 완전히 보통사람(너무 못생기지도 너무 잘생기지도 않았고, 너무 천박하거나 너무 세련되지도 않았고, 재능이 아주 없지는 않지만 그러나 지나치게 재능이 많은 것도 아닌)이고, 그 아무하고나 똑같은 생활(일상적)을 하고 있고, 일반 관객 각자에게 자기 '일상'생활의 이미지를 보여주는 그러한 특권을 가지고 있다. 우상이 보여주는 생활은 바로 대중 자신의 생활이지만, 그러나 그것은 다른 누구(우상이므로 유명하고 부자인)의 일상성이기 때문에 그에게는 자기 일상성의 변형된 모습으로 보이게 된다. 그래서 대중은 한 사람의 우상이 별자리 속에 모습을 드러내고, 목욕을 하거나 자기 어린아이를 품에 안거나 자동차를 몰거나 여하튼 보통사람들이 누구나 하는 행동을 보통사람이 하는 것 같지 않게 하는 것을 보며 열광한다. 그러므로 창공·중복언어·순환(악순환) 등의 은유들은 이 우상들을 완전히 파악하지는 못하지만 그들의 윤곽을 대강 그려 보여주는 이미지가 된다.

　　이 전체를 어떻게 유지할 것인가? 말들의 힘으로? 그렇기도 하고 아니기도 하다. 단어들(mots)(다른 것들과 구별되는 기호로서, 그리고 각기 따로 떼어놓을 수 있는 시니피앙으로서의 말들)은 아무런 힘도 갖고 있지 않다. 그러나 담론(discours)은 힘을 갖고 있고, 힘의 수단 중의 하나가 된다. 형식들은 하나의 힘을 갖는다. 논리도 힘을 갖고 있고, 수학은 유효성을 갖고 있으며, 교환가치는(거대한) 역량을 갖고 있다. 그것은 확실하고도 틀림없는 이야기다. 말(Parole)도 힘을 갖고 있다. 어떤 힘인가? 여기에 하나의 문제가 지평선 위에 떠오른다.

3. 형식 이론(되풀이)

우리는 형식들의 존재양식(사회적 정신적 존재양식, 그것들의 특이한 차이점에 의해 결정되고 차이가 나는 용어들)을 정의해 보려 한다. 이를 위해서 첫 번째로 해야 할 것은 글쓰기의 탈脫신성화이다. 이러한 불경스러운 행동은 토지와 여성의 탈신성화 다음에 조금 늦게 이루어진다. 글쓰기의 탈신성화는 여성과 토지의 탈신성화에 마땅히 수반된다. 우리는 그것을 다양한 모순을 통해 강조되고 강화되는 도시 생활의 의미로서 간주한다. 옛날 농경사회의 문맥 속에서는 토지와 여성의 신성화, 그리고 진기하고 귀한 것에 대한 가치부여가 글쓰기의 형태에까지 확대되었다. 게다가 글쓰기는 신성의 토대, 밑받침으로까지 격상되었다. 그것은 작품의 원형으로 간주되었고, 특히 제도의 모델이었다.

쓰인 글의 개념을 정립하는 것, 그러니까 글을 탈신성화하면서 그것을 제한할 수 있게 해주는 것은 글의 일반적 성격에 대한 지식이 아닐까?

속사俗事와 불경不敬에 의해 해결되었던 신성-저주의 갈등이 지배하던(갈등적 통합) 옛날의 문맥 속에서 문자와 정신의 갈등관계가 역시 지배적이었다. 기독교는 문자와 글쓰기를 영원한 하느님 아버지에게, 절대적 책(성경)의 독서를 하느님의 아들에게, 그리고 말씀을 성령에게 돌림으로써 갈등을 해결하지 못했고, 모호성에서도 빠져나오지 못했다. 이 갈등을 표명한 후 사람들은 더 이상 그것에 대해 거의 말하지 않고 있다.

현대적 문맥 속에서는 사회적 텍스트가 스스로를 세속화한다.

사회적 텍스트는 자연의 순환적 시간으로부터, 그리고 자연의 인과율에 예속된 감정과 정서의 내재적 성격인 두려움으로부터, 또는 희소성에서 연유하는 공포로부터 완전히 분리된다. 글은 명령을 간직한 시니피앙으로서 나타난다. 그리고 글은 개인과 그룹들을 사회적 정신적 질서를 투영하는 문맥 속에 집어넣는다. 도시적 산업적 합리성은 마침내 정신적 형태와 사회적 형태라는 이 이중의 변증법적 운동을 파악하도록 해준다. 분리를 극복하면서 우리의 인식은 글쓰기가 어떻게 말(Parole)과 분리되고, 또 말을 수상한 것으로 만들면서 이 분리를 어떻게 자신의 명령 속에 기입했는지 알게 된다. 동시에 이론은 글이 어떻게 말의 새로운 출발점 또는 도약대가 되어 말의 재도약을 돕는지를 알게 해준다. 말은 이 대상과의 비판적 관계 속에서 자신을 구성하는 '주체'에게 하나의 대상을 제공한다. 동시에 글은 주체의 조건이며 장애물이고 이유이며, 또 최고의 물화物化이다. 글은 합리적, 선적線的, 세속적 성격과 특징을 새로이 취하면서도, 보완적인 어떤 모순에 의해 계속해서 구식의 전통인 과거의 성사聖事적 성격도 가지고 있다. 한 비판적 방법이 이 마지막 모순을 해결했는데, 그것은 메타언어의 분석을 통해서이다. 이 방법은 조건을 가지고 있는가? 물론이다. 도시는 (여러 규정 중에서) 하나의 사회적 텍스트 읽기로 규정된다. 이것은 각 세대에 의해 자신의 페이지를 추가하면서 수세대에 걸쳐 계승되어 내려온, 사회를 유형화시킨 하나의 문집과도 같다. 도시는 또 말의 장이기도 한데, 말은 글읽기와 중첩된다. 그리고 글에는 해석, 주석, 이의제기의 기능이 있다. 이 도시는 예전에는 종교와 농경사회적 의식儀式으로 특징지어졌었다. 이 도시는 성스러움의 대대적인 투입에 의해 특별한 장소가 된 사원이나 성소聖所를 중심으로 방사선처럼 뻗어나갔다. 이 도시는 주위가 어떤 지역으로 둘러싸여져 있었는데, 그 주민들은 이방인에게 저주를 내림으로써 이 지역의 성스러운 성격을 한층 강화했다. 그런데 고대의 도시 형태는 성스러움을 이성·예측·정치생활에 종속시킴으로써, 성스러움에 조종弔鐘을 울렸다. 따라서 사회적 텍스트와 글쓰기는 그 특징을 잃었다. 그것은 한갓 민속에 속하게 되었다. 그 원인과 이유인 토지의 탈신성화, 도시 현실 속에서의 사회적 텍스트의 세속화는 글의 탈신성화와 세속화를 초래했다. 좀 늦은 감이 없지도 않다. 한편 고대도시의 형태가 완전히 폭파되어 사라져 버렸음에도 불구하고 도시적 생활은 사라지지 않았다. 오히려 폭발의 과정에 내파內破의 과정이 함께 따랐다. 도시생활은 옛 지형의 남은 부분(옛날 건물과 거리들) 안에 집중되고 강조되는가 하면, 또 다른 곳에서는 어떤 지형의 토대가 되기를 기다리는 새로운 형태로서 존재하기도 한다. 아직 씨앗·잠재성·가능성인 도시생활은 충만한 사회적 존재와 물질적 토대(공간적)를 요구한다. 이것이 기존의 형태와 형태들의 존재양식(사회적 정신적)을 문제 삼게 한다. 그리고 또 이것이 이성의 난점難點들을 통해 새로운 합리성을 부르는 요인이다.

　　말(Parole)은 하나의 현전現前(présence)(가끔은 부재, 그러나 현전과 관계가 있는 도피 또는 거짓말)을 드러낸다. 이 현전은 감추어져 있거나 드러나 있는 욕망을 자신의 참조대상으로 삼고 있다. 말은 단 하나의 차가운 지향성밖에는 가지고 있지 않다. 그러나 그 자체 안에서 말은 '뜨거운 것'(hot)이다. 그런데 부재이고(현전이기도 하지만, 그러나 추론에 의해 멀리 우회하는 방법을 통해서만 현전임), 재귀성이고, 누적적이며, 기억(정신적으로)

과 사물(사회적으로)의 성질이 부여된 글은 이 특별한 독자, 즉 독자, 암송자, 배우 등의 행위에 의해서만 체온(생명)을 가질 수 있다. 글은 본질적으로 '차가운 것'(cool)이다. 글은 기입하고 명령한다. 그 첫 번째의 명령은 글을 활성화시키는 독서 그 자체이다. 강제적이므로 차갑고, 차가우므로 강제적인 글은 욕망의 탈주를 수반한다. 글로 쓰인 한에서 중성이고, 법인 한에서 무관심하고 오만한 이 물건은 분리를 확립하는 경향이 있다. 글은 현실과 욕망 사이의 분리, 지적 작용과 본능적 욕구 또는 충동(테러의 토대 중의 하나) 사이의 분리를 확정한다.

　　욕망은 비록 과거를 모를 수는 없지만 재귀성은 모른다. 비록 사고思考는 자신이 '존재한다'고 쉽게 선언할 수는 없지만, 그러나 그것은 존재하거나 또는 존재하지 않는다. 사고는 자신을 말하거나 선언한다. 그리고 비록 자신을 성취하면서 스스로를 파괴하기 위해서이거나, 또는 자신을 성취하지 않기 위해서이거나 간에 자신을 원한다. 그것은 행위, 행동, 현실화이다. 곧 현전이다. 글의 엄격함은 차가운 순수성을 지향한다. 이 순수성은 항상 욕망과 비슷해 보이지만 그러나 전혀 이질적인 것이다. 그러니까 글이 현전이며 욕망인 말을 재현시킨다는 것은 얼음에 불을 지피는 것이나 마찬가지다. 이것이 시의 패러독스다(아마도 시인은 재귀적 질서와 상관관계에 있는 말들의 무질서를 통해 이 패러독스를 실현시킬 것이다. 이 무질서는 공통적으로 받아들여지는 참조대상 또는 참조대상의 부재를 시적 행위, 즉 욕망 또는 욕망의 시간에 의해 자극되고 특수화된 이 참조대상으로 대체함으로써 메타언어의 유혹에서부터 글쓰기를 빼낸다……).

　　시인은 글쓰기 또는 글쓰기의 엄격한 정확성을 고수하려고 한다. 시인은 기적으로 보이는 한 행동에 의해 차가움을 열기로, 부재를 현전으로, 욕망의 무서움을 욕망으로, 공간성을 시간성으로, 재귀성을 실현성으로 변모시킨다. 욕망은 글쓰기 속으로 들어가 거기에 자신의 전율을 줌으로써 자신을 확장한다. 욕망은 둑을 밀치면서, 그리고 장애물과 장벽인 듯이 보이는 수단과 교류하면서 자신을 극복한다. 만일 글이 전율하기 시작하면, 또 글의 순수함이 동요하고, 이 혼란을 통해 글의 물질적 성격(정신적 사회적)을 제거해 주는 또 하나의 투명성을 가져다준다면, 효과는 배가한다. 전혀 비합리적이지 않고 자기 고유의 질서를 가지고 있는 이 기적에서부터 거의 순수한 형태로 환원된(외관상), 또는 하나의 수사학으로 환원된 단순한 연애시의 매력이 생긴다.

말과 글쓰기 사이의 갈등적 관계들은 단순히 정신과 문자의 관계로만 환원되지 않으며, 마찬가지로 성(性)과 글쓰기의 관계로만 환원되지 않는다. 이 관계들은 훨씬 더 멀리 간다. 글을 쓰지 않고 말만 했던 사람들은 법을 파괴하는 행위, 시간과 사건을 창조하는 행위에 대해 평생 대가를 치렀다는 것을 상기시키는 것으로 만족하기로 하자. 소크라테스, 그리스도, 또는 잔다르크가 그들이다. 니체의 지평선 속에서는 차라투스트라가 말·현전·시간·욕망에 호소하고 있는데, 이것은 단순히 얼어붙은 글쓰기에 생명을 불어넣기 위해서만이 아니라, 서구사회의 새벽 이래 쌓인 글에 저항하기 위해서였다. 시인은 종족의 말들에 좀 더 순수한 의미를 주려 하는가, 아니면 그저 단순히 한 의미를 주려 하는가? 언제나 '이 이상한 목소리 속에서 죽음이 승리했다.'

순수한(형식적인) 공간이 공포의 세계를 규정한다. 명제를 바꿔보자. 공포는 자신의 의미를 간직한다. 공포는 순수하고 형식적인 공간, 자기 세력의 공간을 확정한다. 이 동질적인 공간에서부터 시간이 추방

되었다. 시간을 한정하는 글쓰기는 말과 욕망을 쫓아냈다. 행동·현전·말로부터 분리된 이 문자의 공간 안에서 소위 인간적인 행위들과 사물들은 시렁 위에, 서랍 속에 분류되고 정돈되고 놓여진다. 쓰인 물건 위에 줄 지어선 글도 이것들과 마찬가지다.[5] 좀 더 높은 차원의 권력이 글을 일상성의 질서 속에 유지시킨다. 그런 식으로(정신적 사회적으로) 이해된 형식들의 이중존재는 이 대립을 끝까지 밀고 가는 반성 작업을 부른다. 이 대립은 하나의 모호성을 감춰주고, 이 모호성은 또(갈등적인) 변증법적 운동을 감춰준다. 이 이중의 측면을 이해하는 것은 다른 관계들, 즉 현실과 가능성의 관계, 소산所産과 행동의 관계(철학자들은 이것을 주체와 객체의 관계라고 부름) 등을 파악하게 해준다. 그것은 또한 형태와 내용의 관계이기도 하다. 엄격함을 강요하는 순수성에 대한 형태의 노력이 바로 이 형태의 힘의 일부분이다. 이 노력은 형태에 하나의 힘을 주는데, 그것은 공포정치적 능력이다.

내용에 의해 특징지어지는 특별한 **계약들**이 있다. 결혼계약은 특정의 사회적 규약(질서)에 따라 서로 다른 성性의 개인들 사이의 관계를 특수한 것으로 규정하고, 이렇게 함으로써 성적인 관계를 재산관계(유산·지참금·상속 및 그 전수·부부 공동재산의 분배 등)에 종속시킨다. 그리고 노동계약은 노동력의 매매를 규정한다. 모두가 이런 식이다. 그러나 민법에 속하는 계약의 일반적인 형식, 즉 사법적인 형식이 있다. 모든 계

---

5 이것은 허위의식의 공간이 아니라(J. Gabel의 명제 : 『허위의식』(La Fausse Conscience, Éditions de Minuit, coll. Arguments), 가능성·잠재성, 형식적 행위 등과 분리된 현실의 의식 또는 현실적인 의식이다. 공포는 단순히 병원균이 아니다. 지극히 정상적인 것이다.(원주)

약관계가 어떻게, 계약의 '정확한'용어의 구두교환에 의한 계약 당사자들 간의 논의와 결정을 전제로 하는가를 주목해 보자. 그러나 이 전제들은 곧 사라져 버린다. 글로 쓴 것은 믿을 만하다. 공증증서가 바로 그것이다. 계약은 글쓰기의 최상의 형태, 즉 서명날인에 의해 종결된다. 대상 없는 사고가 없듯이 내용 없는 반성도 없다. 그러나 약호화와 관계되는 사고의 일반적인 형식이 있다. 논리학이 그것이다. 흔히 기존의 '순수'형식의 이름으로 소홀하게 여겨졌던, 사회적이며 동시에 정신적인 내용과 형식의 변증법적 운동을 몇 마디 말로 압축해 보자. 내용 없는 형식은 없고, 반대로 형식이 없는 내용도 없다. 반성은 내용에서부터 형식을 분리해낸다. 따라서 반성은 형식의 경향을 순수 본질로서의 존재에 의거한다. 반성 그 자체는 우주의 본질로서의 존재를 열망하는 하나의 형식이 된다(이것이 철학자들의 환상이며 야망이다). 순수성 속에서 '순수한' 형식은 관념적 투명성을 획득한다. 이 순수형식은 활동적이 되어서 분류와 작용의 수단이 된다. 그러나 그것은 그 자체로서는 존재할 수 없다. 형식이기만 한 것은 추상일 뿐이다. 존재자로서 인식되는 것은 형식과 내용의(변증법적 갈등적) 통일체이다. 내용 및 참조대상과 분리된 형식은 공포의 힘으로 떠받혀진다. 이 형식은 공포를 그 내용으로 가지고 있다. 분류의 편집증을 분류에 의해 분쇄하고, 구조주의·기능주의로서의 형식주의를 자신의 반대세력으로 돌리면서 근본적 비판은 여기서 형식들의 분류를 제시하고, 그 형식들의 일반적 내용과 공포에 의해 유지되는 일상성을 보여준다. 다소 추상적이지만 반성은 다음과 같은 것을 발견한다.

a) **논리적 형식**. 정신적으로: 동일성의 절대적 원칙: $A \equiv A$, 동음

이의어적이고 관념적인, 그리고 내용이 없으므로 순수하고 투명한, 공허한 진술. 사회적으로: 회전적 순환, 중복어법(목표가 된 수단, 자동화하면서 자신을 텅 비우는 실체).

b) **수학적 형식**. 정신적으로: 열거와 분류, 순서와 계량, 차이 속에서의 등가성, 전체와 하위 전체. 사회적으로: 절차와 합리적 조직.

c) **언어의 형식**. 정신적으로: 논리적 일관성. 사회적으로: 관계들의 일관성, 약호화

d) **교환의 형식**. 정신적으로:(질·양, 행동과 산물, 욕구와 만족의) 등 가성·균등할당·비교. 사회적으로: 교환가치·상품(이때부터 상품은 하나의 논리와 담론을 소유하고 자기 형태에서부터 하나의 '세계'를 만들어가는 경향이 있음).

e) **계약적 형식**. 정신적으로: 상호성. 사회적으로: 상호성에 기반을 둔 관계들의 사법적 형식화, 추상적 원칙들의 이론화로까지 추진되는 약호화.

f) **실천-감각적 대상의 형식**. 정신적으로: 대상 속에서 지각되고 이해된 균형. 사회적으로: 대상들의 대칭성(사물들 사이, 각각의 사물과 환경사이, 자신과 자신의 복제품 사이의 관계들을 포함하는).

g) **도시적 형식**. 정신적으로: 동시성. 사회적으로(주위의 산물과 행위들을 한데 합쳐주는) 만남. 이 만남은 한 지역의 자연에 가해진 형태, 즉 노동의 작품인 경치를 활성화하면서, 또 그것을 탈신성화하면서 그것을 압축한다.

h) **글의 형식**(글쓰기). 정신적으로: 재귀성. 사회적으로: 축적성. 어떤 사람들이(그 중의 제일 마지막은 니체) 존재의 형식으로 생각하고 있는 **반복**은 여기서 거론하지 않기로 한다.

점차 추상성을 벗어나는 이 등급 속에서 왜 도시의 형식 다음에 글쓰기의 형태를 놓아야 할까? 분류는 논리학·존재론·역사 중 그 어떤 것의 우위성도 인정하지 않는다. 분류는 투명하고 순수한 형식에서부터 실체가 있는 내용으로 옮아간다. 여러 번 언급했지만 이것은 변증법적 관계, 즉 형식과 내용의 변증법적 관계를 드러내주는 운동이다. 절대적으로 순수한 형식($A \equiv A$)은 절대적으로 존재할 수가 없다. 반성의 가장 큰 패러독스는 우선 이 형태가 완벽하게 공식화한다는 것과 둘째, 이 형식이 유효하다는 사실이다. 왜 그리고 어떻게? 순수형식의 작전능력인 이 유효성은 어디에서 오는 것일까? 그것은 형식이 분석을 허용한다는 사실에서 기인한다. 다시 말하면 가장 저항이 작은 현실의 여러 분할선과 분절 및 탈구脫臼(또는 탈골), 그리고 수준 및 차원들에 따라 '현실'을 재단하는 능력 때문이다. 분석이 모든 것을 죽인다는 것은 이미 오래된 이야기다. 분석은 생사여탈의 무서운 힘을 가지고 있으며, 분리에 의해 처분 가능한 상태가 된 잔재·단편·요소들을 해체 정돈하여 새로운 구조물로 만든다.

그래서 형식은 다양하고 저항적인 내용 쪽으로 몸을 돌려, 내용에 명령과 강제를 부과한다. 그러나 이 내용은 환원 불가능하다. 형태와 내용의 운동 속에 포함된 인식(분석적)과 실천의 운동은 환원과 환원 불가능성의 운동을 또한 포함한다. 내용은? 마지막 심급에서, 최종적인 분석에서(그러나 아마 마지막 심급도, 최종적인 분석도 필요 없을 것이다) 내용은 욕망이다. 이 욕망은 존재의 욕망, 존재하지 않고 싶은 욕망, 끈기 있게 행하고자하는 욕망, 끝내고 싶은 욕망, 살아남고 싶은 욕망 또는 죽고 싶은 욕망이 아니라 문서와 작품에 대한 욕망이다. 그 어느 것도 이 욕망을 드러내놓고 지시하지는 않지만, 그러나 모든 것이 이것을 의미하고 있다. 기록과 작품에 대한 이 욕망은 시니피에 속에, 또는 기호들 밑에 감추어져 있다. 따라서 그것은 시니피에 없는 시니피앙으로서 모습을 드러내고, 시니피앙과 시니피에 모두에게 생명을 불어넣어 준다. 그것은 말과 시간 속에 들어 있는 것이지, 공간이나 글 또는 진열된 시니피에 속에 들어 있는 것이 아니다.

일상성은 내용 속에서 모습을 보이는가? 물론이다. 다만 좀 모호한 방식으로써이다. 어느 면에서 일상성은 형식들의 유효성의 결과로서 생긴다.

형식의 결과 또는 형식에서 기인한다고 말해도 좋다. 산물이며 잔재, 이것이 일상의 정의이다. 형식들은 일상을 배치하며, 동시에 일상성 위로 자신들의 모습을 투영한다. 모두 합쳐 보아도 형식들은 결코 일상성을 환원시키지 못한다. 일상성은 완강히 저항한다. 나눗셈에서 더 이상 나누어지지 않는 나머지이다. 일상을 제도화하려는 노력들에도 불구하고 일상은 도망친다. 그 토대는 슬그머니 사라져 버리고, 일상은 형식의 장악을 벗어난다. 일상성은 또한 욕망의 시간이기도 하다. 즉 소멸이며 동시에 부활이다. 억압 사회도 공포정치도 결코 일상성을 끝장내지는 못했다. 사람들은 일상성에 악착같이 들러붙어 그것을 가두고, 그 공간의 둘레에 벽을 친다. 더 완벽하게 하기 위해서는 일상성을 죽여야만 한다. 그런데 그것은 불가능하다. 사람들이 일상성을 필요로 하고 있기 때문이다!

하나의 형식은 그 자체로서 존재할 수 없다는 것을 증명해야만 할까? 형식이 '실체적' 존재, 즉 본질성을 가지고 있다는 주장이 헛된 것이라는 것을 우리는 특히 부각시켜야 한다. 논리, 계약 또는 글쓰기의 형식 같은 '순수'형식이 자신의 야심에도 불구하고 결코 자율성의 권리를 가지고 있지 못하다는 것은 지극히 분명한 사실이다. 형식의 순수성은 비존재의 순수성과 합쳐진다. 비판적 분석은 외부적 '실체적' 존재를 가지지 않은 어떤 것의 사회적 존재를 보여주는 역할을 가지고 있다. 형식들이 비록 사회의식에 작용을 미치기는 하지만 또 한편으로는 사회의식에 종속되어 있다는 사실도 여기서 기인한다. 비록 형식들이 자신의 형식을 보존하기 위해서 말을 철수시키고, 매개를 위해 행위를 철수시키고, 중재를 위해 행동을 철수시키기는 했지만, 어떻게 말없이 지낼 수 있는가? 우리는 하나의 관념 또는 명제를 여기서 알아볼 수 있다. 즉 말은 형식(또는 구조, 또는 기능) 속에서가 아니라 행위 속에서 서로 분리된 형식들을 유지하고 한데 모으고 결합시킨다.

말(parole)은 필요하기는 하지만 충분하지는 않다. 말은 하나의 기초, 다시 말해서 물질적 실체적 토대가 필요하다. 이 토대를 우리는 생산(작품의 생산과 제품의 생산이라는 이중의 과정을 모두 포함)과 일상성 속에서 알아볼 수 있는데, 이때 일성은 현행 생산관계의 산물이며, 또 위에서 언급된 형식들 전체의 결과 또는 잔재이다.

우리는 이 비판적 분석의 고리에, 현대사회의 통합 −해체라는 단순한 그림을 걸 수 있을 것이다. 자신이 통합되고 또 남들을 통합시키는 것, 이것이야말로 집단·'문화'·제도가 있는 모든 사회(개인과 그룹) 및 집단 구성원들의 강박관념이다. 이러한 강박관념은 항상 현전하는 상당한 통합 능력을 수반하지도 않고, 또 완전한 통합불능이나 통합 부재를 수반하지도 않는다. 통합 자체는 전체적이기를 원하지만, 부분적인 통합들은 때와 장소를 갖는다. 조직된 일상성의 우회로를 통해 노동계급은 부분적으로 기존 사회에 통합된다(자신의 계급으로서는 이탈이다). 바로 이 순간, 그리고 이 사실로부터 사회 전체는 해체된다. 이 사회의 문화·전체성·가치들도 마찬가지다. 우리는 이 사회가 어떻게 해서 더 이상 체계(국가와 군 병력에도 불구하고, 또 강제와 공포정치에도 불구하고)가 아니라 하위체계들의 총화, 또는 상호 파괴와 자기 파괴의 위협을 받는 순환의 결합이 되는지를 제시한 적이 있다. 이때부터 강박적이고 매우 한정적인(광고에 의해 시장으로 한정되었고, 계획화에 의해 일상성으로 한정된) 통합이, 통합불능성의 필연적 귀결인 일종의 인종주의로 끝난다고 해도 놀랄 필요는 없다. 만인에 대한 만인의 투쟁이다. 어린이·청년·프롤레타리아·외국인·다양한 종족들이 차례로 원한의 대상, 패각貝殼추방의 대상이 되고, 서로에게 은근히 테러를 가한다. 전체는 아직도 천정의 대들보(담론)와 토대(일상성)에 의해 유지된다.

공포정치 그리고 글쓰기의 개념과 마찬가지로 '영도'零度(degré zéro)의 개념도 문학비평에서 나왔다. 이것은 '뿌리까지' 침투해 들어가는 역할을 떠맡은 탁월한 비평가들의 통찰력 덕분이고, 동시에 문학이 메타언어, 즉 쓰인 물건의 지위상승을 밑받침해 주는 지주이며 정신적 교통수단이기 때문이다. 우리는 여기서 순전히 문학적인 글쓰기의 변형을 이해하기 위해 롤랑 바르트에 의해 이론화된 이 문체론적 개념[6] 쪽으로 우회하기로 한다. '영도'는 상징들의 사라짐과 중립화,

---

6 『글쓰기의 영도』(Le Degré zéro de l' écriture, Seuil, 1958)를 참조할 것, 그리고 폴 발레리의 『잡록』(Variétés, Ⅱ, P.231)을 참조할 것.(원주)

적합성의 약화(대립들), 단어와 문장들의 관계의 우위성, 즉 '당연한 것' 에 대한 증언으로서의 관계의 우위성 등으로 정의된다. 글쓰기는 자신 의 형식적 일관성을 보여주면서 어떤 내용을 단순하고 차갑게 말할 뿐 이다. 영도는 유사–현전의 특징을 가진 중립적 상태(행위나 상황이 아니 고)이다. 이때 유사–현전이란 단순한 증인의 기능을 가진 현전이며, 현 전인 동시에 부재이다.

그러니까 언어의 영도(일상성의 담론)가 있고, 대상의 영도(요소들로 분리될 수 없고, 이 요소들의 조합과 배열에 의해 배치되는 기능적 사물)가 있으며, **공간**의 영도(비록 나무와 잔디가 가득 차 있다 하더라도 영상물 속에 있거나, 도심 한 가운데 위치해 있다 하더라도 사람이 없이 텅 빈 공간이나 차의 통행에 할당된 공간)가 있고, **욕구**의 영도(예측할 수 있는, 예정된, 그리고 만족의 이미지에 의해 미리 만족 시킬 수 있는)가 있다. **시간**의 영도도 있다. 한 프로그램에 의해 진행되도 록 강요된 시간, 미리 존재하는 공간의 기능에 따라 조직된 시간 등이 그것이다. 이 공간 안에 시간은 아무것도 기입하지 못하며, 다만 이 공 간의 명령을 따를 뿐이다. 영도는 모든 것이 합리적이며 동시에 현실적 이기 때문에 모든 것이 소통 가능한 것처럼 보이지만 그러나 소통시킬 그 어떤 것도 없는 바로 그러한 순간에 소통(communication) 및 관계를 끊어 버리는 하나의 투명성이다.

우리가 그려본 사회적 지형은 여기서 새로운 모습을 띤다. 좀 더 어두운 모습인가? 그렇지 않다. 좀 더 어스름하다. 최대한 중립적인 중 립화된 장소들, 그러나 이러저러한 용도에 충당된 그러한 장소들의 집 합이다. 실체의 소용돌이 속에, 또는 그 위에 있다. 슬럼 지역들(ghettos) 이지만, 그러나 위생적이고 기능적인 슬럼이다. 창조성과 축소화의 지역(조립, 취미, 수집, 정원 가꾸기), 쾌락과 자유의 지역(휴양지의 마을), 말의 지역(소그룹과 그들의 말투) 등이다. 여성성의 장소·청춘·교통·교환·소비의 장소들도 있다. 커뮤니케이션의 장소도 있다.

너무 드라마틱하게 생각하지 말자.(실질적이고 진정한) 수많은 대화와 의사소통이 있다. 그런데 사람들이 그것을 기대하고 있는 곳에, 그리고 또 대화와 소통을 위해 장소가 마련되어 있는 곳에 오히려 대화와 소통은 없다. 가끔은 짤막하고, 가끔은 발랄하고도 격렬한 대립의 말이 정돈된 장소의 중립화를 벗어나면서 돌출하는 것은 다른 곳에서이다. '주체들'을 포위하여 말살해 버리는 글 위에서 '어떤 것'이 말해지는 것도 다른 곳에서이다. 거의 모든 곳에서(사회적 제도적) **육체들**이 소통을 실현시킨다고 주장하며 실은 그것을 막고 있고, 일상성 속에 소통의 때와 장소를 마련해 주고 있다. 그러나 그룹과 계급들을 서로 대립시켜 서로 반목하게 하면, 변증법적 운동과 함께 대화가 생겨난다.

우리 사회의 강박관념은 대화·의사소통·참여·통합·결집 등이다. '사람들'에게 부족한 것이 바로 이것들이다. 그리고 '사람들'이 박탈감을 느끼는 것도 바로 이것들이다. 이것들이 주제이고, 문제이다. 사람들은 이 주제들을 상기시킴으로써, 또 이 주제들에 대해 강박적으로, 또는 현학적으로 말을 많이 함으로써 이 문제를 해결했다고 믿는다. 고독과 의사소통의 부재, 그리고 불만은 새로운 현상이 아니다. 새로운 것은 수다 속의 고독이고, 지나치게 많은 기호들 속에서의 의사소통의 부재이다. 장소가 항상 딴 곳, 즉 알리바이 속에 있는 것도 그런 현상이다. '영도'는 사람들이 끊임없이 접근은 하지만 결코 도달하지 못하는 사회적 실체의 최저 경계선을 나타낸다. 이 사회적 실체는 다시 말하면 절대적 차가움이다. 이것은 부분적 '영도'들, 즉 공간·시간·물체·담론·욕구들을 한데 모아 축적한다. 풍요와 낭비, 사치스러운 소비 밑에 숨겨진 일종의(정신적 사회적)금욕주의는 그 반대편 현상, 곧 경제적 합리성 밑에 깔린 금욕주의와 마찬가지로 역시 영도라고 말할 수 있다. 축제·양식·작품도 역시 영도에 귀속시킬 수 있고, 이 소멸에서 파생하는 성격과 특징들도 역시 그런 식으로 요약할 수 있다. 간단히 말해서 영도는 일상성의 특징을 이룬다(이때 일상성 속에서 살고 있고, 또 존속하는 욕망은 제외되었다).

　　이 '절대적 차가움'의 그림을 극적으로 묘사하지 말자. 이것은 은하계 사이의 경치 같은 성질은 전혀 가지고 있지 않다. 그것은 단지 권태로움의 그림일 뿐이다. 게다가 현대성 한가운데의 권태의 위험을 누가 모르는가? 모든 나라 사람들이 권태를 느끼고 있다. 누가 그것을 모르는가? 다른 사람들은 영도의 권태 속으로 미끄러져 들어가고 있다. 사람들은 만족하고 있다고 당신은 말할 수 있는가? 그들은 충분히 행복한가? 그렇다. 그들은 '영도의' 권태를 받아들이고, 그것을 좋아하게까지 되었다. 욕망의 위험보다는 차라리 권태를 선택한 것이다.

　　형식들의 존재양식에 관한 조사는 사회적 현실에 대한 질문으로까지 이어진다. '현실'의 개념을 수정하거나 재검토해야 하지 않을까? 형식들은 감각적 물체의 양식, 기술적技術的 물체의 양식, 또는 형이상학적 실체의 양식에 따라 존재하거나 또는 이것들에 영향을 미치지 않으며, 또한 '순수' 추상으로서도 존재하지 않는다. 그 자체로는 형식들은 추상적이지만, 그러나 그것은 사회적 정신적 **사물들**이다. 형식들은 감각적, 물질적, 실천적 토대가 필요하지만, 그러나 이 수단들로 환원되지는 않는다. 그래서 **교환가치**는 자신이 나타나기 위해, 또 자신의 내용물, 즉 생산적 사회노동과 이 노동들 사이의 대결을 보여주기 위해 사물(생산물)과 사물들 간의 대결을 요구한다. 사물과 형식 없는 내용은 그러나 특별히 사회적이고 정신적인 그 어떤 실체도 가지고 있지 않다. 형식은 사물의 의미를 규정해 주는가? 그렇기도 하고 아니기도 하다. 형식 속에는 의미 속에서와는 다른 어떤 것, 그보다 좀 더 하거나 덜한 어떤 것이 있다. 형식들은 의미를 부여하고, 또 의미를 포착한다. 이것들은 스스로 어떤 의미를 나타내게 하고, 또 시니피앙들을 덥석 사로잡는다. 그래서 상품세계의 언어는 과거의 언어를 수정했다. 동인 動因과 결과의 연계는 사회적 '실체'를 노출시키기에 적합하지 않다. 인과율과 고전적 결정론은 다른 설명방식, 다른 해설방식에 자리를 내주어야 한다. 이것은 인과관계를 던져버리거나 '현실'을 일종의 비현실주의로 대체하기 위한 충분한 이유가 되지 못한다. 두 경우에 있어서 분석은 형식들의 존재양식과 작용이라는 하나의 문제제기로 옮아간다. 형식들은 **현실적**이다. 그러나 옛날의 '현실' 모델에 따라서가 아니다. 형식들은 일상이라는 땅 위에 자신을 투사한다. 이것이 없었다면 형식들은 비추어줄 그 어떤 것, 결정해야할 그 어떤 것, 조직해야 할 그 어떤 것도 갖지 못했을 것이다. 그러니까 하나의 빛을 형성하는 분명한 밝음이 한 지역을 비추고 있는데, 이 지역은 이 빛이 없었다면 거무스름한 덩어리에 불과했을 것이다. 이 은유는 너무 지나치게 말한 감이 있으나, 그러나 충분히 말하지 못하고 있다.

　　여기까지 분석적 방법은 위에서부터 아래로, 즉 형식에서부터 물질성·내용, 그 토대 쪽으로 내려오는 절차를 밟았다. 이제 우리는 이

때까지 주파해 온 길을 잊지 않은 채 일상성 속에 자리 잡아 보자. 역사적·사회학적·경제학적 지식이 없이, 그리고 또 특별히 예민한 비판적 통찰력도 없이 자신의 일상성을 살고 있는 사람의 상황을 가정해 보자. 이 상황 속에서 무엇인가가 곧 우리 몸을 후려치고, 놀라게 하고, 또 새로운 분석을 요구한다. 우리가 발견하고 폭로한 것에 대해 그(일상성을 살고 있는 그 '주체', 여자 또는 남자, 어떤 사회그룹의 구성원)는 아무런, 또는 거의 아무런 것도 눈치 채지 못한다. 그가 확인하고 보고 감지하고 체험하는 것들이 모두 그에게는 당연한 것처럼 보인다. 그것은 **지금 여기**(hic et nunc) 그저 주어져 있을 따름이다. 아마도 그에게 있어서 그것은 정당하지 않거나, 정당화되지 않거나, 또는 정당화할 수 없는 것일 수도 있다. 그러나 그것은 그저 그런 것일 뿐이다. 사물은 있는 그대로의 그것일 뿐이다. 가끔(병리학적 상태나 아노미의 상태는 제외하고) 욕망의 밑바닥, 또는 그를 지배하는 천체의 위를 어렴풋이 감지하는 때가 있어도, 그는 눈을 위로 쳐들지도 아래로 내리깔지도 못한다. 그는 자기 생각에 '현실'로 보이는 자기 주위에만 눈을 돌릴 뿐이다. 일상성의 존재인 그는 투명성 및 자명성("그런거지 뭐")의 환상과 실체적 현실("그렇지 않을 수는 도저히 없어")의 환상이라는 이중의 환상 속에서 살고 있다. 이것이 일상 속에서의 직접성의 환상이다.

공포정치는 이 환상, 이 비판적 사고의 영도를 유지시킨다. 형식들(그리고 이 형식들에서 끌어낸 제도들)의 공포정치적 작용은 현실의 가짜 투명성을 유지하고, 이 실체를 유지하는 형식들을 은폐한다. 일상생활 속에서 사람들은 자기 고유의 존재를 믿거나 또는 그것에 대해 알려고 하지 않는다. 아무도 그들에게 그것을 금지하지 않지만, 그들은 스스로 그런 일을 금한다. 이것이 공포정치 사회의 특징적 성격이다. 아주 한정된 소수만이 자기가 알고 있는 사실에서 결론을 끌어낸다. 일상적 경험은 축적되지 않는다. 노인들이 '경험'이 많다고 흔히들 말하지만, 그 경험이란 것은 환멸과 체념의 경험일 뿐이다.

체험으로서의 일상적 실천은 무시되지만, 한정된 실천, 다시 말해 조만간 체념하면서 실패할 개인의 일상적 실천은 가치 있는 것으로 평가된다. 일상의 반대자는? 그는 고립되고, 흡수되고, 침묵이 강요되거나 또는 기존질서에 흡수된다. 어떤 사람들은 경험이 부족하고, 또 다른 사람들은 지혜가 부족하다. 여하튼 반대파는 말해지지 않은(non-dit) 상태로 남아 있다. 공포의 세계, 형식들과 '순수' 공간의 세계, 그것은 또한 침묵의 세계이기도 하다. 이때 메타언어는 완전히 소진되고, 또 자신을 부끄러워한다.

이런 식으로 하나의 인식 또는 **과학**이 어슴푸레하게 윤곽을 드러낸다. 이 과학은 형식 및 제도와 함께 일상과의 관계 속에서 일상적 상황을 발견할 것이다. 이 과학은 일상성 속에 함축되어 있지만, 그러나 일상의 한가운데에 암암리에 가려져 있는 그 관계들을 폭로할 것이다.[7] 일상 속의 인간은 두터운 장막이 있는 곳에서 투명성을 보고, 얇은 외관이 있는 곳에서는 짙은 두께를 본다. 이 이중의 환상을 꿰뚫기 위해서, 거의 외과수술에 가까운 방법이 가해진다. 일상적 상황의 탐구는 일상에 대한 간섭의 능력, 일상 속에서의 변혁(또는 재조직)의 가능성을 전제로 하는데, 이런 것들은 합리화·계획화를 추진하는 한 제도의 소관이 아니다. 그러한 **실천**(praxis)은 개념적 분석 또는 '사회-분석적' 경험에 의해 준비될 수 있을 것이다. 사회 전체적 수준의 실천인 이 실천은 문화혁명의 일부를 이루고 있다. 그리고 문화혁명은 공포정치의 종식을 그 근거로 삼고 있으며, 적어도 반反 공포적 간섭의 가능성을 기초로 삼고 있다.

---

7   이런 방향의 탐구는 이미 조르주 라파사드(Georges Lapassade), 르네 루로(Rene Loureau), 그리고 '제도연구그룹' 멤버들에 의해 진척되었다. 이런 연구를 우리는 사회-분석으로 부를 수 있을 것이다. 이 연구는 현재의 상황 또는 한 그룹의 일상성에 대한 개입을 전제로 한다. 사회-분석적 간섭은 한 장소, 한 시간 안에 거짓 자명성으로 한데 뒤섞여 있는 일상적 상황의 여러 양태들을 분리시킨다. 그리고 나서 이때까지 외적이었던 경험들을 한데 결합시킨다. 그런 뒤 귀납법을 사용한다. 소련 공산당 내부의 반反스탈린적 활동도 그 시대에는 괄목한 만한 사회-분석이었다. 그때 발견된 일부 사실들은 그 뒷 세대의(일반적으로는 마르크스주의적이고, 특수하게는 사회적인) 사상에 반영되었다. 이 논문의 어떤 논지들을 좀 더 명확하게 밝힐 『일상생활 비판』 제3권은 틀림없이 다음과 같은 도식에서부터 구성될 것이다. 우선 직접적인 일상성, 일상성의 변형과 그것에 대한 무지, 그리고 형식들에 대한 설명이다.(원주)

4. 입구

그 안에서 논증이 있었다는 것은 그 길이 막혀있지 않다는 것을 증명해 주는 것이다. 유일하고 절대적이고 특권적인 체계는 없으며, 다만 하위 체계들이 있다. 그것들 사이에 틈새와 구멍과 공백이 있다. 형식들의 수렴 현상은 없다. 형식은 내용을 압축시키지 못한다. 그것을 환원시키지도 못한다. 환원이 일어난 직후마다 **환원 불가능성**이 드러난다. 과학 절차에 꼭 필요한 환원은 곧 차후의 절차를 유도하면서 잠정적, 순간적, 상대적인 것으로 판명된다. 과학은 하나의 실천을 가져오고, 실천을 의미하고 전제하며, 그것을 향해 간다. 환상적인 투명성이며 거짓 농도인 일상은 깊이와 밝음 사이의 경계선과 표면을 이룬다. 종결된 것이 아니라 여전히 하나의 **장면**이다.

출구가 드러났으므로, 이제는 거기에 생각을 통과시켜야 한다. 입구는? 그것은 이미 이름을 가지고 있다. **도시생활**(또는 도시사회)이 그것이다.

도시생활은 시골생활의 찌꺼기와 전통적 도시의 쓰레기 위에서 동시에 시작된다. 농촌생활, 농경 현실이 수세기 동안 지배했다. 그것이 과거 도시들의 윤곽을 드러내주고 특징지어 주었다. 오늘날에는 도시생활의 시대가 시작되고 있는데, 이 사회에서는 아직도 효용가치가 교환가치를 지배하고 있기는 하지만, 그러나 이 교환가치는 농경 사회적 맥락 속에서 생긴 효용 및 효용가치보다 우세한 것이다. 도시생활을 정의하고 또 실현시키기 위해 사고는 향수와 이데올로기(이미 구식이된 유토피아적 구조물 또는 존속물)에서 해방된다. 가끔 도시생활은 옛 도심

지나 옛날의 번영 지역에서, 지금은 더 이상 지역의 번영에 기여하지 못하는 새로운 사람들과 함께 끈질기게 존속하거나 또는 현상유지를 하려고 애쓰고 있다. 또 어느 때는 새로운 '도심성'을 만들어내기를 원하면서 사회적 정신적 형식을 구성하기도 한다. 소위 '경제주의'의 이데올로기를 주창하는 사람들만이 도시생활을 산업생산과 그 조직에서부터 정의할 수 있을 것이다. 또 관료적 합리주의의 지지자들만이 이 새로운 현실을 지역 정비나 계획화에서부터 파악할 것이다. 두 전망 속에 있는 그들은 도시생활이라는 이 새로운 잠재성을 그 씨앗부터 죽일 염려가 있다. 반대로 이데올로기들은 또 도시사회가 분업과(사회) 계급들로부터 이미 면제된 사회적 카테고리로 이루어졌고, 따라서 도시적인 '체계'가 하나 있다고 믿고 있다. 이 이상주의자들은 노스탤지어를 가지고 그리스의 도시를 생각하고 있는데, 그리스의 도시가 노예적 생산에 기반을 두고 있다는 것은 잊고 있다. 도시생활은 만남들로 이루어져 있고, 분리를 배제한다. 그것은 직업·계급·생활양식(패턴)들로 구분되는 개인과 집단들이 한데 모이는 시간과 장소로서 정의된다. 이제부터 가능한 사회는 계급의 소멸이 아니라, 인종분리로 정확히 표현되는 적대감의 종식에 근거를 두게 될 것이다. 이 사회는 차이들을 전제로 하고, 또 그런 식으로 정의가 된다. 도시 속에서, 그리고 도시에 의해 시간은 자연적 순환에서 해방되지만, 합리적 지속의 선적線的 단절을 따르는 것도 아니다. 그것은 예측할 수 없는 시간이다. 장소 없는 시간이 아니라 장소를 지배하고, 장소에 나타나고, 거기서 내비치는 그러한 시간이다. 욕구의 이편과 저편에 있는 욕망의 시간과 장소이다. 도시생활은 다양한 기능의 성취를 전제로 하지만, 그 자체로는 초 기능적이다.

형태적 공간에 따라 차이가 나는 시간의 장소이며 글쓰기와 메타언어를 중층 결정하는 말의 장소인 도시적 현실은 그래도 여전히 (공간적 형식적)구조를 포함한다. 도시의 물질적 현실은 (등록과 규칙을 통해) 실질적으로 정의되지만, 그러나 이 형태학이 (등록되고 규정된) 땅 위에 투영하는 관계들의 사회적 정신적 주역들은 결코 이 투영으로 환원되지 않는다. 말이 사회적 실체의 분산된 요소들, 즉 기능과 구조·분리된 공간·강제적 시간 등을 한데 결합시키는 것은 바로 이 형태학 속에서이다. 도시에는 일상생활이 있지만, 그러나 일상성은 극복된다. 다른 곳에서보다 더 민감한 공포는 다른 곳에서보다 더 효과적으로 일상생활 속에서 투쟁을 하는데, 어느 때는 폭력(항상 잠재적인)에 의해, 또 어느 때는 비폭력과 설득에 의해서이다. 도시생활은 근본적으로 공포정치에 이의제기를 하고, 또 거기에 반反공포정치를 대립시킬 수도 있다. 도시가 자신의 작품(형태학, 윤곽, 정형화되고 인위적으로 만들어진 장소, 정확하게 들어맞는 공간들)을 만들면서 실현되는 한에서만 전유는 복원되고, 강제를 눌러 이기고, 기념비에 의해, 또는 축제 속에서 상상을 양식 또는 작품에 종속시킨다. 이제부터 도시생활은 유희적 행동(놀이)에, 이 행동이 과거에 상실했던 중요성과 가능성의 조건들을 되돌려준다. 축제를 복원시키려는 운동은 도시생활이 존재하는 한 지속적으로 나타날 것이다. 역설적이게도 놀이와 게임이 복원되면서, 효용가치와 장소 및 시간의 효용성을 교환가치의 위에 위치시킴으로써 이것들을 복원하는데 기여할 것이다. 도시생활은 '매스 미디어'와 교환과 커뮤니케이션과 의미들을 금지하지 않는다. 그것은 다만 창조적 행위를 수동성이나, 순수하고 공허한 시선, 또는 스펙터클과 기호의 소비로 변형시키는 것을 거부할 뿐이다. 도시생활은 물질적 또는 비물질적 교환의 심화를 전제로 하지만, 그러나 가설적으로 그것은 양을 질로 전환시킨다. 도시생활은 커뮤니케이션의 형태에 한 내용, 한 질료를 가져다준다. 도시사회는 일상성을 상상 속에서 변형시키지도 않고, 일상성을 다른 빛으로 조명하는 데 만족하지도 않는다. 도시생활은 일상성 그 자체에서부터 일상성을 변화시킨다.

5. 간단한 대화

― 예상했던 대로 당신은 모든 과학적 야심을 포기해 버리고, 하나의 분석(또는 분석적이라고 자처하는 하나의 글)에서부터 팜플렛으로 넘어갔다.

　―미리 말하지 않았는가. 이 작은 세계의 반≠플라톤주의적 원형들과 소위 순수한 형식들 사이에 있는 것으로 보이는 '과학성'만이 간섭과 비판을 동시에 금하고 있다. (엄밀하게 판단하고, 방향을 결정하고, 하나의 지평선을 열려는 시도를 했던)이 저작에서 추구된 방법에 의하면 과학적 인식은 행동과 비판과 이론적 투쟁을 모두 포함하는 것이다. 게다가 과대비판은 비판의 부재보다 낫다. 과대비판은 당신들 같은 순응주의자들까지 자극한다.

　―당신은 예언적 어투를 쓰면서 도시생활을 변호하는 것으로 끝을 맺었다.

　― 전혀 그렇지 않다. 이미 도시의 가능성과 실체에 대한 지식이 있었다. 그러나 그것은 기존 도시의 역사나 과학에도 맞지 않고, 도시학이라 불리는 이데올로기와도 일치하지 않는다. 이 지식은 그 '대상'과 함께 형성되었고, 그 대상의 형성을 연구하고 있으며, 또 이 대상의 탄생과 발전에 적극적인 기여를 하고 있다.

　― 공상가로군!

　―사실 그렇다. 나는 이 단어를 욕으로 생각하지 않는다. 사실이 그렇다. 왜냐하면 나는 강제, 규범, 규제와 규칙들을 인정하지 않기 때문에, 그리고 전유에 역점을 두기 때문에, 또 '현실'을 받아들이지 않기 때문에 그리고 내게 있어서 가능성은 현실의 일부이기 때문이다. 나는

이상향을 꿈꾸는 사람(utopien)이다. 나는 공상가(utopiste)로서 말하는 것이 아니다. 그것을 주목하기 바란다. 이상향을 꿈꾸는 사람, 그것은 가능성을 지지하는 사람이다. 그렇지 않은 사람이 어디 있겠는가. 당신만 제외하고는?

　-나 혼자만 그렇게 생각하는 것이 아니다. 우리들은 교훈과 비난, 재판과 논고를 혼동하지는 않는다. 당신 말에 의하면 사람들은 공포정치의 대상이 되어 불행하기 그지없다.

　-당신은 아무것도 이해하지 못했다. 나는 사람들이 공포정치의 대상이라고 말하지 않았고, 다만 그들이 공포의 실행자라고 말했다. 나는 많은 사람들이 만족해하고 있으나 거대한 불안감이 지배하고 있다고 말했다. 모순을 드러내주는 이 콘트라스트, 이것이야말로 주제이고 문제이다.

　-우리는 당신에게 사회계급들의 일상생활, 부르주아지의 생활, 노동자 가정의 생활에 대한 세부적 묘사를 기대했었다. 그런데 도중에 당신은 계급을 잊었다. 일상성은 모든 사람들에게 똑같은 것일까? 당신은 그 차이점들을 지워버렸다.

　-전혀 그렇지 않다. 이 책은 계급 및 그룹에 따라 일상성을 묘사하는 것을 그 의도로 삼지 않았다. 이 책은 예산(돈과 시간에 대한)을 제공하는 것을 목표로 하지 않았다. 그런 연구도 물론 해볼 만하다. 그러나 그것은 사회학적 진부성에서 벗어나지 못할 염려가 있고, 또 대단한 과학적 또는 유사-과학적 장비를 동원하고 숫자의 힘을 크게 빌려 증명하는 진부한 공정증명이나 삽화 속에서 헤맬 염려가 있다. 일부 전문가들의 찬사를 받을 만한 연구는 소득, 계층, 통계학에 대한 조사가

아니면 고작해야 스테레오타입과 '패턴'들의 조사에 힘을 쏟을 뿐이다. 그런 연구는 사물의 밑바닥까지 결코 내려가지 않는다. 일상의 계획화를 겨냥하는 전략은 전체적이다. 그것은 계급의 전략이다. 이 계획과 실현으로부터 어떤 사람들은 혜택을 입고 대부분의 다른 사람들은 그저 수동적으로 당하기만 할 뿐이다. 등급의 사다리 꼭대기에서 어떤 사람들(Olympiens)은 외관상으로는 일상성을 초월했다. 사다리의 밑바닥, 새로운 빈곤 속에서는 거대한 대중이 내리누르는 피라미드의 무게 밑에 짓눌려 만족인지 좌절감인지 모를 모호함의 삶을 살면서 그것을 갈등으로까지 느끼고 있다. 결론은 자연히 드러난다.

    – 가끔 자신을 좌파라고 생각하지 않는가?

    – 수많은 변명이 있다. 비록 이데올로기의 분류가 항상 명확한 기준에 따라 이루어지는 것은 아니지만, 분명 우파 이데올로기가 있고, 좌파 이데올로기가 있다. 역사, 기술技術, 그리고 소위 소비사회에 관한 한 좌파와 우파의 비판은 서로 일치하지 않는다. 사람들은 좌파의 비판이 소위 좌파적이라고 일컬어지는 이데올로기, 곧 경제주의, 테크노크라트주의를 겨냥할 때 그것을 좌익이라고 말한다. 이것이 나의 대답이다. 다시 한 번 유토피아 사상에 대해서 말해야겠다. 일상생활에 관한 한 최소한의 변화도 불가능한 것처럼 보인다. 일상생활에 관해 어떤 것을 문제 삼는다는 것 자체가 중대하고 불안한 일로 여겨진다. 자동차의 운행체계나 자동차 자체에 대해 하찮은 수정을 가하는 문제를 생각해 보자. 전문적인 지식과 자격을 겸비한 전문가들은 수많은 결과들을 예상해 가면서, 값이 너무 비싸게 먹힌다느니 어쩌니 하면서, 이것을 실현 불가능한 것으로 판정할 것이다. 무엇을 증

명하는가? 일상성 전체를 다시 문제 삼아야 한다는 의미이다. 호모 사피엔스(homo sapiens: 슬기인), 호모 파베르(homo faber: 공작인 工作人), 호모 루덴스(homo ludens: 놀이인간)는 결국 '호모 코티디아누스'(homo quotidianus: 일상인)로 귀착된다. 사람들은 일상 속에서 인간(homo)의 자질마저 잃어버린다. 일상인(quotidianus)은 아직 사람인가? 그것은 잠재적으로 하나의 로봇이다. 그가 인간의 자질과 성질을 되찾기 위해서는 일상의 한가운데에서, 그리고 일상성에서부터 출발하여 일상을 극복해야만 한다!

제 5 장

영구문화혁명을 향해서

1. 첫 번째 결론

우선 『일상생활 비판』의 본질을 몇 개의 진술(또는 명제)로 압축해 보자.

a) 새로 부상하는 산업생산을 언어, 개념, 의미로 표현하고, 신흥 산업이 감싸고 있는 새로운 창조적 능력을 제시하는 것, 이것이 마르크시스트 이론의 역할과 의미였다. 영국의 대경제학자들(스미스, 리카르도)과 생시몽 이후에 자기 고유의 방법과 개념을 헤겔 철학에 돌리면서, 그리고 더 일반적으로는 이 세계에서 얻은 지식들을 '거꾸로된 세상'에 돌리면서, 마르크스는 이 역사적 임무를 수행했다. 그는 산업의 가능성을 지적했고 그 잠재성, 즉 자연의 통제와 기존의 물질적 사회적 세계를 다른 세계로 변혁시킬 수 있는 잠재성을 명시했다.

b) 『자본론』제 1권의 초판이 간행(1867년)된 지 1세기가 지난 지금, 마르크스 사상의 기여와 그 한계를 분명히 밝혀내는 것이 가능해졌다. 생산의 이중적 측면(사물과 관계의 생산, 작품과 제품의 생산)을 선택한 뒤 마르크스는 제품의 생산, 다시 말해서 자본주의 속에서의 산업생산의 특수한 본질적 양상에 역점을 두었다. 그런 식으로 그는 자기 사상에 대한, 인식에 대한, 사회적 실체에 대한 일방적인 해석을 가능하게 (물론 정당화해 주지는 않지만) 해준다. 게다가 산업화와 연관된 분명하고도 특수한 절차인 **도시화**가 마르크스의 시대에 시작되었다. 그는 도시화의 중요성도, 도시화와 산업화의 관계도 포착하지 못했다. 그는 도시적 생산 속의 **산업생산**의 의미와 목표와 목적성을 폭로할 줄도 몰랐고, 또 할 수도 없었다. 거기서 그의 사상의 두 번째 한계와 불완전한 해석의 가능성이 생겨난다. 그의 해석의 불완전성은 산업이 그 자체 안

에 자신의 의미와 합리성과 목적성을 갖는다고 생각한점이다. 현재의 사회는 스스로를 역동적이라고 믿고, 보고, 또 생각한다. 사실상 이 사회는 산업화와 도시화라는 양극 사이에서 정체하고 있다. 산업과 경제 성장은 아직도 목표로 간주되고 있고, 진짜 목표는 하나의 우연 또는 우연한 결과로 간주되고 있다.

　　『자본론』에서 마르크스는 변증법적으로(비판적 방식으로) 자본주의적 생산양식을 분석했다. (스미스와 리카르도에 이어, 그러나 그들보다 훨씬 멀리, 훨씬 깊이 들어가서) 그는 이 생산양식의 이론적 근거이며 역사적 기초인 상품과 교환가치의 **형식**을 드러냈다. 종전의 명제들을 다시 취하면서 마르크스는 교환가치와 돈과 이것들의 실질적 권한이 무한정하게 확장되는 위험을 경고했다. 상품의 형식·논리·언어·세계를 폭로하면서, 그는 상품의 파괴적이고도 창조적인 힘을 동시에 보여주었다. 즉 한편으로는 상품의 심각한 결과와 잠재성을 보여주고, 또 한편으로는 이 무서운 힘을 제한할 수 있고, 시장과 그 법칙을 통제할 수 있으며, 사람들에게 자신들의 사회적 자연적 존재를 전유(appropriation)하는 것이 자연을 지배하는 것보다 훨씬 더 중요하다는 것을 납득시키는 사회적인 힘을 보여주었다. 즉 한편으로는 상품의 심각한 결과와 잠재성을 보여주고, 또 한편으로는 이 무서운 힘을 제한할 수 있고, 또 시장과 그 법칙을 통제할 수 있으며, 자연에 대한 지배를 사회적 자연적 존재의 전유(appropriation)에 종속시키는 사회적인 힘을 보여주었다.

　　c) 마르크스의 경고는 잘 이해되지 않았다. 특히 그의 이론을 내세우는 정치운동에서 더욱 그러하다. 마르크스의 사상은 여러 해석과 변주變奏로 분할되어, 결국 둘로 나뉘었다(한편으로는 **경제주의**, 다시 말해서

산업의 조직화·계획화·합리화의 우위성이고 — 또 한편으로는 정치주의, 다시 말해서 행동주의·제도·이데올로기의 우위성이다. 이 둘은 모두 역사철학 또는 유물론적 자연의 철학이라는 덮개 밑에 가려져 있다). 시장이론·가치 이론, 그리고 가치의 법칙 이론과 이것들을 극복하는 이론은 불분명하게 되었다. 이 이론은 자기 명제의 대부분을 경제주의에 양도함으로써 스스로 공상적 좌익사상(절대적 혁명 활동에 의해 가치의 법칙과 교환을 초월하려 하는)과 우익의 기회주의로 양분되었다. 그때부터 전유의 개념은 글자 그대로 마르크스의 사상에서부터 사라졌다. 노동계급의 근본적인 임무는 정치적(정치체제의 변혁)이거나 또는 경제적(시장의 확대와 함께 생산을 증가시키는 짓)인 것으로 간주되고, 상품세계에 제한을 가해야 할 임무는 간과되고 있으며, 이 제한의 사회적 정신적 장場과 방법도 전혀 생각되고 있지 않다. 마르크스와 『자본론』에서 중심적인 위치를 차지하고 있는 지시는 사회의식 밖에, 그리고 이론과 이데올로기 밖에 떨어짐으로써 말하자면 길을 잘못 들었다.

　　d) 이러한 이론적 쇠약을 이용하면서 한 역사적 상황 덕택에, 값을 따질 수도 없는 엄청난 사회적 대가를 치르고서(두 차례의 세계대전과 예상되는 3차 세계대전), 그리고 가속화되는 기술변혁의 기초 위에서 자본주의적 생산관계는 여하튼 사라지지 않았다. 이 생산관계는 세계의 한 부분에 중압감을 주고 있기는 하지만, 세계의 다른 부분에서는 잘 적응되고(일시적이지만) 공고하게 되었다. 이러한 상황 속에서 창조적 능력의 거대한 **전환**이 이루어졌다. 노동계급은 산업생산에 내재하는 이러한 잠재성의 전개를 책임져야 했고, 또 책임질 능력이 있었다. 그러나 그들은 이 임무를 완수하지 않았다. 원인과 이유인 대체·이동·대리·

파생이 물론 있었다. 그것을 비판적으로 분석하기 위해서는 새로운 지적 절차와 방법을 요하는 복잡한 과정이 필요하다. 그러한 분석이 없었으므로 이 사회 또는 모든 사회의 숨겨진 어떤 구조, 알 수 없는 어떤 구조가 존재한다는 주장이 나올 수 있었다. 이 절차를 하나의 '주체'에 돌릴 수 없는 것이 사실이라면, 분석은 거기서 계급의 전략을 노정시킨다. 작품을 창조하는 능력 대신에 기호·스펙터클·제품만이 아니라 작품들과 과거의 작품들까지 마구 먹어치우는 탐욕적 소비와 관조적 수동성이 대신 들어섰다. 배은망덕한 소비다. 역사와 작품과 양식樣式들을 먹고 살면서도 작품들을 더 이상 이해하지 못하고, 작품의 조건들을 거부하거나 부인하는 소비다. 이데올로기적으로 신성하게 되기 이전까지 **환원**은 매우 실용적인 것이었다. 현대 이데올로기는 응용과학을 자처하는 이데올로기까지도 모두 환원적이다. 현대 이데올로기는 외관 밑에 감추어진 훼손하는 **실천**과 최종적 성취라는 환상을 인정한다. 현대 이데올로기는 사실을 법으로 변형시키고, 효과적인 환원을 '과학성'으로 변형시킨다.

　　e) 공포정치에 의해 유지되는 수동성과 조직된 소비의 토양이며 사회적 공간인 일상성은 이런 식으로 정립되고, 공고화하고, 계획화된다. 이 사회적 공간은 묘사된다. 분석은 거기서 표면적 합리성 밑에 감추어진 비합리성과 논리 정연한 이데올로기 밑에 감추어진 비논리성을 밝혀낸다. 분석은 거기서 하위체계들과 분리되었으나 담론에 의해 다시 결합된 공간들을 보여준다. 분석은 다음과 같은 질문에도 답한다. 이 사회는 어떻게 기능하는가? 왜 이 사회는 분리된 조각들로 산산조각이 나지 않는가?" 대답은 이렇다. "언어에 의해, 메타언어에 의해,

그리고 제1, 제2등급의 담론과 글의 눈사태 밑에서 생생하게 유지되고 있는 말에 의해서이다." 겉보기에 단단한 듯이 보이는 땅도 결코 요지부동의 것은 아니다. 전혀 그렇지 않다. 마르크스는 한 번도 경제를 결정적인 것, 또는 결정론으로 생각한 적이 없다. 그는 다만 자본주의를 경제가 지배하는 생산양식으로 보았을 뿐이다. 결국 그는 경제를, 공격하기에 적당한 수준으로만 보았을 뿐이다. 오늘날에는 일상성이 이런 역할을 한다. 일상성이 지배한다. 일상성은 계급의 전면적(경제적·정치적·문화적) 전략의 소산이다. 경제적 정치적 의미를 함축한 문화혁명의 구호를 외치면서 공격해야 할 대상은 바로 이 수준에서다.

　　f) 혁명 또는 전체적 혁명의 이념은 아직 더럽혀지지 않은 상태이다. 아니 오히려 혁명은 **전체적**인 것으로만 인식이 가능하다. 만일 그 개념의 빛이 바래졌다면 그것은 비판 없이, 그리고 이의제기 없이 수락된, 그리고 이어서 교조화된 **환원**이 있고나서부터이다. 그 전체성 속에서 복원된 혁명의 이념은 다음과 같은 세 개의 수준을 보여준다.

　　경제적 수준에서: 혁명의 전략은 자신의 목표를 분명히 밝힌다. 산업 생산의 성장과 그 계획화는 필요하기는 하지만 충분하지는 않다. 따라서 목적과 의미(즉 방향성과 목적성)가 결정된다. 곧 풍요로운 경제의 실현과 사회적 욕구(계획화된 개인의 욕구가 아니라)에 따라, 자동화에 의해 자체 증가하는 산업생산이 그것이다. 이때 사회적 욕구는 잠재적 도시 사회의 수요로서 부각된다. 생산의 자동화는 소비자의 자동화를 그 목표와 의미로 삼을 수는 없다. 이 대체는 거대한 속임수를 폭로한다. 따로 분리시켜 고찰한 경제적 수준에서는 혁명적 행동이 매몰되고 그 목적을 잃어버린다.

정치적 수준에서: 혁명 전략의 목표는 1세기 이전부터 바뀐 것이 없다. 이런 관점에서는 마르크스의 사상을 수정하거나 개정하거나 보완할 이유가 전혀 없다. **국가의 소멸**은 여전히 목표이며 의미이다. 따로 고립시켜본 정치적 수준에서 혁명은 스탈린주의, 즉 국가의 우상화를 낳았으며, 수단을 목적으로 변모시켰다. 이 목적과 의미를 공공연하게 표방하고, 단순히 전략적 목표에 따라서가 아니라 전술적 차원에서 이것을 사회적으로 실행하지 않는 한, 그 어느 국가적 기구나 정치적 기구도 마르크시즘을 표방할 권리가 없다. 이런 것이 없이는 세계나 인생, 사회의 변혁을 겨냥하는 행동에 대해서 말하거나, 또는 혁명이나 마르크스의 사상에 대해서 말할 자격이 없다. 국가권력이라는 이 정상頂上의 옆에서 변증법이 자신의 권리를 잃는 것은 너무나 분명한 사실이다. 마치 권력이 모든 운동을 분쇄할 수 있다는 듯이, 또는 마치 권력이 모순을 해결하는 것이 아니라 멀리 떼어놓을 수 있다는 듯이 모든 일이 진행된다. 그러나 운동은 계속된다. 역사도 그 중의 하나다. 권력이 역사의 계속성을 확인해 주고 있는데, 그것은 권력이 역사를 만들고 있기 때문이다.

문화적 차원에서: 마르크스 사상의 경제적, 정치적, 철학적 해석이 이 전망을 막아버렸다. 혁명적 활동은 경제적 토대와 정치적 상부구조를 우선 공격하고, 그 다음에 그 나머지, 예컨대 이데올로기와 여러 제도들, 한마디로 문화가 그 뒤를 따른다고 해석되었었다. 그런데 이 수준이 자신의 특수성을 다시 취하고, 정복하고, 다시 정복해 버렸다.[1] 혁명이 어려워지고, 또 혁명이 다른 차원으로 물러서고 있는 때에, 이 문화의 차원이 눈에 띄었다. 1920년경, 권력을 장악한 직후에 레닌은 노

동계급이 국가를 통치하고, 기업을 경영하고, 기술을 통제하고, 서구의 합리성과 과학을 극복하면서 이것들을 자기 것으로 소화시킬 능력이 있다고 보고, 노동계급의 '문화적' 변신의 긴급성을 역설했다. 오늘날 **문화**의 수준에서 식별되는 특수성은 문화가 이 계획을 수행할 능력이 있음을 증명하고 있다. 국가와 그 제도들의 범위를 어느 정도까지 잡아야 할까? '문화적' 제도들을 그들의 공포정치적 목적에서부터 방향을 돌려놓을 수 있을까? 아마도 공식적으로는 아니지만 최소한 공공연하게 문화의 위기, 이데올로기의 위기, 또는 제도 그 자체의 위기가 있는 한, 그리고 또 공포가 이 소우주의 문을 닫아 버리는데 성공하지 못하는 한에서만 그것이 가능할 것이다. 경제주의, 경제적 합리성, 계획경제, 그리고 스스로 완성을 자처하는 제한된 합리성으로부터 오는 강제들을 피할 수 있을까? 아마도 이 강제들이 한 바퀴 돌아 원점에 오지 않는 한, 그들의 프로그램에 따라 회로를 닫지 않는 한, 그리고 사회 전체를 체계화하지 않는 한 그것은 가능할 것이다. 거기서부터 한편으로는 건축물의 균열에 대한 관심, 또 한편으로는 도도하게 위로 올라가고 있는 '실재', 즉 도시적 현실의 예측불가의 요구들이 생겨난다.

---

1 여기서는 중국의 문화혁명을 지지하거나 반대할 입장이 아니다. 거기서 중국사회의 근원으로의 회귀를 보아야 할까, 아니면 중국의 혁명운동을 보아야 할까? 자꾸만 새롭게 시작되는 이 혁명은 관료적 공포정치에 대항하여 반 反공포를 제시하는 것일까? 이 문화혁명은 혁명에 놀이, 게임, 축제를 재도입하는 것일까? 아니면 새로운 세계대전의 전망 속에서 에너지의 동원을 목표로 하는 것일까? 본질적인 것, 중요한 것은 개념의 재생력이다.(원주)

인간의 개념과 함께, 그리고 옛날의 **휴머니즘**(자유주의적 부르주아 계급의 경쟁자본주의의 휴머니즘)의 개념과 함께 **창조**의 개념은 평가절하되었다. 문화혁명의 첫 번째 조건과 절차, 그리고 가장 중요하면서도 근본적인 요구 사항은 다음과 같은 개념들, 즉 작품·창조·자유·전유·양식·(효용)가치·인간존재 등의 개념들을 전면적이고도 충만하게 재건시켜야 만 하는 일이다. 생산 이데올로기, 경제적 합리주의와 경제주의, 그리고 참여·통합·창의성 등의 신화와 이것들의 실제적용에 대한 가혹한 비판 없이 좋은 결과를 낼 수 없다. 문화혁명은 하나의 문화적 전략을 요구하는데, 그 중 몇 개의 원칙들을 말해 볼 수도 있겠다.

2. 강제의 철학과 철학의 강제

2천년 동안 세계와 자연환경 속에서의 자연적 사회적 인간존재의 정체에 대한 탐구는 철학자들에게 맡겨져 왔다. 철학사상은 인간이 자신의 노력에 의해 자기 존재를 창조하는 모습을 제시하고 또 표상했다. 철학사상은 각기 차등이 있는 행동들 속에 널리 퍼진 실천과 인식들을 요약했다. 산업의 탄생은 철학의 지위와 철학자의 상황을 철두철미하게 수정했다. 이러한 새로운 실천 속에서 사회적 존재의 창조적 능력이 철학자의 반성 앞에 제시되고 포착되었다. 과거에도 철학은 사변, 관조, 철학적 체계화에 고유하게 들어 있는 어떤 제한을 거기에 가하기는 했지만, 여하튼 그것을 이해하고 있었다. 그 이전에는 관계와 사물들의 의미를 찾고 공식화하는 임무가 철학자에게 맡겨졌었다. 그런데 산업은 의미를 생산했고 새로운 의미, 즉 물질적 자연의 지배라는 의미(현상과 법칙들에 대한 '무관심한' 지식이 아니라)를 도입했다. 따라서 철학이 과거에 가지고 있던 역할이 이제는 변모된 인식으로 돌아왔다. 철학은 이제 도시와 시골의 갈등, '자연'의 수락, 농업 및 수산업 생산의 우위성, 희소성에 대한 강박관념, 기능이 평등하지 않은 사회에서의 분업 등의 문제를 따라가게 되었다. 철학의 역할은 끝났는가? 철학은 죽어가는가? 그것은 민속이 되어가고 있는가? 절대로 그렇지 않다. 철학적 전통에 의해 형성된 비판적 사고는 실증주의적 명제를 반박한다. 철학은 기억이나 문화 속에 살아남은 것이 아니다. 그것은 새로운 삶의 형태를 띠게 되는데, 이 새로운 삶은 더 이상 정교한 체계화가 아니라 철학자들에 의해 다듬어진 이미지, 개념과 인간의 기도企圖를 '현실' 및 실천과 대립시키는 일을 하게 될 것이다. 그것은 철학이라는 인식을 전체성으로서 파악하는 것을 의미한다. 다시 말하면 철학을 모든 철학자들, 철학의 역사적 맥락과 조건들, 철학의 모순들, 한마디로 전체를 꿰뚫는 운동의 도정道程이며 계획으로서 간주해야 한다는 것이다. 세계를 해석하는 철학을 재해석하고, 거기서 변혁의 이론적 도구를 끌어내고, 그렇게 함으로써 이론적 혁명을 잘 수행하는 것, 이것이야말로 새롭게 태어난 혁명사상의 지평선이다.

이렇게 볼 때(외관상) 새로운 철학적 체계들을 이론화하려는 경향은 위험이 없지도 않다. 오늘날 한 철학적 체계는 이미 다듬어진, 어쩌면 거의 소진되어 버린 주제와 카테고리와 문제들을 다시 거론하려하고 있다. 게다가 그것은 공포정치에 기여할 염려도 있다. 교조주의는 이 일반화된 공포정치의 한 중요한 양상이 아닐까?

오늘날 철학적이기를 원하는, 또는 철학의 문제를 피하는 반성의 용어속에 말들이 침입해 들어간다. 이 말들은 특권적 시니피에들, 즉 규범·강제·요구·명령 등의 뜻을 지니면서 가치가 부여된다. '엄격성'이라는 말과 '체계'라는 말을 잊지 말자. 이 용어들은 제한된 합리주의, 즉 관료주의, 테크노크라트 이데올로기, 산업계획 등의 합리주의(이것은 지역 정비와 인구의 재배치를 강제적으로 명령하면서 산업성장의 조직만을 위해 도시라는 새로운 문제를 소홀히 한다)를 반사하고, 또 단순히 반영해 준다.

그러니까 당신들은 하나의 체계가 형성되고 있는 현장을 목격하고 있다. 그것은 강제의 철학이다. 사회적 결정은 더 이상 극복해야할 장애물, 통제해야 할, 그리고 의식적 행동에 의해 자기 것으로 삼아야 할 여건이 아니라 기초·구성요소·결정요인, 다시 말하면 존중하고 준수해야 할 강압적 원칙으로 간주되고 있다. 그리고 이것 역시 앞에서 동시에 비판되었던정치적 이유 때문이다. 계급적 전략의 메타언어가 된 철학은 이 전략을 은폐하고 정당화해 준다. 철학은 이 전략을 전체적 수준에서의 기도나 정치적 의지의 분출로서가 아니라, 강제성을 띤 필연성의 명목으로 제시한다. 완성과 목적성의 철학에서부터 사람들은 있는 그대로의 사물과 있는 그대로의 인생을 받아들이는 태도로 넘어갔다. 철학과 모순 관계에 있는 궤변이다.

철학의 전통은 우선 부정적인 강제들을 가져다준다. 이 전통은 바보 같은 일을 주장하거나 동음이의어 또는 앞뒤가 맞지 않는 말을 하는 것을 금한다. 이런 점에서 논리학과 마찬가지로 철학은 충분하지는 않지만 그러나 필요한 하나의 **학문**이다. 철학적 전통은 근본적 비판과 비판적 거리의 유지, 반항, 그리고 자유를 수락受諾의 철학에 대립시킨다. 그것은 또 목적성의 철학을 욕망의 철학과 대립시킨다. 이러한 갈등에서부터 하나의 사상이 새롭게 태어나는데, 그것은 철학적 메타언어에서부터 빠져나오고, 또 고전 주의적 철학의 종말과 고대철학의 지속이라는 두 암초 사이로 들어간다

철학적 언어가 없이도 지낼 수 있다고 주장하는 사람이 있다면 그는 거짓말을 하고 있다. 실제로 이 궤변가는 자신의 주장을 표현하기 위해 철학적 언어를 사용하고 있지 않은가. 그런데(철학의 메타언어 또는 메타언어로서의 철학을 포함하여) 메타언어가 스스로를 비판하면서 죽어가고 있다는 것은 사실이다. 거기서부터 나오기 위해 새로운 철학 또는 재능이 있는 한 철학자가 새로운 말을 만들고 사물의 이름을 바꿀 것인가? 어딘가에 엉뚱한 계획이 있다면, 그것은 말을 바꿈으로써 삶

을 바꾸려는 기도일 것이다. 이런 제안은 발설이 되자마자 비판받는다. 메타언어의 절정에서 담론자는 절대적 메시지를 위해, 또 우리 시대의 '결단의 빛'(fiat lux)을 위해 N자승의 등급(최종적 등급이 있을 수 있을까?)으로 담론을 말한다. 환상일 따름이다. 거기서 빠져나오기 위해서는(그것을 왜곡하거나 버리거나 또는 거기서 도망치거나 초연함이 없이) 일상성을 다시 포착해야 하고, 그것도 아주 능동적으로 포착하여 일상성을 변형시켜야 한다. 이러한 작업은 그 안에 언어의 창조를 내포한다. 일상을 언어로 표현하는 것, 그것은 벌써 일상을 분명하게 밝히면서 그것을 변형시키는 것을 의미한다. 일상을 변형시키는 것, 그것은 새로운 것을 만드는 것이고, 이 새로운 것은 또 새로운 말들을 부른다.

철학이라는 학문은 교육적 교훈적 목표를 간직하고 있다. 옛날의 도시와 함께, 또는 도시 속에서, 그리고 기념비와 축제 옆에서 철학은 탁월한 **작품**이었다. 철학들은 역사적 시간의 이정표 역할을 할 뿐만 아니라 '시간성-공간성'의 관계, 즉 시간에 예속되고 시간에 의해 특징지워진 공간, 그리고 공간 속에 새겨진 시간 등을 가리킨다. 그런데 이 주제들은 일상의 관심, 일상에 대한 비판 및 그 변모에 의해 쇄신된 한 문화의 중심으로 들어갔다. 생산품의 가치를 떨어뜨리지는 않으면서 작품의 가치를 재건하는 것, 그리고 시간을 최고의 재산(삶의 시간)으로서 복원하는 것, 이것이야말로 문화혁명의 목표 중의 하나다. 문화의 철학을 말소해 버리라는 것이 아니라, 그 반대로 철학에(시간이나 작품에게와 마찬가지로) **효용가치**를 되돌려주면서 또 다른 새로운 의미를 부여하라는 것이다.

철학에서부터 출발하여 작품을 이해하는 것은 메타언어로서의 심미주의와 미학에 대한 근본적인 비판을 정당화해 준다. 그런데 오늘날 심미주의는 기술을 직접 사용하면서(전유로서의 예술의 매개를 훌쩍 건너뛰어서) 일상의 변신을 우스꽝스럽게 모방하고 있다. 빙글빙글 돌면서 노래하는 모빌, 당신의 발걸음이나 말소리에 따라 색이 칠해지는 벽, 음악이 나오는 복도, 오페라 무대장식처럼 꾸며진 속임수의 통로, 이 심미주의는 가능성들을 예고하지만 아직 그것을 실현시키지는 못하고 있다. 그것은 아직 기호와 메타언어의 소비에 속해 있다. 작품들의 복원은 이러한 '현대적' 익살에 대한 잘못된 평가를 바로잡게 될 것이다.

3. 우리의 문화혁명

앞에서도 말했지만 '문화혁명'은 하나의 **개념**이다. 그것은 마르크스의 사상 속에 암묵적으로 들어 있고 레닌과 트로츠키의 저작 속에서 공공연하게 언급되고 있다. 중국에서 마오쩌둥은 이것을 아주 특수한 조건 속에서 다시 취했다. 개념인 한에서만 이것은 마르크스주의적 문제들과 연결되어 있다. 토대·구조·상부구조 사이의 관계들은 무엇인가? 이론과 실제 사이의 관계는? 이데올로기·인식·행동·전략 사이의 관계는? 이 관계들은 확고한 것인가, 변화의 가능성이 있는가? 또 구조적인가, 아니면 상황적인가?

중국의 문화혁명을 모델로 삼아야 할까? 전혀 그렇지 않다. 중국의 문화혁명의 관심과 중요성은 그것이 개념을 어둠 속에서 끌어내어 '현대'언어의 빛 앞에 드러내 놓았다는 점이다. 농업이 우세한 나라 또는 고도로 산업화된 나라에 동일하게 적용되는 도식이 있을 수 있는가? 그런 도식을 어떻게 이동시킬 수 있는가? 이러한 이동은 앞서 분석된 이상한 절차들(이동·대체·대리)에 의해 특징지어지는 이론가들만이 생각해 볼 수 있을 것이다.

우리의 문화혁명은 결코 금욕적일 수 없다. 이것은 문화에서부터 출발하는 혁명이 아니고, 문화를 위해서 또는 문화에 의해서 이루어지는 혁명은 더더욱 아니다. **우리의** 문화가 도덕주의·심미주의, 그리고 기술 이데올로기 속에서 단편화되고 산산조각이 나고 해체되는 이때에 문화혁명은 현실속에서, 또는 사회적 실천 속에서 하나의 문화를 구현한다고 주장할 수는 없다. '문화'가 분명하게 정의된 공포정치의 기능을 가지지 않는다면 이 해체는 더 선명하게 모습을 나타낼 것이다. 이 문화 속에서 철학만이 아직도 유지되는데, 단 철학에 어떤 의미를 부여하면서 사람들이 그것을 유지한다는 조건 속에서이다. 우리의 문화혁명은 문화의 창조를 그 의미와 목표로 삼고 있는데, 이때 문화란 제도가 아니고 생활양식이다. 문화혁명은 우선 철학의 정신 속에서의 철학의 실현으로 정의된다. 문화 그리고 이 말에 연결된 위엄과 환상, 또 문화의 제도화적 성격에 대한 근본적인 비판은 철학과 그 이론적·실제적·교육적·생명적·정신적·사회적 중요성을 완전히 복원하는 것으로 완성된다. 우리는 지금 어떤 철학에 대해 말하고 있는가? 플라톤에서 헤겔에 이르는 서양철학을 말하고 있다. 미국의 실용주의, 유교 또는 불교의 이야기가 아니다. 미국에서는 문화가 심하게 철학의 결핍을 겪고 있다(누가 그것을 모르는가?). 소련에서는 마르크스의 사상을 가지고 철학을 구성하는 것이 좋다고 믿고 있다. 사실 이 사상은 철학적 기도의 실현을 목표로 하고 있는데도 말이다. 마지막으로 동양은 그들 고유의 철학을 가지고 있는데 우리는 그것에 대해 말하는 것은 삼가기로 한다. 철학의 실현이 이론적 혁명을 결정하고, 이 이론적 혁명에 의해 문화혁명이 시작된다.

작품과 작품의 의미의 복원은 '문화적'인 목적이 아니라 실제적인 목적을 갖는다. 사실 우리의 문화혁명은 단순히 '문화적'인 목표만을 가질 수는 없다. 이것은 문화를 실천 쪽으로, 즉 변형된 일상성 쪽으로 유도한다. 혁명은 단순히 국가나 재산관계만 변혁시키는 것이 아니라 우리의 삶을 개조한다. 더 이상 수단을 목표로 삼지 말자! 그러면 다음과 같은 말이 가능해진다. "일상이 작품이 되게 하라! 모든 기술이 일상의 이러한 변모에 기여하게 하라!” 정신적으로 ‘작품’이라는 용어는 더 이상 예술적 물체를 가리키는 것이 아니라 자신을 알고, 자신을 이해하고, 자기 자신의 조건들을 재생산하고, 자신의 자연과 조건들(육체·욕망·시간·공간)을 전유하고, 스스로 **자신의 작품**이 되는 그러한 행위를 지칭한다. 사회적으로는 자신의 역할과 자신의 사회적 운명을 자기 손아귀에 쥐고 그것을 책임지는 행위, 다시 말해서 **자주관리**를 가리킨다. 피상적인 관찰자들은 북경과 베오그라드를 갈라놓은 거리에 주목한다. 그들은 자주관리와 문화혁명을 대립해서 생각할 수도 있다. 그러나 개념과 의미의 차원에서는 이런 정치적 대립은 무너진다. 자주관리는 그 수준에서 ‘문화적’ 모순들을 포함하는 수많은 모순들을 드러낸다. 자주관리는 문화혁명을 부인하기는커녕 문화혁명의 한 부분이다. 이것이 물론 자주관리가 제기하는 문제들을 해결해 주지는 않지만, 그러나 그 문제들을 완전한 형태로 공식화하는 것을 허용해 준다.

혁명 절차의 몇 개의 요소들 또는 양상들을 열거해 보자.

a) 성혁명과 개혁. 이루어야 할 변혁은 단순히 ‘여성-남성’의 관계, 양 당사자의 법적 정치적 평등, 양성 관계의 봉건주의 타파와 그 민주화만이 아니다. 변화는 섹슈얼리티와 사회 사이의(감정적 이데올로기적) 관계까지도 수정해야 한다. 억압사회와 성적 공포정치는 맹렬히 공격되어야 하고, 이론과 실천 등 모든 수단에 의해 타도되어야 한다. 성적 억압은 더 이상 제도의 문제로만 간주되어서는 안 된다. 성적 억압은 종식되어야 한다. 억압과 공포가 성생활의 통제를 훨씬 넘어서고, 인간 존재의 모든 힘과 능력에까지 확대되기 때문이다. 그러면 성생활에 대한 모든 통제를 철폐해야 할까? 물론 그렇지는 않다. 통제의 부재는

욕망을 타락시키고 파괴할 염려가 있다. 그렇게 되면 욕망은 직업적인 욕구로 환원되고 말 것이다. 통제 위에 구축된 억압이 욕망을 폐지하고 그 방향을 돌려놓기는 했지만, 통제 없는 욕망이란 있을 수 없다. 그러나 통제는 이해 당사자들의 일이어야지 제도가 할 일은 아니고, 도덕적 질서와 공포정치가 한데 결합하여 할 일은 더더욱 아니다.

b) 도시혁명과 개혁. 이 점에서는 혼란이 있을 수 없다. 비록 도시생활, 특히 도시를 위한 투쟁(도시의 개선과 보존을 위한 투쟁, 또는 도시에 살 권리를 위한 투쟁)이 여러 혁명운동의 목적과 한계를 제공해 주기는 하지만, 그러나 도시가 혁명을 만드는 것이 아니라 혁명이 '도시'를 만들 것이다. 만일 합리성이 산업계획으로 변신하지 않았다면, 그리고 다른 형태의 기업경영이 없었다면, 생산을 도시생활 또는 지금 현재와 같은 도시사회의 사회적 욕구들을 그 목표와 의미로 삼지 않았을 것이다. 게임이 진행되는 것은, 그리고 전략이 자신의 목표를 가리키는 것은 바로 이 수준, 생산의 측면에서이다. 도시사회의 효과적인 실현은 정치적 계획(사회 전체, 영토 전체에 미치는)과 경제의 통제를 의미한다. 그러나 오늘날 **도시개혁**은 과거 반세기 전에 농촌개혁(아직도 여기저기에서 그것이 중요성을 가지기는 하지만)이 가졌던 중요성과 역할을 가지고 있다. 혁명적 개혁은 재산·법, 그리고 신자본주의적 이데올로기의 구조를 뒤흔들어 놓는다. 아직도 존재하는 도시생활의 타락을 중도에서 막고, 새로운 형태를 만들어내고, 이 형태들로 하여금 도시사회의 싹을 향한 길을 헤쳐 나갈 수 있도록 하는 등, 이러한 목표들은 신자본주의와 소비조작 사회의 역량을 크게 벗어나는 일이다. 작품으로서의 놀이, 유희적 도시 같은 것들은 아무리 교양 있는 부르주아라도 생각조차 할 수

없으며, 그것들의 공간적-시간적 조건들을 실현시킨다는 것은 그들에게 더욱더 불가능한 일이다.

c) '일상성-축제성'의 대립을 극복하여 훨씬 확대된 형태로 축제를 되찾고, 일상에서 축제로의 이 이동이 도시사회에 의해, 또는 도시사회 속에서 완수된다는 것, 이것이 우리 계획의 마지막 항목이다. 출발점으로 되돌아와, 이 지적은 **전유**에 그 본래의 위치를 주기 위해 다시 이 개념을 거론해 본다. 전유의 본래의 위치란, 현재 통용되고 있는 의미에서의 **지배(물질적 자연에 대한)**와 **실천**(praxis)의 개념보다 훨씬 위에 있는 것이다. 생쥐스트[2]는 프랑스에서, 그리고 세계에서 행복의 개념이 새로운 것이라고 말했었다. 불행의 개념에 대해서도 같은 말을 할 수 있을 것이다. 불행의 의식은 불행한 존재와는 다른 어떤 것(다른 인생)의 가능성을 전제로 하는 것이다. 아마도 오늘날에는 '행복-불행'(행복은 가능하지만 실제로는 불행하다라는 의식)의 상충이 옛날의 운명의 개념을 대신하는 것 같다. 그것이 일반화된 불안감의 비밀이 아닐까?

파리, 1967년.

---

2 Louis Antoine de Saint-Just(1767~1794), 로베스피에르와 함께 프랑스 대혁명과 공포 정치를 이끈 혁명가. 24세에 『프랑스 헌법과 혁명 정신』을 썼고, 루이 16세의 처형 등에 주도적인 역할을 하다가 27세에 자신도 단두대에서 처형되었다.

찾아보기

현대세계의 일상성

초판　1쇄 발행일　2005년 10월 27일
개정판　1쇄 발행일　2022년 6월 27일

지은이　앙리 르페브르
옮긴이　박정자
펴낸이　안병훈
펴낸곳　도서출판 기파랑
등　록　2004. 12. 27 제300-2004-204호
주　소　서울시 종로구 대학로8가길 56 동숭빌딩 301호　우편번호 03086
전　화　02-763-8996(편집부) 02-3288-0077(영업마케팅부)
팩　스　02-763-8936
이메일　info@guiparang.com
홈페이지　www.guiparang.com

ISBN 978-89-6523-564-4　03100